관계의 서사:

결혼이주여성의 이주생애 내러티브

사회통합 총서 15

관계의 서사:
결혼이주여성의 이주생애 내러티브

2023년 3월 25일 초판 인쇄
2023년 3월 31일 초판 발행

지은이 | 김영순 · 오정미 · 윤수진 · 김은희 · 이미정 · 오세경 · 김정희
교정교열 | 정난진
펴낸이 | 이찬규
펴낸곳 | 북코리아
등록번호 | 제03-01240호
주소 | 13209 경기도 성남시 중원구 사기막골로 45번길 14
우림2차 A동 1007호
전화 | 02-704-7840
팩스 | 02-704-7848
이메일 | ibookorea@naver.com
홈페이지 | www.북코리아.kr
ISBN | 978-89-6324-995-7(94300)
978-89-6324-636-9(세트)

값 25,000원

사회통합 총서 15

관계의 서사:
결혼이주여성의 이주생애 내러티브

김영순 · 오정미 · 윤수진 · 김은희 · 이미정 · 오세경 · 김정희

북코리아

서문: 관계의 서사로 읽는 결혼이주여성의 내러티브

인간은 관계를 통해 탄생하고, 관계를 통해 성장하고 소멸한다. 관계는 인간 상호 간의 삶의 부대낌이며 앎의 출발이자 소통의 시발점이다. 인간의 삶은 타자와의 관계 맺기로 이어지며, 타자와의 만남은 피할 수 없는 숙명이다.

세계화로 인해 국경의 문턱은 턱없이 낮아졌고, 국가를 넘나드는 초국적 이동은 일상화되었다. 초국적 이동으로 한국 사회는 지금까지 경험하지 못한 문화다양성의 호수에 표류하고 있다. 그런데 이런 다문화 현상을 위기로 삼을지 기회로 간주할지는 우리 사회 구성원의 인식 변화와 노력에 달려있다.

지금까지 한국 사회는 단일민족이라는 신화적 관념에 사로잡혀 이주민을 '다문화'로 낙인찍어 편견을 생산하고 있다. 함께 더불어 살아내도 버거운 삶의 중압감을 극복하기 위한 노력보다 갈등과 혐오로 점철하는 '나쁜 정책'과 '불량한 교육'은 우리와 그들을 더욱 갈라치기하고 차별을 심화시키고 있다.

다문화 사회는 정착과 함께 빈번한 이주, 그만큼 더 많은 타자와의 만남이 존재하므로 인간관계가 더욱 중요할 수밖에 없다. 그리고 국경을 뛰어넘어 새로운 가정을 꾸리며 살아가는 결혼이주여성에게 타자와의 관계 맺기는 누구보다 더욱 중요하고 특별할 수밖에 없다. 국제결혼이 가져다주는 삶의 변화 속 인간관계는 누구에게나 중요하고 특별하지만, 초국적인 이주까지 동반한 결혼이주여성의 인간관계는 그녀들의 삶 자체이기 때문이다.

그래서 우리는 이 책에서 다양한 사람이 함께 공존하며 살아가는 다문화 사회의 '아름다운 관계 맺기'를 탐색하고자 한다. 이를 위해 한국에 거주하는 결혼이주여성의 삶을 인간관계를 중심으로 한 이주생애 내러티브를 통해 살펴볼 것이다. 이 책은 3부로 구분되고 13장으로 이루어진다.

이 책의 전반부인 1부 '관계의 서사를 통해 본 결혼이주여성의 내러티브'는 1장 '결혼이주여성의 내러티브 속 관계의 서사 의미와 유형'과 2장 '결혼이주여성의 내러티브에 나타난 관계의 서사, 이주민 서사'로 구성된다. 1부에서는 이 책의 이론적 기반이 되는 내러티브의 개념을 소개하고, 인간관계에 존재하는 이야기에서 구안한 '관계의 서사'를 개념화한다. '나와 너'로서의 인간관계에는 각각의 다른 나의 이야기가 존재하고, 그것이 관계의 서사이며, 무엇보다 내러티브에는 다양한 나의 관계의 서사가 드러난다. 이 책에서 소개하는 결혼이주여성 9인의 내러티브에서도 아내로서, 어머니로서, 딸로서, 때로는 친구 그리고 이주민으로서의 관계의 서사를 만난다. 관계의 서사를 통해 만난 그녀들의 내러티브는 한 개인의 삶의 이야기일 뿐 아니라 개인이 속한 집단의 삶의 이야기를 의미하므로 이 책을 통해 한국에서 살아가는 결혼이주여성의 지난하지만 아름다운 삶을 만날 수 있다.

2부 '결혼이주여성 9인의 내러티브와 스토리텔링'은 3장부터 11장까지로, 2018년부터 2019년까지 인하대학교 다문화융합연구소에서 만난 9인의 동아시아계 연구참여자의 내러티브를 담고 있다. 필리핀, 태국, 네팔, 베트남이 모국인 9인의 결혼이주여성이 자유롭게 구술한 한국에서의 삶의 이야기로, 남편을 처음 만나서 결혼하게 된 사연을 비롯해 결혼생활, 직장생활 등 한국에서의 다양한 삶의 이야기가 소개되고 있다. 특히 2부 각 장의 구성은 결혼이주여성의 인터뷰 전사록을 분석한 후 세 가지 주제의 이야기를 기술했다. 더불어 전사록을 요약하여 연구참여자들의 인터뷰를 연구자들이 어떻게 해석했는지 독자들이 이해할 수 있도록 했다. 그녀들이 구술한 내러티브는 그녀들의 출신국과 이름처럼 각각 다른 삶의 이야기이지만, 관계의 서사로 볼 때 결혼이주여성의 삶의 이야기로 표출되었다. 그러므로 이 책을 통해 우리는 9인의 연구참여자뿐 아니라 한국에서 정착해 살아가는 결혼이주여성의 내러티브를 만나게 된다.

3부 '결혼이주여성의 내러티브에 나타난 관계의 서사'는 12장 '어머니 서사로 삶을 살아가다'와 13장 '아내 서사로 삶을 이야기하다'로 구성된다. 이 2개의 마무리 장에서는 결혼이주여성 9인의 내러티브에서 가장 많이 나타난 어머니 서사와 아내 서사라는 관계의 서사를 만난다. 자녀와의 관계에서 발현되는 어머니 서사와 남편과의 관계에서 발현되는 아내 서사는 그녀들의 내러티브에서 핵심 내용이다. 관계의 서사로 본 결혼이주여성의 내러티브는 팔려온 여성 혹은 타자나 이방인으로 그녀들을 바라보던 우리 사회의 그릇된 시각에 경종을 울릴 것이다. 관계의 서사로 본 결혼이주여성은 자녀의 친구 관계와 미래의 진로를 걱정하는 어머니이고, 한 남성의 동반자로서 행복한 아내이길 꿈꾸는 여성이다.

이 책은 이주민을 연구하는 연구자들과 이주민 현장에서 공헌하는

실천가들을 위해 기획되었다. 이 책을 통해 연구진과 집필진이 전하고자 한 메시지는 결혼이주여성이 우리와 다른 문화적 배경을 가지고 있지만, 어머니로서 아내로서의 사회적 지위를 지닌 여느 여성들과 다름없다는 것이다. 그들 역시 꿈을 꾸는 주체적 존재이고, 갈등을 협상하며 문화를 매개하는 상호문화 실천의 삶을 산다는 것을 강조하고 싶다.

우리는 자신의 삶을 존중받고자 하는 욕구를 개인이나 사회적으로 표출하고자 하며 이를 정치적으로 실천하고자 한다. 자신의 삶을 존중받고자 한다면 당연히 타자의 삶을 존중할 수 있는 신념의 무장이 요구된다. 이 한 권의 저술이 우리 사회 구성원들의 인식을 조금이라도 변화시키는 데 기여하기를 간절히 바란다.

2023년 3월

연구자와 집필자를 대표하여

인하대학교 다문화융합연구소장 김영순

CONTENTS

CONTENTS

CONTENTS

연구 개요

1. 연구 필요성 및 목적
2. 연구 내용
3. 연구 방법

1. 연구 필요성 및 목적

인간의 삶에서 중요한 요인으로는 무엇이 있을까. 부귀, 명예, 건강 등 인간의 삶을 결정짓는 다양한 요인이 있겠지만, '가족'이 중요한 요인 중 하나라는 사실을 부정할 사람은 없을 것이다. 그리고 가족이 중요하다는 명제는 곧 인간의 삶에서 타자와의 관계 맺기, 즉 인간관계가 중요하다는 사실을 의미한다. 인간은 태어날 때부터 혼자가 아니었고 어머니, 아버지, 형제, 자매 나아가 세상의 타자들과 관계 맺기를 하며 삶을 시작했기 때문이다. 가족은 관계 맺기의 시작점이자 삶에서 중요한 인간관계를 표상한다.

타자와의 관계 맺기는 종교 및 철학적 화두이기도 했다. 유교는 "인간은 관계적 존재일 뿐"이라고 말하고, 불교는 "연기적 의존을 통해서만 비로소 살아갈 수 있는 의존적 존재일 뿐"(박병기, 2022: 109)이라고 한 것처럼 종교와 철학에서도 타자와의 관계 맺기는 늘 중요한 담론이었다. 그리고 관계 맺기에 대한 사고는 우리가 무의식적으로 사용하는 '나'와 '너'라는 단어에서도 확인된다. '나'와 '너'가 독립된 존재를 의미하는 단어 같지만, 사

실 '너'가 없는 '나'는 존재할 수 없고, '나'가 없는 '너'는 애초에 존재할 수 없기에 '나'와 '너'는 결국 타자와의 관계 맺기 속에서 탄생한 단어이고 인간의 삶에서 타자와의 관계 맺기가 중요한 요인임을 증명해준다. 이처럼 의식 혹은 무의식적으로 인간에게 타자와의 관계 맺기가 중요하다는 사실이 늘 우리 곁에서 살아 숨 쉬고 있었고, 가족과의 관계 맺기는 곧 타자와의 관계 맺기를 의미하며, 나아가 세상과의 관계 맺기로 이해할 수 있다.

우리가 살아가는 다문화사회는 어떨까. 누구에게나 타자와의 관계 맺기가 매우 중요하겠지만, 다양한 국적과 문화가 공존하는 다문화사회에서 이주민에게 타자와의 관계 맺기, 말하자면 인간관계란 무엇을 의미할까. 문화적응, 문화갈등, 상호문화 역량 같은 다문화사회에서 발생하는 다양한 현상 속에는 무엇보다 인간관계가 결정적 역할을 한다. 특히, 다른 문화권에서 정착하여 살아가는 이주민에게 타자와의 관계 맺기, 곧 인간관계란 새로운 문화로의 성공적인 적응을 결정짓는 중요한 열쇠다. 그래서 다양한 국적과 문화가 공존하는 다문화사회에서는 그 어느 때보다 인간관계가 중요하고, 인간관계에 대한 다양한 접근과 연구가 필요할 수밖에 없다. 기존 문화에 정착해서 살아온 정주민과의 관계를 비롯하여 또 다른 이주민과의 관계까지 모두 가족관계인 만큼 이주민의 삶에 지대한 영향을 미치는 인간관계다. 따라서 더욱 복잡하고 다층적인 인간관계가 존재하는 다문화사회 속 이주민의 인간관계에 대한 폭넓은 접근과 이해는 결국 한국 사회에서 살아가는 이주민의 삶을 통찰하게 하여 타자지향과 공존을 위한 다문화사회를 모색하는 데 중요한 단초가 될 것이다.

이 책에서는 초국적 이주를 감행한 결혼이주여성들의 한국에서의 삶의 양상을 이해하기 위해 그녀들의 가족, 특히 결혼으로 인해 형성된 가족 구성원과의 관계 맺기를 탐색하고자 한다. 결혼이주여성의 내러티브에는

그 누구보다 남편, 자녀, 시부모가 자주 등장하기에 중요한 인간관계가 가족이라 판단했기 때문이다. 사실, 가족과의 관계에서 발생하는 갈등과 화해 등이 결혼이주여성의 삶의 주요한 경험 이야기로서 교육학, 사회학, 상담학, 언어학, 인류학 등의 연구에서 학문적 경계를 넘어 공통으로 확인되었다.* 그러나 대부분 특정 갈등과 현상에 주목한 연구일 뿐, 타자와의 관계 맺기의 관점에서 본격적으로 가족관계를 분석한 것은 아니었다.

그래서 본 저서에서는 타자와의 관계 맺기의 관점에서 본격적으로 결혼이주여성의 내러티브에 나타난 가족관계를 분석하고자 한다. 국제결혼 건수가 한국 총 결혼 건수의 13.6%를 차지하던 2005년 이후 2009년부터 본격적으로 내러티브 연구가 시작되었고, 2022년 현재까지도 다양한 연구주제와 목적을 가진 내러티브 연구가 진행 중이다. 결혼이주여성들의 다양한 삶의 경험에 귀를 기울이는 내러티브 연구는 전면에 '내러티브'가 드러난 경우도 있지만, '경험', '삶', '이야기' 등으로 표현되어 간접적으로 내러티브 연구임을 표출한 경우도 많다. 이처럼 삶의 경험을 토대로 질적 연구를 진행한 결혼이주여성의 내러티브 연구는 국내 학술지를 기준으로 2009년 이후부터 매년 꾸준하게 발표되고 있으며, 결혼이주여성의 경험에 귀를 기울인 내러티브를 바탕으로 한 박사학위논문도 2011년부

* 2000년대 초반부터 발표된 결혼이주여성을 대상으로 한 교육학, 사회학, 상담학, 언어학, 인류학 등의 연구 몇 편을 소개하면 다음과 같다. 이금연(2006), 「이주여성의 결혼과 가족」; 정주연(2008), 「베트남 국제결혼 이주여성의 삶의 만족에 영향을 미치는 요인 연구: 가족관계와 이주여성이 인지한 사회적 지지를 중심으로」; 최정혜(2011), 「국제결혼이주여성의 스트레스와 가족건강성 연구」; 김현수 외(2012), 「결혼이주여성의 가족상담 필요성 인식 관련 요인의 탐색」; 김미숙(2012), 「결혼이주여성의 보유자원이 가족관계와 삶의 만족에 미치는 영향 연구」; 이은아(2013), 「도시 결혼이주여성의 어머니 노릇과 정체성」; 김영순 외(2014), 「베트남 결혼이주여성의 가족유형에 따른 영유아기 자녀 양육 경험」; 함필주 외(2015), 「여성결혼이민자의 자아존중감, 가족지지 및 취업준비도가 구직효능감에 미치는 영향」; 최승은(2019), 「베트남 출신 결혼이주여성의 가족 관계에 관한 상호문화적 해석」; 최연숙(2019), 「결혼이주여성의 모성경험: '좋은 엄마'의 일상실천을 중심으로」

터 본격적으로 발표되기 시작했다.* 또한 논문 외에도 결혼이주여성의 내러티브에 관한 내용을 연구자와 함께 일반 대중에게 소개한 저서가 2008년부터 본격적으로 출판되기 시작했다. 이성순(2008)의 『이주여성 이야기』, 신은주(2009)의 『나의 선택 나의 꿈』, 김태원(2012)의 『결혼이주여성의 삶과 적응』, 김영순 외(2015)의 『도서지역 결혼이주여성과 문화적응』, 정성미(2016)의 『지역의 다문화와 결혼이주여성의 삶』, 서덕희(2017)의 『내 안의 디아스포라』, 김영순 외(2019)의 『동남아시아계 이주민의 다문화 생활세계 연구』, 『결혼이주여성의 주체적 삶에 관한 생애담 연구』, 김영순 외(2021)의 『미국 한인이주여성의 초국적 삶과 공동체』 등이 있다. 모두 결혼이주여성의 내러티브를 바탕으로 그녀들의 삶을 소개하거나 탐구한 공통점을 가진 저서다. 결혼이주여성의 내러티브를 바탕으로 한 수많은 연구 논문과 저서들이 이처럼 세상에 지속적으로 나올 수 있었던 것은 무엇보다 내러티브 연구가 그녀들의 삶을 이해하기 위한 원석이자 기초이기 때문일 것이다. 결혼이주여성의 삶의 경험을 토대로 한 내러티브 연구는 곧 한국사회의 구성원으로서 결혼이주여성을 탐구하기 위한 일환이고 다문화사회를 위한 인문학적 접근이다. 다만, 각 연구자의 특수한 연구 목적과 관점에 따라 내러티브가 조사되고 연구되면서 다음과 같은 한계점을 가지고 있었다. 첫째, 대부분 결과론적인 현상에 주목하고 있었다. 결과론적인 현상이란 결혼이주여성의 문화적응, 이혼, 취업, 교육 같은 삶의 결과치를 의미하고, 내러티브가 현상을 낳는 경험의 이야기로 해석되며, 특정 연구 목표를 위한 텍스트로 활용되고 있었다. 즉, 연구자의 연구 목표에 따라 내러티브를 조사하고 해석하면서 그녀들의 총체적인 삶의 양상을 들여다

---

* 1장의 [표 2]에서 대표 논문을 정리한 내용으로 대신한다.

보지 못하는 한계를 가지고 있었다. 둘째, 한 개인이나 두세 명의 이주민 내러티브 연구는 개인의 경험과 이야기로 한정되는 연구 결과를 낳았다. 내러티브가 한국에 거주하는 결혼이주여성의 삶을 전방위적으로 이해하는 서사로서 활용되지 못하고, 개인의 사적 경험, 혹은 파편적인 사례로 소개되는 경우가 대부분이었다.

이러한 한계 속에서 한국에 정착해 살아가는 결혼이주여성의 삶을 총체적으로 들여다보는 내러티브 연구를 목표로, 이 책에서는 결혼이주여성 9인의 내러티브에 나타난 타자와의 관계 맺기를 담론화한 '관계의 서사'를 통해 그녀들의 삶을 살펴보고자 한다. 한국연구재단 인문사회 토대연구지원사업으로 2018년부터 2019년 2월 사이에 연구조사를 위해 만난 결혼이주여성 9인의 내러티브를 토대로 그녀들의 타자와의 관계 맺기를 '관계의 서사'를 통해 탐색하고자 한다. '관계의 서사'란 자신의 삶에 중요한 영향력을 미친 인간관계를 의미화한 것으로, 결혼이주여성의 개별적 경험을 종합적이고 공적인 경험으로 환언하며 내러티브를 신뢰성과 타당성을 가진 텍스트로 전환(오정미 외, 2022: 237)해줄 것이다. '나'를 중심으로 한 '너'와의 관계에 따라 유형화한 '관계의 서사'는 결혼이주여성의 인간관계를 통해 그녀들이 한국 사회에서 어떻게 살아가는지, 동시에 한국 사회가 그녀들을 어떻게 이해하고 바라보는지 통찰케 하는 렌즈가 될 것이다.

따라서 이 책에서는 인하대학교 다문화융합연구소에서 만난 결혼이주여성 9인의 내러티브를 소개하고, 인간관계를 기반으로 한 '관계의 서사'로 한국에서 살아가는 결혼이주여성의 총체적이고 입체적인 삶의 특징이 무엇인지 구체적으로 제시하고자 한다. 특정 연구 목표 아래에서 결혼이주여성의 내러티브를 탐색하는 것이 아니라 그녀들의 타자와의 관계

맺기, 즉 관계의 서사를 통해 결혼이주여성의 내러티브를 개인의 사적 이야기가 아닌 한국에 거주하는 결혼이주여성의 삶을 대표하는 공적 텍스트로서 탐색하고자 한다.

2.
연구 내용

총 3부로 구성한 이 책은 연구자와 함께 일반 독자도 결혼이주여성의 삶을 한국 사회 공동체 구성원으로서 다각도로 경험하고 이해할 수 있도록 집필했다. 이주민이 한국 사회의 다양한 영역에서 어떻게 다문화 생활세계를 구축하며 살아가는지 경청하기 위해 인하대학교 다문화융합연구소에서 만난 결혼이주여성의 내러티브를 바탕으로 했다. 우선, 연구자와 함께 대중이 결혼이주여성 9인의 내러티브를 쉽게 경험하고 이해할 수 있도록 소개한 후, '관계의 서사'를 통해 내러티브를 분석하여 한국에 정착해서 살아가는 결혼이주여성의 보편 및 특수한 삶의 특성을 제시했다. 특히, 이 책은 사회문화적 요구나 연구자의 특정 관점에 따라 결혼이주여성의 내러티브를 분석하지 않고 그녀들의 삶의 특징을 온전하게 인간관계를 통해 이해할 수 있도록 '관계의 서사'라는 렌즈를 통해 탐색하고자 했다.

1부 '관계의 서사를 통해 본 결혼이주여성의 내러티브'에서는 결혼이주여성의 내러티브에 등장하는 다양한 인간관계를 통해 '관계의 서사'

라는 개념을 모색하고 유형화했다. '관계의 서사'란 '나'의 삶에 강한 영향력을 미치는 '너'라는 존재와의 인간관계를 의미한다. 그래서 2009년부터 2021년까지 논문 제목에 '나와 너'의 인간관계가 뚜렷하게 존재하는 박사학위논문, 예컨대 '가족, 자녀, 부부, 부모, 양육, 시부모, 고부, 모성, 어머니, 출산 그리고 공동체' 같은 단어가 포함된 내러티브를 바탕으로 한 박사학위논문 32편을 선정하여 '관계의 서사'를 모색했다. '관계의 서사'는 결혼이주여성의 내러티브를 사적인 개인의 경험담에서 종합적이고 공적인 텍스트로 전환해준다. 그래서 내러티브를 통해 모색한 '관계의 서사'는 한국으로 편입한 결혼이주여성의 보편 및 특수한 삶의 특성을 구체화하여 제시해주고, 동시에 그 특성을 통해 한국 다문화사회의 현재와 미래를 예견할 수 있게 한다. 1부에서 모색한 '관계의 서사'는 다문화융합연구소에서 조사한 결혼이주여성 9인의 내러티브를 분석하는 중요한 렌즈가 되어 한국 사회의 공동체 구성원으로서 그녀들의 삶을 더욱 온전하고 입체적으로 전달해줄 것이다.

2부 '결혼이주여성 9인의 내러티브와 스토리텔링'에서는 인하대학교 다문화융합연구소에서 직접 만나 조사한 결혼이주여성의 내러티브를 다양한 접근의 연구와 활용을 위해 소개하고 있다. 특히, 연구자뿐 아니라 한국의 다문화사회에 대한 학습과 이해가 필요한 독자를 위해 내러티브를 전사한 원자료와 함께 주제별로 스토리텔링을 한 텍스트도 함께 제시했다. 구술조사를 기반으로 한 내러티브에는 같은 내용이 중복되거나 인과성이 떨어지는 문장이 기술되는 특성이 존재하고, 이로 인해 가독성이 떨어질 수밖에 없는 한계가 있다. 그래서 연구자뿐 아니라 일반 독자도 결혼이주여성의 삶을 이해할 수 있도록 주제별로 내러티브를 정리한 스토리텔링을 저서에 포함했다. 같은 주제별로 내용을 항목화하여 소제목을

만들고, 문답식으로 진행된 내러티브를 수필처럼 정리하여 소개했다.

3부 '결혼이주여성 9인의 내러티브에 나타난 관계의 서사'에서는 2부에 소개한 결혼이주여성들의 내러티브를 바탕으로 '관계의 서사'를 분석했다. 내러티브에 나타난 인간관계를 바탕으로 관계의 서사에 주목하여 결혼이주여성들의 삶을 입체적이고 종합적으로 이해하고자 한 것이다. 그래서 결혼이주여성 9인의 내러티브에서 공통으로 가장 자주 등장하는 인간관계에 집중하여 관계의 서사를 분석한 결과, 1부에서 확인한 바처럼 자녀와의 관계를 의미하는 '어머니 서사'를 결혼이주여성 9인의 내러티브에서 공통으로 확인할 수 있었다. 실제로 다문화융합연구소에서 만난 결혼이주여성 9인의 내러티브에서도 어머니 서사가 그녀들의 삶에서 가장 중요한 비중을 차지하고 있었고, '어머니 서사' 안에서도 그녀들의 삶의 목소리가 조금씩 다른 층위를 보이고 있었다. 그리고 결혼을 통해 한국으로 이주해온 특성상 남편과의 관계에서 오는 '아내 서사'가 결혼이주여성의 삶에서 중요하다는 사실도 내러티브에서 확인했다. '아내 서사' 역시 3개 층위의 목소리가 존재하고 있었고, 제각기 다른 층위의 아내 서사였다. 이처럼 결혼이주여성 9인의 내러티브에서 '어머니 서사'와 '아내 서사'를 구체적으로 고찰한바, '관계의 서사'가 한국에 정착하며 살아가는 결혼이주여성 특유의 삶의 특성이 무엇인지를 구체적으로 제시해준다는 사실을 확인할 수 있었다.

나가기에서는 '관계의 서사'라는 렌즈를 통해 본 결혼이주여성의 내러티브가 공생과 통합을 위한 문학이고 역사라고 규정했다. 관계의 서사란 나를 중심으로 한 너와의 인간관계를 의미하며, 공존의 인문학(김영순, 2021)이라는 관점에서 보면, 결혼이주여성의 내러티브는 곧 인간관계의 이야기다. 그래서 결혼이주여성의 내러티브에서 인간관계에 집중했고, 각

각의 인간관계 속에 파생되는 나의 이야기를 '관계의 서사'를 통해 탐색했다. 그 결과, 한국에 거주하는 결혼이주여성들에게는 자녀와의 관계를 의미하는 '어머니 서사'와 남편과의 관계를 의미하는 '아내 서사'가 가장 강하게 작동하고 있었고, 이 모든 것은 인간관계라는 공존 속에서 낳은 결과였다. 공생과 통합의 문학이자 역사인 결혼이주여성들의 내러티브를 통해 우리는 결혼이주여성의 삶을 이해하고, 나아가 그녀들의 삶 속에서 나를 발견하게 될 것이다.

3.
연구 방법

1) 자료수집과 분석

연구참여자는 한국에서 정착하여 살아가고 있는 9인의 결혼이주여성이다. 필리핀, 태국, 네팔, 베트남이 모국인 9인의 결혼이주여성은 본 저서를 위해 선정한 연구참여자들로 2018년부터 2019년까지 다문화융합연구소에서 만난 43명의 동남아시아계 결혼이주여성 중에서 선정했다.

9인의 연구참여자를 선정한 이유와 분석과정은 다음과 같다. 우선, 이야기 구성이 체계적으로 서술된 내러티브를 선정했다. 조사자의 질문에 단답식으로 구술한 구조의 인터뷰는 선정에서 제외했고, 인물, 사건, 배경이 비교적 잘 서사화된 인터뷰를 선정했다. 이렇게 내러티브 중심으로 연구참여자를 선정한 결과, 최종적으로 9인의 결혼이주여성이 본 저서의 연구참여자가 되었다.

선정된 결혼이주여성 9인의 내러티브 전사록은 후속 연구를 위해 10개월 동안 재검토하는 과정이 있었다. 통일성과 응집성을 갖추지 못한 전사

록을 가독성 좋은 텍스트로 재구성하는 스토리텔링 작업을 진행했고, 이때 내용을 훼손하지 않고 재구성하는 것이 중요한 연구 방향이었다. 내용을 새롭게 창작하거나 의미를 부여하는 형태의 스토리텔링이 아닌 형식과 구성 차원의 스토리텔링이었다. 즉 가독성을 위해 중복내용을 하나로 연결하고 재편집하는 방향의 스토리텔링으로, 연구자와 함께 일반 독자를 위한 본 저서만의 새로운 접근이자 특징이다.

그리고 1차 내러티브 자료를 2차로 스토리텔링하는 과정에서 내러티브 속 인간관계가 한국에 거주하는 결혼이주여성의 삶을 통찰하게 만드는 중요한 열쇠라는 점을 확인할 수 있었다. 각각의 사건과 사연은 내러티브를 연구참여자의 사적이고 개별적인 텍스트로 만들지만, 중요 인간관계를 중심으로 결혼이주여성의 삶을 들여다보면 한국에 정착한 결혼이주여성 삶의 전형을 이해할 수 있었다. 사건 중심의 내러티브는 하나의 에피소드가 되어 사적 이야기로 전달될 수 있지만, 결혼이주여성들이 접촉하는 중요한 인간관계를 따라가다 보면 '결혼이주여성'이라는 이름으로 살아가는 그녀들의 삶의 궤적을 따라갈 수 있기 때문이다. 즉 내러티브에 공통으로 자주 등장하는 인간관계를 살펴보면 한국에 정착하여 살아가는 결혼이주여성들의 삶의 전형을 확인할 수 있고, 그것은 개인의 사적 이야기가 아닌 공동체의 보편적 특성으로서 탐색이 가능하다. 그래서 내러티브 속 인간관계, '나와 너'의 관계에 대한 학문적 탐구가 필요했고, 이를 실천하기 위해 '관계의 서사'를 모색했다. 그리고 '관계의 서사'를 통해 본격적으로 연구참여자인 결혼이주여성 9인의 내러티브를 분석할 수 있었다.

'관계의 서사'로 본 결혼이주여성의 내러티브에는 '어머니 서사'와 '아내 서사'가 가장 많이 나타났다. 공통적으로 자주 등장하는 관계의 서사가 자녀와의 관계를 의미하는 '어머니 서사'와 남편과의 관계를 의미하

는 '아내 서사'라는 점은 개인의 이야기만으로 볼 수 없고, 그것은 한국 사회 속 결혼이주여성의 삶의 특성으로 접근해도 무방할 것이다. 한국에 거주하는 결혼이주여성의 중요한 '나와 너'의 인간관계, 즉 관계의 서사에는 사회·문화적 배경이 강하게 영향을 미칠 수밖에 없고, 이러한 영향 아래에서 삶의 방향이 정해지기 때문이다. 결혼이주여성이 실제로 마주하는 삶은 정주국의 사회 및 정치, 경제 등 다양한 문화의 영향권 속에서 존재할 수밖에 없고, 예컨대 가부장적인 사회의 영향을 받는 그녀들의 삶은 남편, 시집 식구 등과의 관계 속에서 발현된 결과이며, 결국 인간관계는 결혼이주여성의 삶을 이해할 수 있는 상징적 렌즈다.

2) 연구참여자

이 책에서 만나는 9인의 결혼이주여성은 조사 당시를 기준으로 한국에서 산 지 평균 10년 이상 된 연구참여자들이다. 다문화가족지원센터 같은 기관과 지인 소개로 만난 9인의 결혼이주여성은 모두 한국어를 유창하게 하며, 한 가정의 아내이거나 어머니로서 주체적으로 살아가는 한국 사회의 구성원이다.

〈표 1〉 연구참여자의 기본정보

연구참여자	출신 국적	출생연도	이주연도	가족관계	직업
1	필리핀	1977	2006	남편, 아들, 딸	다문화이해강사
2	네팔	1984	2009	남편, 딸	생산직
3	베트남	1991	2013	남편, 아들	동사무소 단기근무
4	베트남	1988	2011	남편, 딸	통·번역사
5	필리핀	1988	2010	남편, 아들	전업주부
6	베트남	1984	2003	남편, 아들 2	다문화이해강사
7	태국	1973	2010	남편, 딸	대학강사, 통·번역사
8	필리핀	1981	2006	남편, 아들 2	통·번역사
9	태국	1972	2011	남편, 딸	통·번역사

9인의 결혼이주여성은 베트남, 필리핀, 네팔, 태국에서 온 이주민들로, 2000년대 초·중반에 한국 남성과 결혼하여 현재까지 한국에서 살아가고 있는 공통점을 가진 여성들이다. 제각기 다른 사연과 삶의 이야기를 가지고 있지만, 그녀들의 내러티브에는 한국의 가족들과 친구 등이 등장한다. 9인의 연구참여자를 소개하면 다음과 같다.

(1) 연구참여자 1

연구참여자 1은 가족의 생계를 책임지며 힘겹게 사는 엄마처럼 살고 싶지 않아 국제결혼을 선택했다. 한국에서 아들과 딸을 낳고 단란한 가정을 꾸려 살아가고 있으며, 다문화가족지원센터에서 다문화이해강사를 하고 있다. 연구참여자 1은 무엇보다 자녀들이 사회적 활동을 하며 열심히

살아가는 자신을 인정해주는 부분에 행복을 느끼며, 더 많은 시간을 자녀들과 함께하고자 한다. 남편이 자신과 같은 마음으로 자녀들과 시간을 더 많이 함께하기를 바란다.

(2) 연구참여자 2

연구참여자 2는 한국을 동경하는 마음으로 입국을 준비하던 중 지인의 권유로 한국 남성과 결혼하여 한국에서 정착하여 살고 있다. 첫 아이가 심장 수술을 받는 아픔을 겪으며 둘째를 낳지 않았고, 한국에서 아이가 차별을 받지 않을까 걱정하고 있다.

현재 한국 문화에 잘 적응하며 살아가고 있지만, 한국어가 아닌 모국어로 대화할 수 있는 네팔 친구를 만나는 것이 가장 큰 기쁨이다.

(3) 연구참여자 3

연구참여자 3은 남편의 이해와 도움으로 친정 부모님과 함께 살면서 한국 생활에 적응할 수 있었다. 동사무소에서 단기근무를 하는 등 사회활동을 하고 있으며, 특히 아이 친구들의 엄마들과도 베트남 여행을 함께 계획할 정도로 친밀한 관계를 유지하며 한국 사회의 구성원으로서 적극적으로 살아가고 있다. 그러나 자녀교육에 열정적인 한국의 교육 시스템 때문에 아이 양육에 대해 걱정하고 있다.

(4) 연구참여자 4

연구참여자 4는 이웃 언니의 소개로 한국 남자를 만나 첫눈에 반해 결혼했다. 결혼 후에도 남편의 사랑과 지지로 전문대에서 사회복지학을 공부하는 등 학업과 경력을 쌓을 수 있었다. 현재 센터의 통·번역사 일과 유치원의 다문화이해강사로 활동하고 있으며, 더 나은 삶을 위해 구직 활동을 하는 중이다.

(5) 연구참여자 5

연구참여자 5는 친구 부모님의 소개로 남편을 만났다. 낯선 한국이었으나 가족센터에서 한국어를 비롯한 한국 문화를 적극적으로 배우며 생활했다. 남편과는 자녀교육 문제 때문에 갈등 중인데, 어릴 때는 마음껏 놀며 커야 한다고 생각한다. 특히, 교육 때문에 자녀와 부모가 떨어져 사는 경우도 있지만, 더 나은 삶보다 함께하는 삶이 중요하다고 생각한다.

(6) 연구참여자 6

연구참여자 6은 친한 언니가 한국 남자와 결혼하는 것을 보며 국제결혼을 결심했다. 결혼 후 한국에서 다문화이해강사와 아르바이트 등 다양한 경제활동을 했고, 그 돈으로 베트남 부모님을 도와드렸다. 그러나 친정 식구를 돕는 일은 끝이 없었고, 이 일로 한국의 가족에게 미안한 마음으로 살아가고 있다. 다행히 한국에서 만난 양엄마에게서 위로를 받고 있다.

(7) 연구참여자 7

연구참여자 7은 미국에서 MBA 과정을 공부한 후 금융회사에서 근무하던 중 남편을 만났다. 딸을 출산한 후 우울증을 겪었고 이혼 위기까지 겪었지만, 긍정적인 마음으로 극복했다. 언어교육이 중요하다고 생각해서 딸을 일찍 어린이집에 보냈고, 방학마다 태국으로 보내 태국어를 배우게 하고 있다. 현재 대학에서 강사로 활동하며 프리랜서로 법무법인에서 통·번역 일을 하고 있다.

(8) 연구참여자 8

연구참여자 8은 25세에 남편을 만나 한국으로 이주했다. 남편과는 특별한 문제가 없지만, 남편이 다른 나라에서 사는 이주민 입장의 자신을 이해해주길 바란다. 그리고 자녀교육에 대해서는 의견이 달라 갈등하기도 한다. 연구참여자는 두 아들의 교육에 최선을 다하고 싶어 열심히 일한다. 그리고 교회와 가족센터에서 다른 이주민들을 위해 봉사활동을 하며 살아가는 것을 큰 기쁨으로 생각한다.

(9) 연구참여자 9

연구참여자 9는 태국에 있는 ○○전자 관련 회사에서 근무하던 중에 남편을 만났다. 영국과 러시아에서 신혼생활을 보낸 후 한국에서 본격적인 생활을 시작했다. 한국 생활은 시집 식구와 남편 그리고 열다섯 살이 된 딸 덕에 힘들지 않았다. 한국어를 공부하면서 통·번역사로 활동하기

도 했고, 현재는 한국에서 살아가는 태국인을 위한 책을 만드는 목표를 가지고 있다.

1부

관계의 서사를 통해 본 결혼이주여성의 내러티브

1부는 『문화교류와 다문화교육』 11(3), 한국국제문화교류학회, 2022에 실린 「결혼이주여성의 내러티브에 나타난 '관계의 서사' 연구: 박사학위논문을 바탕으로」를 수정 · 보완하여 재수록한 것임.

1장

결혼이주여성의 내러티브 속 '관계의 서사' 의미와 유형

인간의 경험을 토대로 한 내러티브에는 '나'와 여러 형태의 관계를 맺는 '너'가 등장하고, 관계 양상에 따라 다양한 '관계의 서사'가 존재한다. 특히, 연구자의 인터뷰 요청으로 구술하는 내러티브에는 자신의 삶에 강한 영향력을 미친 인간관계, 즉 '관계의 서사'가 존재할 수밖에 없다. 짧은 시간 안에 나의 삶에 대해 구술하기 위해서는 주변 인물이 아닌 중심 인물을 등장시킬 수밖에 없고, 이것이 내러티브 속에서 '관계의 서사'를 쉽게 확인하는 이유다. 예컨대, 우리는 수많은 사람과 인간관계를 맺고 살아가지만, 그 인간관계 전부가 삶에 중요한 영향력을 미치는 '관계의 서사'를 가진 것은 아니다. '관계의 서사'란 '나'의 삶에 커다란 영향력을 미치는 '너'라는 존재와의 인간관계를 의미하고, 이 글에서 천착한 내러티브 속 인간관계는 곧 '관계의 서사'를 가진 인간관계다.

인간의 삶에서 인간관계에 집중한 연구는 이전부터 다방면에서 존재해왔고, '관계의 서사'는 다음의 두 연구를 바탕으로 개진할 수 있었다. 먼저, 인간의 관계론을 개진한 철학자 마르틴 부버(Martin Buber, 1878~1965)의

『나와 너』다.* 부버는 '나와 너' 그리고 '나와 그것'이라는 논의를 토대로 진정한 인간관계에 대해 화두를 던진 바 있다.

> '나와 너'는 긴밀한 인격적 관계를 의미하지만, '나와 그것'의 관계에서 '그것'은 비인격적 존재로 나의 수단일 뿐이다(마르틴 부버, 표재명 역, 2001: 192).

마르틴 부버는 '나와 너' 그리고 '나와 그것'을 통해 나와 타자 사이의 진정한 관계를 분류했다. '나와 너'가 진정한 인간관계 또는 인격적 소통의 관계**를 표상한다면, '나와 그것'은 도구적 인간관계와 비인격적 소통의 관계를 의미한다.

구체적으로 관계적 측면에 대한 부버의 글을 인용하면 다음과 같다.

> '너'라고 말할 때는 짝말 '나-너'의 '나'도 함께 말해진다.
> '그것'이라고 말할 때는 짝말 '나-그것'의 '나'도 함께 말해진다.
> 근원어 '나-너'는 온 존재를 기울여서만 말할 수 있다.
> 근원어 '나-그것'은 결코 온 존재를 기울여서 말할 수 없다(마르틴 부버, 표재명 역, 2001: 8).

---

* 마르틴 부버(Martin Buber)는 오스트리아 빈에서 태어난 유대인 철학자로, 『종교의 철학』(1931), 『대화』(1932), 『단독자에 대한 물음』(1936), 『대화의 삶』(1948) 등을 통해 인간관계와 소통에 관한 철학적 물음에 대한 저서를 발표했고, 이 중에서도 『나와 너』(1923)는 유럽 대륙에 엄청난 영향력을 주며 프롬, 베르자예프, 만하임, 데일리, 니버 같은 철학자와 교육학자들에게 깊은 영감을 전달한 책이다.

** '인격적 소통의 관계'라는 표현은 소통, 커뮤니케이션에 집중하여 연구한 김진웅(2016)의 「마틴 부버의 커뮤니케이션철학: '실체론'을 넘어 '관계론'으로」에서 가져왔다.

부버의 관계론을 정리하면, 인간은 반드시 짝으로서 현존하고 오직 너와 '함께'하는 존재방식을 통해서만 삶의 의미를 찾을 수 있다는 것인데, 이것은 결혼이주여성의 내러티브에서 관계의 서사에 주목한 이유와 상통한다. 그동안 결혼이주여성의 내러티브 연구를 살펴보면 대부분 결혼이주여성이 처한 상황과 사건에 집중해왔다. 결혼이주여성들이 주로 누구와 어떠한 인간관계를 형성하며 삶의 존재 방식을 만들어가는지는 본격적인 연구가 거의 이루어지지 않은 상황이다. 그러나 누군가의 중요한 인간관계에 대한 이해는 곧 타자의 삶을 이해하기 위한 단초이고, 결혼이주여성의 삶에 대한 이해도 결국 한국 사회에서 맺은 인간관계를 통해 온전한 이해가 가능하다. 부버가 말한 삶에 대해 정리한 윤석빈(2006)의 글을 빌리면, 현실에서 존재 의미를 실현하는 것은 혼자만으로는 할 수 없고 나와 너가 함께 이루어나가는 것(윤석빈, 2006: 276)이라고 한다. 결국, 한국 사회 구성원으로서 살아가는 결혼이주여성들의 삶을 이해하기 위해서는 그녀들이 중요하게 관계를 맺는 '너'가 누구인지, 그리고 너와의 관계를 어떠한 방식으로 형성하는지에 주목해야 하고, 이것이 바로 이 글에서 모색하고자 하는 '관계의 서사'다.

'관계의 서사'에 영감을 준 또 다른 연구는 치료의 관점에서 문학을 연구한 문학치료학이다. 문학치료학은 인간관계 속에서 건강한 자기서사 회복을 목표로 하며, 인간관계의 주체가 어떠한 입장으로 그 인간관계를 바라보고 또 운영하고 있는가에 따라 내담자의 문제가 달라지고 치료의 방향도 달라진다고 보고 있다. 주체가 자녀의 입장일 경우에는 '자녀 서사', 남녀의 입장일 때는 '남녀 서사', 부부의 입장일 때는 '부부 서사', 부모의 입장일 때는 '부모 서사'라 하며(정운채, 2008: 255), 인간 삶의 가장 중요한 인간관계를 바탕으로 치료를 도모한다.

> 서사의 본질과 핵심은 무엇인가? 서사가 인간에 대한 것이고, 인간이 관계에 의하여 규정되는 존재라고 할 때, 서사의 본질과 핵심은 인간관계(人間關係)에 있다 할 것이다. 이러한 맥락에서, '서사(敍事)'란 "인간관계(人間關係)의 형성(形成)과 위기(危機)와 회복(回復)에 대한 서술(敍述)"이라고 정의(定義)할 수 있을 것이다(정운채, 2005: 9).

인간관계에서 서사를 구현한 문학치료학은 내러티브에서 '관계의 서사'를 구안하고자 한 본 연구와 많은 점이 상통한다. 다만, 문학치료학이 자녀 서사, 남녀 서사, 부부 서사, 부모 서사라는 4개의 영역 속에서 내담자의 자기서사를 분석해가는 것이라면, 이 글에서의 '관계의 서사'란 내러티브를 통해 나타난 인간관계를 생태적으로 살아 움직이는 삶의 관계로 보고, 그것을 유형화한 것이다. 삶에서 맺고 있는 중요한 인간관계 속에서 나의 사회적 위치가 정해지고, 그 사회적 위치는 실제 인간관계에서 생성된다. 예컨대 A 씨의 내러티브에 등장한 중요한 인간관계인 '나와 너(그것)'가 '나와 남편'의 관계라면 '아내 서사', '나와 자녀'의 관계라면 '어머니 서사', '나와 형'의 관계라면 '동생 서사', '나와 친구'의 관계라면 '친구 서사', '나와 시어머니'의 관계라면 '며느리 서사' 등 나와 너의 관계에 따라 '관계의 서사'가 다양하게 유형화될 수 있다. 그리고 문화가 다양하고 복합적으로 융합된 현대사회일수록 가족관계 외에도 정주민과의 관계를 의미하는 '이주민 서사'를 쉽게 만날 수 있다. 이주민 서사란 사회 속에서 자신을 타자 또는 소수자로 인식하고 운영하는 것을 의미한다(오정미, 2021: 161). 누구나 집단 속에서 이방인 혹은 타자의 입장에 위치한다면 쉽게 경험할 수 있는 관계의 서사가 '이주민 서사'이고, 다양한 문화적 배경을 가진 다문화 사회에서 한 번쯤 경험할 수밖에 없는 자기서사가 '이주민 서사'이며, 특

히 이주민 서사는 결혼이주여성의 삶을 이해하기 위한 핵심적인 관계의 서사다.

이처럼 나를 중심으로 한 너(그것)와의 관계에 따라 유형화된 '관계의 서사'는 개인의 삶을 체계적으로 분석할 수 있게 하고, 동시에 동일한 환경 속 삶을 살아가는 집단의 삶을 통찰하게 만드는 중요한 도구가 된다. 집단의 삶을 통찰하게 만드는 중요한 도구로서 '관계의 서사'를 미국 한인 이주여성의 내러티브에서 찾아보면 다음과 같다.

1970년대에 미국 남성과 결혼한 한인 이주여성 7인의 내러티브를 소개한 김영순 외(2021)의 『미국 한인이주여성의 초국적 삶과 공동체』를 살펴보면 '관계의 서사'로서 접근할 수 있는 인간관계를 쉽게 발견할 수 있다. 예상하는 바처럼 한인 이주여성들은 남편과의 관계가 가장 중요했던 만큼 '아내 서사'가 대표적인 '관계의 서사'로서 내러티브에서 확인된다. 이 외에도 자녀와 시부모, 또는 한국에 있는 가족이 관계의 서사로서 존재한다.

그리고 7인의 미국 한인이주여성의 내러티브에는 남편만큼이나 '관계의 서사'로 볼 수 있는 중요한 인간관계가 공통으로 발견된다. 그것은 사회적 연대를 상징하는 한인교회, 한인회 등으로, 일종의 한인공동체가 남편만큼 중요한 인간관계로서 미국 한인이주여성의 내러티브에 존재하고 있었다.

> A: 미국 사회에서는 차별이 없는데 한인 사회에서 아직도 이제 색안경을 끼고 보는 사람이 있죠. 국제결혼에 대한 그 50년대 그런 생각 때문에 그러니까 국제결혼하면 다 안 좋게 뭐 보는 사람들이 많았어요. 그때 30년 전만 해도 그랬었고 그런데 하인스워드 영웅이 되고 나서

그때부터 조금씩 한국 여기도 바뀌었듯이 (생략) (김영순 외, 2021: 95).

B: 지금 우리 월드킴와*에는 다들 인디언 추장만 되려고 그러지 인디언이 없어요. 한국말로 너무나 사공이 많아서 국제 우리 월드킴와 배가 산으로 올라갈 정도예요…. (중략) 이 단체가 이 사람들 눈에는 지들끼리만 먹고 재밌고 그런 거로 보여요. 그러니까 관심이 없어요. 그러니까 발전이 없는 단체라고 규정을 짓고 다 빠져나갔더라고요. 그러니 아, 그러면 안 되겠다. 그러니까 이제는 우리가 도움만 받는 그런 게 아니고 이제 우리가 열다섯 살이 됐으니까 성인이 되자. (생략) (김영순 외, 2021: 225)

미군과 결혼한 A 씨의 내러티브에는 국제결혼을 부정적으로 인식하는 한인사회가 등장한다. 미군과 결혼한 B 씨의 내러티브에도 한인 국제결혼여성을 지지하는 월드킴와 같은 한인 여성들의 커뮤니티가 중요하게 이야기되고 있다. 결국, 1970년대에 미국으로 이주한 A 씨와 B 씨의 내러티브에는 공통으로 '한인공동체 구성원 서사'가 '관계의 서사'로서 존재하고 있었다. 그리고 '관계의 서사'를 통해 미국 한인이주여성의 삶에서 한인사회가 매우 중요한 인간관계인 점을 확인하고, '한인공동체 구성원 서사'가 '아내 서사'만큼 중요하다는 사실을 확인할 수 있었다. 가장 많은 한인 이주민과 한인공동체가 있는 미국의 사회·문화적 특성의 결과로, '한인공동체 구성원 서사'는 미국으로 이주한 한인이주여성의 특성이라고

* 월드킴와(World Federation of Korean Inter-Married Women's Association, 세계국제결혼여성총연합회)는 해외로 이주한 한인이주여성들이 만든 사회적 공동체로, 이주한 거주국뿐 아니라 모국인 한국에 다양한 봉사활동을 펼치는 한인 단체다.

볼 수 있을 것이다. 그래서 '관계의 서사'를 통해 한인이주여성의 삶을 온전하게 이해하기 위해서는 '한인공동체 구성원 서사'가 매우 중요하다는 사실을 알 수 있다.

그리고 이 지점에서 '관계의 서사'가 집단의 삶을 통찰하게 만드는 중요한 도구이고, 그 어떤 텍스트보다 내러티브에 잘 드러나 있다는 점을 확인했다. 내러티브에 나타난 인간관계, 즉 '관계의 서사'가 그 집단의 삶의 전형을 전달하고 통찰하게 만드는 중요한 도구라는 것이다. 내러티브 속 '관계의 서사'는 한 개인의 경험에서 나아가 그 집단의 삶이 어떠한 모습인지 그 전형을 일깨워주는 나침반 역할을 한다.

그렇다면 한국에서 살아가는 다국적 결혼이주여성의 인간관계, 즉 '관계의 서사'에는 무엇이 있을까. 미국의 한인이주여성에게는 한인사회와의 관계가 중요했고, 그만큼 '한인공동체 구성원 서사'가 고유의 특성으로서 내러티브에서 확인되었다. 그렇다면 한국 남성과 결혼하여 한국에서 살아가는 결혼이주여성에게는 어떠한 관계의 서사가 존재할까.

이러한 질문에 답을 구하고자 우선 본 연구팀은 결혼이주여성의 내러티브 연구가 본격적으로 시작된 2009년부터 2021년까지 13년 동안 결혼이주여성의 내러티브를 바탕으로 발표된 박사학위논문에서 '관계의 서사'를 모색하고자 했다. 우선 학술연구정보서비스(RISS)에서 '결혼이주여성'과 '내러티브'라는 대표 어휘를 조합하여 검색한 결과 총 15편의 논문을 확인할 수 있었다. 그러나 본 연구에서는 결혼이주여성의 내러티브를 바탕으로 한 질적 연구를 광범위하게 확장하여 검토했고, 1차적으로 100여 편의 박사학위논문을 확인했다. 그리고 이 중에서 '관계의 서사'를 추론케 하는 단어가 연구 제목에 포함된 논문 32편을 최종 연구 대상으로 선정했다. '관계의 서사'를 추론케 하는 단어란 '가족, 자녀, 부부, 부모, 양육,

시부모, 고부, 모성, 어머니, 출산 그리고 공동체' 등이다. 결혼이주여성이 '나'일 때 '너(그것)'가 존재하는 단어들, 예컨대 '가족'에는 '나와 그 외의 다른 가족 구성원'이 존재하고, '부모, 양육, 모성, 출산'에는 '나와 자녀'가 존재하며, '공동체'에는 나와 공동의 목적을 추구하는 타자가 존재한다. 이처럼 논문 제목에 '나와 너(그것)'의 인간관계가 존재하는 박사학위논문을 선정하여 한국에 거주하는 결혼이주여성의 '관계의 서사'를 정리했다.

〈표 2〉 박사학위논문(2009~2021)에 나타난 결혼이주여성의 '관계의 서사'

번호	연도	연구자	연구참여자 국적[1)]	대학	제목	인간관계/ 관계의 서사
1	2009	김금자	베트남 3 (3가정)	평택대	다문화가족의 자녀교육에 관한 문화기술지적 연구: 한국-베트남 결혼이민자 가족을 중심으로	자녀와의 관계/ 어머니 서사
2	2009	임현숙	베트남 3/일본 3/ 필리핀 3/중국 1/ 태국 1	이화 여대	결혼이주여성의 임신·출산을 통한 삶의 전환 체험	남편 및 자녀와의 관계/ 아내 및 어머니 서사
3	2011	박진옥	중국 5/베트남 5/ 필리핀 4	영남대	결혼이주여성 가족의 부부관계 및 고부관계에서 나타나는 적응과 갈등	남편 및 시부모와의 관계/아내 및 며느리 서사
4	2011	봉진영	중국(한족) 2/ 중국(조선족) 1/ 필리핀 2/베트남 2/ 태국 3/일본 2	성신 여대	다문화가정 자녀 어머니의 양육과 교사의 교육경험에 대한 탐구	자녀와의 관계/ 어머니 서사
5	2011	정예리	필리핀 3	중앙대	해체 가족 여성결혼이민자와 그 자녀의 삶	남편 및 자녀와의 관계/아내 및 어머니 서사

주: 1) 연구참여자로 참여한 결혼이주여성의 국적만 정리했다. 남편, 시집 식구, 자녀, 청자 역할의 보조 연구참여자의 국적은 제외했다.

번호	연도	연구자	연구참여자 국적[1)]	대학	제목	인간관계/ 관계의 서사
6	2011	안진경	중국(조선족) 2/ 중국(한족) 1/ 일본 2/베트남 4/ 필리핀 1	중앙대	다문화가정 부부의 적응역량에 관한 연구	남편과의 관계/ 아내 서사
7	2012	김혜선	베트남 19	이화 여대	초국가적 가족의 형성과 가족 유대: 베트남 결혼이주여성을 중심으로	남편 및 시부모와의 관계/아내 및 며느리 서사
8	2012	최미숙	일본 13	이화 여대	결혼이주 일본여성의 만성질환 시부모 돌봄 경험	시부모와의 관계/ 며느리 서사
9	2012	김영옥	필리핀 6	백석대	결혼이주여성들의 결혼생활에서 나타나는 불안에 대한 연구	남편 및 자녀와의 관계/아내 및 어머니 서사
10	2012	이은아	필리핀 4/베트남 9/ 중국 2/러시아 1/ 일본 6/태국 2/ 아프리카 1/ 베트남 1/몽골 1	이화 여대	도시 결혼이주여성의 경계적 위치와 모성의 확장적 구성/재구성에 관한 연구	자녀와의 관계/ 어머니 서사
11	2013	이선형	필리핀 3/ 중국(조선족) 3/ 베트남 4	서울대	한국 결혼이주여성의 모성과 정체성	자녀와의 관계/ 어머니 서사
12	2013	민서정	중국 2/일본 2	숙명 여대	연애결혼 이민자 여성의 양육경험에 관한 내러티브 탐구	자녀와의 관계/ 어머니 서사
13	2014	김민정	베트남 5/필리핀 5/ 중국(한족) 2/ 중국(조선족) 3	한서대	농촌 결혼이주여성의 고부갈등 경험	시부모와의 관계/ 며느리 서사
14	2014	김민영	일본 5/베트남 5/ 중국 5	계명대	결혼이주여성의 어머니 되어가기	자녀와의 관계/ 어머니 서사
15	2014	이국진	중국, 베트남, 필리핀 8	명지대	결혼이주여성의 영유아기 자녀 양육을 통한 사회적 관계와 부모 정체성 탐색	자녀와의 관계/ 어머니 서사

번호	연도	연구자	연구참여자 국적[1)]	대학	제목	인간관계/ 관계의 서사
16	2014	김미영	필리핀 1/베트남 2/ 우즈베키스탄 1/ 캄보디아 1/ 몽골 1/일본 1	개신대	결혼이주여성의 성경적 자아정체성 확립을 통한 자녀 양육에 관한 연구	자녀와의 관계/ 어머니 서사
17	2015	서양임	일본 7	백석대	일본 결혼이주여성이 경험하는 자녀 양육의 문화심리적 현상	자녀와의 관계/ 어머니 서사
18	2015	팽혜숙	베트남 1/ 캄보디아 1/일본 1	서울 신학대	결혼이주여성의 부부 되어가기 경험	남편과의 관계/ 아내 서사
19	2016	노은하	중국(한족) 5/ 중국(조선족) 5	아주대	한국 이주 중국 여성의 어머니 됨	자녀와의 관계/ 어머니 서사
20	2016	김은재	필리핀 4/ 베트남 5/태국 1	중앙대	결혼이주여성들의 삶과 글로벌 돌봄노동 맥락	남편 및 시부모와의 관계/아내 및 며느리 서사
21	2017	권영은	베트남 6	고신대	베트남 결혼이주여성의 산후조리 경험	자녀와의 관계/ 어머니 서사
22	2017	조향숙	중국(조선족) 3/ 필리핀 2/베트남 1	부산대	결혼이주여성의 지적장애 자녀 양육경험에 관한 사례연구	자녀와의 관계/ 어머니 서사
23	2017	천지아	중국(한족) 8	인하대	중국계 결혼이주여성의 자녀계승어 교육 경험에 관한 연구	자녀와의 관계/ 어머니 서사
24	2018	이지연	베트남 22	서울대	베트남 출신 결혼이주여성의 자녀 양육 경험	자녀와의 관계/ 어머니 서사
25	2018	정선주	일본 10	한양대	일본 결혼이주여성들의 가족갈등에 관한 현상학적 연구	시집 식구와의 관계/며느리 서사
26	2018	단효홍	중국(한족) 22	전남대	초국가적 가족유대를 통해 본 결혼이주여성의 행위주체성	시집 식구와의 관계/며느리 서사
27	2018	최미경	필리핀 15	서강대	필리핀 결혼이주여성의 공동체 활동 경험 연구	필리핀 결혼이주여성들과의 관계/필리핀 공동체 서사

번호	연도	연구자	연구참여자 국적[1)]	대학	제목	인간관계/관계의 서사
28	2019	이지영	러시아 1/중국 1/네팔 1/베트남 1/우즈베키스탄 1	공주대	한국 결혼이주여성의 어머니 역할수행을 통한 임파워먼트 과정	자녀와의 관계/어머니 서사
29	2019	박동숙	베트남 5/중국 3/아르메니아 1/일본 1	예명대	결혼이주여성의 적응 경험에 관한 연구: 자녀 양육경험을 중심으로	자녀와의 관계/어머니 서사
30	2020	임선우	러시아 1/키르키스스탄 2/우즈베키스탄 2/우크라이나 1	선문대	대구광역시 결혼이주여성의 공동체 형성에 관한 연구: 독립국가연합 출신자 생활세계를 중심으로	결혼이주여성들과의 관계/독립국가연합 공동체 서사
31	2021	이춘양	중국(조선족) 3/중국(한족) 1/필리핀 2/우즈베키스탄 2/베트남 2/러시아 2/일본 1/캄보디아 1	인하대	한부모이주여성 삶의 경험에 관한 생애사적 내러티브 연구	자녀와의 관계/어머니 서사
32	2021	최연숙	베트남 14/중국 4/일본 1/필리핀 4/캄보디아 2/파키스탄 1	부산대	결혼이주여성의 모성 경험: 사회문화적 구성의 역학	자녀와의 관계/어머니 서사

2007년부터 발표된 결혼이주여성의 내러티브를 토대로 한 박사학위논문을 살펴보면, 이주 초기 단계에 속하는 2008년까지는 결혼이주여성의 문화적응에 목표를 둔 박사학위논문이 대부분이었다. 그리고 문화적응 연구에 대한 반성적 고찰 속에서 2009년부터 결혼이주여성의 삶 자체에 주목한 내러티브 연구가 본격적으로 시작되었고, 자연스럽게 논문 제목에 결혼이주여성의 삶에 중요한 인간관계가 나타나기 시작했다. 우선, '관계의 서사'를 통해 확인할 수 있는 〈표 2〉의 중요한 특징은 압도적으로

집중된 '어머니 서사'다. 13년 동안 발표된 32편의 박사학위논문 중에서 자녀와의 관계를 배경으로 한 '어머니 서사'가 21편으로 절반 이상을 차지했다. 물론, 한 여성이 결혼을 통해 출산과 육아를 경험하면서 자녀와의 관계가 중요하고 '어머니 서사'가 자기서사가 되는 것은 자연스러운 섭리이겠지만, 다문화사회 초기부터 현재까지 결혼이주여성의 내러티브 연구에서 '어머니 서사'가 압도적으로 많다는 것은 한국 사회가 그녀들에게 요구하는 삶이 '어머니로서 살아가기'라는 것을 의미한다. 박사학위논문에서 수집된 자료는 각 연구자의 특수한 목적과 관점에 따라 수집 및 분류 해석된 자료이고, 이것은 연구자가 속한 사회문화의 반영이기에 당대의 사회 요구로 볼 수 있기 때문이다.

> 결혼이주여성은 '이주민'이어서만이 아니라 자녀를 출산하는 '재생산 몸'이자 동시에 어머니 노릇을 수행해야 하는 모성적 존재라는 점에서 사회통합이 강제되고 요구되는 것이다(이은아, 2013: 117).

결혼이주여성에 있어서 '좋은 엄마'는 아이와의 관계가 삶에서 가장 소중하다고 여기며 아이의 삶은 곧 '나'의 삶이라는 동일시로 자아중첩이 되어있다. 그래서 이들은 '한국인 자녀'에서 나아가 '글로벌자녀'를 생산/재생산하기 위해 '좋은 엄마' 이데올로기에 속절없이 스며들어 국가가 표방하는 방향으로 열혈 엄마 역할을 충실히 수행하는 것으로 나타난다(최연숙, 2015: 47-48).

결혼이주여성을 향한 어머니 이데올로기에 대한 선행연구의 비판이 '관계의 서사'를 통해 기우가 아니었음을 확인했다. 사실, 어머니로서 살아가기를 요구하는 한국 사회의 특성은 뿌리 깊은 모성에 대한 찬미에서

비롯했다. 한국은 오랫동안 모성에 대해 찬미하면서 여성의 삶이 모성으로 발현될 때, 그것을 최고의 삶으로 간주하는 문화가 있었다. 고전부터 현대에 이르기까지 모성을 주제화한 문학은 끊임없이 재생산되었고, 실제로 자녀를 위해 희생하는 삶을 살지 않는 어머니, 예컨대 "여자는 약하나 어머니는 강하다" 같은 가치관에 반하는 어머니는 진정한 어머니가 아니라는 문화가 팽배했다. 이러한 한국 문화가 결혼이주여성의 삶에도 지대한 영향을 미쳤고, 그 결과 결혼이주여성의 내러티브에서 '어머니 서사'를 자주 만날 수밖에 없었다. 이처럼 박사학위논문 속 '관계의 서사'를 통해 한국 사회가 요구하는 결혼이주여성의 삶을 확인했고, 연구자들조차 결혼이주여성을 어머니로 대상화하여 제한적 연구를 진행해왔다는 점을 확인할 수 있었다.

그리고 '관계의 서사'가 발현하는 또 하나의 중요한 가치는 연구참여자, 즉 결혼이주여성의 다층적인 삶의 면모를 탐색케 한다는 것이다. 예컨대 '관계의 서사'는 사랑, 희생, 양육으로 점철될 '어머니 서사' 외에 다른 입장의 어머니 서사를 고찰하게 만든다.

> 애기 태어나니까 애기 엄마, 시어머니는 그냥 애, 애야… 애기 낳고는 '애기 엄마' 이렇게 부르는 거 좋았어요. 그냥 말보다 애기 엄마 했을 때 더 좋아요. 지금은 괜찮은데… 나중에는 모르니까. 지금은 너무 좋아. 애기 엄마, ○○이 엄마. 이럴 때 내 엄마야 생각 들어요. 생각이 없는데 이렇게 부르면 내가 엄마구나… 생각 들어요. 그거 좋아요(이지영, 2019: 62-63).

엄마가 된 기쁨을 표현한 결혼이주여성의 내러티브는 대표적인 '어머니 서사'일 것이다. 특히, 타지로 이주한 결혼이주여성이 엄마가 된다는

것은 여성으로서 그리고 이주민으로서 긍정적 경험일 것이다. 그래서 연구자의 연구 목적을 떠나 한국에 거주하는 결혼이주여성의 내러티브에서 '어머니 서사'가 빈번하게 등장할 수밖에 없을 것이다.

그런데 관계의 서사는 예상 범위의 스토리에서 벗어나 다양한 입장 혹은 위치의 자기서사를 보여주기도 한다.

> 아이가 한국에 학교에 다니게 되었어요. 한국말은 모르지만 그래도 학교에 다녀야 빨리 한국말도 배우고 친구도 사귈 수 있잖아요. 그런데 남편과 사이가 점점 멀어졌어요. 이혼을 결정하면서 데려온 아이는 나 혼자 키우게 되었어요. 아이를 잘 키우려면 저녁 늦게까지 일하지 않을 수 없어요. 아이는 거지처럼 온 마을을 돌아다니며 혼자 놀아요. 베트남 우리 동네에서는 아무도 뭐라고 그러지 않아요. 한국에선 이웃 사람들이 수군거리고 학교에서도 다문화센터에서도 아동센터에서도 모두 걱정을 해요. 나는 엄마지만 더는 손이 없어요(최연숙, 2021: 61).

자녀와의 관계 내러티브에서 '어머니 서사'가 오히려 결혼이주여성의 삶에 긍정이 아닌 부정적 요인으로 작용하는 사례다. 베트남 A 씨가 이혼하면서 '중도입국자녀'라고 명명되는 아이를 한국에서 홀로 키우게 되며 겪는 갈등 상황이다. 경제적으로 빈곤한 형편의 한국 여성이 홀로 자녀를 양육해도 위의 상황과 크게 다르지 않을 것이다. 그러나 베트남에서 유년기를 보낸 결혼이주여성에게 한국 이웃들의 관심과 우려는 같은 처지의 한국 여성들보다 더 큰 비난과 차별로 다가온다. 그래서 아이의 모든 것을 책임져야 하는 결혼이주여성은 한국 모성의 이데올로기 속에서 더욱 고립된 삶을 이어갈 수밖에 없다. 이처럼 '어머니 서사'는 결혼이주여

성의 개별적 특성과 문화적 배경에 따라 그녀들의 삶을 이어나가는 힘이기도 하지만, 동시에 한국 사회에서 부적응하게 만드는 기제이기도 하다. 특히, 다문화가정은 한국 가정보다 다양한 상황과 환경에서 자녀 양육을 하는 특성이 존재하고, 이러한 점에서 결혼이주여성의 보편적이면서도 특수한 '어머니 서사'에 대한 확장적이고 심도 있는 연구가 필요하다. 이처럼 '관계의 서사'는 주변부로 치부되거나 혹은 온전하게 인정받을 수 없는 다양한 입장의 내러티브도 공적인 경험으로 환언시키며 다층적인 삶의 면모를 탐색케 한다.

이 외에도 '관계의 서사'를 통해 한국의 결혼이주여성에 대한 사회적 관심과 연구가 '가정'이라는 울타리를 벗어나지 못한다는 점을 확인할 수 있다. 한국에 거주하는 결혼이주여성에게 가장 중요한 인간관계가 자녀였다면, 이어서 남편과 시부모를 포함한 시집 식구가 중요한 인간관계로서 〈표 2〉를 통해 확인된다. 남편과의 관계를 토대로 한 '아내 서사'가 8편, 시집 식구를 포함한 시부모와의 관계 속 '며느리 서사'가 7편, 그 외 기타로 2편의 '자국 공동체 서사'가 확인되기 때문이다. 결혼이주여성에게 가족관계가 중요한 인간관계임은 부정할 수 없는 사실이지만, 가족을 벗어난 인간관계에 대한 연구가 그동안 거의 진행되지 않았다는 점을 '관계의 서사'를 통해 확인할 수 있다. 그러나 결혼과 여성이라는 특성과 함께 결혼이주여성은 새로운 미래를 꿈꾸며 한국으로 이주한 이주민이기도 하다. 초국적 이주라는 선택을 감행한 결혼이주여성들은 누구보다 적극적이고 주체적으로 삶의 전환을 모색한 이들로, 그녀들의 삶을 이해하기 위해서는 가족관계 외의 인간관계에 대한 탐색과 연구가 필요하다. 이러한 점에서 최근에 발표된 2편의 박사학위논문, 최미경(2018)의 『필리핀 결혼이주여성의 공동체 활동 경험 연구』와 임선우(2020)의 『대구광역시 결혼

이주여성의 공동체 형성에 관한 연구: 독립국가연합 출신자 생활세계를 중심으로』는 주목해야 한다. 두 논문은 문화적 배경이 같은 자국 공동체 사람들과의 관계를 바탕으로 한 연구로, 가정 내에서 가정 밖으로 인간관계를 확장한 연구다. 마치, 미국에 거주하는 한인이주여성의 내러티브에서 관계의 서사로서 '한인공동체 구성원 서사'가 확인된 바처럼 한국에 거주하는 결혼이주여성에게서 '자국 공동체 구성원 서사'를 확인한 연구다. 『필리핀 결혼이주여성의 공동체 활동 경험 연구』에서는 '필리핀공동체 구성원 서사', 『대구광역시 결혼이주여성의 공동체 형성에 관한 연구: 독립국가연합 출신자 생활세계를 중심으로』에서는 '중앙아시아공동체 구성원 서사'가 '자국 공동체 구성원 서사'로서 확인된다.

'자국 공동체 구성원 서사'의 연구는 두 가지 점에서 한국의 다문화 사회에 중요한 의미를 가진다. 첫째, 가족에서 사회로 확장된 결혼이주여성의 삶을 확인할 수 있다. 앞서 말한 바대로 박사학위논문의 특징을 고려해볼 때, 결혼이주여성의 내러티브에 '자국 공동체 구성원 서사'가 등장하는 것은 결혼이주여성의 삶의 변화와 함께 그녀들을 향한 한국 사회의 요구와 기대가 변화한 것을 의미한다. '자국 공동체 구성원 서사'를 구술한 연구참여자 대부분이 한국에서 산 지 10년 이상 되었다는 점은 그녀들의 삶의 변화를 의미하기 때문이다. 그리고 결혼이주여성의 삶의 변화가 가능할 수 있었던 것은 개인의 생애사적 특징만이 아니라 한국 사회의 변화 속에서 가능했기 때문이다. '여권을 주면 도망갈 것이다', '가난해서 팔려왔다' 같은 초창기의 부정적 인식이 주체적으로 건강한 삶을 살아가는 다수의 결혼이주여성으로 인해 사회 인식의 변화를 만들었고, 그 속에서 결혼이주여성의 공동체가 형성되었다. 즉 결혼이주여성 개인의 특성과 한국 사회의 변화가 만나 결혼이주여성 공동체를 만들었고, '자국 공동체 구

성원 서사'를 만들었다.

두 번째, 결혼이주여성의 '자국 공동체 구성원 서사'는 미래 한국 사회의 변화를 예상케 한다. 결혼이주민이 결성한 공동체는 1차적으로 자국 사람들이 서로를 돕기 위해 조직한 단체이지만, 지역사회 참여와 국적을 초월한 초국적 활동까지 점차 그 외연을 확장하며 발전한다.

> 부활절에는 부활계란을 한국 사람들과 함께 준비하였어요. 전 신자들이 모여서 부활계란을 함께 준비하였어요. 올해 초 처음으로 함께 준비하였어요. 우리는 행복함을 느껴요. 우리는 결속력을 느끼고 대부분 우리는 더 가까워진 느낌을 들어요. 한국 신자들도 우리처럼 행복하게 느끼는 것 같아요(활동 모습을 사진으로 보여준다). 아줌마 이야기, 잡, 운동 등 이야기해요(최미경, 2018: 136).

> 불법 친구인데 핸드폰 가지려면 아이디 있어야 하는데 아이디 없어서 제 이름 빌려줘요. 그 사람은 매달 통화료는 안 내고 결국은 내가 내야 되는 거예요. 결국은 돈 못 받았어요. 처음부터 안 된다는 것 알았지만 도움 주고 싶은 마음 있어서 그렇게 하였는데 남편 허락받을 수 없을 것 같아 혼자 결정하였지요(최미경, 2018: 142).

각각 지역사회 참여와 초국적 활동을 보여주는 결혼이주여성의 내러티브다. 필리핀 결혼이주여성은 공동체를 통해 지역사회로 외연을 확장하는 삶을 산다. 공동체는 외부와 단절된 폐쇄적 공간이 아니라 한국 사회와 소통하는 열린 공간이 되고, 그 속에서 결혼이주여성들은 '자국 공동체 구성원 서사'를 경험한다. 그리고 중앙아시아를 배경으로 한 결혼이주여

성은 공동체를 통해 국적을 초월하여 다른 이주민을 돕는 활동을 한다. 마치, 미국 한인이주여성이 공동체를 통해 지역사회 참여, 나아가 초국적 활동을 하는 모습과 같다.

> 국제결혼하신 분들의 특성이 있어요. 그 특성이 상처를 잘 받아요. 아무것도 아닌데 상처를 받아서 그게 상처가 되면 비판하고 그냥 나가고 그냥 막 물어뜯고 하는 이런 게 있는데 (중략) 국제결혼여성들이 모여서 만든 국제결혼여성들끼리 각 지역별로 하던지 지금 이게 저기 같이 모아지는 거 같아요. 그래서 지부를 만들고 그전에는 국제결혼여성들만의 각 지역에서 이렇게 해서 단체를 만들고 했는데 요즘에는 월드킴와라는 큰 그림을 그려서 세계의 여성들이 어느 나라를 방문하고 같이 동참할 수 있는(김영순 외, 2021: 159).

월드킴와라는 초국적 공동체를 결성한 미국 한인이주여성들은 국적을 초월한 봉사와 나눔의 삶을 산다. 그리고 한국에서 살아가는 결혼이주여성의 내러티브에서도 곧 미국 한인이주여성들 같은 초국적 삶을 만날 날이 도래할 것이다. 즉, '자국 공동체 구성원 서사'를 통해 변화하고 있는 결혼이주여성의 삶과 함께 변화하는 한국의 다문화사회를 알 수 있다. 사회 정책이나 계몽적 차원에서가 아닌 이주민과 정주민의 관계, 즉 관계의 서사를 통해 현재의 다문화사회와 함께 앞으로 변화할 미래의 한국 다문화사회까지 예견할 수 있다.

2장

결혼이주여성의 내러티브에 나타난 관계의 서사, '이주민 서사'

한국에 거주하는 결혼이주여성의 내러티브에서 가족관계를 바탕으로 한 '어머니 서사', '며느리 서사' 등과 함께 최근에는 '자국 공동체 구성원 서사'가 '관계의 서사'로서 확인되었다. 그리고 결혼이주여성들의 삶에 전방위적인 영향력을 미치는 또 다른 인간관계가 내러티브를 통해 확인되었다. 범박하게 말해, '관계의 서사'란 '나'의 삶에 커다란 영향력을 미치는 '너'라는 존재와의 인간관계를 의미하고, 결혼이주여성의 내러티브에서 가족 구성원과 고향에서 온 친구 외에 정주민과의 관계를 상징하는 '이주민 서사'가 강하게 작동하고 있었다.

이선형: 그럼 지금 생각하시기에, 지금 쑤언 씨가 좋은 엄마인 거 같으세요, 아닌 거 같으세요?

레티쑤언: (바로 이어서) 아니요. (웃으며) 아닌 것 같애요.

이선형: 왜, 왜, 왜요?

레티쑤언: 한국 엄마보다 못하니까요, 한국어도 음식도. 지금은, … 저 한국

엄마보다 더 못해잖아요, 저는. (중략) 저기, 유치원에서 가끔 행사 행사 했어요. 근데 저기 반에 다른 엄마는 막 쪼리쪼리 하는 거예요. 저는 그냥 겁 많고, 민망하고, 막 많이 없어요. 그냥. 한쪽에서. 그냥 불쌍했어요. 애기들이.

이선형: 애기들이?

레티쑤언: 네. '(속으로 생각하는 말 재연) 난 왜 저러나. 난 왜 용감 없나~'(이선형, 2013: 215-216)

이 논문의 제목은 『한국 결혼이주여성의 모성과 정체성』이고, 자녀의 양육에 대한 고민이 주요 내용이기에 '어머니 서사'가 핵심적인 '관계의 서사'일 수밖에 없다. 그런데 "좋은 엄마인가?"라는 질문에 "아니요"라고 답하는 내러티브 속에는 모성을 바탕으로 한 '어머니 서사'와 함께 정주민과의 관계를 의미하는 '이주민 서사'가 확인된다. '나는 좋은 엄마인가?'라는 내적 갈등에는 정주민과의 관계까지 내포된 '이주민인 나는 좋은 엄마인가?'라는 물음이 포함되어 있고, 이것은 내러티브에 고스란히 드러난다. "한국 엄마보다 못하니까요"와 같은 말에는 '어머니 서사' 속에 정주민과의 관계 속에서 자신을 타자 또는 소수자로 인식하고 운영하는 '이주민 서사'가 중첩되어 있다는 사실을 알 수 있다. 즉 자신의 양육에 대한 불안감, 낮은 자존감이 표출된 '어머니 서사'에는 공통으로 '이주민 서사'가 작동하고 있었고, 특히 자녀의 교육열이 높은 한국 문화에서 결혼이주여성이 경험하는 '어머니 서사'에는 '이주민 서사'가 중첩되는 특징을 강하게 가지고 있었다.

그리고 '이주민 서사'가 중첩되는 것은 '어머니 서사'만의 특징이 아니었다. 다른 유형의 '관계의 서사'에서도 '이주민 서사'가 중첩되는 특징

을 쉽게 확인할 수 있었다.

> 시어머니와 같이 살았었어요. 너무 불편했어요. 시어머니는 내가 하는 일에 간섭 많이 해요. 필리핀에서는 시어머니가 며느리 일에 간섭하지 않아요. 같이 살지도 않아요. 내가 입는 옷도 간섭하고, 먹는 음식도 간섭하고, 밖에 나가는 것도 간섭하고… 나는 아이(어린아이) 아니에요. 시어머니는 나를 이해 안 해줘요(박진옥, 2011: 69).

> 남편이 내가 아이들에게 우리나라 말(베트남어) 가르치고, 우리나라(베트남)에 대해 이야기하는 거 싫어해요. 우리 엄마랑 전화할 때 아이들과도 이야기하고 싶은데 애들이 우리나라 말(베트남어)을 모르니까 얘기할 수 없어요. 그래서 남편과 싸웠어요. 우리나라 말(베트남어)도 중요하다고… 근데 남편은 "베트남말 필요없어"라고 말해요(박진옥, 2011: 74).

시어머니와의 관계, 남편과의 관계에서 '관계의 서사'인 '며느리 서사'와 '아내 서사'를 확인할 수 있다. 그리고 시어머니와 남편 외에 정주민과 대면하는 '이주민 서사'를 확인할 수 있다. 표면적으로는 시어머니의 간섭으로 발생하는 고부갈등이지만, 필리핀 배경의 결혼이주여성은 다른 문화권의 정주민이면서 동시에 자신의 문화권 속으로 동화시키려는 시어머니, 즉 정주민을 대면한다. "필리핀에서는 시어머니가 며느리 일에 간섭하지 않아요", "나는 아이 아니에요" 같은 말에는 문화의 다름과 함께 시어머니의 삶 속으로 동화되지 않으려는 이주민이 존재한다. 그리고 자녀들에게 베트남어를 가르치는 문제로 갈등하는 부부관계에서도 이주민과 정주민의 문화적 갈등을 확인할 수 있다. 단지 교육관의 차이라기보다

베트남을 한국보다 지위가 낮은 국가로 보는 남편, 즉 정주민이 존재하고 그 속에서 결혼이주여성은 '이주민 서사'를 경험한다. 남편과 시집 식구와의 관계에서 형성되는 '이주민 서사'에 대해 기술한 오정미(2021)의 글을 인용하면 다음과 같다.

> 결혼이주여성이 마주한 한국 남편은 결혼으로 맺어진 배우자이기 전에 작은 한국 사회이고, 부부 사이에는 이주민과 정주민의 관계가 존재한다. 게다가 폭력적인 남편들의 대부분은 아내를 동등한 부부관계로 인정하기보다 외국에서 온 자신보다 지위가 낮은 존재, 즉 소수자로서의 이주민으로 대우하고, 이러한 부부관계에서 결혼이주여성은 이주민 서사를 경험하며 낮은 자존감과 스트레스, 우울증 등의 심리 문제를 가진다. 또한 시부모를 비롯한 시집 식구들과의 관계에서도 이주민 서사가 강화되기도 한다(오정미, 2021: 163).

결혼이주여성이 가족 내에서 대면한 '이주민 서사'는 대부분 부정적 경험이다. 가족관계에서 경험하는 '이주민 서사'는 이주노동자나 유학생이 직장이나 학교에서 경험하는 '이주민 서사'와 다르기 때문이다. 그래서 '가족'이라는 울타리에서 경험하는 결혼이주여성의 '이주민 서사'에 대한 이해와 통찰이 존재할 때, 결혼이주여성의 행복한 삶과 행복한 다문화가정을 모색할 수 있을 것이다.

이처럼 '관계의 서사'는 내러티브라는 사적 경험의 이야기를 공적 이야기로 치환하기 위한 중요한 방법이 되고, '관계의 서사'라는 렌즈로 본 결혼이주여성, 나아가 이주민과 정주민의 삶은 한국 다문화사회를 다층적으로 이해하는 데 디딤돌 역할을 할 것이다.

따라서 2부에서는 인하대학교 다문화융합연구소에서 직접 만난 결혼이주여성 9인의 내러티브를 소개한 후 3부에서는 그녀들의 내러티브에 나타나는 중요한 관계의 서사가 무엇인지를 따라가보고자 한다.

2부

결혼이주여성 9인의 내러티브와 스토리텔링

3장

아이들에게 자랑스러운 엄마가 되다

연 참여자의 엄마는 가족의 생계를 책임지며 힘들게 사셨다. 그녀는 엄마처럼 살고 싶지 않아 국제결혼으로 한국 남자와 결혼했다. 이주 초기에는 한국 문화에 적응하기 힘들었지만, 우울한 자신의 모습을 아이들에게 보이기 싫어 한국어 공부를 열심히 하면서 조금씩 우울증에서 벗어날 수 있었다. 그는 필리핀 가족 생각을 많이 한다. 결혼 전 필리핀에서 가장 역할을 했으나 한국에 온 후 경제적 여유가 없어 집에 생활비를 조금밖에 보내지 못해 미안한 마음을 갖고 있다. 지금은 페이스북을 통해 사진으로나마 가족들을 만날 수 있어 예전보다 외롭지 않다. 그녀는 가족을 최우선으로 생각해 가족여행을 하며 행복을 느끼지만, 남편이 함께하지 않아 늘 아이들만 데리고 간다. 어쩌면 생활이 힘들어도 아빠를 사랑한 엄마의 삶이 자신의 삶보다 더 나을지 모른다는 생각을 한다.

연구참여자는 다문화센터에서 한국어 자료를 영어로 번역하고 홍보하는 일을 한다. 부업으로 인형에 필리핀 옷을 만들어 입혀 다문화강사들에게 판매도 한다. 딸은 엄마가 하는 일을 좋아하고, 큰아들도 엄마가 다양한 활동을 하는 것을 고마워하며 자랑스럽게 여긴다. 또한 필리핀 사람들과 가족 모임을 만들어 그들을 돕기도 한다. 그녀는 한국 생활에 대체로 만족하고 있으며 특히 한국의 교육 시스템, 다문화 지원 프로그램, 교육 프로그램, 여러 가지 상담 프로그램 등이 잘 이뤄지고 있다고 생각한다. 아쉬운 점은 다문화센터 방문교사들의 도움을 최대 1년 이상 받을 수 없다는 점이다. 기간이 조금 더 연장되면 좋겠다고 느낀다.

[주제어] 필리핀, 결혼이주여성, 영어번역 홍보, 여가, 여행, 가족, 인형 만들기

1.
엄마처럼 살지 않으리라

필리핀에서의 나

나는 고등학교 때까지 학교와 집만 오가며 얌전히 생활하는 조용한 학생이었다. 엄마는 밖에서 일하고 집엔 동생들이 많아 맏이인 내가 집안일을 돌봐야 했다. 학창 시절 학교 수업에서 미싱을 배운 것이 특히 기억에 남는다. 나는 항상 뭔가 만드는 것, 또는 집을 이쁘게 꾸미는 것을 좋아했다. 학교와 집밖에 모르다가 대학에 간 후 친구들과 클럽에 가는 등 어울려 노는 것이 재밌었다. 하지만 수업을 듣고 아르바이트를 하느라 클럽에 자주 가지는 못했다. 그런 점이 지금은 조금 아쉽다.

엄마가 생계를 책임지다

엄마가 생계를 책임지고 아빠는 집에 계시면서 가끔 포커를 치러 나가셨다. 엄마는 어릴 때도 어렵게 사셨는데, 아빠와 결혼한 후에도 집안 경제를 도맡아 지금까지 힘들게 사시는 것 같아 불쌍하다는 생각이 든다. 반면 아빠가 돈을 벌어오지 않아 엄마를 힘들게 했지만 엄마는 아빠를 너

무 사랑하셨고, 아빠에게 불만을 표현하지 않았다. 이러한 사랑 덕분에 아마도 엄마는 고된 생활을 견뎠고 힘들어도 행복해하셨던 것 같다.

엄마처럼 살지 않으리라

나는 필리핀에서 사촌언니의 소개로 남편을 만났다. 남편과 연애할 때 번역 책을 보면서 이야기했다. 처음에 남편은 영어를 잘 못했고 내 발음도 못 알아들었다. '아이 러브 유'만 알아들은 것 같다. 우리는 10월에 만나 바로 결혼하기로 결정했다. 당시 나는 일을 하고 있어 곧바로 식을 올리지 못했고 이듬해 3월 결혼식을 했다. 남편과 국제결혼을 한 데는 어린 시절의 경험이 큰 영향을 미친 것 같다. 고생하는 엄마를 지켜보며 나는 엄마처럼 살고 싶지 않았고 그보다 잘살고 싶었다. 국제결혼을 하면 경제적으로 나아질 거라 생각했다.

2.
아이들이 엄마의 일을 자랑스러워하다

필리핀 가족은 생각하지 말라

처음 한국에 도착했을 때 나는 마치 죽은 사람처럼 내 몸에서 무언가 날아가는 느낌, 뭔가 없어지는 느낌을 받았다. 누군가 섭섭한 말 한마디만 해도 계속 눈물이 났다. 어떻게 한국 생활을 시작해야 할지 걱정도 많았다. 결혼 후 아이 낳고 3년 동안 집에만 있었다. 한국말을 못 해 어려움도 많았다. 아이들이 아파 병원에 가도 아픈 상태를 설명하지 못했고, 예방접종 등 기본적인 정보도 알아듣지 못해 당황했다. 한국말도 못 하고 직장도 없이 집에만 있으니 우울증이 생겼다. 우울한 나날을 보내다가 문득 아이들을 보니 아이들이 우울한 엄마를 보고 자랄 거란 생각에 엄마인 내가 이렇게 살면 안 된다고 느꼈다. 또한 한국에서 아이들을 키우려면 한국어 공부를 열심히 해야겠다고 생각했다. 그때부터 한국어 공부를 열심히 했고 조금씩 우울증도 나아진 것 같다.

한국 음식도 입에 맞지 않아 힘들었다. 나물을 전혀 먹을 수 없었다. 그나마 필리핀 음식과 비슷한 고기만 먹었다. 그런데 남편은 내가 한국 음

식을 못 먹어 고생하는 줄도 모르고 너무 고기만 찾지 말고 채소도 먹어야 한다며 잔소리를 했다. 나는 한국 음식은 매워서 못 먹겠다며 짜증을 냈다. 편식을 하는 것도 아니고 먹을 수 없는 것인데 그것도 이해해주지 않는 남편이 야속했다. 가족에게 가끔 필리핀 요리를 해줄 때가 있다. 그때마다 아이들은 한국 음식이 아닌 이 음식이 뭐냐고 정색하며 싫은 내색을 했다. 나는 음식이 입에 안 맞고 싫으면 안 먹으면 된다고, 표정까지 그렇게 정색하며 찡그릴 필요가 있냐고 화를 냈다. 엄마가 한국 음식 앞에서 그런 표정 지으면 좋겠냐고, 그렇게 하면 엄마 마음이 너무 아프다고 말했다. 그 이후부터 아이들은 그런 행동을 하지 않는다. 지금은 요리책을 보면서 한국 음식을 만드는데 남편이 잘 안 먹는다. 그래서 자꾸 버리게 된다. 내가 한 음식을 남편이나 아이들이 맛있게 먹고 음식을 잘한다고 칭찬해주면 나도 할 맛이 나고 재미있을 텐데 그러지 않아 서운하다.

내 마음을 가장 아프게 한 이들은 남편의 가족인 형님들이다. 처음 한국에 와 모든 것이 낯선 나를 조금도 배려해주지 않았다. 형님들은 내가 한국 문화에 무조건 맞추기를 원했다. 익숙하지 않은 문화에 적응하는 데는 시간이 필요했지만, 형님들은 이해해주지 않았다. 3개월 전 형님은 이제 한국에 있는 가족이 진짜 가족이니까 필리핀 가족은 생각하지 말라고 했다. 한국 가족만 생각하라니, 마음이 너무 아파 눈물이 나올 것 같았다. 나는 형님한테 필리핀에 있는 가족을 마음으로만 생각하는 것도 안 되느냐고 물었다. 형님은 어이가 없는지 그렇게 하라고 했다. 필리핀 가족을 만나고 싶어도 바로 갈 수 없고 나는 혼자인데, 나를 이해해주지 않는 한국 가족에게 많이 섭섭했다.

필리핀 가족이 그립다

필리핀 가족은 부모님과 남매 열한 명이다. 그중 나는 맏이다. 결혼하기 전까지 내가 가장 역할을 해왔는데, 결혼 후부터 잘 못하고 있다. 그나마 아이들 없이 남편과 둘만 살 땐 가끔 필리핀에 약간의 생활비를 보낼 여유가 있었으나 남편이 경제적 어려움을 겪은 후 상황이 바뀌었다. 남편은 우리도 돈이 없어 힘든데 필리핀 가족까지 도와줄 수는 없다며 정기적으로 보내지 말고 가끔 보내자고 했다. 나도 내가 일을 할 때만 조금씩 돈을 보내고 있었고, 아이가 생긴 후로는 생활이 힘들어 거의 보내지 못하고 있다. 내가 결혼할 때 필리핀 지인들은 내가 필리핀 가족에게 경제적으로 도움이 될 거라 기대하고 있었다. 막상 한국에 와보니 남편에게 경제적 여유가 없어 돈을 보낼 형편이 안 되었다. 나는 남편에게 우리가 필리핀에 용돈을 보내지 않는 대신 필리핀에 사는 여동생을 한국으로 초청하자고 했다. 여동생이 한국에서 일해 필리핀 가족을 도울 수 있으리라 생각했다. 동생이 한국으로 와서 일했지만 체류 기간을 넘겨 불법체류자가 됐다. 동생의 아이들은 필리핀에 있었고 한국에서 불법체류자로 사는 게 힘들어 동생은 결국 다시 필리핀으로 돌아가야 했다.

필리핀은 아빠가 돌아가셨을 때, 둘째 입덧 때, 아이들과 함께 세 번 정도 다녀왔다. 최근 페이스북으로 필리핀에 있는 가족사진을 볼 수 있게 됐다. 그래서 요새는 페이스북을 열심히 한다. 페이스북을 몰랐을 때는 가족들과 전화로 목소리만 들어 외로웠는데, 지금은 서로 페이스북에 사진을 올려 얼굴도 보고 일상을 공유한다. 시간이 있을 때마다 사진을 올리고 메시지가 오면 댓글을 달고 하면서 항상 주시하고 있다. 이렇게 페이스북은 나의 외로움을 달래주는 공간이 되었다. 우리 가족은 아이들까지 합치면 40명이 넘는 대가족이다. 사진 속에 가족 전체가 담기지 않는다. 필리

핀 크리스마스를 체험해보고 싶어 아들과 놀러 간 적이 있다. 한국은 겨울이라 추워서 집에서만 지내야 하는데, 필리핀은 춥지 않아 밖에서 캐럴을 부르고 게임을 하고 재미있었다. 언젠가 필리핀 가족들이 크리스마스 파티를 하는 사진이 올라왔는데, 갑자기 그 안에 내가 없다는 생각에 쓸쓸함이 몰려왔다. 그곳에 나만 없다는 생각에 계속 눈물이 났다.

엄마의 삶이 더 나을 수도 있다

남편은 등산을 좋아한다. 남편 따라 몇 번 산에 올랐지만, 재미가 없었다. 암벽등반은 너무 힘들었다. 그날 집에 돌아와서 남편과 다퉜다. 그땐 한국말을 못 해 몸으로 싸웠다. 등산은 올라갈 때 힘들어서 싫다. 나는 완만한 길을 여유롭게 걸으며 산책하는 걸 좋아한다. 또한 나는 등산보다는 가족여행을 가고 싶다. 다문화가족지원센터에 단체여행을 신청해서 간 적이 있다. 이런 단체여행보다는 우리 가족끼리 1박 2일이나 2박 3일 여행을 다녀오고 싶다. 결혼생활 12년 동안 가족여행을 한 번도 못 갔다. 남편이 가겠다고 약속해놓고 자꾸 취소했다. 이상하게 놀러 가려고 할 때마다 남편과 다툰다. 남편이 자꾸 핑계를 댄다. 출발 시간이 되어도 남편은 나갈 생각을 안 하고 다른 일을 한다. 나는 계속 기다리다가 결국 남편과 싸운다. 또한 남편은 핸드폰 검색이나 미리 정보도 알아보지 않은 채 한국에 오래 산 본인이 다 안다고 자신하며 길을 떠난다. 그러다 보니 버스 정거장을 잘 몰라 버스를 놓치기도 하고 힘들게 버스를 타도 기사님과 싸우고, 택시를 타서도 싸워서 여행 가는 길이 편안하지 않고 아이들도 불안해한다.

남편 없이 아이들과 셋이서 여행을 간 적이 있다. 아들 생일 때 월미도의 호텔을 예약해 놀러 갔다. 원래 남편도 함께 갈 계획이었지만, 또 남

편과 다투어 셋이서만 간 거다. 여행길엔 항상 우리 셋만 있고 남편은 없다. 그래도 여행을 다녀오면 스트레스가 풀려 심적으로 도움이 된다. 아이들과 더 잘 놀아주게 되고 아이들과 다음에 놀러 갈 계획도 세운다. 가족과 함께 활동할 때 나는 완벽한 행복감을 느낀다. 내겐 가족이 가장 소중하다. 한국 아빠들이 아이들과 잘 놀아주는 것이 부러워 남편에게 말하면, 남편은 한국 남자들이 원래 안 그렇다고 말한다. 나는 내가 본 대로 한국 아빠들이 잘 놀아준다고 따지지만 소용없다. 아무래도 남편은 자신의 역할을 돈을 벌어오는 일이라 생각하고 아이와 놀아주는 것은 아내의 역할로 규정짓는 가부장적인 사고방식을 가진 사람이라 휴일에는 집에서 쉬고 싶어 하는 것 같다.

나는 엄마처럼 살지 않기 위해 국제결혼을 했다. 예전에는 한국 사람이랑 결혼하면 힘든 것을 벗어날 수 있다고 생각했다. 또한 내 아이들만큼은 나처럼 힘든 어린 시절을 보내게 하고 싶지 않았다. 그런데 내가 잘못 생각한 것 같다. 어찌 보면 엄마의 삶이 나보다 낫다고 본다. 엄마는 아빠를 사랑했기 때문에 생활은 힘들어도 마음은 편했다. 아이들도 우리 부부 관계를 알고 있다. 아들은 엄마가 아빠를 사랑하지 않는다고 말한다. 내가 아니라고 해도 믿지 않는다. 우리 부부는 어쩌면 사랑이 없는 관계, 그냥 어쩔 수 없이 사는 그런 관계다. 남편과 싸울 때면 엄마 생각이 많이 난다.

그래도 요새는 한 달에 한 번 가족회의를 한다. 우리는 그것을 '가사회의(가족사랑회의)'라 부른다. 남편의 제안으로 시작해 집안에서 서로 존댓말을 쓰기로 했다. 서로 존댓말을 쓰면서 감당하기 힘들었던 아들의 성격이 조금 좋아져 너무 좋다. 나 또한 아이들 앞에서 남편과 맨날 다퉜는데, 이제 점점 덜 싸우게 된다. 존댓말을 안 쓸 때마다 100원씩 벌금을 내는데 내가 자꾸 깜박해 벌금을 제일 많이 내지만, 이 회의 덕분에 가족 사이는

훨씬 부드러워졌다. 아들은 벌금으로 돈이 모이면 필리핀이든 한국이든 어려운 사람을 돕자고 했다. 나는 이런 생각을 하는 아들에게 감동했다. 뿌듯하고 기특했다.

아이들이 엄마의 일을 자랑스러워하다

아이가 세 살 때 유치원에 보내고 한국인 가정 아이에게 영어를 가르쳐주고 돌보는 베이비시터 일을 한 적이 있다. 그 아이도 세 살짜리 남자 아이였는데, 아이를 보고 있으면 자꾸만 아들 생각이 나서 눈물이 많이 났다. 내 아이를 돌보지 못하는 것에 대한 죄책감이 들었다. 결국 남편에게 얘기하고 두 달 만에 그만두게 되었다.

나는 지금 필리핀 전통의상을 만들어 인형에 입혀 파는 부업을 하고 있다. 손바느질과 미싱을 사용해 만든다. 다문화강사 교육을 나갈 때 재미 삼아 만들었는데, 아이들이 재밌어하고 반응도 좋았다. 다문화 필리핀 강사들이 우연히 그걸 보고 내게 인형을 만들어달라고 했다. 기관에서 부스를 열 때도 물건이 필요하다며 내게 인형을 주문했다. 여러 사람이 인형을 원하는 걸 보고 인형을 만들어 판매해야겠다고 생각했다. 사업성이 있어 보였다. 필리핀에서 인형 옷을 만든 경험은 없지만, 나는 원래 만드는 것을 좋아했고 고등학교 가사시간에 바느질과 미싱을 배웠다. 수업이 없는 방학 때나 시간이 날 때면 꾸준히 만들고 있다. 만드는 과정도 재밌지만 완성된 인형을 보면 예뻐서 또 만들고 싶어진다. 또 누군가에게 잘한다는 말을 들을 때면 기분 좋고 더 열심히 노력하고 싶은 마음이 생긴다. 내가 자랑스럽기도 하다. 지금은 제법 익숙해져 하나 만드는 데 3시간 정도 걸린다. 중간에 잘못하면 5시간이 걸리기도 한다. 그래도 힘들지 않다. 딸도 내가 인형 만드는 걸 좋아한다. 그래서 더 만들고 싶어진다. 인형을 만

들 때면 내가 필리핀에 있는 것 같은 느낌이 들고, (판매할 때면) 한국 사람이 된 것처럼 느끼기도 한다.

또한 다문화가족지원센터에서 한국어 자료를 영어로 번역하는 일을 한다. 필리핀 친구들에게 어떤 프로그램이 있다고 홍보하는 활동이다. 돈을 버는 일은 아니다. 번역한 자료를 빨리 보내달라고 독촉하면 힘들기도 하다. 그래도 번역을 계속하는 이유는 번역을 하다 보면 한국 단어를 찾아보게 되어 한국어 실력이 늘고 관련 지식도 쌓게 되어 다른 필리핀 친구들에게 도움이 된다고 느끼기 때문이다. 집에 있는 것보다 재미도 있고 도움도 되어 보람을 느낀다. 또한 내가 사회활동을 하면 아들은 나를 열심히 일하는 엄마라 생각한다. 여러 활동을 해주어 고맙다는 말을 한 적이 있다. 다양한 활동을 하는 나를 자랑스러워한다. 아마 아들은 다른 엄마들이 힘들고 외로울 때 필리핀으로 떠나는 걸 보았을 것이다. 그래서 떠나지 않는 내게 고맙다고 말하는 것 같다.

다문화 사람들과의 모임을 만들다

나는 한국에 사는 필리핀 사람을 돕는 일을 많이 한다. 다문화가족지원센터에서 통·번역 활동할 때 가족 모임을 만들었다. 지금 인원이 78명이다. 나는 다문화가족지원센터나 주민센터의 지원 프로그램을 그들에게 소개하고 설명해 도움을 받을 수 있게 한다. 단톡방을 만들어 내가 번역한 자료를 올리고 홍보도 한다. 정부에서 영어 강사를 모집한다는 정보를 알려주기도 한다. 옷도 나누고 모여서 음식도 같이 해 먹는다. 크리스마스 때는 교회를 빌려 파티도 했다. 필리핀 전통춤 동아리도 만들었다. 또 다른 나라 사람들과의 모임도 만들었다. 일주일에 한 번씩 여러 나라에서 온 이주민들과 만난다.

3.
센터 지원 선생님들의 도움이 필요하다

한국 생활에 만족하다

나는 한국 생활 자체에는 만족하고 있다. 특히 한국의 교육 시스템에 만족한다. 아이들도 몹시 즐거워한다. 아이들 대상으로 하는 다문화 지원 프로그램, 교육 프로그램, 여러 가지 상담 프로그램 등이 잘되어 있어 한국이 참 좋다고 생각한다. 한국이 최고다.

센터 지원 선생님들의 도움이 필요하다

아쉬운 부분은 다문화센터에서 선생님을 각 집에 파견해서 아이들 교육을 도와주는 교육지원이 있는데, 기간이 1년 이상은 안 된다는 것이다. 나는 그 제도에 도움을 많이 받았고 효과가 좋다고 생각한다. 그런데 1년밖에 못하니까 아쉽다. 남편이 돈을 많이 못 벌고 학원비도 비싸 부담스러워서 아이들을 학원에 보내지 못하는데, 중학교에 올라가도 선생님들이 오셔서 많이 가르쳐주면 좋겠다. 엄마들도 한국말을 잘 못해 센터에 있을 때도 질문하지 않고 조용히 그냥 듣기만 하는 경우가 많은데, 아이들

이 중학교에 가고 사춘기가 다가오면 한국말이 안 돼서 더 위축될까 봐 걱정된다.

4.
전사록 요약

〈연구참여자 정보 및 특성〉

출생연도	1977년생	이주연도	2006년
국적(이주 전/현재)	필리핀/대한민국	학력	대학 중퇴
가족	남편, 아들, 딸	직업	다문화이해강사

▶ 아들이 보고 싶어 베이비시터 일을 그만두다

[조사자: 저는 다양한 연구 분야 중에서 여가 쪽을 보고 있거든요. 그래서 다문화가정, 결혼이주여성분들의 여가생활이 어떻고, 어떻게 지내고 있고, 어떻게 하면 정책적으로나 구조적으로 도움을 드릴 수 있는지에 대한 방향으로 연구를 진행하려고 해요. 그러기 위해서는 이제 실질적으로 결혼이주여성분들의 여가 실태도 파악해야 되기 때문에 그런 상황이라고 보시면 될 것 같고요. 먼저 일상생활에서 주로 무엇을 하면서 시간을 보내세요? 그냥 평소에, 일을 안 할 때.] 일은 안 할 때는 그냥 애들 돌봐주고요. 그렇게 하고 그다음에 친구 만나고. 서울 있을 때 3년 동안 집에만 있어요. 애들 돌봐주고 그

다음에 두 달도 일했었어요. 베이비시터로. 그때는 아들이 한 명밖에 없어서 유치원 보내고, 그다음에 출근하는 거예요. 베이비시터. 그 사모님은 그 영어로 원하시는 거라서. 자기 아이한테 영어로 대화하고 싶어서 그래서 외국 사람 고용한 거예요. [조사자: 집에서 일하면서 아이 돌봐주고, 그다음에 영어로 대화하고. 그 아이는 몇 살이었어요?] 우리 아들이랑 똑같아요. 세 살? 아, 두 살, 두 살. [조사자: 얼마나 하셨어요?] 두 달밖에 안 됐어요. 왜냐하면 제가 그 일 하면서 아이는 제가 자꾸 영어 가르쳐주니까, 그리고 자꾸 우리 아들 생각나는 거예요. 보고 싶은 거예요. 왜냐하면 같은 나이라서. 그것도 남자아이. 같은 나이라서, 보고 싶어서, 그래서 신랑한테 이야기해서 안 되겠어요. 자꾸 눈물이 나. (웃음) 그리고 그 사모님도 좋아가지고 도움이 됐어요. 사모님 자꾸, 그만두는데, 근데 계속 연락하고 만나요. 여기 인천에 와서 두 번 만났었어요. 그땐 안 바빴어요. 그때도 일 없었어서. 지금은 제가 일도 하고 그 사모님은 그냥 페이스북에다가 그 대화만 해요.

▶ 페이스북으로 가족을 만나다

[조사자: 페이스북 해요?] 네. [조사자: 하루에 몇 번 봐요?] 시간 있을 때. 기다릴 때, 버스 탈 때. [조사자: 아이들 사진도 올려요?] 사진 올리고 자랑도 하고. 그래서 페이스북 자꾸 열어요. 메시지 올까 봐. 아니면 '좋아요' 보고. 그다음에 항상 보는 거예요. 왜냐하면 필리핀에 있는 가족들 자꾸 기다리는 거예요. 사진 올리는 거. 그래서 계속해요. 왜냐하면, 필리핀에 있는 가족 그 페이스북 이용해서 얼굴 볼 수 있잖아요. 사진도. 어떻게 지내는지, 사진 볼 수 있기 때문에. 옛날엔 없었잖아요. 그냥 대화만 하니까. 전화만 하니까, 너무 외로웠어요. 그땐. 지금은 조금, 페이스북 때문에 조

금 안 외로워요. 그다음에 그 조카들이 얼마나 큰지 사진으로 계속 볼 수 있으니까 괜찮았어요.

▶ 필리핀 가족이 그립다

[조사자: 가족 중에는 혼자 한국에 오신 거예요? 다른 동생이라든지.] 동생은 우리 신랑이 초청했어요. 초청했는데, 너무 힘들어가지고. 아, 어떻게 이야기해야 하지. (웃음) 초청해서, 불법으로 했어. 근데 그래서 필리핀에 갔어요. 왜냐하면 우리 열세 명이잖아요. 제가 결혼하고 나서, 필리핀에서 한 쌍, 가족 도와줬잖아요. 그러면은 결혼하고 나서 또 기대하는 거예요. 여기 와서. 근데 그 신랑 보니까 그렇게 잘사는 분 아니라서, 잘사는 신랑 아니라서, 그래서 제 생각에는, 신랑에게 부탁했거든요. 우리, 동생을 도와줘야 해서. 우리는 돈 못 보내니까, 그러면은 동생 초청해서 여기 일하고, 그럼 동생은 필리핀에 있는 가족 도와주게 그렇게 했어요. [조사자: 그런데 다시 돌아간 거예요?] 네. 애들도 있기 때문에. [조사자: 다 결혼하신 거예요? 동생들은?] 네. 다 결혼했어요. 그래서 지금은 그 크리스마스 있잖아요. 또 외로운 거예요. 우리 사진 보니까 다 있는데 저만 없는 거예요. 그래서 계속 눈물이 나. 가족 보면은, 사진 보면은 사진 찍으면 다 안 들어가요. 너무 많아서. (웃음) 애들까지 그, 계산하면은, 세면은, 40명 넘어요. [조사자: 와, 완전 대가족이네요. 같이 잘 모여요?] 큰 명절 있을 때, 생일파티 있을 때 그렇게 모여요. 우리 아들도 필리핀 갔다 왔을 때, 진짜 그 재미있더라고요. 필리핀에서. 왜냐하면 크리스마스 때에도 바깥에서 놀고 있잖아요. 여기선 그냥 집에서 추워서. 어쩔 수 없으니까. 추우니까. 그런데 필리핀에서는 밖에서는 크리스마스 캐럴도 하고 게임도 할 수 있기 때문에 재밌는… [조사자: 언제 필리핀 갔다 오셨어요?] 2016년. 그때는 크리스마스

예요. 일부러 아이들한테 체험해보려고 해서. 필리핀 어떻게, 크리스마스 어떻게 지내는 건지 체험해보려고 해서. [조사자: 남편분도 같이 가신 거예요?] 안 갔어요. 일 때문에 못 갔어요. 한 번도 신랑 같이 간 적 없어요. [조사자: 2016년도에 처음 가신 거예요? 결혼하고 나서?] 아니요, 그… 뭐지, 이천… 세 번이요. 세 번. 아빠 돌아가셨을 때랑, 입덧 때, 둘째 입덧 때. 필리핀 음식 자꾸 먹고 싶어서. (웃음) 여기 없잖아요. 그래서 갔었어요.

▶ 한국 드라마에 빠진 적 있다

[조사자: TV 보는 거 좋아하세요?] 요즘엔 제가 많이 보면 여기 자꾸 이마가 아파서. 컴퓨터 많이 하면 이마가 자꾸 아파서. 옛날에는 드라마 새벽까지 봐요. (웃음) 드라마 때문에 한국말 배웠죠. 저는 계속 한국말 안 배워가지고. 그냥 그렇게 자유롭게 배우는 거예요. 그 드라마 보고. 서울에 있을 때는. 한국말 걱정되잖아요. 그래서 아리랑, 있잖아요? 아리랑 렛 스피크 코리안 있잖아요? 10분밖에 안 돼가지고. 여기 벽에다 이렇게 막 쓰고. 뜻이 뭔지. 지금은 안 그래요. (웃음) 옛날에는 열심히 했는데 지금은 안 그래요. 한국어 배우고 싶어서 일부러 한국말 대화하는 거예요. [조사자: 어떤 드라마였어요? 재밌었다고 했던 드라마?] 「꽃보다 남자」? 그거하고. 옛날에는… 그… 약 만들어서 그다음에 그 유명한, 호준? 이름이었는데. 호준? 그거하고. [조사자: 그런 드라마를 좋아하는 이유가 뭐예요? 좋아하는 부류의 드라마가 있어요?] 재밌어요. 그 옛날 한국 그 뭐지? 한국 역사? 역사 있기 때문에 배울 수 있기 때문에 좋은 거예요. 그다음에 드라마 보면서 신랑 옆에 있기 때문에 옛날에 그 유명한 사람이기 때문에… 도움이 되는 거죠. 역사드라마.

▶ 필리핀 전통의상 입힌 인형을 만들다

[조사자: 요즘 취미는 뭐예요?] 요즘엔 만들기 좋아해요. 지금 그 전통의상 인형이랑 같이하는 거 하고 있어요. 그 뭐지? 이렇게 하면은, 제가 만들었던 필리핀 전통의상. 인형을 사가지고 이렇게 만들어요. 다문화, 필리핀 다문화 강사들한테도 판매하고 있어요. [조사자: 재봉해서 하시는 거예요? 만드시는 거예요?] 손으로도 하고 저도 미싱도 있어요. 이렇게 하죠. 이렇게, 이렇게 이름도 써서. 이렇게. 그렇게 해요. [조사자: 손재주가 있으신가 보다. 이전에도 이런 거 좋아하셨어요? 필리핀에서?] 필리핀에서도 보면 저는 항상 강사, 뭐지? 강사 아니고. 그… 일하니까. 원래 근데 집에서는 꾸미는 거 좋아해요. 집에서 이렇게 이쁘게 하는 거. 인테리어! 꾸미는 거. 옛날에도 그, 작년에 필리핀 음식도 판매했어요. 네 명이 모아가지고 같이 해서. 근데 힘들어요. 어려워서. 우리 먼저 하고 나서, 우리 포기했기 때문에, 그 ○○로. 우리 끝나고 ○○로 간 거예요. 근데 또 힘들어 진짜. ○○ 혼자 해요. 우린 네 명이에요. 네 명인데 힘든데. [조사자: 다문화강사하면서 틈틈이 이런 거 만드시는 거예요?] 인형은 인터넷으로 그냥 사서 옷 만들어서 입혀가지고 집에서 쉴 때. [조사자: 요즘엔 드라마 안 보시고?] 네. 보고 싶은데, 제가 그 보면은 눈물범벅 되는 거예요. 일주일 동안 새벽까지. (웃음) 우리 신랑도 자라고, 자라고 하니까. (웃음) 끝나면 이마가 너무 아파요. 집중. 아이들도 시간 못 챙겨요. 준비물도 못 챙기고요. [조사자: 필리핀에서는 취미가 무엇이었어요?] 취미는 친구랑 만나서 디스코클럽 가서. (웃음) 그렇게 좋아가지고. 그리고 뭐지? 제가 좋아하는 건 시간이 없었어요. 그냥 계속 일하니까. 뭐 좋아하는 거는 똑같아요. 만들기 이런 거랑. 항상 사가지고 한 번만 만들어서 그거 포기하고. 시간이 없기 때문에 그랬어요. 옛날에. 그 고등학교 때 있잖아요. 미싱하는 거 있잖아요. 그때 배웠어

요. 공예하는 거. [조사자: 인형 말고도 만들기 할 수 있는 종류가 다양하잖아요? 근데 왜 필리핀 옷을 제작해서 하려는 이유가?] 그… 뭐지? 이유는 돈 벌 수 있기 때문에. 제 생각에는, 왜냐하면 저도 다문화강사 할 때, 아, 이런 거 필요하구나. 애들한테 재미있고. 특히 유치원에서. 유치원에서 이거 보여주면 집중도 되니까. 그래서 그 강사들한테 이야기해서 자기들도 하고 싶다, 원하고 싶어서, 사고 싶다고 해서 제가 만든 거죠. 그다음에 물건도. 왜냐하면 주최할 때, 만약에 기관에서 연락 오면은 부스 운영한다고 하면은 물건 많이 보여줘야 하고. 그래서 그 선생님들도 이런 거 이런 거 있다고 저한테 계속 물어보는 거예요. 그래서 생각나는 거죠. '아, 이런 거 판매해야겠어.' 이렇게 생각한 거죠. [조사자: 부업이네요.] 네, 맞아요. (웃음) 수업 없을 때. 그 방학 때 수업 없어서 이런 거. 시간 있을 때 이런 거 만들어요. 재미있어요. 어떨 때는 이쁘더라고요. 그래서 또 하고 싶더라고요. [조사자: 힘들지는 않아요?] 힘들지 않아요. 어떨 때는 실패할 때는 실망할 때도 있겠죠. 다시 풀어서. 시간도 걸리고. [조사자: 만드는 데 얼마나 걸려요?] 계속하면은 3시간 정도 걸릴 수도 있겠죠. 그런데 지난번에는 5시간. 처음에 시작할 때. 왜냐하면 어떻게 꿰매야 할지, 어떻게 시작하고 어떻게 만들까 할 때. 지금은 … 응. 몇 번 했으니까 익숙해서. (웃음)

▶ 아들이 열심히 사는 엄마를 자랑스러워하다

[조사자: 초반에 한국 오셨을 때는 집에서 우울, 아무것도 안 해서 우울했다고 하셨잖아요? 전환된 계기가 있었나요?] 네, 있어요. 애들 위해서. 그때는 항상 필리핀 있는 가족이 자꾸 생각나잖아요. 항상 거기만 생각하고 생각하고. 근데 자꾸 그렇게 하니까 아이들 보면은 제 모습을 보는 거잖아요. 그렇게 보니까

'아, 안 되겠다.'

이렇게 생각을 했어요. 그리고 병원에 갈 때, 소통 안 되니까 애들한테 어떻게 예방할까, 어떻게 아플 때마다 어떻게 이야기할까 못하잖아요. 그래서 그때부터

'열심히 공부해야겠어'

라고 생각이 났어요. 그래서 여기 인천에 와서 열심히 공부했어요. 그때는. [조사자: 인천에는 얼마나 사신 거예요?] 2009년에 왔어요. 2009년에 와서 그때 진짜 열심히. 왜냐하면 다문화센터 옆에 있어요. 근데 지금 없어졌어요. 그때 한국어반이 있어요. 거기서 수업 듣고. 임신할 때 거기서 열심히, 토요일마다. 토요일만 있기 때문에 열심히 수업 했어요. [조사자: 다문화센터에서 여가 프로그램, 놀이 프로그램 이런 거 해줘요?] 저도 옛날에 시간 있을 때는 참가해요. 주로 부부 이런 거랑, 아이들 가르치는 거 어떻게, 어떤 방법. 그다음에 언어발달? 그다음에 뭐지…? 이중언어. 지금도 알리미 봉사단 하고 있어요. 번역해가지고. 그 저기 홍보자료 있어요. 한국말로 되어있잖아요? 그래서 우리는 영어로 번역해서 그다음에 그 다문화센터에서 그 사이트 있어요. 홍보자료. 그다음에 필리핀 친구들한테 홍보하고 그렇게 해요. [조사자: 보상, 페이 받아요?] 네. 번역하면 페이 있어요. [조사자: 그런 건 신청해요?] 네, 신청해요. 해마다. 해마다 신청해요. 한 달에 한 번 모여가지고 그다음에 한 달에 동사무소도 가서 동장 원래 회의 있잖아요. 거기 참석해서 이렇게. 그냥 차비로 생각하면 돼요. 페이. 그냥 봉사활동이에요. [조사자: 그러네요. 그러면 그건 왜 하시는 거예요?] 한국말 도움이 될 것 같다고 생각했어요. 번역할 때도, 번역하면서 이 단어를 몰랐을 때, 계속 찾잖아요.

'아, 이 단어 이렇게 있구나.'

그다음에 구청에서 나오는 홍보자료 있잖아요. 이런 거는 예전에는 모르고, 아 지금은 이런 거 자꾸 읽어보니까, 영어로 번역하니까 제대로 알 수 있잖아요. 그래서 계속하는 거예요. 그다음에 친구들한테 도움이 되는 거라서. 뭐가 제가 알고 있으면 홍보하니까 그런 거 이야기하고. 그래서 큰 도움이 되는 거예요. [조사자: 본인한테는 그런 봉사활동이 이제 친구들한테 도움이 되고, 한국어를 배운다는 관점 말고 심리적으로는…?] 그리고 뭐 집에 있는 것보다 이런 거 하면은 시간이 재미있는 시간이고 그렇죠. [조사자: 하다 보면 힘들고 그러진 않아요?] 어떨 때는, 시간 없으면 힘들죠. 왜냐하면 빨리 보내달라고 할 때는 날짜가 있잖아요? 근데 못할 때는

'아, 이거 그만, 하지 말아야겠다.'

생각할 때도 있어요. 근데 이거 그만두면은… 한국말도 배워야 하니까 계속해야 되겠다 하고. 그다음엔 친구들한테도 그다음에 다문화센터에서도 계속 다니고 싶어서. [조사자: 되게 바쁘게 활동하시네요.] 바쁜 게 더 나아요. (웃음) 왜냐하면 제 모습도, 진짜 우리 아들도 막 자랑스러운 거예요. 제가 바쁘면. 그냥 집에 있는 것보다는. 열심히 하는 엄마. 이렇게 생각하니까. 어떨 때는, 우리 같이 있을 때는 진짜 눈물 날 때가 있어요. 엄마 그렇게 열심히 해서 고맙다고 해서. 다른 엄마들도 다 나가고 심심하고 외로웠을 때 떠나가잖아요. 그래서. 그래서 우리 아들 자꾸 고맙다고 그래서. 진짜 마음이 너무나….

▶ 여행 갈 때 남편은 없다

[조사자: 아들이랑 딸도 영어 해요? 집에서는 어떤 말로 이야기해요?] 한국말로. 제가 영어로 말할 때는

"엄마, 영어로 말하지 마세요!"

해요. 근데 그 받아쓰기 이런 거랑 스펠링. 단어 단어 가르쳐줘요. 근데 대화하면은, 어떤 때는 부담스러운 거예요. 다 컸으니까 그래서. 틀릴까 봐 그래서. 우리처럼 한국말 틀릴까 봐 말 안 하잖아요. 그런 느낌 느꼈어요. [조사자: 남편분은 영어 하세요?] 몰라요. 우리 만났을 때는, 그냥 우리 신랑 책 보고 이야기했어요. 근데 발음 못 알아들을 수 있어가지고. 그냥 아이 러브 유만. (웃음) [조사자: 만나고 나서 얼마 만에 결혼하자 이러셨어요?] 우리 사촌언니 이야기했을 때, 10월달 만나가지고 만나서 마음이 맞으면 결혼한다 했는데, 저는 일 때문에 빨리 결혼할 수 없는 거예요. 그래서 10월 만나고 3월달에 결혼한 거예요. 그다음 연도에. [조사자: 한국에서 결혼하신 거예요?] 필리핀에서. 한국에서도 했어요. 근데 그 케이티인가? 케이티앤지? 그 무슨 신청해가지고 몇 명 같이 결혼하는 거. [조사자: 남편분은 몇 살이세요?] 오십하나예요. 저는 마흔하나. 열 살 차이예요. 우리 언니도 그래요. 남편이 필리핀 사람인데 10년 차이예요. [조사자: 맞아요. 그러면 가족들이랑은 같이 취미를 공유, 함께한다거나 남편분이 좋아하는 취미가 있어요?] 좀 제 취미는 신랑이랑 달라요. 신랑은 등산. 등산 좋아해가지고 저는 싫어해요. (웃음) 몇 번 가봤어요. 그래도 싫어요. (웃음) 처음 한국에 왔을 때, 그때 진짜 놀러 가야 되는데 거기로 갔었어요. 분문까지, 끈. 그 막 올라가지고. 어우 정말 죽을 뻔하는 줄 알았어요. [조사자: 암벽등반처럼?] 네. 아우 진짜. 마운틴 클라이밍 있잖아요. 어우, 생각해보면 진짜… 우리 그때 집에 와서 싸웠어요. (웃음) 근데 한국말 못해서 몸으로. 등산은 올라가는 건 싫어. 높은 데 말고 그냥 산책처럼 그렇게. 애들이랑. 근데 가끔씩 뭐. 작년에도 한 번. 올해는… 안 갔어요. [조사자: 식구들 4명이잖아요? 가족이 함께 여행을 간다든지 아니면 넷이 뭔가를 같이한 게 있나요?] 신랑한테 자꾸 그렇게 몇 번 이야기했어요. 같이 여행 간 적이 없어요. 여행 갔었는

데 다문화센터에 신청해서. 근데 따로는 없어요. 몇 번 약속했었는데, 자꾸 취소되고. (웃음) [조사자: 셋이서 놀러 간 적은 없어요?] 가까운 데. ○○○에서 호텔 예약해가지고 우리 아들 생일 달에 같이 갈려고 했는데, 신랑이 처음에 우리 같이 가는 거. 같이 갈려고 했는데 싸웠어요. 그래서 우리 셋이서만 갔어요. 남편 빼고. (웃음) 그래서 항상 우리 세 명만 놀러 가고 남편 없고. [조사자: 아이들은 뭘 가장 좋아해요? 어떤 놀이를 가장 좋아해요?] 우리 아들은 여러 가지 있어요. 레고하고 인라인, 에스보드 잘 타요. 딸은 춤 이런 거 좋아해요. 노래 이런 거 좋아해요. 그래서 우리 항상 집에만 있으니까 밖에 나간다고 하면은 계속 집에만 있고 싶어 해요. 그래서 제가 아이 그렇게 하지 말고. 다문화센터에서 무슨 프로그램 있으면 신청해요. [조사자: 아이들이 좋아하는 거를 같이 해보신 적 있으세요? 활동. 체험이나.] 했어요. 다문화센터 신청해서. 신청해서 같이. 신랑하고. 근데 따로는 그냥 가까운 데만 이렇게. 박물관이나 이렇게. 신랑이랑 같이. [조사자: 그러시구나. 가족하고 시간을 보낼 때 가장 기억에 남는 건 뭐예요?] 시간 보낼 때… 우리 신랑, 놀러 갈 때는 우리 신랑 잘 놀아줘요. 애들한테. 놀러 가면. 그게 잘 기억나고, 수영. 아, 수영장 갈 때. 여름에 항상 우리 수영장 가서 네 명. 그런 것도 있고. 가고 그랬네. 근데 몇 번 아니라서. 계절용.

▶ 한국 문화에 무조건 맞추라 했다

[조사자: 남편이랑 문화적 차이로 여가활동이 좀 맞지 않다고 생각하신 적 있나요?] 많아요. 특히 옛날에. (웃음) 옛날에 한국 문화 잘 몰랐을 때는 항상 비교하잖아요. 그리고 남편 형님들 한국에서 살았기 때문에 이렇게 해야 한다고. 그때는 진짜 마음 아프죠. 왜냐하면 아직 익숙하지 않은 문화라서, 우리 신랑하고 형님들이 이해 안 해주고 자꾸… 저는 혼자이잖아

요. 그 필리핀에 있는 가족 만나고 싶지만, 바로바로 갈 수 없잖아요. 그때 삐진 거예요. 그리고 3개월 전에 우리 형님 연락 와가지고. 이제는 자기 가족 있으니까 자기 가족만 신경 쓰고 필리핀에 있는 가족 신경 쓰지 말라고 했어요. 그때 진짜 너무 마음이 아픈 거예요. 그래서

"마음으로만 생각하면 안 되는 거예요?"

그랬어요. 그랬더니

"그렇게 해요."

그렇게 했어. 우리 형님은 이렇게 알고 있나 봐요. 자꾸 돈 보내는 거라고. 그런데 우리 신랑이 자꾸 옛날에 어떤 그… 집에 둘이 있는데, 우선 안 좋은 상황 있어서 돈 다 날라간 거예요. 그래서 그때부터 좀 그렇게 하지 말고, 우리 가족은 많이 도와줘야 한다고 생각했어요. 그래서 필리핀에 돈 안 보낸 거예요. 제가 일하면서 조금씩 보내는 건데, 근데 우리 신랑 돈은 어떨 때 신랑이

"조금 보내줘."

라고 할 때만 조금 보내는 거예요. 근데 억지로 자기 돈이 없어서

"필리핀에 조금 보내면 안 될까요?"

이러면 그런 말은 없었기 때문에, 우리 형님 그렇게 이야기했으니까 또 마음 아픈 거예요. 제가 안 그랬는데. 그런데 이 형님 생각에는 제가 돈 보내는 줄 알았어요. 제가 일할 때 보내는 거죠. 조금씩. 근데 많이 안 해요. 왜냐하면 제가 힘들 때는 이쪽에 있는 가족은 도와줄 수 없잖아요. 힘들 때. 옛날에는 많이 도와줬지만. 그때는 아가씨라서. 지금은 가족 따로 있기 때문에 우리 애들 생각하면서 그쪽엔 조금. 이제, 조금씩만 보내는 거예요. 그리고 문화도, 음식도 처음에는 자꾸 고기는 필리핀에 있는 음식, 한국 있는 음식 비슷한 건 고기밖에 없잖아요. 야채는 그런 거 별로 없

어가지고. 그래서 우리 집에는 자꾸 고기만 많이 먹지 말라고 싸우고 그래요. 그러면 어떻게 해. 매운 음식도 못 먹는데. 자꾸 싸워요. 지금은 필리핀 음식 요리하면 신랑이 안 먹어요. 우리 애들도 아아, 이렇게 하니까 조금 마음이 아프죠. 그래서 설명해서 설명해서 이해할 수 있게. 애들한테. 그렇게 했어요. [조사자: 아이들은 필리핀 음식 싫대요?] 예를 들어서, 필리핀 음식은 달콤하잖아요. 여러 가지 있지만, 너무 달아요. 근데 애들은 먹으면 이렇게

"이게 뭐야, 이게 뭐야!"

이래서

"그렇게 하지 마. 입에 안 맞으면 안 먹는다고 말해."

근데 얼굴까지 그렇게 그런 표정도 그렇게 보여주면 엄마 마음이 아픈 거예요. 만약에 한국 음식

"엑!"

이렇게 하면 어떤 마음이 있을까 했어요. 그렇게. 그러니까

"알았어요."

그렇게 했어요. 이제는 안 그래요. 어떨 때는 필리핀 잡채 잘 먹어요. 필리핀 만두? 비슷한 것만. [조사자: 한국 음식은 잘하세요?] 책 보면서 해요. 그런데 남편 안 먹으면 좀 삐져요. (웃음) [조사자: 어떤 한국 음식 해요?] 고등어조림 그다음에 애들, 제가 만드는 거는, 제일 좋아하는 거는 주꾸미 볶음, 부대찌개, 그다음에 몇 가지는 좋아해요. 다른 거는. 근데 반찬은 제가 힘든 게 반찬. 그래서 잘 안 만들어요. 안 먹으니까 자꾸 버려요. 우리 신랑도 자꾸…

"맛있어요, 음. 맛있어요."

그런데 자꾸 조금씩만. (웃음) 진짜 맛있다고 하면 그렇게 안 하잖아요.

진짜 맛있다고 그렇게 안 하잖아. 이렇게.

▶ 애들과 잘 놀아주는 한국 아빠들이 부럽다

[조사자: 가족들이랑 함께 여가활동을 수영장을 간다든가 하면 기분이 어때요?] 좋아요. 너무 좋아요. 특히 신랑 있을 때. 신랑 없을 때마다 다른 가족들 자꾸 비교하게 돼. 자꾸 부러워요. 특히 남편들이 잘 놀아주는 가족들 보면 진짜 너무 부러운 거예요. 그래서 항상 신랑한테 자꾸 이야기해요.

"한국 사람 똑같아."

라고 그렇게 저한테 그렇게 이야기해요.

"아니거든?"

제가 밖에 나가면은 한국 남자들은 얼마나 잘 놀아주잖아. 애들하고. 그런데 우리 신랑 옛날 (웃음) 옛날 신랑이라서. 집에만 있고 싶은 거야.

▶ 가족회의 덕분에 집안 분위기가 좋아지다

[조사자: 여가활동을 통해서 함께 그런 걸 하면, 일상생활로 돌아왔을 때 일상생활의 만족감을 느낀다든지 혹은 그런 게 있나요?] 도움이 되죠. 왜냐하면 스트레스 풀리잖아요. 그러면 아이들이랑 잘 놀아주고 다음에 또다시 놀러 가고 싶은 마음이 생기죠. 그리고 아이들도 그런 모습을 보이니까 계획을 만드는 거예요. 우리도 그, 우리 신랑 이제는 한번 회의 해요. 카사회의. 제목이 카사회의라고 하는 그 한 달에 한번 모여가지고 어떤 어떤 좋아하는 거, 나쁜 거는 이거 빼고 이렇게 해요. 한 달에 한 번. [조사자: 그렇게 가족 모임 해요? 가족회의?] 가족회의. 우리 '까사회의'라고 해요. (웃음) 가족사랑회의라고 만들었어요. 우리 신랑 생각하는 거예요. 그때부터 우리 애들도 그… 존댓말 계속 쓰는 거예요. 우리 아들도. 그 만약에 이렇게

이야기해요. 존댓말 안 쓰면 100원의 벌금 내는 거예요. 제가 자꾸 까먹어서 제가 많이 내요. (웃음) 그리고 모았던 돈은 어려운 사람들에게 주는 거예요. 필리핀이라던가. 우리 아들 생각한 거예요. 이 돈은 모아서 어려운 사람들한테 도와준다고 해가지고 어 진짜 감동인 거예요. 너무 마음이 뿌듯한 거예요. 우리 신랑은 진짜 좋은 생각이에요. 회의하는 거. 그리고 이제는 자꾸 존댓말을 해요. 애들이. 존댓말을 계속하니까 성격도 점점 바뀌는 거예요. 우리 아들은 진짜 성격이… 내가 너무 힘들거든. 근데 지금은 좋아졌어요. 처음에는 맨날 싸워요. 우리 신랑. 애들 앞에서. 이렇게. 그래서… 조금. 이제는 점점. (웃음) 애들 위해서.

▶ 가족과 함께하는 여가는 나를 완벽하게 행복한 엄마로 만든다

[조사자: 가족들이 여가활동을 하는 그런 거에 바람이 있다면?] 우리 놀러 가는 거. 여행 가는 거. 멀리에서. (웃음) 여기 한국에서도 조금 멀리해서 1박 2일 가던가. 이런 거. 진짜 이런 거 하고 싶어요. 우리 네 명이서. 가면은 2박 3일 그런 거 있으면. 다문화센터 말고요. 항상 그렇게 2박 3일 신청해놓고 같이하는 거예요. 근데 우리끼리는 해본 적이 없어요. 12년 됐잖아요, 우리. 근데 해본 적이 없어요. 가족끼리. 그리고 놀러 갈 때마다 집에 가서 싸우니까 애들도 불안한 거예요. 놀러 갈 때마다 또 싸울까 봐. 그런 거 없이. (웃음) [조사자: 싸우는 이유는 뭐예요?] 신랑이 고집 세가지고. 자꾸 핑계 대고 그러니까. 제가 싫어하는 게 그거예요. 만약, 예를 들어서, 시간이, 만약 5시까지 출발하자 하는데 근데 그 5시에 출발 안 하고 신랑이 뭐 하고 있는 거예요. 출발해야 하는데, 기다려. 계속 기다려야 하고. 그다음에 신랑이 그 제가 핸드폰 검색할 때, 위치를. 근데 신랑이 핸드폰에 있는 그… 뭐지? 맵은 믿을 수 없기 때문에. 나는 한국 사람이니까 내가 몇 년

동안 여기 다녔는데 여기서 가야 하는 거예요. 저는 항상 맵을 따라서 빨리 갈 수 있는 그렇게 생각하는 거예요. 근데 신랑은

"여기 가야 돼. 여기, 아니 여기서는 이게 더 빨라!"

싸워요. 어떨 때는 버스 그냥 지나가잖아요. 다음 버스는 타서 신랑은 기사님들한테 막 왜 여기서 기다릴 수가 없는… 그러니까, 창피한 거죠. 그럴 때. 그냥 택시 탈 때도 기사님이랑 자꾸 싸우니까, 집에 가서도 또 싸워요. 우리 애들도 알아요. 택시 안 탈려고. (웃음) 아빠가 또 그래 이렇게. [조사자: 그러면… 운전하세요?] 못해요. 신랑은 운전면허 있는데, 그 뭐지… 차 사고 싶은데, 저는 싫어요. 신랑이 진짜 안전적이지 않아서. (웃음) [조사자: 개인 여가활동을 할 때 방해하는 게 있다면? 내가 여가활동을 막는 거예요. 그런 게 있다면?] 그런 게 있다면 화나죠. (웃음) 내가 좋아하는 걸 내가… 우리 신랑이… 하지 말라고… 기분이 너무 나쁜 거예요. 기분이 너무. 하루 종일 스트레스받는 거 같아요. 신랑한테도 뭐라고 하고. 저도 그런 성격이 있어요. 제가 원하는 거는 만약 못하면, 며칠 동안 화나고 몸이, 기분 안 좋고. [조사자: 그런 거 하면 기분이 좀 풀려요?] 네. 그럼요. 기분이 풀려요. (웃음) 우리 아들처럼. 레고 사주면, 뭐 만들게 하면 진짜 너무 며칠 동안 착하고, 동생을 돌봐주고 그렇게. 우리 똑같은 AB예요. 같은 AB예요. 우리 아들도 AB, 저도 AB. 아, AB는 그런 거구나. [조사자: 지금 여가활동은 만족하세요?] 네. 그 다문화 제가 하는 일은 아이들한테 이렇게 가르쳐주는 게. 그다음에 어떨 때는,

"잘하시네요."

말 들었을 때 진짜 너무 기분이 좋고, 더 열심히 더 노력하고 싶은 마음이 생겨요. 만들기 이런 거랑도 같이 만들어서 뭔가 자랑스럽잖아요. 딸도 좋아하고 그래서 더 만들고 싶어져요. [조사자: 정말 내가 좀 더 나은 여

가생활에 만족을 느끼려면 어떤 요인이 어떤 부분이 더 좀만 보안되면 좀만 지원되면 나아지는가?] 아, 우리 가족 놀러 가는 게. (웃음) 좀 더. [조사자: 그건 가족이 여행했을 때 좀 더 지원을 해줬으면 좋겠다 이런 거고. 나 혼자. 개인.] 나 혼자? 개인? 이건 하고 있으니까. 항상 가족 생각해요. 항상 가족만. 개인을 지원하는 거는… 하고 있으니까 뭐. (웃음) [조사자: 나에게 있어 여가란? 정의를 내린다면?] 어려운 말이네요. (웃음) [조사자: 내 취미 이런 거를 일상생활에서. 드라마를 본다든가, 아니면 이런 거 만든다든가, 요리를 한다든가. 이런 것들이 나에게 있어서 개념을 정의 내리는 거지요.] 내 가족이 행복한 거는 살림이 좀 나아지는 거. (웃음) 뭐 이런 거? [조사자: 그럼 개인에게, 이제 본인의 ○○ 씨의 여가를 정의 내리면? 내 개인 여가야. 만들기도 하고 이런 걸 정의 내리면? 의미?] 의미? 정의 내리면…. 행복하죠. 그리고 진짜 여기 한국 생활을 한국 사람처럼 느낄 수 있게 하는 거 같아요. 처음 여기 도착했을 때 내 몸에서 뭔가가 날라가는 느낌? 뭔가 없어지는 느낌. 죽은 사람처럼 그렇게 느꼈어요. 처음에 왔을 때. 계속 뭐라고 하면 눈물 나고. 항상 어떻게 시작할까 걱정도 많아요. 근데 지금은 여가를, 내리면, 진짜 그… 한국 사람, 필리핀에 있는 느낌? 그런 것처럼 일어날 수 있을 것 같은, 같을 것 같아요. [조사자: 좋은 정의네요. 그런 식으로 가족 여가를 정의 내리면?] 완벽하게 행복한 사람 엄마가…. (웃음) 그 완벽한 엄마? 완벽한 엄마. 아니면 이 세상에서 원하는 건 그게 다인 거 같아요. 그게 다요. 더 이상은 없는 것 같아요. 원하는 건 없는 것 같아요.

▶ 엄마의 삶이 더 나을 수도 있다

[조사자: 어렸을 땐 뭐 했어요?] 초등학교 때부터 고등학교 때까지 저는 너무 얌전하고 너무 조용한 그… 학생(웃음)이에요. 그리고 학교 끝나고

집에 가는 것만 해요. 다른 데 안 가고. 집안일. 동생 많아가지고 집안일만 해요. 그다음에 그 엄마 자꾸 생각나서. 열심히 해서. 왜냐하면 우리 엄마는 어렸을 때부터 힘들었거든요. 결혼하고 나서 우리 클 때까지. 우리 엄마는 계속 돈만 벌고 우리 아빠는 집에만 있고. 아이고. 죄송합니다. 그리고 포커도 하고 하니까. 근데 우리 엄마는 진짜 아빠 사랑해요. 힘들어도 행복한 거 같아요. 그래서 지금은 자꾸 생각나. 신랑이랑 싸울 때마다 우리 엄마 생각나는 거예요. 우리 엄마는 더한 거 같아, 나보다. 왜냐하면 옛날이 자꾸 생각나는 거예요. 우리 엄마처럼 그렇게 안 할 거라고 생각했어요. 진짜 사랑한….

'아, 뭐지?'

우리 애들 힘들지 않고. 그렇게 생각했어요. 근데 지금은 필요하면, 남자 진짜 사랑하는 사람이 있으면 떠날 거 같아요. 돈만 생각하지 말고. (웃음) 옛날 저는 한국 사람이랑 결혼하면 제가 힘든 거 벗어날 것 같은. 근데 잘못됐어요. 네. 잘못된 생각이에요. 지금 여기 와서 그 잘사는 남자 아니고. 근데 사랑도 없고 있잖아요. 결혼했잖아요. 근데 사랑도 없기 때문에 내가 손해인 거예요. (웃음) 그래서 엄마를 생각하면, 어 엄마가 더 나은 것 같아요. 더 힘들어도, 아빠 사랑하니까 마음이 편한 거예요. 제가 자꾸 맨날, 다른 남자 생각(웃음) 제가 원하는 남자 결혼했으면 얼마나 좋았을까 생각하는 거예요. 진짜 사랑하면 애들도 보잖아요. 우리 부부관계는, 신랑하고 저는 보면은 진짜 사랑 없는 관계, 애들이 그렇게 보는 거예요. 그냥 살아가는 그냥 그런 관계만 있어요. 우리 애들도

"엄마 아빠도 사랑 안 하죠?"

이래요.

"사랑해."

라고 말해도 안 믿어요. 그래서 엄마 생각나고. 제가 생각을 해요. 제가 어렸을 때 고등학교 때까지 너무 얌전했잖아요. 대학 가고 나니까 점점 제가 변하는 거예요. 모습이. 그때 재미있어요. 그래서 자꾸 아, 고등학교 때까지 얌전하지 않고 얼마나 재미있는 생활을 할 수 있었을까. 그렇게. 대학 끝나고 바로 일해요. 방학 때도 알바하고. 엄마 자꾸 생각해서 도와주고 싶어서.

▶ 다문화센터 방문 선생님들의 도움이 필요하다

[조사자: 한국 정부가 결혼이주여성을 위해 지원해준다면 여가생활 혹은 아무거나. 내가 이렇게 지내보니 이런 건 지원해주면 좋겠다, 이런 게 있다면은?] 있다면은… 그… 부모, 아니 자녀 생활. 자녀 생활 계속 있었으면 좋겠어요. 아이들을 다문화센터에서 선생님들 방문하잖아요. 그게 1년 한 번밖에 안 되잖아요. 그런 거 계속 있었으면 좋겠어요. 왜냐하면 진짜 큰 도움이 되었거든요. 특히 우리도 그 어떨 때는 신랑은 돈 많이 못 벌잖아요. 그러면은 학원비는 비싸서 보내다 보면 부담스러워서 안 보내고. 그리고 아이들은 한국말 잘 안 돼가지고요. 그러면 그 자녀 생활 이용해서 선생님들이 많이 가르쳐줘서 학교생활 힘들지 않잖아요. 그리고 그, 뭐지… 아, 만약에 아이들 아이들을 중학교 올라가면 그런 사업 있었으면 좋겠어요. 집에 가서, 선생님 방문해서 엄마들이 이렇게 이렇게 직접 가르쳐주면 좋겠어요. 우리도 자꾸 생각하는 거예요. 센터에서 해도, 어떨 때는 한국말 못할까 봐 질문 안 하잖아요. 그런 엄마들 많이 있어요. 질문하고 싶은데, 한국말 안 될까 봐 조용한 거예요. 따라 들어도, 그냥 듣기만 해요. 저도 우리 아들 5학년이잖아요? 중학교 생활 어떻게 할까 이렇게. 그때 또 그… 사춘기? 사춘기 시작하잖아요. 그래서 걱정돼요. [조사자: 그러시구

나. 아이들은 차별 이런 건 없어요?] 아이들한테는 못 느꼈어요.

▶ 다문화 가족 모임을 만들다

[조사자: 필리핀 친구들이랑은 많이 만나요?] 네. 가족 모임도 있어요. 이제는 78명 있어요. 제가 만든 가족 모임인데요, 한 달에 한 번 만나요. 필리핀 음식 만들어서, 안 맵게 만들어서 크리스마스 파티도 하고. [조사자: 그분들은 다 어떻게 모인 거예요?] 카카오톡 단체카톡 만들어가지고. 그리고 제가 작년에 6개월 다문화센터 통·번역 활동을 시작했거든요. 그래서 그때 시작했어요. 가족 모임으로. 그리고 어떤 때는 새로운 분들이 다문화센터 찾아오잖아요? 공부도 하고 그렇게 소개하는 거예요. 이런 모임이 있어요. 이렇게 이야기해요. 그리고 아는 사람이 초대해가지고. 그래서 크리스마스 파티는 50명이 참석했어요. [조사자: 어디서 모여요?] ○○교회에서. 그… 장소 빌려서 그렇게 했어요. 이렇게 딱 해서 이렇게. 이렇게 크리스마스 파티 했어요. [조사자: 진짜 많네요. 어때요, 기분이?] 좋았어요. 왜냐하면 큰 도움 되니까. 왜냐하면 제가 번역했던 것도 거기에서 올려서 홍보하고 동정도 뭐. 필요하면, 예를 들어 다문화센터에서 이런 잠바, 아디다스 잠바 나왔잖아요? 지원한다고. 그럼 저는 올리는 거예요. 동사무소에서 이런 거 있다고 하면 올려서. 필리핀 분들이 나가고 싶어 하지 않아요. 왜냐하면 정부는 그래서. 그리고 영어강사 필요하면, 여기에 올려요. 그래서 그 친구들한테 큰 도움이 돼요. 우리 공연도 해요. 필리핀 전통 춤 여섯 명이. [조사자: 아… 춤 같이 공연해요?] 네. (웃음) [조사자: 끼가 많으시네. (웃음)] 여기저기 다녀요. (웃음) 모임도, 여러 나라 모임도 있어요. 베트남, 몽골… 일주일에 한 번 만나요. 재미있어요. [조사자: 마지막으로 뭔가 하고 싶은 말이 있으시면. (웃음)] 하고 싶은 말? (웃음) 한국이 최고예요. 이

제. (웃음) 처음엔 못 느꼈어요. 지금은 진짜. 그다음에 학교생활도, 아이들이 너무 재미있어해요. 그다음에 뭐지…? 음, 여러 가지 교육 있잖아요. 상담 이런 거. 특히 상담. 만약에 애들은 우울증 걸렸을 때, 아니면 사춘기 걸렸을 때 그럴 때 상담이 있기 때문에 도움이 될 것 같아요. 그래서 한국 최고예요. (웃음)

4장

가족, 친구들과 함께 행복하게 살고 싶다

연구참여자는 네팔에서 태어났다. 한국을 동경해 지역비자로 입국을 준비하던 중 지인 권유로 결혼정보업체를 통해 남편을 소개받아 3개월 후 결혼했다. 강원도 시골에서 시어머니와 함께 살다가 아이가 학교에 입학할 즈음 서울 근교로 이사했다. 아이는 15개월에 심장 수술을 받았다. 그녀는 아이가 더 힘들 거란 생각으로 어려움을 이겨냈다. 그러나 이때의 트라우마로 둘째 낳을 생각을 하지 않았다. 그리고 그녀는 한국말이 서툴러 아이 교육을 돕지 못할까, 아이가 말이 통하지 않는 자신과 대화하기를 꺼릴까, 다문화가정이라 아이가 차별받지 않을까 걱정이 많다. 엄마로서 아이 키우기 쉽지 않음을 느끼며 친정엄마를 종종 떠올린다. 혼자 큰 줄 알았으나 엄마의 돌봄이 있었다는 걸 깨닫고 새삼 고마움을 느낀다.

연구참여자는 주변에 네팔 친구가 없어 주말마다 아이와 함께 서울로 친구를 만나러 가곤 한다. 한국에서는 집과 일터에서 한국말을 쓰지만 네팔 친구들과는 모국어로 대화할 수 있어 무척 편하고 친정에 간 듯 위안이 된다. 반면 외출 때마다 아이와 동행하다 보니 친구들과의 만남에 온전히 집중할 수 없어 불만이다. 20대에 한국으로 이주하여 지금은 30대이고 금방 40, 50대가 될 터인데 자신이 하고 싶은 것을 하면서 재밌게 살고 싶다는 생각을 많이 한다. 이제 그녀는 한복을 입고, 김치가 없으면 밥을 먹지 못할 정도로 한국 문화에 익숙하다. 그녀의 바람은 학교에서 '다문화가정'이라는 말을 사용하지 않는 것이다. 마지막으로 정부나 지자체에서 가족여행 기회를 준다면 즐거운 추억을 만들 수 있으리라 기대하며 살아가고 있다.

[주제어] 네팔, 결혼이주여성, 교육, 가족여행

1.
희망을 품고 한국으로 이주하다

어릴 적 추억을 떠올리다

어린 시절엔 학교에서 공부하고 집안일을 도우며 단조로운 생활을 했다. 특별히 떠오르는 기억은 동생들과 집 앞 강가에서 물고기와 꽃게를 잡고 놀았던 일이다. 동생과 나는 나이가 18개월밖에 차이 나지 않아 친구처럼 지냈다. 초등학교 때 수업이 끝나면 친구 집에서 소꿉놀이를 많이 했다. 엄마가 일하셔서 할머니가 우릴 돌보셨고, 소꿉놀이에 빠져 종종 집에 가는 시간을 잊곤 했다. 그러면 할머니가 나를 찾으러 오셨다. 또 친구들과 제기차기도 자주 했다. 선물을 걸고 내기를 했는데, 나는 50개를 연속으로 할 정도로 잘하는 편에 속했다. 고무줄놀이도 재미있었다. 검정 고무줄이 없을 땐 염소가 먹는 풀을 예쁘게 묶어놓고 놀았다. 고등학교 때 1박 2일로 현장학습을 간 일이 추억으로 남아있다. 대학교 때 남자친구는 많았으나 연애한 적은 없다. 남자에게 관심조차 없었다. 부모님이 이혼한 충격으로 남자가 이성으로 끌리지 않았던 것 같다. 남편이 나의 첫 남자다.

로망이었던 한국으로 이주하다

나는 원래 한국을 좋아했다. 네팔에서는 한국이 인기가 많다. 네팔 사람들에겐 잘사는 나라인 한국에 가면 돈을 많이 벌 수 있다는 로망이 있다. 많은 네팔인이 지역비자나 국제결혼으로 한국에 간다. 나도 지역비자로 한국에 가기 위해 학원에서 한국어를 배웠다. 네팔에는 한국어 배우는 사람이 많다. 어느 날 아는 언니가 내게 한국 남자와 결혼하지 않겠냐고 의향을 물었다. 처음에는 거절했으나 계속된 권유와 나 역시 한국에 가고 싶은 마음에 수락했다. 결혼정보업체에서 소개받은 남편이 마음에 들어 3개월 후 결혼했다. 네팔과 한국에서 각각 한 번씩 결혼식을 올렸다. 네팔의 대학에서 교육학을 전공하던 중 결혼 때문에 중퇴해야 했다. 돈만 있으면 한국에서도 공부를 이어갈 수 있을 거라 생각했고, 그럴 수 있기를 소망했다.

2.
네팔 친구들은 나에게 큰 위안이 된다

이주 초기 네팔의 집이 그리웠다

인천공항에 첫발을 내딛자마자 한국의 도시적인 분위기에 매료되었다. 내가 로망을 품었던 나라답다는 느낌에 기분이 좋았다. 그런데 막상 내가 살 곳은 강원도의 시골 마을이었다. 그곳에서 시어머니와 같이 살았다. 남편이 출근하면 나는 어머니와 함께 밭에 나갔다. 어머니는 내게 일은 하지 말고 자신이 하는 것을 보기만 하라고 하셨다. 내가 심심할까 봐 챙겨주신 거였다. 나는 매일 밭에 나가 어머니 앞에 앉아 있거나 일을 조금 돕기도 했다. 모든 게 낯선 며느리를 배려한 것이지만, 3개월까지는 많이 힘들었다. 계속 네팔의 집 생각이 났고 친정엄마가 보고 싶었다. 동네에 말이 통하는 친구도 없으니 너무 심심했다.

엄마는 위대하다

네팔에서는 이른 나이에 결혼과 출산을 한다. 18세에도 아이를 낳는다. 나는 23세에 첫 아이를 낳았으니 네팔에선 빠른 것도 아니다. 아이는

강원도에서 낳았다. 태어날 땐 건강했으나 15개월 무렵 심장에 이상이 생긴 걸 알았다. 치료를 받고 나중엔 수술까지 해야 했다. 수술 당시를 떠올리면 아직도 무섭다. 아이 몸에 남은 가슴을 열었던 흔적을 볼 때마다 마음이 아프다. 수술비는 정부 보조금 지원을 받지 못해 개인 보험으로 처리했다. 임신 기간에 보험을 들어놓길 너무 잘했다는 생각이 든다. 한국에선 돈 없으면 살기가 어려운 것 같다. 병원도 가지 못한다. 수술 후 회복 과정도 무척 힘들었다. 그땐 내가 왜 결혼해서 이 고생을 하는지 모르겠다는 생각도 했다. 나도 힘들지만 아이는 더 힘들 거라 생각하니 마음이 너무 아팠다. 둘째를 가질 계획은 없다. 아기가 아파서 고생하는 걸 봐서 그런지 다시 아이를 낳아 키우고 싶은 마음이 들지 않는다.

아이는 벌써 초등학생이다. 아이가 훌쩍 커버린 것만큼이나 나도 애 키우느라 시간이 다 간 것 같다. 아이가 학교에 다닐 만큼 컸다는 대견함과 나도 이제 학부모라는 부담감이 동시에 든다. 아이는 성격이 활발하고 친구들과 잘 지내는 편이다. 처음 보는 친구를 낯설어하지 않고 먼저 말을 걸고 편하게 대한다. 학교생활에도 잘 적응하고 있다. 학기 말에 담임 선생님과 상담을 했다. 다른 한국 아이들에 비해 전혀 뒤떨어지는 게 없다는 말을 들었다. 다만 책상 정리 등 주변 정리만 잘하면 된다고 했다. 집에서 내가 모든 것을 해주니 정리하는 습관이 배어있지 않은 것 같다. 그 후로 여러 가지 생활 습관을 가르치고 있다. 방 정리부터 밥 먹을 때 핸드폰이나 텔레비전을 보지 않는 것 등 좋은 습관을 만들기 위해 노력 중이다.

내가 한국말을 잘 몰라 학교에 다니는 아이를 잘 도와주지 못해 고민이다. 요즘도 아이가 모르는 것을 물어보면 대답을 못 할 때가 많다. 남편이나 고모, 다른 아이 엄마들에게 물어본 후 알려주곤 한다. 학년이 올라가면 한국말을 더 잘하게 될 텐데, 아이가 나와 이야기하기 답답하다며 대

화를 안 하려 할까 봐 걱정도 된다. 또 아이가 아직은 다문화가정인 것을 불편해하지 않지만, 혹여 학교에서 차별받지는 않을까 우려된다. 아이가 이런 불편을 겪을 수 있다고 생각하면 괜히 한국 남자와 결혼했나 가끔 후회하기도 한다. 아이 학교에 다문화가정 아이들이 몇 명 있다. 입학 전까지 살던 강원도 어린이집에는 원생의 3분의 2가 다문화가정 아이들이어서 마음이 편했다.

아이가 커갈수록 무엇을 시켜야 할지 고민이다. 좋은 일을 하는 사람으로 자라면 좋겠다. 아이가 원하는 일을 하는 게 가장 좋겠지만, 학교 선생님을 하면 좋겠단 생각도 든다. 학교 선생님은 내가 이루지 못한 꿈이다. 아이를 낳고 키워보니 엄마라는 자리가 참 힘든 자리인 것 같다. 친정엄마 생각이 많이 난다. 부모님이 나를 키울 때 이런 마음이었겠구나, 짐작해보기도 한다. 아이가 가끔 내 말에 반항적으로 대꾸하면 속상하다. 동시에 혹시 나도 우리 부모님에게 그러지 않았는지, 나를 돌아보게 된다. 예전엔 엄마가 어린 나에게 해주는 걸 당연하게 생각했고, 나 혼자 큰 줄 알았는데 아니었다. 엄마가 나를 키운 거였다.

네팔 친구들은 내게 큰 위안이 된다

한국에 온 네팔 친구들은 다 서울에 산다. 친구를 만나려면 주말에 서울에 가야 한다. 평일엔 다들 일하느라 만날 시간이 없다. 주말에도 각자 가족들 일이 있어 매주 볼 수는 없다. 대부분 아이를 봐줄 사람이 없어 아이와 함께 나온다. 일주일 동안 힘들게 일한 나에게 친구들과의 시간은 단꿀과 같다. 남편이 일주일에 한두 번만 집에 오기 때문에 나는 시간을 쓰는 데 좀 자유로운 편이다. 친구들과는 쇼핑하거나 아이들을 데리고 놀이터에 간다. 집에서 만나면 음식을 해 먹고, 술도 한 잔씩 한다. 네팔식당

에 가기도 한다.

고향인 네팔에 대한 이야기, 사는 이야기를 많이 나눈다. 다들 아이 엄마들이라 자녀 키우면서 겪는 여러 고민을 나누고 한국말은 얼마나 나아졌는지, 이곳에서의 삶은 어떤지 이야기한다. 친구들을 만나면 마치 친정에 와 있는 듯한 생각이 든다. 그리움이 조금 사라지고 진짜 내 고향에 와 있는 느낌이다. 한국에서는 집과 일터에서 계속 한국말을 써야 하는데, 친구들과는 고향 말로 대화할 수 있어 너무 편하다. 가끔 친구들이 우리 집으로 온다. 그런데 이웃집에서 시끄럽다고 항의하곤 해서 밖에서 만나는 게 마음이 편하긴 하다.

가끔 아이들의 방해 없이 친구들과 편하게 만나고 싶다. 아이를 챙기느라 친구들에게 집중하기가 어렵다. 또 아이는 내게 왜 자기 말을 안 들어주고 맨날 쇼핑만 하느냐고 투정을 부린다. 아이를 잠시 맡아줄 사람이 있다면 마음 편하게 친구들과의 시간을 즐길 수 있을 텐데 그러지 못해 아쉽다. 20대에 결혼하고 한국에 왔는데 곧 40대가 된다. 세월이 빠르게 지나가는 것 같다. 남은 인생 동안 아프지 않고 하고 싶은 걸 하면서 재밌게 살고 싶다.

다문화가요제에 나가 1등 하다

2013년에 강원도청에서 주최하는 '강원도 다문화가족 가요제'가 열렸다. 아는 엄마가 이 가요제에 나가보겠냐고 물었다. 당시 다문화가족지원센터에서는 몇 년에 한 번씩 '정선 아리랑'이라는 축제를 열었다. 나는 그 대회에서 「아리랑」을 불러 1등을 했다. 주변 사람들이 내게 노래를 잘하니 한번 나가보라고 부추겨 용기를 내 나갔다. 남편은 일하러 가고 아이와 시어머니가 같이 가주었다. 그런데 「강원도 아리랑」을 불러 내가 또

1등을 하고 상금 200만 원도 받았다. 다문화가족지원센터에서 노래를 배운 것이 행운이었다. 다음에 이런 기회가 있으면 또 나가보고 싶다. 하지만 솔직히 나이를 먹어 잘할 수 있을지 자신은 없다.

나도 아가씨들이 입는 이쁜 옷을 입고 싶다

한국에서 합동결혼식을 하고 신혼여행으로 여러 커플과 함께 강원도 카지노에 다녀왔다. 아이가 태어나기 전에는 남편이 일 때문에 바빠 관광지 등 여행을 다니지 못했다. 가끔 시간 날 때 쇼핑하거나 여기저기 구경을 다니곤 했다. 신혼 때처럼 남편과 둘이 여행을 가고 싶지만, 아직 가지 못했다. 아이가 어릴 땐 낚시를 좋아하는 남편과 1박 2일로 동해에 많이 다녔다. 아이도 무척 즐거워했다. 지금은 아이가 커서 낚시도 잘 가게 되지 않는다. 네팔에서 동생들과 강가에서 물고기 잡고 놀던 추억이 떠오르곤 한다.

사실 1박 2일로 낚시를 가면 나는 하는 일 없이 가만히 앉아 있으니 지겹다. 바다 말고 낚시터에 입장료를 내고 들어갈 때도 있다. 아이는 아빠 따라다니는 걸 좋아한다. 아빠 옆에서 고기가 잡히길 기다리다가 지루하면 차에서 핸드폰을 가지고 논다. 나도 남편 고기 잡는 거 구경하다가 아이와 놀아주면서 시간을 보냈다. 낚시터에서는 선물이 나올 때가 재밌다. 바다낚시는 지루하지만, 낚시터는 이벤트가 있어 시간 가는 줄 모른다.

가족과 여행을 가고 싶다. 국외는 이탈리아와 홍콩, 국내는 제주도에 가고 싶다. 남편이 일하느라 바빠 시간이 안 되고 돈도 많이 들어 못 간다. 남편이 같이 못 가면 혼자 다녀야 하는데, 한국말이 능숙하지 않고 좋은 여행지를 모르니 포기하게 된다. 네팔에서도 다른 나라로 여행을 간 적이 없다. 텔레비전을 보면 해외여행을 하면 재밌을 거 같다. 한국 사람들은

유럽 여행을 많이 가는 듯하고, 한국 사람들이 좋아하는 나라라서 나도 (유럽 쪽에) 한번 가보고 싶다. 가족과 여행의 추억을 만들고 싶다.

주중에는 텔레비전을 볼 시간이 많지 않다. 일하고 저녁에 들어와 아이 씻기고 숙제 봐주고 뉴스 잠깐 보다가 30분 정도 드라마를 본다. 주말엔 드라마나 세계여행 프로그램을 본다. 젊은 사람들 연애하는 드라마를 좋아한다. 내가 연애를 안 해봐서 그런지 드라마를 보면 나도 저렇게 멋진 연애를 해보고 싶다는 생각이 든다.

가끔 혼자 다니고 싶을 때가 있다. 친구들과 만나면 서로 먹고 싶은 것, 가고 싶은 곳이 달라 정작 내가 원하는 것을 하기 쉽지 않다. 하지만 아이를 봐줄 사람이 없어 나가지 못한다. 예쁜 아가씨들이 입는 옷을 입고 싶은데 남편이 그런 옷을 못 사게 한다. 고모들도 애엄마가 젊은 애들 옷을 왜 입으려 하냐며 핀잔을 준다. 그래서 내 옷을 살 땐 남편과 같이 가지 않는다. 한국 아이 엄마들은 다들 예쁘게 입고 다니는데 왜 나만 못 입게 하는지 모르겠다.

내게 여가란 스트레스를 푸는 것이다. 신경 쓰는 게 있다가도 놀다 보면 다 잊어버린다. 남편도 속상한 일 있을 때 조용한 낚시터에서 스트레스를 풀고 오는 것 같다. 여가활동을 하고 집에 오면 기분이 조금 나아지고, 뭔가 조금씩 변하는 것 같다. 그런데 여가를 즐기려면 시간과 경제력이 필요하다. 한국에선 다들 부지런히 일한다. 네팔에선 적은 돈만으로도 잘 먹고 잘살 수 있는데, 한국에선 지출이 많아 힘들다. 돈 없으면 살기 어려운 나라라는 생각이 든다. 남자 혼자 일해선 잘살기 힘들어 나도 같이 일하며 돈을 번다. 돈 많이 벌어서 하고 싶은 것 다 하며 살고 싶다.

한국 문화를 배워가다

한국에 대한 정보는 주로 다문화가족지원센터 선생님들에게 배웠다. 강원도에 살 때 집 근처 박물관에 아이를 자주 데리고 갔다. 옛날 한국 사람들이 어떤 집에서 어떤 옷을 입고 어떤 물건을 사용했는지 볼 수 있었고, 양반과 평민의 삶을 보면서 한국의 전통문화를 이해할 수 있었다. 한국에선 양반 개념이 없어졌지만, 네팔에는 아직 남아 있다. 양국의 문화 차이를 느낄 수 있다. 네팔도 한국처럼 변했으면 좋겠다.

한국에 한복이 있듯 네팔에도 전통옷이 따로 있다. 나와 아이는 설날이나 추석, 결혼식, 돌잔치 때 한복을 입는다. 한복은 고름 매는 게 어렵지만 네팔 전통옷도 쉽지 않긴 마찬가지다. 전통옷을 입을 때면 다른 사람 도움이 필요하곤 했다. 내복부터 상의까지 몇 번이나 돌면서 입어야 한다. 안쪽 옷을 잘 접어가며 입어야 전체 옷매무새가 예쁘고 단정해진다. 옷 입는 방법이 복잡하다.

네팔 음식에는 다양한 향신료를 사용해 냄새가 많이 나는 편이다. 내가 볼 때 한국에는 된장 이외에 이상한 냄새가 나는 재료가 없다. 예전에는 네팔 음식이 맛있었는데 한참 먹지 않아서인지 먹고 싶다는 생각이 들지 않는다. 한국에 오래 있다 보니 한국 음식이 더 좋다. 요새는 김치가 없으면 밥을 먹지 못할 정도로 김치가 맛있다. 아이는 네팔 음식을 아예 안 먹는다. 네팔 고추를 보면 냄새가 난다며 기겁한다. 나는 조금이라도 먹이고 싶지만, 아이가 거부한다. 아이와 네팔 친정에 갈 때 한국 음식도 챙겨야 해서 번거롭다. 네팔 음식은 네팔 친구들이 놀러 왔을 때만 요리해 먹는다.

술 문화에도 차이가 있다. 네팔에서는 술을 마시면 3일 정도 회사에 출근하지 않는 사람이 많다. 그런데 한국에서는 네팔 사람들보다 술을 많이 마시면서도 다음 날 반드시 회사에 출근하는 모습을 자주 본다.

3.
‘다문화가정’이라는 용어가 없으면 좋겠다

‘다문화가정’이라는 말을 안 하면 좋겠다

외국 사람과 결혼해 한국 국적을 가진 부부가 있는 가정을 ‘다문화가정’이라고 부르는데, 이 용어를 사용하지 않았으면 좋겠다. 어린이집이나 학교에서 친구들이 외국인 부모가 있는 아이들을 ‘다문화가정’이라 놀리며 얕보는 건 차별이라는 생각이 든다. 다문화가정 아이들도 동등하게 대우받는 것이 내가 가장 바라는 소망이다.

가족여행을 지원해주면 좋겠다

정부나 지자체에서 외국인 부모가 있는 가정을 대상으로 한국 문화에 조기 적응할 수 있는 가족여행 이벤트를 만들거나 경비를 지원해주면 좋겠다. 이런 기회가 주어진다면 한국에 감사하며 가족과 좋은 추억을 만들어 간직할 수 있을 것 같다.

4. 전사록 요약

〈연구참여자 정보 및 특성〉

출생연도	1984년생	이주연도	2009년
국적(이주 전/현재)	네팔/대한민국	학력	대학 중퇴
가족	남편, 딸	직업	생산직

▶ 로망이었던 한국 남자와 결혼하다

[조사자: 지금 나이가 어떻게 되세요?] 84요. [조사자: 거기도 음력, 양력이 있나요?] 우리나라는 또 다른 거 있어요. 날짜가 틀려요. [조사자: 이주를 결심하게 된, 한국 사람이랑 결혼하겠다고 생각하게 된 계기가 있을까요?] 저는 원래 한국 좋아하고 그냥 한국에서 남편도 만나고 보면 괜찮아졌어요. [조사자: 혹시 다른 나라 사람과도 소개를 받은 적이 있어요?] 없어요. 한국만. [조사자: 네팔에서 이전에 한국을 방문하셨던 적이 있으세요?] 없어요. [조사자: 한국에서의 삶이 어떨 것이라고 네팔에서 생각하셨는지요?] 저는 거기에서 제가 아까 말씀드렸다시피 일단 그거 있잖아요. 공부, 공부 그냥 공

부하다가 끝났어요. 어디든 다 돈 있으면 공부하고 그렇잖아요? 그래서 가서 공부는 해야 되겠다 싶어가지고 그랬는데, 여기에서도 공부도 못하고 그냥 그렇게. (웃음) [조사자: 네팔에서는 무슨 전공 하셨어요?] 에듀케이션이라고. 뭐라고 하지? [조사자: 교육.] 네. 교육 그쪽에. [조사자: 네팔에서 한국에 대한 정보를 어떤, 어떻게 얻으셨어요? 한국에 대한 뭐 문화라든지 그런 거?] 그런 거 여기 와서 다문화센터에서 선생님들이 다 가르쳐주셨어요. 아니면 남편도 조금, 조금 이해하고. 저도 예전에부터 한국 오려고. 그 뭐지, 지역 비자로 오려고 생각하고 있거든요. 그래서 그거 알아가지고. 조금, 조금 한국말을 배웠었어요. [조사자: 네팔에서 기관에 다니신 거예요? 아니면 혼자 공부하신 거예요?] 혼자 아니고 거기 뭐지, 가서 배우는 거죠. [조사자: 학원.] 네. [조사자: 그쪽에서는 한국어를 많이 배워요?] 네. 그쪽에 많이 배워요. 친구들. 저 친구들 동생들이 학원 많이 다니고 몇 명 더 왔어요. 일하는. [조사자: 일하는 비자로?] 그러고 왔어요. 어떤 분들은 결혼하고. [조사자: 네팔에서 한국이 인기가 많나요?] 네, 많죠. (웃음) [조사자: 어떤 점을 좋아하나요?] 우리나라보다는 한국 진짜 잘살고요. 근데도 가서 많이 돈 번다고 생각하고. [조사자: 여기 오기 전에 한국 남자를 소개시켜주는 그 기관을 어떻게 알게 되었는지?] 거기 아는 언니가 있었는데 그 언니가 저보고

"결혼할래요? 한국 사람이랑 결혼할래요?"

그래요. 에이, 어떤 사람은 저 보면 뭐 막… 그게 뭐지, 봐달라고. 저는 보여달라고 그렇게 부탁하니깐 그래서 그 언니가 보여주는 거예요. 만약 우리 남편도 거기 가서 여기서 업체에서 가가지고 그 언니는 우리한테 소개해주는 거예요. 소개해주면서 보여달라고 그랬더니 사람들이 오는 날짜에 보여주고 그래서 마음에도 없고. (웃음) [조사자: 그러면 그때 처음 만난 거예요? 첫 소개?] 소개를 처음 만났다가 3개월 후에 결혼하고. [조사자:

결혼은 한국에서 하신 거예요?] 네팔에서도 하고 여기서도 했어요. [조사자: 한국에 대한 첫인상이 어땠는지요?] 첫인상은 진짜 좋았어요. 왜냐하면 딱 공항에서 내리면 딱 보이잖아요? 예전에 우리 강원도 살았거든요? 근데 강원도 살았는데 거기는 그 이미지 없었어요. 그래서 깜짝 놀라고. (웃음) [조사자: 강원도에서 여기로 이사 오게 된 계기가 뭐예요?] 남편분이 이쪽에 일 있었어요. 그래서 고모들도 여기 살고. 고모들 때문에도 오고 남편 일 때문에도. 강원도에서 얼마 안 되었어요. 재작년에 왔다가 1년 또 여기 어디 살다가 또 집, 집 없었어요. 그럴 때 그렇게 그냥 살다가 또 여기는 새로. 1년 아직 안 되었어요.

▶ 네팔에서의 추억을 떠올리다

[조사자: 네팔에서는 어떤 학창 시절을 보내셨는지요?] 그런 거 저기 다 까먹는 거 아니에요? (웃음) 다 까먹는 거 같은데요. 그냥 내 학교 다닐 때는 피크닉 같은 거 현장학습? 그런 거? 1박 2일 가잖아요. 그러면 되게 저는 재미있어요. 학교 갈 때는 그런 것만. 추억이 없었어요. 학교는 그냥 학교 갔다가 오고 그렇게. [조사자: 형제들이랑 같이 이제 뭐 어렸을 때 놀았던?] 우리 동생들이랑. 그냥 집에서 놀고. 또 누구지 물고기 잡는 것 좋아했어요. 동생들이랑 같이 가서 우리 집 앞에서 강이 있었어요. 근데 강가에 가가지고 저는 보고 자기들은 고기 잡고. 또 게 있잖아요? [조사자: 꽃게?] 예. 그런 것. 게 잡고 가지고 와서 그런 거 놀고 그런 것 있었어요. 자기들은 뭐지? 물고기 잡는 것 되게 좋아해가지고 저도 같이 가가지고 남동생은 저보다 18개월? 차이 나요. 거의 비슷비슷하게 커가지고 그냥 그렇게 놀았어요. [조사자: 다시 그렇게 해보고 싶은, 또 그런 기억들이 있잖아요? 아이들한테나 자녀한테 그런 추억들을 심어주고 싶으신지?] 네. 지금도 그런 시

절 보내고 싶은데 근데 안 돼요. 지금은. 근데 애기한테 가끔 어디 데리고 가가지고 그렇게 놀고. 근데 애기 아빠가 물고기 잡는 것 되게 좋아하거든요. 자기도 그래요. 우리 딸도. 그렇게 생각하고 보니깐 어릴 때 생각 많이 나요. 네팔에서 어렸을 때 우리 이렇게 뭐지, 다른 집에 가가지고 내 집이 아니면 자기 집에 가가지고, 친구들 집에 가가지고 뭐지? 소꿉놀이, 소꿉놀이? 그런 것 진짜 많이 했어요. 어떨 때는 집도 안 들어오고 그냥 놀다가 할머니가 계속 불러오셔서 엄마는 일 다니다가 못 오시고 할머니가 집에 계시니깐 왜 아직 안 오냐고 그렇게. 소꿉놀이하다가 집에 오는 것도 잊어버리고 학교에서 바로 오면 친구 집에 가가지고 그렇게 놀아요, 우리. [조사자: 대학교 다닐 때나 네팔 남자들도 많이 있었나요?] 저는 그런 거 남자보다는 친구들이 있고요. 남자는 사귄 적이 없었어요. 결혼 전에도. 관심이 없는 거예요, 아예. 왜냐하면 제가 우리 엄마 아빠가 이혼해가지고 남자들이 그런 거 생각 못 했어요. 진짜요. 그냥 친구들만, 친구만. 친구는 잘 지내고요. 근데 남자라고 생각 안 해요. 그래서 우리 신랑이 처음이에요. (웃음) [조사자: 주변에 친구들은?] 아… 저 친구들은 거의 남자친구 있는 친구들도 있고, 아니 없는 친구들도 많았어요. 우리나라는 또 이런 거 있어요. 만약에 남자친구랑 여자애, 남자랑 여자 여기는 이렇게 같이 인사도 시키고 집에 와서 그러잖아요? 우리나라는 그런 것 없어요. 왜냐하면, 엄마 아빠가 반대하면 집에도 못 들어오게 하는 거예요. 그래서 자기들이 좋아해도 밖에 벽에 그냥 만나고 모르게, 아주 모르게 그런 거 우리나라는. 여기는 서로 인사도 시키고 그렇죠? [조사자: 그죠.] 그래서 제가 이렇게 보면 되게 부러워요. 그런 것. 그런 것 신경이 없어가지고.

▶ 아이가 아팠던 것이 가장 마음에 걸린다

[조사자: 이주 초기에는 아이도 없고.] 네. [조사자: 초기에 남편분이 직장에 나가시면 어떻게 생활하셨는지?] 아, 시어머니 그 집에 계셨는데, 그럴 때는 시엄마랑 계속 있었어요. 그래서 어머님도 강원도의 시골에 자랐는데 어머님 계속 밭에서 나가자 그냥

"너 심심하니깐."

밭에 나가가지고

"너 일하지 말고 그냥 나 일하는 거 보고 있어."

그래요. 그래서 어머니랑도 맨날 밭에 가가지고 그냥 거기 어머니 앞에, 어머니 일하는 거 보고 나도 조금씩 도와주면서 살다가도 친구들이 만나가지고도 여기저기 다니고 그랬어요. 그래도 3개월까지는 진짜 힘들었어요. 힘들고 계속 집에는 가고 싶고 친정엄마 있는 네팔은 가고 싶고 그래요. [조사자: 그러셨구나. 이주 후부터 현재까지 가장 기억에 남는 일들이 있다면? 뭐… 예를 들어서 자녀를 출산한 경험이라든지?] 그 출산보다는 우리 애기는 또 어릴 때부터 아파가지고 그냥 태어나기는 잘 태어났는데, 15개월 만에 아파가지고 뭐지? 심장이, 심장 수술 해가지고 그래서 크고. 그거 지금도 생각나고요. 특히 그거는 잊어버릴 수가 없죠. 아직도. 작은… 자기 뭐 수술로 이렇게 가슴이 열리는데 그거 자라면서, 그런데 그럴 때는 진짜 힘들었어요. 그렇게 힘들고도 괜히 결혼하고 싶고 애, 그냥 그거 왜 내가 이렇게 나도 힘들지만 애기도 힘들다고 생각 들고. [조사자: 출산은 병원에서 하신 거예요?] 네. 출산은 강원도 산부인과에서. 지금 아홉 살이니깐 스물네 살이나 스물세 살에 했었어요. [조사자: 그 정도 나이에 아이를 출산하는 게 일반적인 거예요?] 어, 우리나라는 열여덟 살에도 출생, 애 가져요. 우리나라는 일찍 결혼하는 편이에요. 엄마 아빠하고 안 보내도 자기

들이 알아서 사랑하고 그래요. 저는 이제 애기 키우다가 다 시간이 가요. [조사자: 맞아요. (웃음) 그러면 이제 아, 초등학교를 간 거죠?] 네. [조사자: 이제 초등학교에 보냈을 때 엄마로서의 첫 느낌이 어땠는지?] 아, 그럴 때는 애 우리 집, 이제 우리 애기도 학교 갔구나. 이제 나도 학부모가 되었구나. 그런 생각? 그래서 금방 애들이 이렇게 보면 금방 크는구나. 내가 나이 많이 먹는구나 그런 느낌이 들고요. 우리가 어릴 때 우리 엄마 아빠가 이런 기분이었겠구나 싶었어요.

▶ 근처에 친구가 없어 심심하다

[조사자: 부모님은 뭐 이주하고 나서 2009년도 이후에 뵌 적이 있나요?] 엄마가 집에 가서 네팔 갔다가… 지금까지 3번 갔다 왔어요. 왔다 갔다 3번 하고 엄마가 여기 4년… 정도 살다가 8월에 가신 거예요. [조사자: 같이 있었어요?] 같이 살다가… 네. 애기 봐주시고 제가 여기저기 일 다니고 알바 같은 것 하다가. [조사자: 그러셨구나. 그러면 일자리는 어떻게 구하게 되신 거예요?] 그냥 벼룩신문 보고 아니면 누가 소개시켜주고. 고모들도 여기 살고 있으니깐 고모들 때문에도 알고. 아니면 제가 벼룩신문을 보고 인터넷을 보고 그래요. [조사자: 직장에서는 뭐 별다른 어떤 거 없었나요?] 그런 거는 아직까지는 저는. 그런 거 차별 같은 것? 그런 것 아예 없어요. 그런 거는 다른 사람은 그러는데 근데 저는 진짜로 아직까지 그런 것 없어요. [조사자: 주변에 이제 네팔분들이나 다른 다문화가정분들이 많으신가요?] 여기는 없어요. 저는 이 친구도 서울 살고요. 근데 만나러 주말마다 그쪽에 가요. 오늘도 빨리, 오늘도 가고 싶었는데. (웃음) 선생님 오신다고 하셔가지고 있었어요. 그냥 또 있다가 가는 계획이. [조사자: 아이와 함께 가요?] 네. 가면 함께 가요. 같이 가요. 왜냐하면 봐주는 사람이 없잖아요. 자

기 집에서나 누구 엄마들이 모이고 한잔하고 그래요. 가끔씩. 그런데 저는 여기 친구가 없어서 심심해요. 심심해 여기는. 근데 다른 날도 일 가다가 시간이 없어요. 솔직히 진짜 말하면.

▶ 아이 교육을 잘할 수 있을지 걱정이다

[조사자: 아이가 흥이 많은 것 같아요.] 아, 우리 애기는 진짜 춤추는 거 좋아하고 말썽꾸러기예요. 되게 말이 많고 진짜 머리 아파요. (웃음) [조사자: 지금 ○○ 씨한테 가장 중요한 사람은 누구예요?] 딸이랑 신랑? (웃음) [조사자: 고민거리 이런 부분들이 생활하면서 있나요?] 고민거리… 그렇게 고민은 했죠. 애들이, 애들이 크고 있으니깐 제가 또 학교 가면 한국말 같은 것, 그런 것 잘 몰라가지고 애기가, 애기가 뭐 물어보잖아요? 그런 거 할 때 제가 어떨 때는 제가 대답을 못 해요. 그거 뭔지 모르니깐. 그런 거 만약에 애들이 크면서도 힘들잖아요? 또 우리는 말을 못 하고 자기들은 말이 좀 많아지고. 그럴 때 엄마가 뭐 어떻게 답이 해야 되는가? 그런 것. 그런 것 고민도 많고 또 애들이 여기는 다문화 애들이라서 그런 것, 그런 것도 있어요. 그래서 어떨 때는, 어떨 때는 그 괜히 한국 사람이랑 결혼했다 싶은 거 고민도 많고요. [조사자: 아이 주변에는 다문화가정이 없어요? 초등학교에?] 여기는 초등학교에 몇 명 있는데 그래도 많이 없어요. 예전에 우리 강원도 살다가는 되게 거의 다 다문화가정이에요. 그냥 학교 가면 애들이 거의 다문화가정. 3에서 2는 다문화요. [조사자: 그러면 아이가 다문화가정이라는 거를 불편하게 생각하는지?] 그런 거 자기가 아직까지는 그런 거 없는 것 같아요. 엄마가 또 자기가 물어보면

"엄마, 여기 뭐야? 뭐야?"

그러면

"어, ○○아! 내가 아는 것들 답을 줄 수 있는데 이따가 내가 물어보고 답을 줄게."

그러면

"어, 알았다."

그래요 자기가. [조사자: 되게 귀여운 거 같아요.] 아, 재는 아주 귀여운 소리 많이 받아요. 나는 그렇게 느끼는데 다문화가정이라고 저렇게 보는데, 사람들 그렇지만 저 아직은 그런 거는 들은 적이 없는데 그거 때문에 걱정이에요. [조사자: 아이가 유치원 다녔어요?] 네. 다녔어요. 어린이집에서 유치원. 강원도에서 다 다니다가 학교만 여기 초등학교 가기 전에 여기 왔으니깐. [조사자: 아이들은 강원도에서 뭐 하고 놀아요?] 강원도에서는 그냥 학교 갔다가 집에 오면 그냥 집에서 장난감 놀고 아니면 친구들 만나거나 그래요. [조사자: 아까 언어 이런 부분들은 해결해줄 수 없는 부분들도 있다고 그랬잖아요?] 네. [조사자: 그러면 어떻게 아이한테 전달해줘요?] 어, 남편이나 아니면 다른 엄마들이 있잖아요? 그런 거 엄마들한테 물어보고 그래서 아니면 고모들 여기 가까이 사는 고모들한테 이야기해보고. 그 이게

"○○아, 네가 아까 물어보는 거 여기야."

이렇게 해가지고 그런 것 이야기해주고. [조사자: 가정통신문 이런 것도?] 그거 다 보고 아니면 제가 모르는 것 있으면 남편한테. 남편 가까이 없어요. 남편 멀리 가서 떨어지고 거의 일주일에 한두 번만 집에 들어와요. 그래서 자기한테 이렇게 사진 찍어서 보내고 이거 뭐냐고 그런 것 봐 달라고. (웃음) 그런 거예요. 아니면 어느 정도는 제가 알 수 있으니깐 아니면 또 모르는 것만 그런 것 보내요. [조사자: 앞으로 이루고 싶은 목표 혹시 있어요?] 목표는… 아… 애기, 애기 빨리 키우면서 애기 크면서 애기한테 뭐 시킬까? 그런 것도 있고, 저는 애기… 애기 크면 또 일도 좋은 일 공

부하면서 좋은 일들을 찾고 싶고 그래요. [조사자: 아이가 어떤 사람이 되었으면 좋겠어요? 커서?] 제 생각에는 그냥 자기가 하고 싶은 공부도 있겠지만 나중에는 저는 그냥 학교에 선생님이나 그런 것? 제가 예전에 그런 것 있어갖고 저도 그러고 싶어요. 애기가 그랬으면 좋겠다고 생각하는데 자기는 몰라요. 나중에. [조사자: 한국 정부, 정부나 한국인한테 바라고 싶은 점은?] 우리 다문화가정이니깐 그 다문화가정이라고 말 없으면 좋겠고요. 그런 것. 이렇게 이게

"니네 엄마 다문화가정이다."

그러면 애들이, 애들한테 그런 것 안 했으면 저는 그런 거는 좋을 것 같아요. 다른 거는 바라지도 않아요. (웃음) [조사자: 이제 여가 쪽으로 포커스를 맞춰서 질문을 드릴 거예요. 주로 일상생활에서 무엇을 하면서 시간을 보내시는지?] 아… 그냥 여기서 일 다니다가 집에 와서 애기 학원에서 데려왔다가 밥하고 먹고 자고. (웃음) 애기한테 뭐 이렇게 그 심부름, 뭐지? 자기들 가져오는 알림장 같은 것 보고 숙제 있으면 숙제시키고, 그냥 시간이 가요. 자꾸 또 다음에도.

▶ 네팔 친구들과 함께하면 내 나라에 있다는 느낌이 든다

[조사자: 일을 나가지 않을 때는 뭐 하면서 시간을 보내세요?] 아, 친구들 만나러 가거나 애들이 놀러 데리러 가고 친구들 만나가지고. 친구들 만나서 그냥 재미있게 이야기하고 놀고 구경하고 애들이 놀이터에 놀아주고 그래요. [조사자: 주로 무슨 이야기하시는 거예요?] 그냥 우리 사는 것 이야기. 그냥 어떻게 어떻게 살아야 되나? 이렇게 애들, 애들보다 더 많이 이야기하고 애기 엄마들이니깐 애기 엄마들이는 나는 애기 이렇게 했다. 너네, 너네 애기가 이… 뭐라고 그러지? 너네 애기가 이렇게 하더라. 음… 자

기 얘기 이렇다. 그렇고 애기들을 많이 이야기해요. 공부 잘한다. 못한다. 그런 것. 다 그래요. [조사자: 네팔 친구들?] 네. 네팔 친구들. 근데 가끔씩 어떤 베트남 친구나 캄보디아 친구는 그런 것 같아서. 또 주변에서 사는 친구들이 있잖아요? 친한 엄마들이? 그분들이 같이 만나서, 만나가지고 나라에 대해서 이야기도 하고 애들. 엄마들이 만나면 애들 때문에 다 이야기해요. 나는 애기가 빨리 컸다. 똑똑하다. 이렇게 저렇게 그런 것. 나 한국말 잘한다. 그런 것. [조사자: 같이 음식도 해서 나누어 드시나요?] 집에서 만나면 그렇게 같이 만나서 먹는데, 딴 데 가면 다른 식당에 가서 네팔식당이나 그런 데 가서 먹고. [조사자: 한국에서 주로 여가활동은 어때요? 여가. 노는 것.] 아, 노는 것은 그냥 친구들끼리 만나서 어떤 때는 애들을 냅두고 놀아요. 우리는 그냥 만나서 그 한잔하고 그렇게 놀아요. [조사자: 아이가 태어나기 전에는 주로 어떤 놀이를 하셨어요?] 그럴 때도 잘 몰라요. 기억이 안 나요. [조사자: 남편이랑은?] 그냥 자기는 일 가고 바쁘니깐 또 시간이 있을 때 어디 쇼핑이나 가고 그래요. 쇼핑 가고 어디 제가 모르는 것 있으면 구경하고 가고 그래요. 친구들도 만나면 쇼핑하러 가고 그래요. [조사자: 관광지 이런 곳도 가봤어요?] 관광지 아직 안 가봤어요. [조사자: 신혼여행은 가셨어요?] 우리는 합동결혼? 뭐지 합동결혼이나 뭐지 여러 명 하는 것. 그런 것 하는데 그냥 그 강원도에 카지노 있잖아요? 거기 보냈었어요. 그래서 신랑이랑 우리 기회가 있으면 또 다른 데 가고 싶었는데 애기가 그럴, 그때 어려서가지고 못 갔어요. 아직 한 번도 안 가봤어요. 가고는 싶은데. [조사자: 이전에 낚시 많이 하셨다고.] 네. 어릴 때만 생각 안 나요. 그럴 때는 그런 거 노는 거는 없을 것 같아요. 왜냐하면 그냥 거기서도 공부하다가 또 집에 일하다가 그냥 그런 거 나가니깐 노는 것 없어요. 또 어릴 때는 제가 어릴 때보다는 거의 초등학생? 중학생 때? 그 있잖아요. 발로

하는 것. 이렇게 뭐지? [조사자: 제기차기?] 어, 제기차기. 그런 것 많이 했어요. 잘하진 못하는데. (웃음) 그래도 재미있어요. 그런 것 기억이 많이 나요. 누가 더 많이 하면, 또 뭐지 선물 같은 것 걸어놓고 그런 것. 저는 50개 정도 했어요. 여기는 여기 보면 우리 고무줄 있어요. 그런 까만 것. 그냥 고무줄 생겼는데 그거 진짜 잘돼요. 아니면 그거 없으면 그… 그 뭐지 풀? 풀, 염소 먹는 것 풀이 있어요. 그런 것 이쁜 것 묶어놓고 그걸로 해요. 진짜 재미있었어요. 진짜 그거는 진짜 (웃음) 50개, 100개 정도 하는 친구들도 있어요. 100개 정도. [조사자: 대단하시네요. 여기서 친구들 만나서 뭐 쇼핑하신다 하셨는데 그 친구들을 왜 만나요?] 그냥 자기들이 쇼핑하러 가자 그랬던 게 또 가고 뭐지? 이렇게 일하면서도 일주일 일하면서 힘들잖아요? 또 만나기도 쉽고 우리나라 말도 자기들이 만나면 우리들이 말하잖아요? 자기들이 만나면 그렇게 많이 우리 친정 쪽으로 생각을 하는 것 거의 없어지는 거예요. 그래서 뭐 친구들 만나고 오고 나서 그냥 친정에 갔다가, 친정에 있었다고. 자기 그렇게 친구들 만나면 모여가지고 이야기하면

'아, 진짜 나는 내 나라 있구나.'

싶고 그런 것도 많이 하고요. 그렇게 생각 많이 해요. 왜냐하면 여기 계속 한국말만 해야 되잖아요? 집에서도, 일할 때도. 거기 가면 그런 것… 편하게 내 나라말이 말하고 그냥 친정 생각나면 그 잊어버릴 수도 있어요. 친구들을 만나면. 자주, 자주는 못 만나요. 왜냐하면 다들 일하니깐 주말, 주말씩 만나고. 또 주말도 가끔씩 일이 있으면 못 만나요. 남편들이나 애기 데리러 어디 가면 못 만나고. [조사자: ○○ 씨는 이제 어떤 점. 그러니깐 본인이 놀이를 할 때 바라는 점이 있다면? 뭐? 경제적이라든지 아니면 시간적이라든지? 내가 이렇게 여건만 되면 더 잘 놀 수 있겠다.] 네. 경제만 있으면 진짜요. 그렇게 제 경제적인, 만약에 누구나가 다 여기는 부지런히 일하잖아

요? 그죠? 일하고도, 우리나라는 솔직히 말하면 조그만 돈 있으면 진짜 잘 먹고 잘살아요. 여기는 나가는 거 되게 많아가지고 힘들어요. 그래서 돈 벌어야 되고 돈 없으면 못 산다고 생각이 들고, 그래서 우리도 같이 벌어야 된다고 생각해서 같이 일해요. 만약에 그런 거 돈 있으면 나도 놀고 싶고 하고 싶은 것 다 하고 그렇게 놀고 싶어요. [조사자: 뭐 한 가지를 하고 싶다 그러면 어떤 놀이를 하고 싶어요? 만약에 여건이 된다면.] 저는 여행이나 가고 애들 데리고 여행이나 다니고 싶어요. [조사자: 어디 가고 싶어요? 여행?] 저는 제일 가고 싶은 나라 뭐지 아… 뭐라고 하지? 이탈리? 이탈리. 이태리 가고 싶고 그다음에 홍콩 가고 싶고. 홍콩은 언제든지 갈 수도 있으니깐 그죠? 그쪽에는 진짜 가고 싶었는데 이탈리 같은 나라는 가고 싶어요. [조사자: 한국에서 가고 싶은 곳은?] 제가 제주도 먼저부터 가고 싶었는데 못 가고 있어요. 제주도나 부산. 그거는 시간이 없어요. 시간이 없는 것보다, 결국 시간이 없는 거지. 신랑이, 신랑도 일하니깐 제가 혼자 다녀야 되는지 어디 구경하는지 잘 모르니깐 그래서 그냥 네. 다 시간이 문제죠. 지금 여기는. (웃음) 다른 나라 멀리 가고 싶은 것은 경제적이고 아이고. [조사자: 나에게 있어서 놀이란? 여가란. 어떤 의미를 가질까?] 아… 저는… 뭐지? 스트레스 풀고 그런 거예요. 그거 많이 막 뭐 신경 쓰다가 그러고 놀면 다 잊어버리는 거예요. 그래서 또 집에 오면 또 그런 거예요. 그래서 그거 사람 놀이하다가 그렇게 풀어주는데 집에 오면 또 그냥 그 생각 들고 만약 그런 것 계속 놀면 스트레스 같은 것도 풀고 그 스트레스도 안 받을 것 같아요.

▶ 나에게 여가는 스트레스를 푸는 것이다

[조사자: 가족 놀이는, 가족이 함께하는 놀이는 뭐가 있을까요?] 가족이

그렇게 함께하는 것 놀이는 여기 와서는 그냥 애기 아빠가 1박 2일로 고기 잡으러 제가 아까 말씀드렸잖아요? 고기, 물고기 잡는 것 좋아해요. 바닷가 가가지고 그냥 자기는, 저도 어릴 때 동생들이랑 많이 하는 것 생각하고 저도. 근데 계속하면은 그 1박 2일 가는 것은 귀찮아요. 지겨워요. 그래서 가서 가만히 앉아 있어 어쩔 때는 제가 낚시 돈 주고 그랬는데 그런거 신랑이랑 그런 그 신랑이랑 놀이 가는 거는 그거밖에 없어요. 또 쇼핑? 그런 것? [조사자: 낚시는 어디로 가요?] 바닷가. 예전에는 동해바다 갔는데 강원도 살 때에는. 여기 와서는 저번에 명절 때 포항? 포항 쪽에 가고. 안 가봤어요. 여기는 또 우리 신랑 어떨 때는 거기 낚시터 있잖아요? 거기 가서도 해요. [조사자: 아이는 뭐해요?] 애기도 좋아해요. 같이 있어요. 지루하면 또 차에서 와가지고 그냥 자기 전화기만 보고. [조사자: ○○ 씨는 뭐해요?] 저도 애기랑 같이 놀아주고 아니면 신랑이랑 같이 앞에서 물고기 오면, 거기는 또 낚시터에 가면 거기 뭐 뭐 선물 같은 것 나온다고 그래요. 거기는 진짜 재밌어요. 그거 돈 내고 가면 그냥 가면 지루한데 거기 가면은 거기 정신이 계속 거기 가 있어. 그래서 그냥 보고 시간 가는 것을 몰라요. 거기는. 시간마다 또 돈 얼마씩 내야 될 거예요. 시간마다 아니고 한 번 가면 입장료 내야 되는 것 같은데요. [조사자: 가족이랑 여가활동을 할 때 어려운 점이 있는지?] 문화 활동… 문화 활동할 때…. 그냥 음식 같은 것 할 때? 음식 같은 것 만들 때 우리는 또 우리나라는 향신료 냄새나는 것 많이 먹잖아요? 한국에는 그런 것 없잖아요? 그 된장이나 그런 것밖에 없잖아요? 우리나라는 그런, 그런 것 많아가지고 뭐 뭐 넣으면 맛있다고 생각 들고 그 향신료 같은 것 넣고 먹어야 되는데. 예전에, 지금은 제가 변해요. 왜냐하면 지금은 혼자 살잖아요. 예전에는 제가 먹고 싶을 때 그런 것 하지 말라고 어머니 계시는데 그런 것 하지 말라고. 그런 것. (웃음) 아니면 지금

지금은 내가 먹고 싶을 때 먹고, 아니면 지금은 거의 우리나라 음식이 거의 그렇게 많이 먹고 싶지는 않아요. 왜냐하면 제가 여기 오래 되어가지고 한국 음식 다 맛있어요. (웃음) [조사자: 자녀도 네팔 음식 잘 먹어요?] 안 먹어요. 아예 안 먹어요. 냄새난다고. 그거, 고추예요. 우리나라. 근데 냉장고 넣는데, 내가 냉장고 넣는데 자기 꺼내달라고 그거. (웃음) 안 먹어요. 아주 그거 보면 기절해요. 자기. 그래서 냄새나는 거는 제가 조금 먹여보고 싶었는데 안 먹어요. 근데 처음에는 집에 뭐 만들면 그냥 친구들 오면 만들고 아니면 못 먹어요. 우리 애기는 안 먹을라 해요. 그래서 우리 친정 들어가면 그거 걱정이에요. 여기서 다 챙겨가지고 가야 돼요. [조사자: 아이는 김치 이런 거는 잘 먹어요?] 김치, 그거 잘 먹어요. 김치 없으면 밥 안 먹어. [조사자: ○○ 씨는 김치 잘 드세요?] 저도 잘 먹어요. 우리나라도 매운 거 많이 먹으니깐 좋아해요. 저도. [조사자: 그런 놀이를 통해 가정생활이라든지 이런 게 변화된 게 있나요?] 변화된 거는 없어요. 왜냐하면 거기 가서도 변화되는 거는 자기 잠깐 가서 스트레스 푸는 것만 해요. 거기 가서 자기 그냥 우리 신랑은 조금 그거 뭐지 신, 뭐 속상한 것 그런 것 일이 있으면 그냥 조용한 곳 그런 데 가서 낚시터에 가가지고 그냥 그런 것 하는 것 좋아하는 것 같아가지고. 그냥 거기 가서 스트레스 풀고 오는 거예요. 변하는 거는, 변하는 것은 변하겠죠? (웃음) 잠깐 가면 생각이 거기 다 가니깐. 집에 오면 조금 편하겠지? [조사자: 가족들이랑 놀이할 때 바라는 점이 있다면?] 아, 저는 가족끼리 어디 놀러 가면서 그냥… 며칠 동안? 놀다가 다른 나라 여행 가는 거 그런 것 놀면 좋겠어요. 가가지고 거기 애기랑 놀고 오는 것. [조사자: 왜 거기에 가고 싶을까요?] TV에서 나오는 거 보니깐 되게 재밌는 것 많아요. 여행 가는 것 괜찮은 것 같아가지고 그거 보면. 프랑스는 그런 것? 이태리나 프랑스나 그쪽으로 한번 옛사람들의 이야기나 TV에서

나오는 거 보니깐 진짜 구경하는 것 많을 것 같아요. 거기 가면. 그래서 우리도 내려가면 어떻냐 싶어서 저는 계속 가고 싶은 거예요. 한국 사람들도 많이 가잖아요? 그죠? 한국 사람도 그쪽에 좋아하니깐 저도 한번 가면 어떻나 싶어요. [조사자: 텔레비전 많이 봐요?] 텔레비전 시간 있을 때. 드라마 잘 보고 또 세계여행 있잖아요. 그거 자주 봐요. [조사자: 드라마는 어떤 게 인상적이에요?] 재밌게 본…. 일일 연속극도 재밌고요. 다 보면 다 재밌어요. 뭐지, 이런 사랑하는 거 있잖아요. 젊은 사람들 그런 것 진짜 제가 예전에 안 해봐가지고 진짜 그런 것 한번 나 있으면 나도 있으면 해보고 싶고 그런 것. 나도 그런 것 하면 어떨까 싶어요. 네. 그런 것 안 해봐가지고 지금도 진짜로 솔직히 말하면 하고 싶어요. (웃음) [조사자: 네팔에 있을 때는 다른 나라 여행 간 적이 없었나요?] 거기는 없어요. 어디도 안 갔어요. 처음이 여기 한국이에요.

▶ 애기 엄마라도 이쁜 옷 입고 싶다

[조사자: 본인이 여가활동 할 때 어려운 점이 있다면?] 아, 그런 것… 아, 어릴 때 거기… 몇 살 때… 거의 우리 애기 막 어릴, 그럴 때는 아, 열 살 때는 거의 그 생활, 그때 막 나무에 올라가가지고 막 놀다가 재밌어서 나무가가지고 나뭇가지에 앉아가지고 막 위에 것 잡고 밑에 발 흔들리고 그러니깐 거기에서 넘어져가지고 아직도 여기 상처가 있어요. 저는 그런 것 진짜 재밌어요. 그 뭐지? 뭐라고 하지, 그거? 그네? 그네 같은 것 손 들어 이렇게 잡고 밑에 발 넣으면 흔들리잖아요? 그런 것 재미있어요. 그래서 나뭇가지에 올라가지고 아직도 여기 생각이 나요. [조사자: 한국에도 그네 있잖아요.] 네. 애기랑 같이 갈 때도 타고 그거 그네 탈 때 그 생각이 나요. 계속, 네. [조사자: 가족들이랑 여행 가거나 혹은 친구들이랑 여행 뭐 그렇게 같

이 쇼핑? 뭐 같이 이야기할 때 어려운 점이나 뭐 이런 부분들은 제약, 방해받는다. 이런 내용이 있을까요?] 저는, 저는 진짜로 말하면 그 이쁜 아가씨들이 입는 것 옷들이 있잖아요? 저 그런 것 입고 싶었는데 우리 신랑이 그런 것 사지 말라고 하는 거예요. (웃음) 그래서 남편이랑 저 안 가요. 혼자 가요, 쇼핑하러. 우리도 입고 싶고 그러는데 신랑이 아니, 그거 입으면 안 된다고 우리 고모들도 그래요.

"애기 엄마인데 그런 것 입어?"

그래요. 근데 여기 애기 엄마들은 이쁘게 다니잖아요? 그죠? 그러면 가족끼리랑 가고 싶지 않아요. 혼자 가고 싶고 내 마음대로 사고. (웃음) [조사자: 가까이에 쇼핑하러 다니시는 거예요? 아니면 좀 나가서?] 서울 쪽에 가고 아니면 ○○에나 가고, 아니면 ○○? 여기 새로 생겼잖아요. [조사자: 대중교통 타고?] 아, 제 자가용. 저 운전도 하고 아니면 멀리 가면 그냥 지하철 타고. [조사자: 아, 운전하실 수 있으세요?] 네. 네.

▶ 다문화가족 가요제에서 1등을 하다

[조사자: 저기 보니깐 강원 다문화가족 가요제 나가셨어요?] 네. 갔어요. 엄마 가고요. 애기 아빠는 일 때문에 못 가고 애기랑 시엄마랑. 제가 1등했어요. 「아리랑」, 「강원도 아리랑」 그거 노래 불러가지고. [조사자: 노래 잘하시는 거 아니에요?] 저 노래 그렇게 잘하지도 못하는데요. 그냥 (웃음) 배워가지고. 저는 배우는, 만약에 뭐 하면 잘할 거 같은데 제가 거의 관심 안 가지니깐 그래서 그러는 거예요. 아니면 그때 다 시어머니 안 돌아가셔서 애기가 다섯 살인가? 몇 살 있었는데, 그게 몇 년도 그거 2013년인데. [조사자: 가요제는 어떻게 나가시게 된 거예요?] 저 ○○ 엄마? ○○ 엄마가 소개해주셔가지고.

"강원도청에 가요제 있는데 나갈래요?"

그래요. 그래서 어 저 우리 다문화 하는, 다문화센터에 거기 우리 '정선 아리랑'이라고 축제, 축제가 열려요. 몇 년마다 그럴 때마다 가가지고 1등도 하고 그랬었어요. 그래서 저 노래 「아리랑」 그, 「아리랑」은 조금 부르라면 부를 수 있는데. (웃음) 그래서 다 잘한다고 해서

"한번 나가봐."

해가지고 가가지고 200만 원 상 탔어요. [조사자: 소질이 있으신 거 같은데.] (웃음) [조사자: 다른 가요제나 이런 기회가 있으시면 또 나가실 의향이 있으세요?] 다른 노래는, 네. 다른 노래는 잘 모르는데 만약에 배우면 알 수는 있을 것 같은데, 지금은 그거 생각 없어요. (웃음) 늙었나 봐요. 늙어서.

▶ 애들 없이 친구들이랑 편하게 놀고 싶다

[조사자: 현재 여가생활에 만족하세요?] 그거 제가 놀고 싶었는데. 어 막 그렇게 만족은 없어요. 왜냐하면 내가 어떨 때는 그냥 혼자 다니고 싶은데 애기 봐주는 사람이 없잖아요. 그래서 그렇게 만족하는 것은 없어요. 아니면 자기가 어디 가서 뭐 이렇게 앉고 애기 말이 하거나 뭐 어디 가서 친구들 만나보면 그런 또 음식 같은 것 먹으면 자기들 못 먹으니깐 또 딴 데 가야 되고, 딴 데 놀아야 되고 그래야 되니깐. [조사자: ○○ 씨가 만약에 아이를 생각하지 않고, 아이를 봐줄 사람이 있고, 혼자 스스로 한국에서 놀이를 한다면? 어떤 부분을 하고 싶어요?] 친구들이랑 편하게 다니고 싶고. 솔직히 말하면 자기 데리러 가면

"엄마는 왜 쇼핑 맨날 하는데? 어, 나는 말 하는 거 안, 안, 안 들어주고 왜 쇼핑만 하는데?"

그런 것. 그런 거 부분에는 애기 그냥 냅두고 집에 어디 냅두고 누구

봐주는 사람이 있으면 좋겠다고 하고. 쇼핑하러 가거나 어디 마음에 편하게 가고 싶거나. 저번에도 어디 우리 어 그… 뭐 중구인가? 저쪽에 요 가운데 뭐지 용인시. 거기 가는데 친구들이랑 애기가 배 아프다고 빨리 오라고 그냥 편한 적이 없어요. 만약에 그렇게 애기가 괜찮아지면 만약에 혼자 봐주는 사람이 있거나, 혼자 떼어놓고 갈 수 있으면 그렇게 가서 마음 편하게 놀고 싶은데 그런 것 거의 없어요. [조사자: 아이가 이제 점점 크면 이제 말 잘 듣고, 이제 같이 다닐 수 있는 시기가 올 거 아니에요? 그러면 그럴 때는 같이 아이와 남편과 뭘, 어떤 내용을 여행 말고? 또 다른?] 그때 아직 생각을… (웃음) 아직 안 와가지고. [조사자: 본인의 여가 만족을 위해서 국가, 정부가 해주었으면 하는, 어떻게 해주면 어떻게 지원해주면 좋겠다는 생각을 해본 게 있으면?] 아, 그런 것. 만약에 여기 우리 놀러 가잖아요? 애들 데리고? 놀러 가면 그냥 놀이터 같은 것? 애들만 노는 것. 그냥 몇 시간씩 그냥 거기 냅두고 가면 엄마들이 편하게 다닐 수 있잖아요. 커피도 마시면서 이야기도 나누고 그렇게 하면 좋겠어요. [조사자: 개인 만족을 위해서, 여가 만족을 위해서 무엇이 필요하다고 생각해요?] 시간도 하고 예. 그 경제적 돈이 좀 필요해요. (웃음)

▶ 가족여행을 지원해주면 좋겠다

[조사자: TV는 주로 몇 시간 정도 봐요?] 몇 시간. 거의. 많이 뭐 이렇게 주말 같은 때는 많이 봤는데 시간 있을 때. 저녁에는 일 갔다 오면서 애기 씻으면서 자기 숙제 같은 것 해주면서 거의 시간이 없어요. 거의 드라마? 거의 30분? 그 정도밖에 없어요. 또 뉴스 잠깐 보다가 그냥. 거의 많이 봐야 1시간 정도 보는, 봐요. 1시간 정도 볼 거 같아요. [조사자: 일자리 거기 직장에서 그분들과 같이 쉬는 타임에 뭘 하세요?] 그냥 쉬는 타임 커피 마

시고 잠깐 10분이니깐 화장실 갔다가 오면서 커피 마시면서 시간이 다 가요. 커피도 다 못 마셔요. 그냥 이야기하면서 일 어땠냐고, 그렇게 힘들다고 그거 물어봐요. 이모들이 잘해줘요. [조사자: 그때 아이는 어떻게?] 아이 학교에. 어떨 때는 또 전화 가서 제가 주머니에서 꺼내보면 내 주머니 아니고 거기 옷장 있어요. 우리 옷 넣는데 거기 가면 어떨 때는 전화 와있어. 또 학교에서 콜렉트콜? 그런 거 전화 와있어요. 근데 자기 또 맨날 배 아프다 그래요. 자기 습관이 되었는지 예전에 맹장 수술했는데 만약에 그거는 아팠는지 확실하게 몰라요. 그게 계속 일하면서도 걱정이에요. 또 쉬는 시간마다 화장실 못 가도 전화기는 봐야 돼요. [조사자: 노래방 혹시 가본 적 있어요?] 네. 저번에 저번 주? 고모들이랑 조카들이랑 애기랑. 저는 가서 거의 잘 안 부르는데 그래도 그냥 트로트 같은 것? 아직 그 잘 모르니깐 트로트 같은 것 불러요. [조사자: 아이랑 박물관도 가보셨어요?] 네. 가봤어요. 강원도에 살다가 무슨 박물관 거기 많이 갔고요. 여기 와서, 여기 와서… 여기 와서 안 간 것 같아요. 여기 와서 갔나? 모르겠어요. 여기 와서 안 간 것 같아요. [조사자: 박물관은 왜 가신 거예요?] 거기 가면 그 뭐지 옛날에, 옛날에 입던 것 뭐 물건이나 그런 거 많잖아요? 그런 것 보고 또 이런 것 있었구나. 그런 것 생각하고. [조사자: 한국 문화는 어떻고, 한국에 대해 이해하고, 정보도 얻고.] 네. [조사자: 전통문화라든지 아니면 지금 현대 문화라든지 그런 거를 어떻게 이해하면서 지내요? 어떤 방식으로?] 아… 거기 뭐 거기 박물관이나 뭐 있잖아요. 그런 데 가면 옛날의 사람들 옛날에, 옛날에 이런 것 있었구나. 그 옛날 사람들 거 다, 다, 읍, 거의 우리 제가 강원도에 살, 살았다 그랬잖아요? 거기 강원도에서 그 박물관 갔는데 집 앞에 거의 근처에 있었어요. 거기 가니깐 옛날의 사람들이 이렇게 했구나, 양반들이랑 그 뭐지 그 밑의 사람들이랑 이런 것 있구나, 지금 이렇게 달라졌

구나 다 이해돼요. 거기 가면. [조사자: 네팔이랑 차이가 많이 나나요? 그런 문화적 차이가?] 많이 차이 나죠. 우리나라도 옛날에도 한국에도 그랬다고 들었는데 우리나라는 아직도 그렇게 해요. 양반이랑 그런 것 비교하면서 지금도 그렇게 살아요. 그렇게. 한국은 지금 그런 것 없잖아요? 우리나라는 아직도 그런 것 있어요. 아직은 우리나라는 그대로 있어요. 언제 변하는지 몰라요. (웃음) [조사자: 한복 입어보셨어요?] 네. 한복이 설날 때나 추석이나? 그 뭐지? 결혼식 때나 아니면 애기 돌 때나. 그거도 문화 차이죠. 그죠. 그 우리나라는 다른 것 입어야 되고, 또 여기는 또 다른 것 전통옷이나 다른, 다 달라요. 그죠? [조사자: 한복 고름 다 매실 줄 알아요?] 몰라요. 그거 누가 매줘야 돼요. (웃음) 그것도 다 매야 되잖아요. 잘 몰라요. 저는 대화도 안 돼요. 잘 안 매져요. 끈이 안 매져요. [조사자: 딸도 한복이 있어요?] 딸 한복 있어요. 돌 때. 아직은 안 사줬어요. 지금 돌 거 아직도 있어요. (웃음) 또 우리나라는 전통옷이 되게 힘들어요. 차라리 한국 거는 쉬워요. 그냥 우리나라는 안에다가 또 위에다가 이렇게 뭐 또 이렇게 뭐라고 하고, 몇 번 더 돌면서 입어요. 근데 여기 차라리 한국 것 한복 입는 것 나아요. 우리나라보다는. 그 어떤 사람은 못 입어요. 우리나라 꺼. 안에서 이쁘게 만들어야 돼요. 이렇게 뭐지? 이렇게 접어야 되고. 착착착 접으면서 그 안의 옷 어디다 넣는지 저도 잘 안 입어요. 누가 누가 입혀줘요. 저한테. [조사자: 본인의 그런 여가활동 놀이를 앞으로도 계속하실 거예요?] 기회가 있으면. [조사자: 가족 여가를 한마디로 줄인다면? 가족들이 함께하는 여가란? 의미는 뭘까요?] 저는 그냥 아까 말씀드렸다시피 그냥 다른 데 가가지고 그냥 일주일이나 그렇게 놀고 오고 싶어요. 기억이 남게. 아니면 지금까지 몰라요. 안 가봤으니깐. [조사자: 추억을 담고 싶으시구나.] 네. [조사자: 마지막으로 뭐 하고 싶은 이야기나 아니면 뭐 한국이 이랬으면 좋겠고, 이런 놀이

를 만들어주었으면 좋겠고, 지원해주었으면 좋겠다 싶은 것들이 있다면?] 그냥 애들한테 그 다문화가정이라고 놀리지 않기. 그런 거 해주시면 좋고요. 근데 또 가족끼리랑 놀러 가는 거는 그렇게 지원해요. 한번씩 지원해줬으면 좋겠어요. 왜냐하면, 힘들게 살잖아요. 그죠? 살다 보면 한번 그렇게 기회 주면

'아, 이렇게 보내주었구나.'

그 기억에 남게 그렇게 해주었으면 좋겠어요. [조사자: 그런 프로그램들 참여해본 적 없어요?] 네. 여기 와서는 몰라요. 강원도 가서는 참여자 많은데 근데 거의 읍내만? 딴 데는 없어요. 외국 같은 데 가보고 싶었는데 그런 거는 없어요.

▶ 아이를 키우다 보니 친정엄마 생각이 많이 난다

[조사자: 둘째 계획 있어요?] 둘째는 없어요. 저는 아기 때문에 힘들어가지고. 아, 한 달간 병원. 아기가 요새도 이렇게 튼튼해 보이지만 많이 아파요. 저번에도 맹장? 맹장 수술도 하고 아프다는 소리가 많이 나와요. 진짜. 진짜 잘 키우고는 싶은데. 아기. 근데 그렇게 안 돼요. [조사자: 아홉 살이면 다 큰 건데.] 다 큰 것 같은데…. 말 안 들어요. (웃음) 내년에 3학년인데 아직도 아기 같잖아요. 아기 같아 아직도. 근데 학교 선생님들 이야기 들어보니까 그냥, 1, 2학년들은 그냥 뭐지? 그냥 아기들이 유치원 생각하고 그렇게 한대요. 그냥 노는 나이? 어떤 엄마들은 학원 같은 거 안 보내고 그냥 3학년부터만 보낸다. 그런 엄마들도 있고요. 그냥 2학년까지 실컷 놀다가 맘껏 놀다가 3학년부터 딱 공부 가지는 거 좋다. 그런 분들도. [조사자: 학원 다녀요?] 네. 피아노학원이랑 공부방이랑 다녀요. 요새는 또 엄마들이 있잖아요. 우리 아기는 아기면 다니면 안 돼요. 다 ○○이는 그… 뭐

지, 나를 소개할 때도 아직까지는 떨어진 적이 없어요. 선생님들마다 1년, 뭐지, 2학년 1, 2학년. 그렇게 할 때 1학기, 2학기 마지막이었어요. 조사해요. 그거. 아기 상담. 그거 제가 저번에 못 가가지고 아기 아빠가 대신 통화 상담했어요. 근데 그럴 때 걱정한 건 우리 아기가 다른 아기들보다 떨어지는 거. 근데 아기 아빠가 상담해봤는데 그런 거 전혀 없대. 자기 정리만 안 한대요. 정리하는 거 책상 같은 거. 그러니까 쓰고 정리하고 와야 되잖아요. 근데 그런 게 전혀 없대. 그래서 그거 집에서 그거만 이야기하고. (웃음) 선생님 계속 그거 이야기하거든요. 정리 내가 다 해주니까 그거 모르는 거죠. 자기가 어릴 때부터 자기가 알아야 되는 거라서 내가 다 해주니까. 자기 버릇이 안 들어서 학교에서도 그러고 있었나 봐요. [조사자: 그럼 이제 교육하실 거예요?] 지금 시키고 있어요. 밥 먹을 때도 전화 받는데 저번에도 내가 전화 받지 말라고. 딴 데서 받고 여기서는 밥 먹고. 근데 티비는 꼭 해야 되고. 티비 보면서 꼭 먹고 그래요. [조사자: 동요 이런 거 틀어줬어요?] 동요 자기가 찾아서 봐요. 자기가 찾아서 알아서 들어요. 자기가 다 알아서 자기가 다 골라서 들어요. 여기에서도 동요 같은 거는 읽어주는 거하고 넣는 거하고. 아…. 빨리 결혼하세요. [조사자: 성격이 되게 활발한 것 같아요.] 되게 활발해요. 자기 친구들한테는 잘 지내고 그래요. 낯설어하지 않아요. 전혀 하지 않아요. 가끔 모르는 친구 있어도 자기는 먼저 말 걸고 편하게 말해. 아직도. [조사자: 학교생활도 잘 적응할 것 같아요.] 그러니까 적응할 거…. 선생님이 아직까지는 그런 거 말씀 없어…. 없어요. 그런데 그… 저번에도 1학년도 제가 갔는데 그럴 때도 정리…. 정리가 부족하다고 그랬어요. (웃음) 그래서 내가 얘는 정말 정리를 못 하는구나. 싫어가지고. 네. 연습시키고 있어요. 엄마 정말 힘들어요. 예전에 엄마들이는 모르는데…. 그냥 컸다고 생각했는데…. 그냥 알아서 컸다고 생각했는데 아기

들 키우면서 엄마 생각 많이 나요. 엄마가 우리를 키웠구나. 또 어떻게 보면 엄마가 저한테 말 안 한 것도 있어요. 엄마가 저한테 내가 말…. 버릇…. 말이 걸리는 게 있어요. 저기…. 뭐라 그러지…. 만약 예를 들어서 내가

"○○아. 이거 이렇게 하면 안 되는 거야. 이렇게 해야 해."

이렇게 말하면

"엄마 나빠."

이렇게 말하는 거 있잖아요. 예전에 우리가 엄마한테 이랬나? 이렇게 생각하는 거 있잖아요. [조사자: 반항?] 네. 그런 거. 그런 거 하면 어떻게 보면 아기가 나한테 그래요. 그러면 정말 속상해요. [조사자: 자연분만하신 거예요?] 네. 자연분만. 아기가 태어날 때는 건강하게 낳았는데…. 갑자기 시간 지나면서 갑자기 심장에 구멍이 났다고 하나…? 그래서 계속 치료받으니까 수술해야 한다고 해가지고 ○○대에 가서 했어요. [조사자: 지원받아서 했어요?] 지원 안 받아요. 그냥 보험. 많이 나왔는데. 그 배 속에 있을 때 보험 들었거든요. 한국에서는 보험이 중요한 것 같아요. 이렇게 보니까. 돈이 없으면 못 살아요. 병원에도 못 가요. 몸이 없으면…. 몸이 중요한 것 같아요. 근데 많이 있는 사람도 몸이 아파서 눕고요. 적당하게 내가 필요한 그것만큼 들면. 보험도 여기 짝퉁 같은 게 많잖아요. 한국에서. 조심하고…. 그냥 적당하게 내가 필요하고.

▶ 사람들을 만나면서 한국어를 배우다

[조사자: 공부하고 계세요?] 토픽 공부? 토픽 공부는 안 해요. 책은 있는데! (웃음) 시간이 있을 때 보고, 아니면 다른 데 놀러 다니고, 볼 새가 없어. 만약에 토픽 공부하면, 그냥 시험 몇, 며칠, 몇 개월 놔두고 꼭 공부하기 싫은데. (웃음) 문제들이 이전에 한 번 봤거든요, 저도. 근데 문제들이 어

렵더라고요, 생각보다. 수기 다 있어요. 그 50이나, 몇, 몇 점인지 50점인, 몇 점 있어요. 아니 저는 그럴 때 그 토픽 그럴 때 안 되고 3급 정도 봐야 되는데. 3~4급 정도. 근데 2급만 봐가지고, 그냥 그거는 뭐지 이렇게, 뭐… 그… 뭐야, 뭐라 그래지. 간단한 것만 내요. 그런 것만 있어가지고. 괜히 돈만 나갔지. 그거 4만 원이면 얼마예요. 그래가지고, 그거. 그거 3~4급 보면 되겠다 싶었는데, 왜냐면 제가 아까 못 해도 키, 뭐지, 뭐라 그래지. 뭘 이렇게, 이렇게 왔다 갔다 기념? 기념? 경험? 그런 거. 뭐라 해지. 그, 아 경함, 경험? [조사자: 시험 경험?] 경험. 그런 거 뭐지 있었는데, 그냥 1, 2급 봐가지고 그냥… (웃음) 계속 그거를… 그래서 아주 나와가지고. 저는 왜냐면 이렇게 멘토링과 배우는 것보다 계속 다른 사람들이랑 만나면, 말 더 많이 늘고 또 새로운 말들이 있잖아요. 그런 것도 배우고, 그게 되게 하고 싶었어요. [조사자: 그런 건 없어요?] 따로 없어요. 그냥 선생님 오셔요. 다문화 선생님 가끔씩. 근데, 제가 이리 가니까 예전엔 선생님들이랑 같이, 같이 일하는데, 공부하는데 초등학교 끝나고 오면 다 집에서 공부해요. 선생님 오셔가지고 공부 가르쳐주시는데, 제가 일 안 다닐 때는 같이, 같이 있는데, 요새 안 하고 있어요. 일 다니는데. [조사자: 한국분이랑, 한국 아줌마들이랑 같이 뭐… 쇼핑을 간다거나 이런 건 없어요?] 없어요. 그런 건. 그냥 우리 부모한테 얘기하잖아요. 이런 아가씨 사람이 애기 엄마야. 그런… 그런 거… 그런 생각하니까, 그래서 가고 싶지 않아요. 같이. [조사자: 자녀 친구의 학부모들이랑 이렇게 어울리는 자리는 없는 거예요?] 그런 거는 거의… 학교에서 무슨 뭐 있을 때? 그럴 때 같이 만나고 아니면 부모 모임이 아주 중요한 것만 가지고 듣고, 아니면 엄마들이 가끔씩 만나서 커피 마시고? 아니면 그렇게 시간이 없으니까, 없어요. 어떤 엄마들은 학교 가서 살아요. (조사자 웃음) 학교 가서, 아침부터 저녁까지 그냥 학교에서 봐요. 그분들

은 진짜 봉사하는지, 일하는지 내가 보니까 그냥 봉사하는 것 같은데? [조사자: 봉사활동 이런 건 한 적은?] 봉사활동, 예전에 법원? 법원 봉사활동 했어요. 네팔에서는 스카우트, 그런 데 하고요. 많이 있어요. 우리나라에서는. [조사자: 법원에서 무슨 일 한 거예요?] 그냥 봉사보다는 가르쳐주는 것. 법원에서 이렇게, 이렇게 안다, 그걸 가르쳐주는 거지. 그런 거 해가지고, 거기 이틀이나 갔어요. 그 사람들이 뭐지… 그거 아는 거 사판? 사판? 보는 거 보여주고, 또 얘기, 얘기하는 것 들어주고… 법원에 가서 진짜 거기 가면 느낌 다르다고요. 법원에서 어떤 사람이 오나, 그냥 좋은 사람들이 안 가잖아요. 그렇죠? 제가 그런 거 느낌이 들고…. (웃음)

▶ 내가 하고 싶은 거 하면서 재밌게 살고 싶다

[조사자: 한국에서 이렇게 지내다가 네팔에 대한 한국 사람의 이미지는 좋은 것 같아요? 아니면 안 좋은 것 같아요?] 우리나라보다는 좋은 것 같아요. 왜냐면 우리나라는 술 먹으면, 그냥 막… 사람한테 싸우고, 여기 다 비슷하지만, 근데 우리나라보다는 여기는 그런 거 많이 차이 나. 거기 뭐지. 거기 막, 많이 술 먹으면 3일 정도 일 안 가요. 여기는 아무리 술 먹어도 아침은 꼭 가잖아요. 그렇죠? 그런 거 되게 차이 나고요. 또 우리나라보다는 한국 사람은 되게 술 많이 먹는 편이에요. [조사자: 술 잘 마셔요?] 네. 저요? 전 맥주… 소주는 아직이요. 막걸리… (웃음) 우리 고모들 때문에 배웠어요. 아니면, 네팔에서는 하나도 안 마셔, 한 번도 안 마시고, 여기 왔어요. 여기 와가지고 막걸리 마시다 시장에 가가지고, 맥주 마시다가, 맥주가 써가지고, 써나, 뭐지? 써요. 맥주가. 조금 뭐라고 그런 게 있잖아요. [조사자: 폭탄주?] 예, 사이다나 가지고 섞어서 배우고 싶어, 그런 거. (웃음) 한국 사람들은 많이 모여가지고 재밌게 마시잖아요. 그런 거. 저도 배우고

싫어가지고. 요새는 많이 마셔요. (웃음) [조사자: 누구랑?] 친구들이랑. (웃음) 친구들이랑 가가지고 우리나라 사람들이 동대문에 많아요. 동대문 서울 쪽에. 이따가도 거기 가요. 우리. 애들 데리러. 그 친구들이 엄마들이잖아요. 일 끝나고 나면 우리 사십다섯 살, 네 살 언니들이 있는데, 좀 많이 엄마, 친구 엄마들이 그분들이 일찍 일 끝나고 그냥 소주 마시자. 그래, 그분들이 애기 엄마들이라 결혼해도 같이, 같이 만나면 진짜 잘 마시는데요. 친구들이 만나면. 어떨 때는 우리 집에서 와요. 자기들이. 그래서 놀고 가고. 한 번은 놀고 있는데 밑에서, 밑에서 막 아저씨가 들어왔어요. (웃음) 조용하라고. 네, 그런 것 있어요. 근데 어디 가도 그거는 그렇죠. 시끄러운 거자니까. 우리도 친구랑 1~2시까지 놀고 있는데 그분들 자야 되잖아요. 그렇죠? 우리도 이해해줘야 되는데, 애들이 많으면 그거 안 돼요. 그래서 나가는 게 나아요. 친구들 온다 그래도…. 그래서 이웃집 잘 만나야 된다고는 그렇죠? 그래서… 밑에서 아저씨가 조금. (웃음) 아저씨는 아저씬데, 그렇게 나이 많지 않은데, 한 40대 같아요. [조사자: 남편분은 몇 살이에요?] 사십네 살. 사십네 살 같은데. 맞아요. 76년생이요. 사십네 살이면? 그런 것 같아요. 계산은 안 되지만, 그런 것 같아요. (웃음) 저보다 여섯 살? 그렇게 차이 난다고 그랬는데요. 우리 내일모레 언제 40인데. (웃음) 사십 되면 저 이 스물 때 결혼식 하다가 삼십 대 들었어요. 한국에 살다가. 이제 거의 삼십 되다가 50대가 되고 40도 되다가 50도 되고. (웃음) 세월이 금방 가네요. 그렇죠? 나이 먹는 거죠. 다 할머니 돼가지고. (웃음) 아, 사람이 살다가 언제 돌아가는지 몰랐지만, 재밌게 살면 좋겠어요. 그렇죠? 아프지 않게, 그냥 재밌게 살다가, 내 하고 싶은 거 하다가, 나는 그런 게 지금 생각나요. (웃음) 사람이 다 돈이, 돈이라고 생각해도, 마지막에 가족 한 사람 건강이잖아요. [조사자: 운동은 안 해요?] 운동, 저 예전에 그거 아는데, 뭐지,

뭐 헬스, 헬스장 아니고 그냥 운동 헬스장 같은 바깥에 복지관 있어요. 그거 하는데, 요새 안 하고 있어요. 피곤해요. 일 갔다 오면. (웃음) 일 갔다 오면서 피곤해가지고 그냥 애기랑 밥 먹다가… 쉬다가, 자기 뭐 지키고 어쩌다가 피곤하니까. 일 나가야 하니까 운동이 안 돼요. 아니면 내가 일 편한 것 하면 괜찮은데, 거기 계속 일하면 서서 일해야 돼요.

5장

한국 엄마들과 함께 베트남 여행을 가다

연구참여자는 베트남에서 1남 4녀 중 막내로 태어났다. 어릴 때 아버지가 사고를 당해 2년간 학업을 중단했으나 한국에서 일한 언니가 학비를 보내 전문대까지 마칠 수 있었다. 인터넷으로 알게 된 남편과 두 번의 만남 후 결혼했다. 한국 생활 초기엔 입에 맞지 않는 음식과 언어 문제로 어려움을 겪었고, 일과 친구가 없어 우울했다. 남편의 이해가 도움이 되었고, 친정 부모님과 함께 살면서 마음의 안정을 찾아갔다. 그 후 좋은 직장에 취업해 아이에게 자랑스러운 엄마가 되고자 했다. 그래서 한국어 공부도 열심히 하고 컴퓨터도 배우며 직장을 알아보고 있으나 아직 일을 찾지 못했다.

연구참여자는 한국 엄마들과 베트남 여행을 계획할 정도로 친밀하게 지내며, 이것은 그녀에게 심리적 안정감을 준다. 반면 자녀 사교육에 열성인 한국 엄마들을 보면서 혹 자신의 아이가 따라가지 못할까 불안하다. 그래서 아이가 원치 않는 공부를 억지로 시키기도 한다. 그녀는 한국의 복지 시스템에 대체로 만족하지만, '다문화가정'이라는 용어에는 비판적인 시각을 갖고 있다. 정부 차원에서 학교마다 다양한 나라의 문화 체험 프로그램을 많이 만들기를 바란다. 또한 직업 관련 프로그램도 많이 생기기를 희망한다.

[주제어] 베트남, 결혼이주여성, 한국 엄마들, 여행, 사교육, 취업

1.
기대를 품고 한국에 오다

한국에서 일한 언니 덕분에 전문대를 졸업하다

베트남은 54개의 다양한 민족으로 구성되어 있다. 그중에서 나는 킨족이다. 하롱베이에서 농사짓는 부모님의 1남 4녀 중 막내로 태어났다. 주로 언니 셋이 부모님 일을 도왔고 나는 집안일이나 힘든 일을 하지 않았다. 공부를 잘하지 못했고 친구들과 노는 게 좋았다. 그래도 부모님은 내게 잔소리를 하지 않으셨다. 막내라서 이쁨만 받은 듯하다. 오빠가 중학교에 다닐 때 아빠가 사고를 당하셨다. 베트남에는 초·중·고 의무교육이 없어 학비를 내야 한다. 아빠의 사고로 공부를 중단할 수밖에 없어 2년 동안 학교에 다니지 못했다. 그러다가 언니가 한국 회사와 근로 계약을 맺고 2년 동안 한국에서 일했다. 그렇게 번 돈을 내게 학비로 부쳐주었다. 덕분에 베트남의 남쪽 지역인 호찌민에서 고등학교와 전문대 학업을 마칠 수 있었다. 나는 졸업 후 2년 동안 건축회사에 다녔다. 현재 오빠는 하롱베이에서 수산물 장사를 한다. 첫째언니는 석탄으로 유명한 꽝린에서 석탄 관련 장사를 하고, 둘째언니는 한국에서 2년 근로 계약을 마치고 베트남으

로 돌아와 집에서 살림한다. 셋째언니는 하롱베이 수상가옥에서 물고기를 키운다. 다들 결혼해 잘 지내고 있다.

인터넷으로 남편을 만나다

언니가 한국에서 근로자로 일할 때였다. 언니는 한국 생활이 만족스럽고 사람들도 친절하니 한국 남자와 결혼하는 게 어떤지 내 의향을 물었다. 당시 나는 19세로 전문대에 다니고 있었다. 베트남에선 여자들이 결혼을 일찍 하는 편이라 나이가 찬 내게 조언한 것 같다. 그때까지만 해도 나는 한국 남자에게 전혀 관심이 없었다. 그러던 어느 날 친구들의 이야기를 듣고 인터넷에 들어갔다. 거기서 우연히 지금의 남편을 만났다. 인상도 괜찮고 왠지 마음이 끌려 인터넷상으로 계속 대화를 나눴다. 서로의 언어를 몰라 영어로 번역해가며 소통했다. 2013년 1월, 남편이 통역사 도우미를 대동하고 나를 보러 베트남에 왔다. 나는 마음이 흔들렸다. 두 달 후 다시 나를 만나러 왔을 때, 이 사람과 결혼하고 싶은 마음이 들었다. 이후 결혼중개업체를 통해 6월에 결혼했다.

기대 반 우려 반으로 한국에 오다

한국 생활에 잘 적응하고 싶어 베트남에서부터 한국어를 배우고 한국 문화에 대해 알아봤다. 인터넷 검색을 하다가 한국 남편이 베트남 신부를 폭행한 사건 기사를 읽었다. 나는 덜컥 겁이 났다. 하지만 이미 결혼서류를 작성한 상태였다. 내가 결혼을 너무 급하게 서두른 건 아닌지 불안하고 후회가 됐다. 친정엄마와 언니에게 기사 내용을 전하며 한국 남자와 꼭 결혼해야 하는지 울면서 물었다. 언니는 한국에서 사건이 일어난 건 사실이지만, 남편이 아내를 폭행하면 처벌을 받는다고 했다. 또 폭행 사건은

베트남 여성뿐 아니라 한국 여성에게도 발생하는 일이고 나쁜 남자는 어느 나라에나 있기 마련이라며 나를 안심시켰다. 이 말에 불안이 조금 가라앉았다. 그때부터 학원에서 한국어를 배우고 한국 문화 체험도 활발히 다녔다. 어릴 때 재밌게 보았던 한국 드라마 「대장금」이 기억났다. 드라마 속 한국 풍경이 멋있었고, 한국이 무척 낭만적인 나라라는 생각이 들었다. 또 한국은 잘사는 사람이 많은 발전한 나라로, 내겐 동경의 대상이 되었다. 어느새 불안감은 사라지고 부푼 기대감을 안고 한국으로 출발했다.

2.
한국 엄마들이 큰 힘이 되다

이주 초 문화 차이를 많이 느끼다

2013년 처음 한국에 왔을 때 모든 것이 낯설었다. 남편은 나를 집에 혼자 두는 것이 안쓰럽다며 첫 주는 일찍 퇴근했다. 하지만 직장 일 때문에 다음 주부터는 그럴 수 없었다. 한동안 혼자 집에 있었다. TV를 봐도 내용을 알 수 없었고 베트남 가족이나 친구 등 대화를 나눌 사람이 없어 외롭고 우울했다. 몸이 아파 병원에 갔을 때, 어디가 어떻게 아픈지 의사에게 설명할 수 없었다. 아픈 곳을 손으로 가리키면서 영어단어를 섞어가며 겨우 의사소통을 했다.

한국 음식을 할 줄 몰라 매일 저녁 남편과 외식했다. 첫 외식 때 삼겹살을 먹었다. 한국 삼겹살은 베트남에서 최고로 맛있는 음식으로 알려져 있다. 고기를 좋아해 삼겹살은 맛있게 먹었지만, 매운 김치와 향이 낯선 깻잎은 먹을 수 없었다. 남편이 회사에 가면 나는 베트남에서 가져온 쌀국수만 먹었다. 먹고 싶은 것이 생각날 때면 마트에 갔다. 다행히 물건마다 가격표가 붙어있어 한국말을 하지 않아도 먹고 싶은 것을 살 수 있었다.

한국어를 몰라 한국 사람과 대화할 수 없었다. 한국에 온 2주 후 다문화가족지원센터에 등록했지만, 3개월 후 겨울방학을 하는 바람에 두 달 동안 다시 집에만 있어야 했다. 온종일 남편 퇴근만 기다리는 외롭고 쓸쓸한 나날이었다. 한국에서의 생활은 답답하기만 했다.

시어머니댁에서 실수한 적도 있다. 베트남에서는 부모님과 식사할 때 자녀가 부모보다 먼저 밥을 먹어도 개의치 않는다. 시어머니가 숟가락을 들기도 전에 내가 먼저 숟가락을 들었다. 그 순간 시어머니의 심기가 불편해졌고 내가 뭔가 실수했다는 생각이 들었다. 남편이 한국에선 어른이 먼저 식사를 시작한 후에 자녀가 식사하는 것이 예의라고 알려주었다. 버스에서도 당황한 일이 있었다. 다문화가족지원센터에 가려고 버스를 탔다. 베트남에서는 손님이 운전기사에게 내리겠다고 말하면 버스를 세워준다. 내려야 할 정거장이었지만 말을 못 해 내리지 못했다. 기사님이 내 말을 못 알아들을까 불안했고 자신이 없었다. 몇 정거장 더 지나 다른 사람이 벨을 눌러 문이 열렸을 때, 그 사람을 따라 내렸다. 그런데 막상 내리고 보니 그곳이 어딘지 몰라 당황했다. 다행히 핸드폰에 다문화가족지원센터 주소가 있어 지나가는 사람에게 길을 물었다. 처음 알려준 길이 헷갈려 다시 물어야 했다. 나를 무시하고 그냥 가버리는 사람도 있었다. 식당에 들어가 직원에게 길을 물었고, 다행히 친절한 아주머니의 도움으로 다문화가족지원센터에 도착할 수 있었다.

그 후 남편은 나 혼자 밖에 나가는 걸 걱정하며, 다문화가족지원센터에 직접 가지 않아도 되는 방문교육으로 전환해주었다. 집에서 방문교사에게 한국어를 배우는 것이 편하긴 했지만, 선생님과 대화하는 시간이 짧고 친구들을 만나지 못해 아쉬웠다. 낯선 한국에서 얘기 나눌 친구가 없다는 현실이 가장 힘들었다. 멀리 계신 부모님과 가끔 통화할 때면 혹시 걱

정하실까 봐 한국 생활이 힘들다는 말 대신 그저 잘 지낸다고만 했다. 결국 한 달쯤 지나 계속되는 외로움과 답답함에 감정이 폭발해 엉엉 울었다. 남편이 나를 다독이며 위로했다. 또 남편 친구의 아내도 소개해주었다. 친구의 아내는 한국에 온 지 5년 된 베트남 여성이었다. 그 언니를 만나 이야기를 나누고 나니 숨통이 트였다. 남편의 배려가 없었다면 한국 생활에 적응하기 힘들었을 것이다. 4개월 후 부모님이 한국에 오셨다. 엄마는 2년, 아빠는 1년 동안 같이 살았다. 부모님이 오신 덕분에 우울한 기분도 나아지고 마음도 안정을 찾기 시작했다.

남편과 한 달 동안 말하지 않다

남편은 아파트 관리 부서에서 전기 엔지니어로 일한다. 연애할 땐 다정다감하고 나와 대화도 많이 나눴다. 결혼 5년 차인 지금은 무뚝뚝한 편이다. 그래도 내가 요리하면 남편이 설거지하고, 내가 청소할 때 남편이 빨래하는 등 집안일을 많이 한다. 말수는 줄었어도 나를 아끼고 사랑하는 마음을 행동으로 알 수 있다. 남편의 사랑을 느낀다. 남편과는 주로 인터넷 번역기로 대화했다. 부부는 서로 통하는 게 있는지 내가 한국말을 잘 못해도 남편이 내 의도를 파악해 의사소통에 큰 불편함은 없었다.

결혼한 지 몇 달 지나지 않아 갈등을 겪었다. 남편의 회식이 회사 사람들과 간단히 식사하는 자리라 생각했다. 1차로 식사를 하고, 2차로 늦게까지 술을 마실 줄 몰랐다. 남편이 집에 오기만을 기다렸지만, 남편은 밤 12시에 들어왔다. 당시 나는 임신으로 몸과 마음이 힘들었다. 남편이 연락도 없이 늦게 오니 너무 화가 났다. 왜 늦었냐고 물으니 회식한다고 하지 않았냐는 말만 했다. 어디에서 어떻게 회식을 했는지는 이야기해주지 않았다. 나는 너무 답답했다. 말을 못 해 따지지 못했고, 따지지 못하니 서

러움에 계속 울었다. 남편은 자신이 술을 마신 것 때문에 내가 운다고 생각했는지, 일하다 보면 그럴 수 있지 않냐며 내게 큰소리를 쳤다. 나는 남편이 소리 지르는 걸 처음 봐 너무 놀랐다. 남편이 혹시 내가 아이를 가져서 나랑 결혼한 것은 아닌지 오해했다.

이 사건 이후 남편과 한 달 동안 말을 안 했다. 남편이 몇 차례 화해를 시도했지만 나는 다 싫다고, 필요 없다고 말했다. 냉랭하게 지내던 중 친정 부모님이 한국에 오셨다. 남편과 부모님 마중을 나갔다. 부모님께 내가 잘사는 모습, 좋은 모습을 보여주고 싶어 남편과 다정한 척하며 싸운 티를 내지 않았다. 며칠 지나니 남편과 어색하게 지내는 것이 불편하고 부모님께 사이좋게 잘 지내는 모습을 보여드려야 할 것 같았다. 나도 스물세 살이니 어른답게 행동해야 했다. 남편에게 그동안 말을 하지 않아 미안하다고 말했다. 그날 저녁 레스토랑에서 외식하며 서로 마음을 풀었다.

아이가 학업을 못 따라갈까 불안하다

내겐 다섯 살 외동아들이 있다. 생후 14개월부터 어린이집에 보냈다. 아들은 첫 달에는 하루 2시간, 적응 후엔 4시간씩 어린이집에서 지냈다. 당시 나는 직장이 없었고 집에서 공부하던 중이라 여유시간이 많아 아이를 일찍 데려올 수 있었다. 작년부터 동사무소에 나가게 되었고 틈나면 통역도 했다. 통역을 하는 날엔 늦게 퇴근할 때가 많아 어린이집에 조금 늦게 보내고 7시에 데려오곤 했다. 남편은 24시간 격일 근무를 한다. 남편이 출근하는 날엔 종일 아이를 돌볼 사람이 없다. 당시 시어머니는 건강이 좋지 않아 도움을 받을 수 없었다. 육아는 거의 내 몫이었다. 아이는 장난기 많은 개구쟁이다. 한국말도 잘한다. 나는 아이가 베트남 할머니 할아버지와 대화할 정도만이라도 베트남어를 가르치고 싶지만 아이는 베트남어를

어려워한다. 더군다나 왜 알아야 하는지 모르겠다며 배우길 원치 않아 기본적인 것만 알려주고 있다.

아이는 반나절은 어린이집에서, 반나절은 학원에서 보낸다. 주 3일씩 수영과 태권도를 하고 저녁에는 ○○ 학습지를 한다. 매주 한 번 학습지 방문교사에게 지도를 받는다. 그 외 부족한 부분은 내가 가르친다. 가끔 아이 교육 문제로 남편과 부딪힌다. 나는 이것저것 시키고 싶은데 남편은 한두 개만 해도 된다고 한다. 어린이집 과제가 있어 남편에게 아이를 도와주라고 부탁한 적이 있다. 남편은 아이를 가르칠 때 짜증부터 냈다. 아직 아이가 어리니 인내심을 갖고 아이가 이해할 때까지 부드러운 목소리로 설명해줘야 하는데, 아이가 알아듣지 못하면 화를 낸다. 그런 모습을 볼 때마다 남편에게 천천히 알려주라고 얘기한다. 그러면 남편은 나보고 가르치라고 한다. 나는 항상 아이를 돌보고 공부도 가르친다. 물론 나도 아이를 공부시키다 보면 가끔 짜증이 나기도 한다. 그래도 어쩌다 한번 아빠와 공부하는 시간이 즐거운 기억이 되길 간절히 바란다.

베트남은 자녀 교육열이 한국처럼 높지 않다. 도시는 조금 다를지 모르겠으나 시골 지역의 부모들은 대부분 자녀를 학교에 보내는 것으로 교육이 끝났다고 생각한다. 그에 반해 한국 엄마들은 욕심이 많아서인지 아이에게 이것저것 많이 가르친다. 그런 모습을 볼 때면 불안하다. 혹시라도 우리 아이가 다른 아이들보다 뒤떨어질까 봐 마음이 급해진다. 그러다 보니 아이의 의향과 상관없이 공부를 강요하게 된다. 나도 한국 엄마들을 따라가는 것 같다. 매일 저녁 학습지 하는 걸 아이가 힘들어한다. 10분만 공부하면 잠이 온다고 투정을 부린다. 어제는 30분 공부시켰더니 졸리다며 울었다. 왜 자꾸 어려운 걸 억지로 시키냐고 묻는다. 아이에게 미안하기도 하지만 어쩔 수 없다. 엄마가 외국 사람인데 아이가 초등학교에 가서 공부

를 못하면 학교생활이 어떨지, 아이의 앞날이 너무 불안하다. 아이에게 너무 스트레스를 주면 역효과가 있을 수 있으니 내가 조절해야 한다는 걸 알지만 달리 방법이 없다. 혹시 뒤처지면 차별을 당할까 봐 걱정이 앞선다. 엄마 아빠는 비록 공부를 못했지만, 아이만큼은 공부를 잘해서 우리가 이루지 못한 더 나은 삶을 영위하면 좋겠다.

한국은 왜 한국식 영어를 많이 쓰는지 의아하다

다문화가족지원센터에서 한국어 공부를 시작했다. 센터에 2개월 다닌 뒤 교사가 집을 방문해 가르치는 방문교육을 신청해 집에서 공부했다. 원래 방문교사 교육 기간은 6개월이다. 하지만 나는 친구를 만날 수 있는 센터에 가고 싶어 2개월만 방문교육을 받았다. 지금도 센터에 다닌다. 토요일마다 10시부터 1시까지 토픽반에서 공부한다. 한국어 공부는 집에서 인터넷 강의를 많이 듣고, 시간 날 때마다 집 근처 도서관에서 초등학생용 동화책을 빌려 읽었다. 나는 종교는 없지만, 현재 교회에서 외국 사람들에게 한국어를 무료로 가르친다. 5년 동안 열심히 했는데도 토픽이 4급밖에 안 돼 속상하다. 나를 이해해주고 편한 사람들과는 어렵지 않게 한국어로 대화할 수 있지만, 처음 보는 사람 앞에서는 어색하고 당황해 말이 잘 나오지 않아 그냥 웃기만 한다. 한국어는 여전히 어렵다.

한국어를 배우다 보면 영어단어가 많이 등장한다. 한국식으로 번역된 영어라 무슨 말인지 헷갈린다. 사전에도 없을 때가 많아 답답했다. 한국 단어를 왜 영어식으로 바꿔 쓰는지 의아했다. 영어가 쓰고 싶다면 그대로 가져와 사용하면 되는데 굳이 한국말처럼 쓰는지 이해가 안 된다. 내 입장에선 한국어와 한국식 영어를 같이 배워야 하니 힘들다. 특히 신문에 한국식 영어가 많이 나왔다. 단어 이해가 안 되고 어려워 읽지 못하는 경

우가 많다. 이해하기 쉬운 고유한 한국어가 있는데 왜 영어를 한국식으로 사용하는지 궁금하다.

취업을 준비하다

2016년 고용센터에 취업 신청을 했다. 내일배움카드로 컴퓨터 자격증을 취득하기 위해 학원에 다녔다. 엑셀, 파워포인트, 워드 등을 배웠고 엑셀은 자격증도 땄다. 컴퓨터를 배우고 바로 취업하려 했지만, 직장과 연결되지 않았다. 1년 후인 2017년에 ○○구에서 6개월 계약직 근로자로 일했다. 주로 동사무소에서 근무하면서 가끔 다문화가족지원센터에 지원을 나가기도 했다. 컴퓨터를 다룰 수 있으니 프로그램을 접수하거나 외국인이 왔을 때 번역을 했고, 그때그때 필요한 일을 했다. 근무시간이 오전 10시부터 오후 4시까지여서 육아에도 지장이 없었다. 2017년 5월부터 2017년 11월까지 6개월간 근무하고 지금은 새로운 직장을 구하는 중이다. 가끔 다문화이해강사로 학교에 강의 나가는 것 외에는 집에서 살림하고 공부하며 지낸다. 다문화이해 강의는 다문화가족지원센터에서 연락이 와야 할 수 있다. 한 번에 1시간에서 4시간 정도 강의하고 한 달에 평균 4회 정도 나간다. 직장은 계속 알아보는 중이다. 나는 좋은 직장에 다니고 싶다. 아이가 친구들 사이에서 엄마가 외국인이라고 무시당하지 않도록 자랑스러운 엄마이고 싶다.

한국 엄마들과 베트남 여행을 가다

2주 후 친한 한국 엄마들과 아이들을 데리고 베트남 여행을 간다. 원래 16명이 가기로 했는데 조금 줄어 엄마 4명, 아이들 6명, 이렇게 10명이 간다. 한국 엄마들과 일주일 동안 다낭을 구경하고 이후 나는 친정집인 하

롱베이에 갈 계획이다. 내가 가이드를 하는 건 아니지만, 한국 엄마들과 아이들이 편하게 여행하도록 숙소와 교통수단, 관광지를 알아보는 중이다. 예전에는 아이와 함께 친정에서 3개월씩 머물다 오곤 했는데, 아이가 커서 공부할 것이 많아 2주만 다녀오기로 한 것이다.

한국 엄마들 대여섯 명과 친하게 지낸다. 모두 어린이집 부모 모임에서 만났다. 어린이집 가정통신문 내용을 이해하기 힘들어할 때 한국 엄마들이 많이 도와줬다. 매일 만나지는 못해도 시간이 될 때마다 밥을 먹고 커피도 마시면서 이야기를 나눈다. 이번 주는 여행에 대해 의논할 게 많아 매일 만난다. 한국 엄마들과 만나면 재밌고 즐겁다. 내가 한국어를 서툴게 말하면 제대로 잡아주고 한국 생활이나 육아 정보도 알려준다. 처음엔 한국 사람들이 외국인인 나를 받아주지 않을까 봐 불안했는데 이렇게 한국 엄마들과 친하게 지내니 안심이 된다. 나도 베트남 다녀올 때마다 한국 엄마들에게 줄 작은 선물을 챙기고 집에 초대해 베트남 음식을 대접하며 고마움을 표한다. 한국 엄마들은 내게 심리적으로 큰 힘이 된다.

한국에서 복지혜택을 많이 받다

한국은 복지 서비스 시스템이 잘 갖춰져 있다. 내가 받은 서비스로는 우선 직업훈련이 있다. 6개월간 교육지원비가 나와 컴퓨터를 무료로 배웠고 일당도 나왔다. 베트남과 비교하면 한국은 이 부분에서 최고라고 생각한다. 학원 선생님들도 자세히 잘 가르쳐주었고, 상담 선생님들이 궁금한 점을 알려줘 편했다. 상담은 한국말로 했다. 상담 선생님은 내가 하려는 말을 다 알아들었다. 처음 학원 등록할 때 외국인등록증이 없어서 신청하기 어려웠다. 핸드폰도 남편 명의였고 아이핀도 만들 수 없어 본인 인증을 할 수 없었다. 고용센터, 학원, 은행을 계속 왔다 갔다 했다. 은행에서 아이

핀 만드는 절차가 복잡해 결국 남편 핸드폰 명의를 내 것으로 바꿔 해결했다. 그 학원에 외국인 수강생은 내가 처음이었다. 이후 내가 여러 친구를 학원에 소개해 학원 원장님이 나에게 감사 인사를 전하기도 했다.

직업훈련을 마친 후 취업을 하고 싶었다. 학원에서도 처음에는 취업으로 연결해줄 듯했으나 외국인 인력을 뽑는 정보가 부족해 보였다. 고용센터에 통역 일을 하고 싶다고 말했지만 1년 동안 연락이 없었다. 통역사 되기가 쉽지 않은 것 같다. 고용센터에서 통역사 대신 ○○처럼 주문을 받고 물건을 보내고 장부 관리하는 일을 소개해주었다. 이곳은 근무시간이 오전 8시부터 오후 6시까지이고 가끔 7시까지 연장근무도 해야 했다. 나는 육아 때문에 늦게까지 일하기 어려워 거절했다.

한국에서 두 번째 받은 서비스는 한국어 교육이다. 2014년부터 2016년까지 일주일에 나흘을 다문화가족지원센터에서 2시간씩 공부했다. 당시 나는 직업이 없어 시간이 많았고, 요일별로 수업 내용이 달라 초급과정과 중급과정 수업을 동시에 들었다. 2016년 중급과정을 마무리하고 다시 중급을 처음부터 반복해 배웠다. 지금도 계속 다문화지원센터에 나가 공부하고 있다.

세 번째는 학부모 상담이다. 아동 관련 복지센터에서 이틀 동안 학부모 상담을 받았다. 아이가 어린이집에서 친구와 싸운 적이 있었다. 아이가 자기주장이 강한 것이 혹시 외동이라 우리가 다 받아주며 키워서 그런가 걱정되어 그 나이 때의 아이들 발달 정도나 아이 교육 방법을 상담받았다. 조금 도움이 되었다.

네 번째는 남편과 같이 받은 부부관계 교육이다. 우리 부부 사이가 나쁘진 않지만, 더 좋은 관계가 되길 바랐다. 교육이 별 도움은 되지 않았다. 남편은 무뚝뚝하고 무엇이든 준비하고 확인하는 꼼꼼한 성격이다. 내

가 밖에 나갈 때마다 핸드폰 챙겼는지 확인하고, 밖에서 어떻게 행동해야 할지 알려준다. 매번 그렇게 한다. 게다가 목소리도 부드러운 편이 아니다. 남편의 이런 성격이 불편해 부부관계 교육을 신청했는데 한두 번의 교육으로 좋아질 부분은 아니라 생각한다.

3.
다양한 나라의 문화 체험 프로그램이 필요하다

다양한 프로그램이 있으면 좋겠다

한국 정부에서 '다문화가정'이라는 용어를 쓰지 않으면 좋겠다. 학교에서는 다문화가정이나 일반 가정이나 똑같이 돈 내고 똑같이 활동한다. 왜 그런 구분이 필요한지 잘 모르겠다. 정부가 학교에 예산을 지원해 다양한 문화를 체험할 수 있는 교육 프로그램을 마련하면 좋겠다. 외국 아이들에게 자기 나라 문화를 자랑하거나 편하게 이야기할 기회가 주어진다면 자신감이 생길 것이다. 한국 아이들도 다양한 나라의 문화를 알면 생각의 폭이 넓어져 서로에게 유익한 일이 되리라 생각한다. 또한 외국인을 위한 다양한 프로그램도 필요하다. 나는 통역 관련 일을 하고 싶은데 ○○의 다문화가족지원센터나 ○○교대 사이버캠퍼스에는 통역 관련 프로그램이 없다. 서울까지는 왕복 4시간이 소요되어 육아 때문에 다닐 수 없다. ○○에도 이런 프로그램이 활성화되면 좋겠다.

베트남과 관련된 일을 하고 싶다

내 목표는 내년에 한국어 토픽 6급을 따는 것이다. 베트남 관련 무역 회사나 교육 관련 일을 하고 싶다. 베트남 문화와 한국 문화를 두루 잘 알기에 무역과 관련해 할 수 있는 일이 있지 않을까 싶다. 또는 한국에서 어린아이들에게 베트남어를 가르치고 싶다. 아직 많이 부족한 한국어를 내년 취업을 목표로 더 열심히 공부하고 뭐든 더 열심히 노력해보고자 한다.

4.
전사록 요약

〈연구참여자 정보 및 특성〉

출생연도	1991년생	이주연도	2013년
국적(이주 전/현재)	베트남/대한민국	학력	전문대 졸
가족	남편, 아들	직업	동사무소 단기근무

▶ 인터넷으로 남편을 만나다

[조사자: 안녕하세요? 오늘 만나 뵙게 되어서 반갑습니다.] 네. 저도 만나서 반갑습니다. [조사자: (웃음) 어떻게 인터뷰에 참여하시게 된 거예요?] 아, 저는 ○○구 다문화센터 그 카톡, 카카오톡방으로 그거 소개받았어요. 그래서 신청해서 오늘 선생님을 만나게 되었어요. [조사자: (웃음) 아, 그래요? 반갑습니다. 결혼이주여성인 거잖아요?] 네. [조사자: 언제 결혼하셨어요? 언제 한국에 들어오시게 된 거예요?] 어, 저는 2013년 결혼했거든요. 6월. [조사자: 한국으로 국제결혼해서 오게 된 결정적인 계기나 사건 같은 것이 있었나요?] 아, (웃음) 그거 또 인연이, 인연이에요. 저기 베트남에서 저희

친정 언니는 한국에서 근로자로 했다가

"한국에서는 생활 좋고, 그리고 한국 사람들은 친절하니깐 너도 한번 와서 해, 결혼해볼래?"

라고는 추천했거든요. 그때 저도 대학교 다니고 있었어요. 전문대학교에서 2년 늦게 다니니깐 아직 열여덟? 열아홉 살? 아직 거기 전문대 다니고 있고 언니는, 그리고 베트남에서는 여자들은 일찍 결혼하는 거예요. 일찍 결혼하니깐 언니 저 열아홉 살 되면 결혼하라고 그렇게 추천했어요. 그리고 나는 전혀 한국 사람이랑 할 생각 없어. 하다가 근데 어느 날에는 그, 거기 아는 친구, 친구 사이에서 인터넷에서 이야기하다가 그래서 그 우리 신랑을 만났어요. 인터넷 하다가. 그렇게 만났다가 괜찮은, 이 사람은 이미지 괜찮네, 생각이 들어서. 그렇게. 그때는 저희 한국어 몰랐어요. 그냥 영어 그냥 번역해가지고 그렇게 보냈어요. 우리 신랑도 마찬가지로 그렇게 했다가 괜찮다고. 그래서 2013년 1월에 만났어요. [조사자: 남편분이 오셨어요?] 네. 그때는 자기 통역사를 도우미. [조사자: 그럼 연애하신 거네요?] 근데 연애는 최근 시간에나 가야 그렇게 되는 거예요. 그러면 1월에 와서 보고, 그러고 나서 바로 결혼 안 하고 2개월 있다가 또 한 번 베트남 가요. 그때는

'아, 괜찮다.'

고 생각이 들어서 하게 되어서. 회사 그거 결혼, 국제 회사는 서로를 만들고 택했어요. 거기, 2개월 있다가는 결혼하게 되는 거예요. 짧은 시간에다가는. 저 아직 한국말을 서툴러서. [조사자: 괜찮아요. 한국말 너무 잘하고 계세요, 지금. 그러면 남편분을 인터넷을 통해 우연히 알게 되어서 서로 친분을 쌓아서 베트남에 남편분 1월에 와서 만났다가 남편분은 다시 한국으로 들어가시고?] 네. [조사자: 다시 2개월 후에 오셔서 만나고 그래서 그때 결혼 결심을

하셨구나.] 아, 네. [조사자: 결혼중개업체를 통해서?] 네.

▶ 남편은 무뚝뚝하지만 집안일을 잘 도와준다

[조사자: 남편 이야기 좀 해주세요. 어떤 분이셔요?] 아, 우리 신랑은 약간 모르겠지만 무뚝뚝할 것 같은데요. 처음에 연애할 때에는 말 엄청 많았거든요. 지금은 말 많이 없어요. (웃음) [조사자: 2013년에 결혼했으니깐 5년 차 되신 거죠?] 네. [조사자: ○○ 씨 몇 살이신 거예요?] 91년생. [조사자: 스물여덟 살이고. 남편분은 지금 몇 살이신 거예요?] 서른여덟 살. [조사자: 어떤 일을 하고 계셔요?] 지금은 아파트 전기 쪽에서 일하고 있어요. [조사자: 전기 엔지니어?] 네. [조사자: 남편 이야기, 자랑 좀 해주세요.] 아, 되게 아… 어떻게 말하면 좋을까? 그 무뚝뚝하지만 대개는 행동이라던지 그런 거 되잖아요? 집에 오면, 퇴근하자마자 집에 와서 와이프는 요리하면은 자기는 설거지하고 아니면은 저희 청소하면서 자기도 빨래하고 그렇게는 서로 도와주고. 근데 특히 하는 거는 애들이 교육은 잘 못 시켜요. 우리 신랑은 거의 가르치면 화가 나거나 아니면 그렇게 해요. 그래서

'아, 애들을 공부시키면 안 되겠다.'

왜냐하면 저희 지금은 아직 한국어 서툴러서. 한국 거기 우리 신랑은 애들을 애한테는 공부 많이 시키면은 좋겠다고 생각을 하거든요? 근데 자기도 못 하는 거예요. 어떻게 하면 좋을까? (웃음) [조사자: 지금 애가 몇 명 있어요?] 저 1명이요. (웃음) 지금은 다섯 살이에요. [조사자: 결혼하고 출산을 언제 하신 거예요? (웃음)] 한국에서는 위반. 속도위반. (웃음) 저희 2013년 5월, 아, 4월에 애기 낳거든요. [조사자: 속도위반은 아닌 거 같은데?] 그래도 약간은 결혼 전에 그래서. (웃음) 부끄러움이 들지만. (웃음) [조사자: 다섯 살이면 지금 어디 어린이집에 있어요?] 지금은 ○○어린이집 다니고 있어요.

[조사자: 세 식구가 그렇게 사시는 거죠?] 네. 시어머니 계시는데 근데 따로 계셔요. 집은 5분 거리. 걸어서.

▶ 우려 반 기대 반으로 한국에 오다

[조사자: 들어오시기 전에 한국에 대해 어떤 생각을 하고 계셨어요?] 아, 그때는 저희 한국 오기 전에는 한국어 배워야 되잖아요? 한국 문화 많이 알아봐야 되는데. 근데 특히 베트남에서는 여러 정보를 나와요. 인터넷 검색하면 좋은 정보도 있고 나쁜 정보도 많아요. 특히 2016년인가? 아니 2010… 2012년인가? 한국 신랑이랑 베트남 신부한테 쫓겼잖아요? 그 사건은 있어요. 그래서 저도 아, 인식 좀 갖고 있었어요. 한번 친정엄마한테 울었어요. 나는 왜 그렇게 한국 사람 결혼해야 되냐 생각했는데, 근데 이미 결혼서류를 작성했어요. 후회했다가. 그때는 언니가

"아니야, 그 사건은 있기는 한데 한국에서도, 한국 사람도 마찬가지야. 그거 신랑 와이프 때리는 폭행이라는 죄도 있고 사건도 있는 거야. 근데 베트남도 마찬가지야."

그때 마찬가지로 한국 여성도 당하는 거라고 말했더니 언니가 어디에서도 그런 거 있구나. 약간, 약간 바꾸게 되는 거예요. 그리고 학원에서 한국어 배우고 그러고는 한국 문화를 그 체험하러 갔어요. 거기 하노이 쪽에 거기 학교에서 김치 만들기라던지. 특히는 한국인에게는 김치잖아요? 저도 드라마에서 저 어렸을 때는 「대장금」 보았거든요. 그거는 또 엄청 재밌잖아요? 가끔은 거기 한국 드라마는 너무 낭만하고 그리고 풍경도 그렇고. 너무 잘살고. 그리고 솔직히 말하면 검색하면은 한국에서는 발전한 나라잖아요? 다 좋은 이미지예요. 그렇죠. [조사자: 불안한 마음은 있었지만, 그래도 뭔가 기대하는 마음도 컸다, 그죠?] 네. 기대하는 마음 엄청 컸거든

요. [조사자: 언니는 근로자로 한국에서 몇 년을 계셨던 거예요?] 언니는 2년. 계약 2년밖에 안 돼가지고. [조사자: 지금 베트남에 계셔요?] 네. [조사자: 형제는 어떻게 되세요?] 저희 5남매예요. 큰오빠랑 그리고 언니 3명, 저 막내. 아빠 계시고. 언니 지금은 결혼했고 자기도 자녀 가졌어요. 하롱베이 쪽에 있어요. [조사자: 민족은 어떻게 되세요?] 아, 베트남 민족은 54개 민족 쭉 있잖아요? 그중에 킨족이에요.

▶ 이주 초 한국의 모든 것이 낯설었다

[조사자: 2013년 한국에 들어왔을 때 어떠셨어요? 자리를 어떻게, 처음 어디에서 자리를 잡으신 거예요?] 처음에 한국에 오자마자 여기 집 지금에 살고 있는 집에 살고 있어요. 처음에는요. 그게 엄마 아빠도 없고 혼자는 신랑도 회사 가야 되잖아요? 특히 한국에서는 신랑은 그냥 일주일에 피로해도 일주일밖에 못 쉬고 그래가지고 첫 주는 신랑은 일찍 오고. 근데 둘째 주는 그렇게 못하고 저 혼자 집에서는 지내는 거예요. 그때 저 들어오면 약간 추? 아, 6월이면 아직 춥지 않고 근데 다문화센터에서 등록 안 했어요. 그냥 계속 집에 있었어요. 아… TV도 언어도 모르고. [조사자: TV 내용?] 네. 지금은 인터넷은 잘되는데, 근데 저희 집이 베트남에서도 TV 잘 안 봐요. 그냥 컴퓨터 있으면 만지고, 그리고 집에 계속 있다 보니깐 우울증 같은 거 생기는 것 같아요. 근데 신랑은 집에 오자마자 밖에 데려다주고 저희 한국도 음식도 못하고. 그냥 매일 밖에서 밥 먹었어요. [조사자: 뭐 드셨어요?] 처음에는 신랑이 알려준 거는 삼겹살. 저도 가기 전에는 알게 되었어요. 삼겹살은 최고라고. 이래서 먹어보는데. 근데 처음에는 고기는 저 원래 잘 먹는데 김치 약간 매웠어요. 김치는 매웠다 보니 그거 못 먹게 되고 그러고는 약간 한국에서는 깻잎이 있잖아요? 향기도 있고 베트남도

고수 있고. 향기 있는데 근데 한국에서는 향기 약간 다르잖아요. 그래서 못 먹고 하…. 그러고는 라면. 라면 컵. 신랑은 회사 갈 때는 라면 컵, 그냥 라면 컵 베트남 가져온 거. 컵라면을 먹었어요. 2주 동안 계속 점심은 라면 먹었고. [조사자: 라면이 입에 맞았어요?] 아니요, 베트남에서 가져온 라면. 쌀국수라면 같은 것. 네. 그런 것 가져오고, 그리고 2주 후에 거기 동사무소, 동사무소 아니고 출입국관리사무소에 가서 주민등록증 만들고. 그리고 그때 외국인등록증? 네. 외국인등록증 만든 후에. 그거 받은 후에는 거기 다문화센터에서 거기 학교 등록해서 학교 다니게 되었어요. 센터에서. 아, 센터학교 아니고 저희 그냥 학교라고. 거기에서 공부하니깐 학교라고 생각했어요. [조사자: 오자마자 2주 정도 지나고 나서부터는 센터에 등록하셨다. 그죠?] 네. 등록한 후에는 저희 3개월 다니다가 겨울방학이잖아요? 센터에서는 이 기간 동안 겨울방학이라서 이 기간에는 계속 있었어요. 집에서. 아, 2개월 동안. 이때는 친구도 없고. 한국 친구도 없고 베트남 친구도 없었어요. 그냥 신랑밖에 모르는 거예요. 그래서 생활도 그렇고, 그리고 특히 마트 갈 때에는 다행히 한국에서는 다행히 이거 있어요. 가격이. 베트남은 그냥 뭐 물어보는 게 그냥 대답해주는데, 잘되는 거는 가격을 붙여서는 그렇게는 팔잖아요? 다행히 그런 거는 좋은 점이고, 그냥 마트 먹고 싶은 거를 가져와서 그리고 신랑 카드로 계산을 하면 되는 거예요. 집에서 ○○역까지밖에 몰라요. 버스. 버스도 모르는 거예요. 한국에서 특히 버스는 내리고 싶을 때는 거기 벨 눌러서 내리잖아요? 근데 베트남에서는 그냥 말로 하고. 저 그렇게 한국처럼 그렇게 생각했어요. 몰라서 한번은 버스 타다가. 어, 내리고 싶은데 버스 아저씨는 안 내려주니깐 망했어요. 그래서 저쪽 변방 쪽까지는 내려주었어요. 말을 하고 싶은데 근데 자신이 없고 자신도 없다 보니 말을 말해주는 사람도 없고. 아, 그 사람 받아

주나? 생각이 들어서 말 못 하겠는 거예요. 그래서 변방 쪽에 내릴 사람 하필 하나, 한 명 있어서 그냥 따라 내렸어요. 그리고 어, 나는 어디 있는지 모르고. 그러고는 신랑도 집에 없고 말할 수 없고 그냥 그때는 다문화 주소, 다문화센터 주소를 찍어서 핸드폰에 이미지 있거든요? 한국 사람에게 보여주고 말 못하는데 물어볼 게 있어서 그렇게 말하더니 그리고 그 사람은 거기 잘해주었어요. [조사자: 어떻게 가는지 알려주고?] 네. 근데 저쪽 근데 한번은 물어보니깐 기억 다, 기억 못 하잖아요. 그래서 가다가 쭉 가다가 또 여기는 어디인지도 모르고. [조사자: 전화 받으셔도 돼요.] 아, 네. 언니, 저희 인터뷰하고 있어서요. 이따가 네, 이따가 드릴게요. 저희 30분 정도 하니깐. 네, 알겠어요. 언니. [조사자: 아는 분이 많으신가 봐요?] 아, 네. 요즘은 친구들은 다 한국 사람들이에요. 제 친구들은. 근데 외국 사람 있기는 한데 근데 다 한국 사람 따라다니는 거예요. (웃음) 버스는 한 번은 가다가 어 거기는 길을 모르는 거예요. 모르다가 또 한 번 물어보고 근데 한국 사람들은 약간 좋은 사람도 있지만 약간 외국 사람을 차별 가끔 생각도 있는 사람이 있어요. 한번 그 사람에게 물어보는데 아니야 아니야. 그냥 가버렸어요. 또 거기 식당 들어가서 저 식당 들어가서 아줌마한테 물어보고 또 아줌마는 가르쳐주었어요. 그래서 두 번째 물어보니 센터에 다행히 도착했어요. 아, 그때부터는 너무 당황했어요. 지금은 신랑은 무서워서 한번은 걷게 되니깐 신랑 무서워서 다음에는 그냥 자기가 가지 말고 자기가 그 방문교육 신청해서. 선생님 오는 거예요. [조사자: 방문교육했어요?] 네. 근데 저 방문교육은 좋은 점은 저희 그냥 선생님 집 찾아와서 가르쳐주는 건데. 근데 대신에는 대화하는 시간은 짧아지고, 그리고 친구도 없는 거예요. 거기 한국에서 친구 없으면은 너무 힘들어요. 할 말 없고 부모님, 베트남 부모님 대화할 수 있는데 근데 좋은 점만 이야기해주고 싶고.

나쁜 점은 저희 이야기 전혀 안 하거든요. 아, 그렇게 딸은 잘하고 있구나 생각 들어서. 걱정하게 만들면 저도 미안하잖아요. 그냥 좋은 점만 이야기 하다가. 나쁜 점은 그냥… 저희 아마 그때는 울었어요. 그게 1개월 후에는 너무 힘들어가지고 울었어요. 근데 신랑은 자기 우리 신랑 좋은 분이라서 계속 토닥토닥해주고 배려해주는 거예요. 그리고 가끔 아는 친구 자기가 베트남 친구는 한 명 있어요. 그, 아, 한국 사람이지만 한국 사람 와이프는 베트남 사람이에요. 그 사람은 온 지 5년째예요. 그래서 한번 만나게 해주고. 그리고 그 언니는 거기 만나 이야기하다가 그렇게 했어요. 네. 우리 신랑은 도움 막 받지 못하면은 저 막 살기 힘들 거 같아요. [조사자: 시부모님은 계셔요?] 시부모님도 그때는 남양주시에 계셨어요. 시아버지 돌아가시고 난 후에 시어머니 여기로 오시게 되었어요. 시아버님은 2015년에 돌아가셔가지고. 2015년. 그때 왔었어요. [조사자: 한국은 처음에 되게 낯설었을 텐데 어떠셨어요?] 낯설고… 또… 문화 차이도 힘들고. 특히는 한국에서는 다행히 집에서 그러지만 나가서 밥을 먹을 때라던지 자기가 주문할 때에는 거기 신랑 같이 가서 대신해주는 건데. 근데 음식은 약간 맵고, 그러고는 저기 약간 향이 좀 있다고. 한국 김치, 한국 밥상은 다 김치잖아요. 뭐 거기 밑반찬 하나 있지만, 다 김치. (웃음) 그래서 다 그런 것도 있고. 그리고 언어는 한국 사람들이 쓰는 언어는 저희 베트남 쓰는 언어는 다르니깐 대화도 할 수 없고, 하고 싶은 말도 할 수 없고. 아플 때는 병원 가도 말을 할 수 없으니깐 의사선생님은 어디 아픈지 저희 말할 수 있어요? 그때는 몰랐어요. 어떻게 말하는지 모르고 그냥 갔어요. 어떻게 그 뭐지 어디 아프면은 그냥 가리키고. 저는 영어를 잘하는 편은 아니지만, 가끔 한 번씩 아는 단어 그냥 뭐 단어 그렇게 만들어서는 알려드리는 건데요. 근데 다행히 뭐 의사선생님은 아 그냥 외국은 사람이니깐 받아주시고, 그리고 그냥 검

사했어요. 거기 병원이고 그러고는 한국에서는 저희 한번 시어머니 집에서 실수했어요. 저희가 밥상, 한국에서는 밥상 어른 먼저 먹잖아요. 근데 저 한번 실수했어요. 시어머니 젓가락 잡지 못했는데 그냥 저희 먼저 들었어요. 실수해가지고. 저 그때는 뭐가 안 가르쳐줘서 그냥 베트남에서 저 베트남에서는 그냥 부모님 같이 앉으면 되고 자기 먼저 먹어도 되니깐. 저 그렇게 생각을 안 하고 부모님은 약간 눈치, 눈치 약간 했어요. 눈치챘어요. 그래서

'어, 왜 그러지?'

나는 실수했구나. (웃음) 생각 들어서 신랑은 그냥 부모님 접수한 후에 우리는 그러고 먹는다. 그렇게 알려주고 여러 가지 또 있어요.

▶ 언니 덕분에 전문대학을 졸업하다

[조사자: 어릴 때 생활 좀 이야기해주시겠어요?] 아, 저는 다행히 막내라서 거기 집안일을 안 하고, 그리고 부모님은 농사지었어요. 저희 막내라서 그냥 집에서 놀기만 했어요. 저희 옛날에는 어렸을 때 학교생활은 잘한 편은 아니고. (웃음) 그냥 학교 가고 집에 친구끼리만 놀았어요. 부모님도 약간 싫어 않고 막내라서 예뻐, 예뻐 보니깐 그래서 아 힘들 것도 겪지 못하고, 그리고 언니 많다 보니 저 아직까지 요리도 못 해요. [조사자: 그래도 전문대 갈 정도면 가정형편도 괜찮고.] 아, 그때는 저는, 저는 저희도 오빠도 중학교까지는 아빠는 사고를 당했어요. 아빠 사고당하니깐 엄마 아빠는 학교 못 보내고. 베트남은 중학교, 초·중·고는 의무교육 아니라서 돈 내고 학교 다니잖아요. 아빠는 당해서 학교는 중단했어요. 그 2년 동안 중단했다가 그리고 언니는 한국에 가가지고 한국에 돈 벌어서 베트남 부쳐주는 거예요. 그때는 학교 다니게 되었어요. [조사자: 언니 덕분에?] 네. 언

니 덕분에 학교 다니게 되고. 근데 저희 베트남, 저희 하롱베이 살지만 거기 고등학교는 남쪽에서 남쪽 지역 호찌민에서 살았어요. 거기 고등학교 때부터 전문대까지 거기에서 졸업한 후에 거의 2년 동안 거기 그… 건축회사에서 다녔어요. [조사자: 혼자 고등학교 다니면서 호찌민에서 살았던 거예요?] 네. [조사자: 그러면 언니 중에 한 분만 한국에 와서 일을 하신 거였어요?] 네. [조사자: 요즘은 어떻게 지내요? 가족들은?] 오빠는 지금 하롱베이에서 수산물 장사하고 있고. 그리고 첫째언니는 석탄, 석탄. 베트남 꽝닌 쪽에는 베트남 엄청 최고로 유명하잖아요. 지금은 그렇게 장사하고, 그리고 셋째언니는 한국, 지금은 결혼해서 그냥 집에서 살림하고, 넷째언니는 하롱베이 거기 그 수상 집에서 물고기 키워요. [조사자: 수상가옥에서?] 네. [조사자: 다들 결혼은 하셨다, 그죠?] 네.

▶ 결혼하고 4개월 후 부모님이 오시다

[조사자: 엄마는 언제 오신 거예요?] 아, 네. 저는 결혼한 지 4개월 후에 엄마 오셨어요. [조사자: 만난 지 4개월 있다가 결혼하고 4개월 있다가 엄마 아빠가 같이 들어오셨어요?] 네. [조사자: 두 분 다 들어오셔서 2년 동안 같이 사셨어요?] 아니요. 엄마는 2년, 아빠는 한 1년만? [조사자: 엄마 와서 애기 키우는 거 도와주셨겠다.] 네. 저희 산후조리 그쪽에 안 가고 엄마에서 직접 해주었어요. 다행히 저희 베트남에서 거기 출산한 후에는 새로운 사람 같다고 생각을 하셔서. 그래서 엄마는 아무것도 시키지 않고 그냥 뭐 엄마가 다 해주셨어요. 막내딸이어가지고 전부 다. (웃음)

▶ 한국어 공부를 열심히 하다

[조사자: 센터에 다니고 나서부터 방문교사 왔다고 그랬잖아요? 그 이

후로는 어땠어요? 그때 방문교사는 몇 년, 얼마 정도 왔었어요?] 아, 저는 원래, 원래 신청할 때에는 6개월인데 계산은 6개월인데 2개월밖에 못 했어요. 왜냐하면 저희 그냥 다문화센터 가고 싶어요. 왜냐하면 친구 가서 있으니깐. 그러고는 활동이 많아서. 그렇게는 그래서 계속 다문화 거의 2개월 갔다가 그리고 다문화센터 가서 계속. [조사자: 여기서 센터까지는 걸어갈 수 있나요? 아니면 버스 타고?] 네. 10분 거리예요. 원래는 저희 그냥 걸어서 가는 건데, 근데 그날, 그날만 비가 오고 그래서 그냥 그리고 또 시간도 늦었으니깐 빨리 가고 싶어서. 아, 망했어요. (웃음) [조사자: 센터에 다시 나가고 나서부터는 하루 생활을 어떻게 보내셨어요?] 어… 저희 아직까지 계속 다니고 있고요. 지금도 다니고 있어서 토요일마다 토픽반 하고 있어요. 저희 저는 작년, 재작년은 2017년인가? 아, 작년은 거기 토픽 자격증 4급을 땄고. 올해는 목표는 6급까지. 근데 신청은 올해는 ○○대에서는 내년에. [조사자: 센터는 매일 나가시는 건가요?] 아니요. 매일은 아니고 토요일마다. 그리고 10시부터 1시까지. 저희 작년부터 동사무소에서 근무했어요. 올해 그거 계약이 10월 말 계약이 끝났어요. 그리고 저는 거기 학교 말고 교회에서. 저의 교회는 무교이지만, 교회 가서는 한국어 무료로 가르쳐 주고 있어요. 그래서 그냥 가서 배우고. [조사자: 그러면 한국어는 어떻게 이렇게 잘하시게 된 거예요?] 저희 잘하는 편은 아니에요. 아직까지는 부족한 점이 엄청 많아요. 그래서 더 잘해야 되는데, 머리에는 들어가지 않아요. (웃음) [조사자: 어떻게 공부하셨어요?] 아, 저희 그냥 집에서 그냥 컴퓨터 노트북에다가 그냥 한국 강의 인터넷으로 강의를 많이 듣고. 그리고 여기는 근처에 다행히는 큰 도서관 있어요. 저 시간 날 때마다 책을 빌려다가 읽는 거예요. 저의 특히는 소설, 소설 어려워요. 그냥 초등학생 읽는 책이 거의 그렇게 많이 빌려가지고. 그리고 동화책을 많이 빌려서 읽었어요.

[조사자: 센터 가서 또 한국어 수업도 들으시고. 인터넷으로도 강의 듣고. 그렇게 해서 지금 토픽 4급까지 따신 거예요?] 아니. (웃음) 저 부끄러운 일이 있긴 한데 저희 5년 동안 계속 공부했는데 근데 왜 4급밖에 못 받았냐. (웃음) [조사자: 아니에요. 4급이면 잘한 거지. 그 지금 의사소통이 전혀 무리 없고 잘하시는데.] 아, 아니에요. 저 가끔 지금은 선생님이 다행히 자기 선생님은 저 마음 열고 받아주니깐 그렇게 대화할 수 있는데, 그 밖에 처음 만나는 사람은 잘 못하는 거예요. 잘 못하는 편이에요. 그냥 웃기만 했어요.

▶ 남편과 한 달 동안 말을 하지 않다

[조사자: 결혼하자마자 남편하고 대화, 소통은 어떻게 했어요?] 아, 저희 보통 다행히 인터넷, 인터넷으로 번역해가지고 대화했어요. 그냥 간단한 대화들로. 근데 좀 아마 부부는 감정이 있나 봐요. 말하면요 다 알아들어요. (웃음) 다행히. 신랑한테는 많이 불편하지 않았어요. 근데 사건도 있었어요. 그때는 저희 임신 중이잖아요? 신랑 하루는 자기가 회식하러 저는 한국 회식 그렇게 몰랐어요. 1차, 2차까지는 네. 그렇게 몰랐어요. 자기는 12시? 12시 밤에 12시에 들어오는 거예요. 저 임신하고 혼자 있는데. 임신 중이라서 어우, 이거 답답해 있는데 물어보면 자기 회식이고 어디서 회식하는지는 이야기 안 하는 거야. 너무 답답했고. 저도 말 못 하니깐 따지지 못하잖아요. 따지질 못하게 되어서 울, 계속 울었어요. 신랑도 그때는 자기는 아마 술을 때문에 그런 거인 줄. 저한테 큰소리했어요. 저 처음이라서 저한테 큰소리 말하니깐

'이 사람 나, 나 결혼해서 그냥 애 때문에 그런가?'

그렇게 생각했어요. 아, 좀 한 달 정도? 한 달 정도 그때 어머니는 오시니깐 오는 날에는 신랑은 마중하러 가야 되잖아요. 저도 따라가고 그때

는 엄마 아빠는 좋은 거기, 생활 보여주니깐 그냥 웃었어요. 저 한 달 정도 계속 이야기 안 하고. 신랑 저의 그냥 뭐 만지다가 그렇게 하는데, 저는

"아이 필요 없어."

이렇게 말했어요.

"싫어 싫어."

그렇게 저 그때는

"싫어, 이거랑 필요 없다."

그렇게만 살았어요. (웃음) 그때는 계속 말하고 신랑도 아 저희 이상한 사람으로 생각하잖아요. 그래서 한 달 동안은 사건을 있고 그래서 좀 갈등 있었어요. [조사자: 어떻게 풀었어요?] 부모님 다행히 엄마 아빠하고 오시니깐 엄마 아빠 오게 되면은 그냥 그렇게 하면은 안 된다고 저도. 그때는 스물세 살, 스물네 살이잖아요? 스물세 살. 그때는 거의 어른 되게 약간 생각이 들어서 그냥 아빠 엄마는 불편하게 그 분위기 만들어야 된다고 생각 들어서 웃으면서 약간 대화, 대화했어요. 미안하다고. 그래서 다음 날에 레스토랑에서 외식했어요. (웃음)

▶ 무난하게 임신과 출산을 하다

[조사자: 임신과 출산에 대해 이야기해주세요.] 아, 저의 한국에서는 저희 임신 때부터는 초보한테는 신랑한테는 다 신랑은 데려주고 병원 갈 때마다 신랑은 데려가거든요? 그리고 자기가 알아서 대화하니깐 저는 생각 안 하고. 그리고 한국에서는 다행히 병원은 좋은 병원이라서 거기에서 네. 출산한 후에 그냥 저의 애랑 엄마랑 따로 애랑 따로 그렇게는 그게 구분하는, 분리하잖아요? 근데 베트남에서 출산한 후에 엄마랑 거기 애랑 신랑이랑 같이 자게 되는 건데 한국에서는 약간 어 아들, 우리 아들을 얼굴

못 보는구나. 그렇게는 차이도 있고. 그리고 특히는 더 편하다는 생각 들어요. 임신 때는 다 저희 몸이 건강해서 거기 입덧이라던지 그런 거 없고. 아마 먹는 음식을 많이 먹고, 먹었고 다행히 그때는 신랑이 그때는 신랑도 요리사 자격증 있으니깐 자기가 집에서는 자기는 저 좋아하는 음식을 자주 해주고. 불편하지 않았어요. 그리고 병원에서는 거기 병원에서는 나오는 음식은 다행히 거의 다 잘 먹고 그거는 불편하지 않았어요. 근데 조금은 신랑은 회사 갔을 때는 거기 의사선생님이 와서 저 물어보잖아요? 대답을 못 하니깐. 그리고 어떤, 어디 아픈지 불편한 데 있는지 그렇게 대화하지 못한 거는 아쉬운 거죠. 약간 답답했어요. [조사자: 애기 낳고 병원에서 한 일주일 있다가 집으로 인제 바로 와서 엄마가 도와주셨네요.] 4일 만에. [조사자: 그러면 자연분만했겠다.] 아니, 저희 수술했어요.

▶ 아이는 베트남어가 어렵다고 한다

[조사자: 애기 지금 다섯 살이죠? 언제부터 어린이집을 이용했어요?] 14개월 때부터 갔었어요. 저희 처음에는 저희 그냥 하루는 2시간만, 첫 달에는 2시간 그러고는 적응하다가 4시간. 그때 저희 회사 안 다니고 그냥 집에서 공부하니깐 그래서 시간은 많잖아요. 그래야도 지켜야 되고. 그렇게 맡기고 일찍 데려가고요. 그리고 종일반 아니고. 종일반 아니고. 종일반 아니고 뭐라 그러지? 종일반 하루 종일 있는 거잖아요? 그렇게 하고. 그리고 작년에는 저희 동사무소 다니고. 그리고 가끔 통역하러 가요. 통역하다가는 늦게 오니깐. 약간 늦게 보내고 7시까지는 들어오는 걸로. [조사자: 늦어도 7시까지? 네. 그러면 남편분은 퇴근을 몇 시까지 해요?] 저희 신랑은 24시간 동안 근무하느라 그래서 하루는 집에 없고 하루는 집에 있고 하니깐. 애기 저희 신랑 나가는 날에는 돌봐주는 사람 없어요. 시어머니 계시는데

근데 그때는 시어머니는 건강은. 건강은 안 괜찮으셔서 그래서 도움을 못 받았어요. 근데 지금은 확실히 자기는 건강해졌으니깐. 아, 지금은 가끔은 애들이 볼 수 있는데 저는 재작년에는 못 했어요. 도움을 못 받았어요. [조사자: ○○는 성격이 어때요?] 저는 잘 모르겠지만 아이, 남자아이라서 장난기 많고 개구쟁이예요. 지금은 아쉬운 점은 있는데 지금 자기는 한국말 잘해요. 몇 년 전에부터 말 조금. 엄마 아빠는 그렇게 하다가 지금은 말 잘했어요. 잘하고 있어요. 잘하다 보니깐 저희 베트남어는 가르칠 생각은 있어서 오늘 하루는 아이브이 아버거* 그렇게는 가르쳐주는 거잖아요? 근데 저도

"엄마, 나 왜 한국말을 베트남어로 해야 되냐?"

그냥 베트남 가서 할머니 할아버지 만나게 대화할 수 있게 가르쳐주는 건데 근데 베트남어는 어려운, 어려운데요 해요. 지금은 가끔씩은 쓰고 있고. 쓸 수 있게. [조사자: 학원은 다니나요?] 한국 지금은 ○○ 학습지도 받고 있어요. 그리고 저녁, 지금은 거기 추우니깐 저 수영장 안 보내고 수영장도 가고 태권도학원 가고 네. 저녁에는 거기 학습지 받고 그렇게. [조사자: 어린이집도 가고, 수영도 하고, 태권도도 하고, 또 학습지도 하고 그렇게?] 네. 근데 매일매일은 아니고 저희 수영장은 주 3일. 그리고 태권도는 주 3일. 그러고는 거기 학습지는 주 1일만. 나머지는 그거 엄마 다 해주고. [조사자: 반나절만 어린이집 갔다가?] 네. [조사자: 나머지 반나절은 그렇게 태권도도 하고 그렇게 한다는 거죠?] 네. [조사자: 어린이집 보내면서 본인이 한국 엄마가 아니어서 받은 차별이라든지 그런 에피소드 있어요?] 저희 애는 처음에는 저희 의사소통 어려워서 거기 가끔 부모님회? 모임 있잖아요. 저희 첫 번째 특히는 참석. 한국 사람들은 모임 할 때에는 다 밥 먹을 때에

---

* 베트남어 사용

는 술 많이 마시잖아요? 저희 술 못 마셔서 그거 소동도 있잖아요. 저기 의사소통도 있고. 그리고 술 못 마시니깐 모임 가고 싶지 않은 거예요. 약간 떨어지잖아요. 그런 거 하고 가끔 가정통신문 오잖아요. 어려운 단어들은. 그때는 처음에는 물어볼 사람 없고 친한 사람 없으니깐 애기 두 살 때에는 거의 모르는 사람 많아서 그래서 약간 어려워요. 준비물도 그, 그거는 저는 모르니깐. 가끔은 거기 뭐 사라는 거야? 준비물을 그래서. 신랑은 있는 날에는 괜찮은데 없는 날에는 아, 저 너무 고통이에요. 고통스러우니깐 약간 힘들고요. 근데 거기 삼, 거기 세 살, 네 살 때에는 거기 근처 애 다니는 애 엄마가 만나서, 그리고 그거 모르면 그 언니한테 물어보고 그러고는 도움이 많이 받았어요. [조사자: 한국인 엄마?] 네. 자세하게는 설명하지 않아요. 왜냐하면 한국 사람은 다 한국 사람은 다 보면 알잖아요?

▶ 한국에서 왜 한국식 영어를 많이 쓰는지 의아하다

근데 외국은, 특히 한국에서는 외래어 많이 쓰잖아요? 너무 안타까운 거예요. 저희 지금은 한국어를 배우는데 근데 외래어는 외래어 맞죠? 영어로 된. 한국 번역 책은 그냥 영어 아니고 한국, 한국식으로 번역해가지고 무슨 단어인지 모르겠어요. 사전 찾아봐도 없고. [조사자: 그거는 영어사전을 알아봐야 아는데, 한국어사전을 찾아봐가지고, 그죠?] 한국사전이에요. 그니깐 베트남 한국사전 있잖아요? 그거는 베트남어를 번역해가지고 근데 안 나와요. 안타깝고. 저 너무 답답했어요. 왜 한국 사람인데 왜 영어를 그니깐. 영어 그냥 뭐 하고 싶으면은 그냥 영어를 쓰라던지 아니면은 그냥 뭐 한국어 해야 되지 그렇게 쓰면 좋은 거 같은데. 지금 영어도 배워야 되고 한국어도 배워야 되고 여러 가지는 겹쳐가지고 나 너무, 그리고 신문은 특히 저희 신문을 볼 때에는 신문 그거 다 영어예요. 아, 한국식 영어인데

한국식으로 번역해가지고 무슨 말인지. 저는 거기, 거기 ○○신문 그거 신청하면은 매일 신문이 와요. 저희 좋은 정보는 첫 장만 보고 끝내고 보고 싶어도 못 봐요. 못 읽겠다고요. 어려워요. 어려워서 무슨 말인지 모르겠어요. [조사자: 신문에 그 내용이, 표현들이 다 좀 어려운 거여가지고.] 네. 그래서 왜 한국 사람들은 다 영어를 쓸까? [조사자: 요즘 영어가 세계 공용어다 보니깐 한국 사람들이 세계 공용어를 자꾸만 배우려다 보니깐 일상생활 속에서도 영어를 많이 쓰는 거죠.] 그거 안타깝죠.

▶ 컴퓨터를 배우고 취업을 준비하다

[조사자: 언제부터 일자리를 구하시려고 애를 쓰신 거예요?] 아, 저는 2016년부터는 고용센터에서 거기 내일배움카드 컴퓨터 자격증을 따러 거기에서 신청해서 공부를 했어요. 학원에서 공부 좀 배우고. 컴퓨터 배우고, 저 컴퓨터만 배웠어요. 그리고 배운 후에는 직장도 아직도 못 구했어요. 그러고는 그냥 그때만 하고 그리고 2017년은 거기 ○○구 기간제 근로자를 거기 공지 떠서 그리고 저희 신청에서 합격했고 일하게 되었어요. 계약직은 6개월마다. 저희 ○○구청에서 계약하지만, 주민센터에서 가끔 주민센터에서 근로해요. [조사자: 어떤 일 하신 거예요?] 저희 주로는 컴퓨터 할 수 있으니깐 프로그램 접수라던지? 아니면은 저희가 가끔 외국인 와서 번역해드리고. 아니면. [조사자: 그냥 시키는 대로?] 네. 저희 아침에 10시부터 오후 4시까지. 시간 엄청 좋아요. 애기 데리고 가기도. 네. 저희 2017년 5월부터 2017년 11월. 6개월 끝난 후에는. [조사자: 그 이후에는 다른 잡을, 직장을 얻으려고?] 아, 저 그때 직장도 안 다니고 계속 있어요. 가끔 강의 나가고. 저도 지금은 다문화 강사 활동하고 있어서 그 시간에는 강의 있으면은 나가고 아니면 집에서 살림하고 아니면 공부하고 그렇게 했어

요. 6개월 하니깐.

▶ 한국 엄마들과 베트남 여행을 가다

그리고 저 베트남도 가고. 3개월 있다가. 저 12월에다가 2월에 오고 그냥 겨울 지나고 오는 거예요. [조사자: 애기 데리고?] 네. [조사자: 남편분은 여기 계시고?] 아, 자기가 여기 계시고. 기러기아빠. (웃음) [조사자: 그사이 남편분 잠깐 들어오셔요?] 아, 저희 그냥 3개월 있다 들어가서. 근데. [조사자: 아, 항상 그런 식으로?] 저, 3년 그렇게 진행했어요. 올해는 저희 다다음 주는 갈 거예요. 근데 이번에 2주밖에 안 돼가지고. 지금 애기 컸으니깐 다섯 살 교육 엄청 많이 받고 있잖아요? 그냥 3개월 가면 안 된다고 생각 들어서 그냥 2주만, 딱 2주만 있다가. [조사자: 막 설레겠다. 친정에 갈 생각하니깐.] 네. 저 다행히는 저희 다 한국 엄마들을 데리고 다낭 갔다가 그리고 친정집에 가는 거예요. 이번 우리 팀은 10명이에요. 애까지는 10명이고 다 같이 가고. 원래는 16명 가기로 했는데. 저는 혼자는 한 명인 애가 약간 그렇게 해서 그냥 뭐 줄었어요. 다른 언니들은 다음에. 같은 나이인데 근데 패키지로 신청했어요. (웃음) [조사자: 어우, 대단하시다.]

▶ 통역 관련 일을 하고 싶다

[조사자: 그러면 다문화이해 강사는 센터에서 언제 교육을 받아가지고 활동하시기 시작한 거예요?] 2016년이죠. 한번은 3개월인가? 3개월 하다가 2017년도 몇 개월 동안은 받았어요. [조사자: 한 달에 몇 번 정도 강의를 나가세요?] 저는 올해는 한 달 거기 평균하면은 한 달 4군데 가요. [조사자: 연결은 누가 해주는 거예요?] 다문화센터에서요. [조사자: 한 번 가면 1시간 정도?] 네. 그리고 학교마다 달라서 저희 ○○초등학교 가면요, 거기 하루

는 4시간 정도 하고 가끔 학교는 원하는 대로 그러니깐 활동할 수 있는. [조사자: 아까 말씀하셨지만 가장 고민되는 게 직장 문제라고 하신 거죠?] 네. 직장 문제랑 그리고 약간 교육도. 저희, 저희들은 외국인들한테 위한 거기 다양한 프로그램이라던지 그렇게 있으면은 좋겠어요. 왜냐면은 그냥 하고 싶은 사람은 계시고 근데 하고 싶은 사람도 많이 계세요. 그래가지고 하고 싶은 사람을 위해서 그냥 뭐 통역이라던지, 그리고 할 수 있는 거를 프로그램 만들어주시면 좋겠어요. [조사자: 지금 주로 한국 문화, 한국 이런 쪽 많잖아요? 그리고 요즘 센터에서도 취업을 위해 하는 프로그램들도 많은 것으로 아는데, 혹시 또 어떤 것 뭐 다양한 프로그램 또 관심 있으세요?] 저희 한번은 어디 통역하는지 잘 모르겠어요. 근데 저희 다문화센터에서는 물어볼 때는 그런 프로그램. 거기 통역 프로그램은 없고. 그리고 저희 ○○대, ○○대 아니고 저기 ○○교대 사이버 들어가서 검색했어요. 근데 없고 그렇게 해서 저희 그리고 가끔 거기 단체 가서 거기서 홍보 있잖아요? 홍보 보는데, 근데 프로그램 많지 않아요. 막 있으면 서울 쪽에 그리고 시간은 보통은 애들은 10시잖아요? 여기서 가면은 2시간 걸리는데. 2시간 걸리니깐 애들 어떻게 하는지 고민이에요. ○○에 있으면 저는 ○○ 다 갈 수 있는데, 1시간이면 다 갈 수 있는데 근데 너무 멀어가지고 막 약간 고민하죠. [조사자: 통역가 이런 쪽으로 관심 있다, 그죠? 새로운 직업을 이제 고민할 때.] 네.

▶ 한국에서 복지혜택을 많이 받다

[조사자: 복지 쪽으로 한번 궁금한 거 물어볼게요. 여기 14개 서비스 중에서 본인이 한국에 살면서 5년 동안 살면서 이용해본 서비스 유형은 어떤 것들이 있을까요?] 한국에서는 여기 서비스 잘해요. 거기 복지 서비스 잘돼요. 베트남에서는 그런 거는 없고 우리는 배우고 있으면은, 아니면은 이용

하면 돈 주고는 하잖아요? 근데 되게 한국에서 최고예요. 잘되어 있으니깐 그냥 직업훈련을 받을 때에는 그렇게는 무료로 받고. 그리고 거기 학원 다닐 때에도 일당 또 받아요. 컴퓨터 배울 때. 저희 3개월 정도 받았어요. 엑셀, 그리고 파워포인트, 워드. 저희 엑셀은 이거 자격증 있어요. 저 땄어요. 근데 쓰지 않으니깐 다 까먹었어요. (웃음) [조사자: 3개월 동안 학원의 서비스는 어땠어요?] 아, 되게 선생님은 학원에서는 선생님들은 거기 괜찮다고. 잘 자세히 가르쳐주고 그러고는 뭐 궁금한 점이 상담사한테는 다 해주는 거예요. 아, 저희 그때는 신청할 때 외국인등록증이 있으니깐 거기 신청할 때 어려웠어요. 그리고 저희 핸드폰 명함이 없고 아이핀도 만들 수 없고. 거기 인증할 때에는 아이핀이라던지 핸드폰 거기 번호는 자기 명의로 해야 되잖아요? 그때는 저희 신랑은 이름은 되고 있고 아이핀을 만들 수 없고 계속 왔다 갔다 했어요. 거기 고용센터에다가 학원에다가 은행. 왜냐하면 은행에서도 아이핀은 그렇게 거기 만들어주는데 근데 거기 까다로워요. 은행에서는 어쩔 수 없고 신랑은 핸드폰 가게 가서 물어보고 저의 명함을 넘겨주는 거예요. 넘겨주면은 핸드폰 명함이, 명의가 되어 있으니깐 해결은 잘되었어요. [조사자: 학원에 상담해주는 상담사가 있어요?] 네. [조사자: 한국어로 소통했어요?] 네. 한국어로. 그러고는 다행히 상담사도 무슨 말인지 다 알아요. [조사자: 배우고 나서 취업 알선센터에서 그런 거는 없었죠?] 네. 그리고 상담사한테 이야기 들었어요. 저 외국인은 처음이래요. 외국인은 그때는 학원은 없었고 저희 다닌 후에는 외국인 많이 생겼어요. 그래서 자기가 감사하다고. 왜냐하면 제가 친구를, 아 한국에서는 내일배움카드 신청하면은 6개월 가지고 일당도 받을 수 있고 무료로 배울 수 있으니깐 친구한테 많이 소개했어요. 많이 소개하니깐 그 학원도 거기 외국인이 많이 생겼어요. [조사자: 취업이랑 직장까지 알려주는 그

런 거는 없고 그냥 공부만 하는 거죠?] 네. 연결해준다고 말했는데, 근데 외국인은 한국에서는 한국 정보만 거기 수집하잖아요? 학원에서는 외국 정보는 많지 않아요. 그래서 거기 보통 취업 쪽에는. 그리고 고용센터도 저희가 통역회사 쪽에는 가고 싶다고 통역회사에 요구, 직장을 할 때는 직업을 통역사 하는데 근데 1년 동안 연락도 못 받고. 그리고 취업하기 어려워. 그쪽이면. 지금은 통역사 그쪽이면 취업하기 어려워서 그냥 직장 하래요. 저 근데 직장 하면은 거기 8시부터 6시까지 있으니깐. 아, 7시 가끔 잔업 있잖아요. 저희 잔업 하기 어려워요. 솔직히 그리고 저는 공부하잖아요. 지금은 공부하니깐 직장 가기는 아쉽다고 생각 들어서. 나중에는 애한테는 엄마가 직장인인데 근데 좋은 직장 보여주고 싶거든요. 왜냐면은 엄마도 외국인이니깐 자기도 친구한테는 약간 무시하는. 그거 사건이 있을 거예요. 근데 지금 엄마도 이렇게 하구나 나도 엄마에 대해서는 자랑하구나 그렇게 보여주고 싶거든요. [조사자: 그렇구나. 아까 직장을 가라고 했는데 어떤 직장을 가라고 한 거예요?] 아, 그거는 거기, 거기 약간 뭐지? ○○처럼 주문 받고 그리고 거기 물건을 찾아서 보내는 거잖아요? 그런 식으로 물건 장부에서 관리하는. 공장 만드는 거 아니고 그냥 주문하고 그리고 물건을 찾아서 보내는 거. [조사자: 고용센터에서 소개해준 거예요?] 네. 근데 이제 그거는 안 맞다고 해서. [조사자: 통역 쪽 일을 하고 싶다고 했는데 그 일은 찾기가 힘드니깐 대신에 방금 이야기했던 ○○에서 주문받고 물건 전달해주고 일단 하나 정도만 제안해준 거네요?] 네. [조사자: 또 어떤 서비스 받아본 것 있어요?] 아동의 학부모님 상담 그것도 했어요. 아동센터, 아동센터 아니고. 복지센터. 복지센터 근데 아동 관련되서 복지 하는 거예요. [조사자: 한 번 가서 특강 들은 거예요? 아니면 주기적으로 배운 거예요?] 아, 저희 그냥 뭐 애가 그때는 어린이집에서 친구랑 그… 거기 싸웠어요. 자기가 어린

이지만 되게 주장이 강해요. 애가. 개구쟁이라서. 그리고 특히 아들 한 명이라서 자기가 다 해주잖아요? 그애 어떻게 잘 키우는지 어떻게 교육하는지를 그거를 교육받았어요. 그렇게 이튿날? [조사자: 이틀 정도? 그 교육이 도움이 되었어요?] 처음에는 도움이 되었죠. 애기 어떻게는 해주는지, 교육 어떻게 시키는지. 음, 그리고 애기가 어떻게 원하는지 그거는 어디 다 알아보는 거예요. [조사자: 이때 한 2016년부터 본인이 교육을 받기 시작했잖아요? 그전에 2014, 2015년에는 한국어를 많이 익혔다. 그러니깐 이게 다 가능한 거죠?] 약간 아직 1년인데 그때는 많이 배우지 못했어요. [조사자: 부부관계, 가족관계, 이해 교육 이런 거는 어땠어요?] 저희 부부관계 그 교육은 두 번이나 신청했어요. 다문화센터에서. [조사자: 혼자? 아니면 같이?] 같이. [조사자: 어땠어요? 그 프로그램, 그런 프로그램 받고 나서 내용이라든지?] 흐흐흐~ 어, 저희 아직 그거는 약간 뭐라고 하죠? 도움 많이 받지 못했어요. 아, 저희 그냥 남편이랑 어떻게 생각하는지. 저희 원래는 나쁜 사이 아니에요. 근데 어떻게 더 좋은 사이 만들어가는 어떻게 하는지를 배우는데. 근데 뭐 우리는 특히 신랑은 무뚝뚝해요. 그냥 행동만 보여주는데 많지 않아서 그거는 배워도 바뀌지 않아요. 달라지지 않아요. [조사자: 신랑이 성격이 급해요? 어때요?] 아, 급하지 않아요. 저는 급하는데 신랑은 급하지 않아요. 저 보통은 제가 먼저 화를 내요. 저, 항상은 성격이 급해요. 뭐가 되었든지 신랑은 그동안 자기가 무뚝뚝하잖아요. 약간 꼼꼼한 성격이라서요. 약간 뭐 하든지 준비해야 되는. 해야 되고. 그러고는 저희 여러 번은 반복해서 이야기하는 거예요. 자기가 예를 들면은 저희 특히 나가서

"핸드폰 챙겼어?"

한 번도 아니고 두 번이나 물어보는 거예요.

"왜 그렇게 많이 물어?"

저 그랬다고. 그리고 항상 나가면은 어떻게 해야 되는지를 가르쳐줘요. [조사자: 불안하니깐 아직까지는.] 네. 같이 가면은 할 줄 아는데 점점은 네. 근데 되게 남자니깐 그리고 목소리 부드럽지 않아서 내가 아이씨 하다가. 제가. 말하면은 제가 아이씨 그래요. [조사자: (웃음)] 저 그때는 없었거든요? 근데 친구 한국, 한국 친구끼리 놀다 보면 그런 거 배워요. 아이씨. [조사자: (웃음) 그랬군요. 어쨌든 뭐 부부관계, 가족관계 그런 교육은 두 번 정도 센터에서 받았다는 거죠? 근데 그 내용이 이제 크게 도움이 안 되었고 남편 성격이 원체 바뀌지 않으니깐 그죠?] 네. 바꾸기 힘들어요. [조사자: 한국어는 센터에서 배우고 방문 지도사한테도 배우고 지금 센터에서도 계속. 그럼 센터에서 가서 어떻게 배웠어요?] 아, 그냥 뭐 강사님은 그냥 뭐 책을 센터에서 무료로 책을 주잖아요? 그거는 그 강사님은 그거하고 우리를 전달해 주는 거예요. 그것도 단계가 있잖아요? [조사자: 몇 단계까지 하신 거예요?] 저는 … 지금은 단계가. (웃음) 5단계는 되어서 재작년에 했어요. 2016년에 다 했어요. 왜냐하면 저희 집 근처이니깐 저희 둘째 하게 초급이랑 중급이랑 동시에 하게 받게 하는 거예요. 왜냐하면은 매일 하는 게 아니고 거의 초급은 화, 목 아니면은 수, 금 그렇게는 나누어서 하는 거잖아요? 저 집에서 심심하니깐 그냥 학교 많이 가요. 거의 아, 센터 많이 가니깐 둘째 하게 받았고, 그리고 마지막은 거기 4급, 4단계 배우고 4단계 마무리는 2016년이에요. 그냥 저희 마무리했으니깐 근데 다시 배워요. 다시 처음부터 중급부터 또 그렇게는 계속 몇 년 동안 그렇게 반복해서 배웠어요. 근데 되게 머리는 잘 안 들어가니깐 배워도 몰라요. [조사자: 아니에요. 배워서 잘 아는 거예요. 그러니깐 이렇게 대화를 하지요.] 아니, 오늘 배웠는데 내일은 무슨 말인가 까먹어요. [조사자: 시간 있었으니깐 2014, 2015, 2016년도에는 뭐 거의 매일 센터에 나갔네요?] 네. 어. 아마 거의 합치면 4일 정도? [조사

자: 한나절 가는 거예요?] 아니요. 2시간씩. 거기 있다가 친구들은 센터에 가서 같이 앉아서 아니면 밥 먹으러 가다가 커피 아니면, 커피숍도 가다가 그렇게 했어요.

▶ 내가 번 돈은 내 용돈으로 쓴다

[조사자: 가계의 경제적인 관리는 누가 하셔요?] 보통 저희가 나누어서. 나누어서 예를 들면 남편은 공과금 그렇게는 지원하고. 우리는 그러면 반, 저희 반 신랑은 반은 거기, 거기 식비는 이라던지 신랑은 거기 카드를 저에게 그냥 하고, 그리고 저의 용돈 따로 받고. [조사자: ○○ 씨가 용돈을 받아요?] 네. 그렇게 많지 않지만, 저의 그냥 한 달에 50 정도는 받고요. 저희 아이랑 쓰고 그러고는 식비는 따로 받아요. 그리고 자기 아직까지 공과금은 낼 줄 아는데 근데 가기 싫어서 그 은행 가기는, 저 그냥 인터넷으로는 인터넷뱅킹 하잖아요? 그냥 나가기 싫어서 편한데, 그냥 신랑은 어차피 신랑은 매일 가니깐 지금은 집에도 없고요. 휴원하는데 그냥 학원을 가요. [조사자: 학원을? 또 기술을 배우고 그렇게 하고 있어요. 남편이?] 네. 그리고 베트남어도 배우고 있어요. 인터넷 사이버 있잖아요. 원투원인가? 받아서 해서 매일 하나씩 하나씩 배우는데. 자기도 베트남 가고 싶대요. 나중에 거기 60세 되면 가고 싶대요. [조사자: 나이 들면 거기 가서 살고 싶은 거예요?] 네. [조사자: 대략 한 달 소득은 어느 정도 되는 걸까요?] 낮은 편이에요, 저희는. [조사자: 남편의 월급 액수를 알고 있어요?] 네. 지금은 액수는 한 달은 170만 원. 아, 270만 원 정도 돼요. [조사자: 실수령액?] 아, 세금을 빼면은 250 정도 받아요. [조사자: ○○ 씨는 강사 하고?] 저는 동사무소에서 한 달 100 정도? 그리고, 그리고 이런 통역이라던지 아니면. 뭐 또 하면은 저희 그냥 30~40? 정도 받아요. [조사자: 그거는 본인 용돈 쓰시는 거예요?

아니면 생활비에 보태시는 거예요?] 아, 저, 저는 관리하는 거죠. (웃음) 아, 가끔 애가 신발이라던지 그거 사주고 그렇게 해요. [조사자: 혹시 뭐 친정에도 좀 돈을 보내기도 하나요?] 부끄러워요. 저희 아직 도움이 못 되어서. 친정 어머니도 그렇게는 무겁게 그렇게 하지 않거든요. 저희 그냥 편하게 살아요. [조사자: 친정도 그렇게 형편이 나쁘지 않고 그런가 봐요?] 으어… 그냥 편한 것보다는 먹고살 정도로.

▶ 아이 교육으로 남편과 의견 차이가 있다

[조사자: 부부 사이가 엄청 좋은 거 같아요.] 그렇게 좋지 않아요. 가끔 신랑은, 경제는 우리는 경제 때문에 싸우지 않아요. 근데 애기 때문에, 애 교육 때문에. 저 저희는 이런 것 저런 것 시키면은 좋겠다고 생각이 들어요. 근데 남편은 하나, 두 개만 받으면 된다고 생각을 들어서. 그리고 자기가 약간 거기 어린이집 할 때 복습하는 거 있어요. 거기 시작하면 바로 좋겠다고 들어서 거기서 신랑한테 부탁했어요. 근데 애 자기가 애한테 가르칠 때는 화 약간, 화가 나요. 아직 애기니깐 다섯 살이잖아요? 우리 부드럽게 이야기해줘야 되는데 자기가 거의 아기 못 하면, 안 하면은 자기 약간 왜 안 하냐고, 그리고 이거 이렇게 가르쳐놔야 되잖아요? 근데 구체적으로 설명해야 애가 받아주잖아요. 근데 자기 그렇게 못 해요. 아, 그렇게 볼 때마다 저기 화가 내요. 자기 왜 그렇게 못 하냐고, 애기가 잘 받아줄 때까지는 기다려주고, 그리고 하고 저희 신랑, 저, 저도 급한 상황 가르칠 때도 끝없이 화가 내는데 신랑은 근데 아빠는 매일 만나는 게 아니잖아요? 원하는 거는 신청하게 그리고 가벼운 목소리는 따뜻하게는 가르쳐야 되는데 자기도 그렇게도 못하는데, 저는 애가 잘못하는지 화가 나는데. 근데 아빠는 매일 만나는 게 아니라 그래서 아빠는 원하는 거는 가볍게 가르치

면은 좋겠다고 생각이 들어서. 자기도 뭐 그러면 당신이 왜 안 하냐고 그렇게 물어보잖아요. 저희 매일 하잖아요. 제가 거기 남편 가는 날에는 제가 거의 다 담당하잖아요. 육아 담당 그렇게 물어보더니 거기, 거기 약간 갈등이 있어요. [조사자: 그런 어려움도 있구나.] 네. (웃음) [조사자: 베트남에서는 자녀에 대해 교육열이 되게 높은 편이가요?] 높은 편 아니에요. 베트남은 거기 저희 시골에서, 시골 쪽에서 살았으니깐 그렇게 부모님은 강조하게 가르치는 거 아니고 그냥 학교 가면은 다 끝이에요. 근데 저희 도시에서 생활하니깐 그리고 한국도 생활하잖아요? 애들이 엄마들은, 특히 한국 엄마는 욕심 많아서 거기 애는 저희 옆에, 옆에 친구는 그 애는 또 수영 배우고, 음악 피아노 하고. 그렇게까지는 총 네 가지 받고요. 근데 저희도 불안한 마음으로 ○○이는 지금 불안, 애들은 거기 떨어질까 봐 그래서 불안한 마음으로 더 막 시켰어요. 저도 매일매일 학습지는 매일 시켜요. 매일 시키고 또 근데 애가 힘들까 봐요. 10분 정도는

"엄마, 나 힘들어 졸려."

어제는 시키다가 30분 시키다가 자기 아마 졸린다고 울었어요.

"엄마 왜 어려운데 시키냐"

그렇게 물어보더니 어쩔 수가 없고 미안하기는 한데 근데 어쩔 수가 없는 거예요. [조사자: 떨어질까 봐.] 그래서 어, 불안한 마음으로 애기 학교 초등학교 가면요. 거기 엄마 외국도 있고, 그리고 자기 공부 못하면 어떻게 되는지 너무 불안해요. 마음이 급해요. 근데 애한테 너무 스트레스 주면 또 너무 안 좋을 수도 있는데, 그거를 조절해야 될 거 같다. 저도 아는데, 근데…. 알기는 하는데 근데 무슨 수가 없는 거예요. 혹시나 못할까 봐, 차별도 당할까 봐. [조사자: 애가 똑똑해져야 되겠다는 생각을 하시겠네요.] 저희 공부 못했지만 애가 잘하면은 좋겠다는 생각 들어서 막 시켜요.

[조사자: 남편은 그거를 또 싫어하시는구나.] 신랑은 그냥 하나만, 자기 ○○이 수영장만 좋아해요. 수영장 그 매일 엄마 보내주라고. 근데 저희가 수영장 그렇게 하나 어떻게 해요. 자기가 몸무게도 나가요. 자기가 지금은 다섯 살인데, 몸무게는 21kg이에요. 약간 통통한 편이거든요. 운동 좋아해서. 저보다도 튼튼해요. 저보다 더 잘 먹고요. 저 요리 잘 못하니깐. ○○이 다행히 아무거나 잘 먹어요. 맛없어도 먹어요. (웃음) [조사자: 지금 사는 곳은 결혼하면서부터 이 집에 계속 살았던 거예요?] 네. 전에, 전에는 전세로 살다가 지금은 집 마련해서 살고요. [조사자: 지금 사는 집을 사신 거예요?] 네. 풍족하지는 않지만 그래도 약간 자기 집이니깐 편하잖아요. 한국 문화는 이사하잖아요. [조사자: 이사하면 비용이 많이 들어요.] 네. 그렇고 근데 저희 자기가 해서 살면은 정이 들잖아요. 정이 들다 보니깐 갖고 싶고. 그래서 이쪽을 택했어요.

▶ 한국 엄마들이랑 친하게 지내서 안심되다

[조사자: 친구 관계, 이웃 관계는 어때요? 한국 친구가 많은 것 같던데.] 아, 다행히. 그렇게 많지는 않은데 다섯, 여섯 명 정도만. 근데 매일 만나는 거는 아니고. 그 언니도 회사, 직장 다니거든요. 그러니깐 보육, 보육교사? 하고 있어서 그래서 자기도 10시부터 3시까지 그렇게 하고 있어. 나머지는 시간 되면은 만나고 커피 되면 하는 거고. 언니들은 다 좋아해요. [조사자: 어떻게 만났어요?] 학교 가다가 만나게 되었어요. 어린이집. 어린이집 가다가 부모 모임 있잖아요? [조사자: 베트남 친구들은 어때요?] 네. 있기는 있는데 베트남 친구들은 다 직장 다녀요. [조사자: 주로 어떤 일을 많이 하셔요?] 공장에서. 만나기는 주말밖에 없어요. [조사자: 친하게 지내는 분들 있어요?] 네. 두 명 있기는. 처음에는 직장 안 다닐 때는 많이 만났어요. 평

일에도, 평일이든 주말이든 다 만날 수 있는데, 지금은 직장 다니다 보니깐 시간 없잖아요? 시간 없고 못 만나고 대화도 많이 못 하고. 그래서 가끔만 한번 대화하죠. [조사자: 한국인 친구가 대여섯 분이나 같이. 그분들이랑 이번에 같이 베트남 여행 가신다는 거예요? 다낭에?] 네. [조사자: 본인이 리드해서? 가이드해서?] 가이드하는 거 아니고요. 그냥 아는 거를 알려드리는 거죠. [조사자: 며칠 일정으로 가시는 거예요?] 저, 일주일이요. 애 엄마 4명, 애기는 6명. [조사자: 와, 대단하다. 그러면 본인이 숙소 같은 거 다 알아보고 다 하시는 거예요?] 네. 저 알아보고 있어요. 저희 어떻게 가는지, 그리고 택시 어떻게 잡는지 알아보고 있고. 저희 16인용 있잖아요? 그거는 빌려 하루종일은 그게 공항에서 얼마 안 돼가지고 그렇게 다니거든요. [조사자: 처음으로 가이드해서 가시는 거죠?] 아, 저 가이드는 2번, 3번이나 했거든요. 근데 그, 그때는 베트남 사람은 한국에 와서 가이드하고. 근데 베트남 가서 하는 거는 처음이에요. [조사자: 다들 되게 좋아하시겠다.] 네. [조사자: 다낭이랑 하롱베이랑 가까워요?] 비행기 타면 1시간 정도예요. [조사자: 다낭에서 친구들하고 보내고, 그분들은 돌아가시고.] 네. 저 친정에 가서 한 일주일 정도 있다가. [조사자: 이번에 남편분이 좋아하시겠네요. 3개월 아니고 2주일만 있다가 와서.] 맞아요. 자기 더 좋아해요. 집안일 안 하고. 저희 집에서는 신랑은 오면은 저희 밥 안 하면 자기도 해야 되잖아요? 저 없는 것까지 해줘야 되니깐. 어, 가면은 더 편하다고. 더 편하다고. (웃음) [조사자: 신랑이 정말 자상하시다. 나이 차이 있잖아요?] 열한 살 정도는. [조사자: ○○ 씨가 스물여덟 살이고 남편이 서른여덟 살이라 그랬죠? 그러면 여덟 살 차이 아닌가? 남편이 몇 년생이에요?] 지금은 76년생. [조사자: 그러면 남편분이 마흔한 살이다. 그러면 열세 살 차이예요?] 아닌데. 76년생이거든요. [조사자: 그러면 열세 살 차이인데. 본인 나이가 서른 살인가?] 아니요. 아니

요. 저, 저 한국 지금은 한국 나이는 스물여덟, 스물아홉 살이잖아요? 어, 저 계산 못 하나? 아, 저 나이 잘못 계산하구나. [조사자: 아니에요. 아무튼 남편이랑 열세 살 차이가 나네요. 이걸로 보면.] 네. [조사자: 이웃 관계는 어때요?] 우리 빌라에서는 그냥 만나면 인사하고 끝이에요. [조사자: 따로 만나서 친하게 지내는 분들은 없고?] 네. 그냥 웃으면서 인사하고. 특히는 저희 집에서는 4층에 있고요. 그러고는 애가 있다 보니깐 시끄럽잖아요? [조사자: 소음 때문에.] 근데 그 이웃은 한 번이라도 안 올라오고. ○○ 막 뛰고 운동을 좋아해서. [조사자: ○○산에 한번씩 가는 거예요? 너무 아름답던데.] 아, 저 가보았어요. 근데 가보았는데 너무, ○○이 아직 어려가지고 올려갈 때 자기 혼자 올라갈 수 있는데 내릴 때는 업어줘야 돼요. 서로 거기 바꾸면서 업어주는 너무 힘들어서 그냥 장미원. 거기에 근처에 있는 장미원은 그냥 갔어요. [조사자: 백만 송이 장미. 친구 관계는 한국인 그 어린이집에서 만난 엄마들? 한 5~6명이랑은 잘 지내고, 그리고 또 베트남 친구들 두 분하고 특별히 잘 지내게 되는 거고, 그죠? 그러면 한국의 엄마들하고는 얼마에 한 번씩 만나요?] 이번 주는 저희 베트남 가니깐 매일 만나요. 아까도 전화 오고 오라고. [조사자: 어디에서 만나요, 주로?] 여기에서요. 여기 바로, 바로 뒤에 건물. [조사자: 그 아는 언니네 집? 집에서 주로 만나서 같이 밥도 먹고.] 네. 어제도 만나고 오늘도 만나자고 그랬어요. [조사자: 그런 분들 만나고 해서 본인이 시간 속에서 많이 힘을 얻어요?] 그거 약간 뭐, 한국 사람들 까불까불하니 또 하는 하나 있거든요. 까불까불한 게. (웃음) [조사자: 재미있게.] 재미있게는 분위기 이루어지는 거잖아요? 그것도 그렇고 저의 틀린 말을 아, 이렇게 이렇게 하구나 가르쳐주고 재미있는 것. [조사자: 재미도 있고 심리적으로 힘도 얻고 든든하고, 그죠?] 네. 그죠. 왜냐하면 저희는 여기에서 한국 사람은 받아주지 않을까 봐 불안한 마음을 항상 갖고 있으

니깐 근데 언니들은 만나고 대화할 수 있고, 그리고 밥해주니깐 너무 좋은 거예요. [조사자: 안심이 되는 거죠. ○○○ 씨도 그 언니들한테 뭔가를 같이 나누는 게 있겠죠?] 아, 네 당연하죠. 저도 가끔은 언니들을 베트남 음식이라던지 같이 만들어서 먹고, 아니면은 뭐가 저희 베트남 갔다 오면 선물이라던지 그거 주거든요. [조사자: 애들끼리 엄청 친하겠네요?] 다 세 명은 일곱 살짜리고, 우리는 애 다섯 살, 그 애 엄마도 다섯 살. 2명만 같고 그거는 친구끼리. 근데 우리 애랑 그 언니 애랑 잘 맞지 않아서. 자기끼리만 자기는 따로따로 놀 거예요. [조사자: 어쨌든 친구 있으니깐 더 안심하고. 필요한 정보도 물어보기도 하고?] 네. [조사자: 남편들하고 가족들끼리도 서로 친해요?] 우리 신랑 서로 잘 몰라요. 신랑 나서지 않으니깐 가족끼리 몰라요. 만나기는 하는데 한 달? 두 달? 세 달? 한 번만 만나요. 아, 가끔씩 인제 가족들. [조사자: 가끔씩 만나서 식사하는 정도?] 네.

▶ '다문화가정'이라는 말을 듣고 싶지 않다

[조사자: 한국 정부나 한국인에게 바라는 점은 무엇이 있나요?] 다양한 프로그램을 만들어주었으면 좋겠어요. 그리고 저 하고 싶은 말은 거기 정부에서도 생각하겠지만, 다문화가정 말하지 않았으면 좋겠어요. 학교 가면은 다문화가정이랑 일반 가정 똑같이 돈 내고 똑같이는 활동하는데 그렇게 구분하는지 모르겠어요. 저희 다른 사람은 받을 수 있는지 몰라요. 저희 그거는 근데 정부에서 지원하면 특별한 아니면 다문화가정 말할 수 있고 그러고는 또 아이한테는 더, 더 편할 수 있게 학교 다니면 더 다양하게 문화를 학교에서 조사하고 애들에게 경험할 수 있으면은 자기도 생각할 수 있거든요. 이렇게 지원 많이 해주시면. 아이들 학교에 갔을 때 다양한 문화를 경험할 수 있는 프로그램을 많이 만들어주면은. 베트남 문화

에 대한 이해도 빠를 것이고 있기는 한데, 조금 더 있으면 좋겠다는. [조사자: 한국에서 목표가 뭐예요?] 저희 지금은, 저희 올해 아니면 내년에는 거기 한국어 토픽 6급 따고. 네, 그러고는 뭐 약간 무역회사 일이라던지 학교 일 그쪽에는 가고 싶거든요. 왜냐하면 저희 지금은 중국어 일이라서, 그리고 저희 베트남 사람이니깐 베트남 와도 문화랑 잘 아니깐. 그리고 한국에서 살잖아요? 서로를 알면서 무역 쪽에 도움이 될 수 있는 것 같아서. 그쪽에 가고 싶고, 아니면은 한국에서 어린애한테는 베트남어를 가르칠 일이라던지 그런 거 하고 싶어요. 아직까지 저의 능력이 많이 부족해서. [조사자: 올해까지는 한국어 공부를 더 하고.] 네. [조사자: 내년부터 좀 더 집중적으로 직장을 구해보는 쪽으로 알아보겠다는 거지요?] 네. [조사자: 국적 취득 언제 했다고 그랬죠?] 아, 저는… 다 하면은 거의 3개월 전에? [조사자: 이름을 뭘로 개명하신 거예요?] 저 ○○. [조사자: 국적을 취득한 목적은 뭐예요?] 첫 번째는 애들이 한국에서 생활은 복지 쪽에서 편하게 받을 수 있는, 왜냐하면 외국인도 받을 수 있는데 절차가 어렵고. 그러고는 뭐 하는데 학교 이름 등록할 때는 엄마 한국 이름으로 하면 좋겠다고…. 특히는 지금 베트남이 중국 쪽이니깐 거기 한국에 가면은 맨 거기, 거기 외국인 등록증 만료할 때마다는 거기 가서 줄 가야 되잖아요? 바꾸면은 영원히 가지 않아도, 연장하지 않아도 되고. 지금은 여러 가지 있어요. [조사자: 베트남에서는 이중국적을 인정해줘요?] 네. [조사자: 두 가지 국적을 다? 그래요. 알겠습니다. 아, 오늘 너무 고생했어요. 힘드셨죠?] 아니에요. 쉬지도 못하고. 아, 그리고 아까 나이는 저희 결혼할 때 나이거든요. (웃음) [조사자: 선생님 결혼할 때는 남편 나이가 서른여섯 살이라고.] 그래서 저희 신랑은 이런 경우, 이런 번호였으면 좋겠어요. 36. [조사자: 그래요, 감사합니다. 오늘 인터뷰는 여기서 마치겠습니다.] 고마워요. [조사자: 아니에요. 저야말로 고맙죠.]

6장

남편의 사랑이
삶의 원동력이 되다

연구참여자는 베트남에서 다섯 남매 중 둘째로 태어났으며 화목한 가정에서 생활했다. 이웃 언니의 소개로 한국 남자를 만나 첫눈에 반해 결혼했고, 늘 한결같은 남편의 사랑에 안도했다. 남편의 도움으로 전문대에서 사회복지학을 공부했고 그 외 토픽 4급, 사회복지사 자격증 2급, 컴퓨터 기본 자격증, 활동보조인, 다문화(이해)강사 자격증을 취득했다. 그러나 경력을 중시하는 취업현장에서 구직이 어려워 안정된 직장을 갖기 위해 노력 중이다. 현재 센터에서 모국 친구들에게 한국어를 가르치며 유치원에서 다문화이해강사로 일하고 있다. 주위에 베트남 친구들, 이웃 사람들, 한국인 학부모 등 다수와 친밀한 관계를 맺고 있어 든든하다. 또한 한국 이름으로 개명한 후 베트남 이름을 어려워하던 한국인이 친근하게 다가와 행복감을 느낀다고 했다. 아직 한국어 발음이 부정확해 다문화가족지원센터 프로그램을 통해 교정받기를 희망하고 있다. 또한 한국인이 다문화가정과 다문화에 관심을 갖도록 공익광고 등 홍보가 필요함을 밝혔다.

[주제어] 베트남, 결혼이주여성, 통 · 번역사, 남편의 지지, 다문화센터 도움, 취업, 봉사활동

1.
한국 남자를 만나 첫눈에 반하다

베트남에서의 어린 시절을 떠올리다

나는 다섯 남매 중 둘째로 태어났다. 오빠와 남동생 둘, 여동생이 있다. 아빠는 주민센터 같은 행정기관에서 근무했고 가정적인 성격이었다. 가족 간에 우애도 좋았다. 시골이라 동네 어르신이 많아 주말마다 아빠를 따라 어르신들 집에서 청소와 빨래를 했고, 조금 커서는 농사일도 도와드렸다. 어린 시절을 떠올리면 중3 때 아빠와 주말마다 자주 놀러 다닌 기억이 남아있다. 4~5년 전에 아빠는 돌아가시고 엄마만 계신다.

한국 남자를 만나 첫눈에 반하다

동네 사는 언니가 한국 남자와 결혼한 후 친정인 베트남으로 놀러 왔다. 그 언니에게 한국에 좋은 남자가 있다는 이야기를 듣고 호기심이 생겼다. 얼마 후 결혼 전제가 아닌 소개팅으로 그를 처음 만났다. 그는 한국 드라마 속 남자처럼 하얀 피부에 키가 크고 멋있었다. 나는 그에게 첫눈에 반했다. 이후 인터넷 번역기를 통해 문자를 주고받고 통화하며 10개월 정

도 연애했다. 그와 나는 열두 살 차이가 나지만, 그는 내 말에 공감하고 나를 이해해주었다. 연애하는 동안 그는 나를 만나기 위해 베트남에 다섯 번 왔다. 한국에서 금요일 오후 일찍 퇴근해 베트남에 왔다가 일요일 밤 한국으로 돌아갔다. 올 때마다 선물을 많이 가져왔다. 이 모든 것이 고마웠고 단 이틀밖에 만나지 못해 너무 아쉬웠다. 그러던 어느 날, 그에게서 이번 주엔 베트남에 못 온다는 전화가 왔다. 나는 무척 상심했지만 힘들어서 그런 거라 생각하고 섭섭함을 내색하지 않았다. 잠시 뒤 다시 전화가 왔다. 지금 베트남 공항에 와 있으니 나오라는 거였다. 나는 부리나케 달려갔다. 그가 공항에서 꽃과 반지를 선물하며 프러포즈를 했다. 나는 너무나 행복했다.

부모님의 우려에도 불구하고

부모님에게는 비밀로 연애를 시작했다. 프러포즈 받은 후 결혼하겠다고 말씀드리니 엄마는 내가 멀리 한국에서 사는 것이 걱정된다며 반대하셨다. 아버지는 반대는 안 했지만, 내게 성인이니 신중하게 생각해보라고 하셨다. 내 선택은 내가 책임져야 한다는 말씀도 하셨다. 당시 나는 한국이 어디에 있는지, 어떤 나라인지 아무것도 몰랐다. 나는 남편이 너무 좋아서 그저 남편을 따라 빨리 한국에 가고 싶다는 마음뿐이었다.

2.
안정된 직장을 갖고 싶다

남편이 없었다면

남편은 사회복지사로 장애인 관련 일을 하고 있다. 지금 ○○대 사회복지학과 박사과정을 밟는 중이다. 남편 혼자 생계를 꾸리며 여러 가지 일을 하고 있다. 박사 공부까지 겸하고 있어 주중에는 직장을 다니고 토요일에는 공부한다. 남편은 공부하는 토요일을 제외하고는 설거지와 빨래, 청소 등 집안일을 많이 한다. 남편은 늘 한결같은 애정을 내게 보여준다. 항상 깊이 생각하고 다정하며 배려심이 많다. 내게 명령조로 말하지 않으며, "이렇게 하면 어떨까?"라고 물어본다. 또한 아내의 역할을 의무라며 강요하지 않는다. 가끔 '내게 남편이 없었다면 어떻게 됐을까?'라는 생각을 하며 안도하곤 한다. 친정인 베트남에 가도 며칠만 지나면 남편이 보고 싶어서 어서 한국에 가고 싶어진다. 한국에 온 다른 친구들은 우울하다는데, 나는 남편과 많은 대화를 나눠서인지 외롭다는 생각은 들지 않는다.

한국에 와서 3개월은 시어머니랑 함께 살았는데 얼마 되지 않아 임신했다. 입덧이 심해 한입밖에 먹지 못했고 계속 짜증이 났다. 남편은 분가

하자 했고 일주일에 한 번씩 어머니를 만나러 갔다. 남편은 내가 집에 있을 때도 혼자 지내는 것이 외롭고 힘들까 봐 일찍 일을 마치고 3시에 들어왔다. 그리고 나와 함께 산책을 해주었다. 신기하게도 남편과 아이스크림을 먹으며 서너 시간 있으면 마음이 풀리고 괜찮아졌다. 한 달 동안 그렇게 지내다가 남편이 미안한 표정으로 계속 일찍 들어오다가는 직장생활이 곤란해질 것 같다고 말했다. 나는 이제 괜찮으니 안심하고 일해도 된다고 말해주었고, 남편은 다시 이전의 일상으로 복귀했다. 임신 후 몸과 마음이 힘들어 친정 생각이 많이 났지만, 남편 덕분에 이겨낸 것 같다. 출산 후에도 남편이 병원 일과 빨래, 설거지, 반찬 만들기 등 집안일을 했고 아침밥도 혼자 해 먹는 등 나를 많이 도왔다.

나는 베트남에서 고등학교까지 졸업했다. 한국에 오면 공장에 다니고 싶었다. 지인들이 다들 공장에 다녀 내겐 자연스러운 생각이었다. 하지만 한국에서 지내다 보니 사회복지나 다문화에 관심이 생겨 공부하고 싶다는 생각도 마음 한편에 있었다. 전문대를 알아보았지만, 당시 국적을 취득하지 않아 260만 원이라는 학비가 부담되었다. 고민하던 내게 남편은 공부한 것으로 평생 활동할 수 있고, 아직 젊으니 하고 싶은 것을 하라며 용기를 주고 지지해주었다. 그 덕분에 나는 공부를 할 수 있었다.

뒤떨어지지 않으려 열심히 공부했고, 안정된 직장을 갖고 싶다

한국에 온 직후 남편 소개로 다문화가족지원센터에 다녔다. 시어머니와 함께 살 때 어머니와 대화가 통하지 않아 매우 답답했는데, 다문화센터에 가면 선생님들이 내가 하는 말을 금방 알아들어 편안함을 느꼈다. 다문화센터에서 한국어를 배우기 시작했고, 센터가 방학한 후에는 방문교사의 도움을 받아 집에서 공부했으며, 2년간 아기를 키운 뒤 다시 센터에

서 한국어를 배웠다. 방학하고 임신한 상태에서 선생님이 집으로 오셨을 때는 사실 한국어를 배우기보다 선생님과 이야기를 많이 했다. 낮에 선생님 외에는 말할 사람이 없었기에 대화할 사람이 필요했던 것 같다.

한국어 공부의 필요성을 크게 느낀 계기가 있었다. 큰아이가 다닌 유치원에는 당시만 해도 다문화가정 아이들이 거의 없었다. 가끔 한국 엄마들이 우리를 바라보는 시선이 불편했다. 남편에게 사정을 말하며 다문화가정 아이들이 있는 유치원으로 옮기고 싶다고 했다. 남편은 어딜 가든 우리를 낯설게 보는 사람이 있을 수 있으니 우리가 적응하고 노력해야 한다고 말했다. 그러기 위해선 한국말을 잘해야 하고, 대화가 원활히 오가면 오해도 생기지 않을 거라고 했다. 그 말을 듣고 한국어를 잘하고 싶어 열심히 공부했다. 한국어 과정 중 고급까지 졸업하고 토픽 4급도 땄다. 지금도 좋은 프로그램이 있는 센터를 찾아다니며 한국어를 배우고 있다.

내가 아는 사람 대부분은 중소기업 규모의 공장에서 일하고 있어 한국에 가면 공장에 다닐 생각이었다. 그런데 유치원에서 부모교육을 받을 때 다른 아이 엄마들을 보니 거의 다 선생님이나 방과 후 선생님으로 직업을 가지고 있었다. 나만 동떨어진 기분이 들었고, 나도 공부를 해야겠다고 다짐했다. 남편의 도움으로 ○○전문대 다문화복지과에 등록했다. 토요일마다 새벽 4~5시에 일어나 학교 버스를 타고 학교에 가 수업을 듣고 밤 11시 반, 12시에야 집에 돌아왔다. 힘든 과정이었지만 공부를 마친 것에 보람을 느꼈다.

안정된 직장을 갖고 싶다

일하고 싶어 다문화가족지원센터에서 취업 상담을 받았다. 센터에서는 한국인도 취업이 어려운 상황이라 다문화 사람들은 자격증 등 무언

가 더 필요하지 않겠냐고 말했다. 다시 고용센터에서 취업 상담을 하고 국민배움카드*로 엑셀, 파워포인트, 한글 프로그램을 배우고 컴퓨터 자격증을 취득했다. 나는 사회복지사 자격증이 있어 장애인 활동보조인 자격증을 추가 취득해 남편을 따라 실습을 다녔다. 다문화가족지원센터에서 다문화교육(이해)강사** 교육도 받았다. 나는 현재 토픽 4급, 사회복지사 자격증 2급, 컴퓨터 기본 자격증, 활동보조인, 다문화교육(이해)강사 자격증 등을 보유하고 있다.

다문화가족지원센터에서 통역사를 뽑았다. 통역사는 한 사람당 한 번만 할 기회가 주어지고 선정되면 5개월 동안 일할 수 있다. 나는 바로 통역사에 지원했고 5개월 후 지원자가 없어 두 번 연속 통역사로 일했다. 지금도 취업 상담을 받고 있다. 따로 교육받는 것은 아니고 취업 관련 정보만 듣는다. 예전에 교육 과정이 있을 때도 실습 기회나 현장으로 연결해주지는 않았다. 교육 과정도 기본만 배우니 취업에 도움이 되진 않는다. 취업을 원하는 내겐 이런 점이 아쉽다. 나는 고용노동부에도 구직 신청을 했고 센터장님도 도움을 주려 하지만, 현장에서는 경력자 위주로 채용하다 보니 취업이 어렵다. 나의 가장 큰 고민이다. 나는 다문화 사람이고 사회복지를 전공했으니 그 분야에서 안정된 직장을 갖고 싶다. 전공 지식은 같은 분야의 공부를 많이 한 한국 사람들에게 미치지 못할지 몰라도 나는 다문화 사람들을 더 잘 이해할 수 있다고 생각한다.

지금은 다문화가족지원센터에서 여러 가지 봉사활동을 하고 있다. 모국 친구들 7명에게 3년 동안 한국어를 가르쳐왔다. 나는 한국어에 아주

---

* 「직업능력개발법」 제12조, 제17조, 제18조에 근거하여 직업능력 개발을 실시할 수 있도록 훈련비 등을 지원하는 것

** 한국 사회에 자국의 문화와 언어를 알리고, 다양한 문화에 대한 이해 및 인식 개선을 위해 학교 및 어린이집 등에서 활동하는 강사

능숙하지는 않더라도 한국어를 처음 배울 때의 어려움만큼은 잘 이해하고 있다. 한국 선생님한테 한국어를 배운 친구들은 선생님의 말을 이해하지 못했을 때 질문하거나 소통하기 어려워 답답했다고 했다. 서로의 언어를 모르기 때문이다. 나는 베트남어로 설명해줄 수 있어 그들의 답답함도 어느 정도 해소되리라 생각한다. 내가 한국어를 배운 지 얼마 안 지났을 때 센터가 방학을 맞아 문을 닫았다. 공부하고 싶지만 하지 못했던 경험이 있어 나는 방학 기간에도 그들을 따로 만나 대화를 나누며 한국어를 가르치고 있다. 힘들기는커녕 오히려 보람을 느낀다. 또한 나는 다문화교육강사로서 어린이집에서 매일 오후 2시간 베트남 문화와 베트남어를 가르치고 있다. 그 외에도 지인들에게 부부싸움 등 문제가 있을 때 전화로 상담하고 통역해주는 일을 하기도 했다.

집안 경제는 남편이 다 맡아서 한다

나는 봉사활동을 주로 했고, 경제활동을 한 것은 10개월 동안 다문화가족지원센터에서 통역사로 일한 것이 전부다. 그때는 집안 경제에 조금 도움이 되었는데, 지금은 남편 혼자 경제를 책임지고 있어 남편에게 부담이 될 것으로 생각된다. 남편은 나에게 먹고 싶은 거 사 먹거나 장을 보라고 용돈을 주었다. 하지만 장을 보는 것도 남편이랑 같이 가는 편이라 남편이 주로 사주고 나의 옷이나 화장품 등 기타 필요한 용품들도 사온다. 친정에 돈을 보내는 것도 남편이 알아서 보내고 돈이 잘 보내졌는지 엄마랑 통화하곤 한다. 나는 주로 집에서 잘 나가지 않고, 가끔 친구들을 만나서 국수를 먹거나 커피를 마실 때 말고는 돈 쓸 일이 별로 없다. 10개월 동안 받은 월급도 다 남편에게 주었다. 용돈이 부족하다고 느끼지 않는다. 남편이 돈을 줄 때 안 받을 때도 있다. 그다지 필요하지 않다.

친한 사람들이 있어 든든하다

나는 베트남 사람이든 한국 사람이든 마음 맞는 이들과 만나는 게 좋다. 같은 언어를 사용한다고 해도 말이 다 통하는 게 아니듯, 마음이 안 맞는 베트남 사람을 만나면 불편하다. 다문화가족지원센터에서 만난 친구들과 가끔 베트남 식당에 가고 카페에서 수다도 떤다. 커피 한잔 마시며 하루 종일 이야기할 수도 있다. 친구들은 한국 오자마자 아기 낳고 지금은 모두 공장에서 일하며 돈도 많이 벌었다고 했다. 다 행복하게 살고 있다. 자주 볼 순 없지만, 가끔 만나서 이야기하면 재미있다. 친한 친구는 3명 정도, 그냥 아는 친구는 5~6명 정도다. 또 옆집, 윗집 이웃과 친해 가끔 만나 음식을 만들어 먹는다. 할머니 두 분이 내게 자신의 집에서 커피를 마시자고 하거나 맛있는 음식을 나눠주시며 나를 많이 이뻐해주신다. 한국 학부모는 두 사람을 알고 지내고 있다. 내가 육아에 대해 잘 몰라 그들에게 도움을 많이 받았다. 처음에는 유치원에서 우리 아이랑 못 놀게 하는 줄 알았다. 아이가 한국말을 잘하게 되면서 오해가 풀렸다. 그때는 그들과 대화해도 내가 잘못 이해했다. 그래서 나 혼자 오해한 것 같다. 지금은 통화도 하고 서로 메시지도 보내고 주말에는 같이 커피숍에 갈 정도로 친하게 지낸다. 이렇게 잘 지내는 사람들이 있어 마음이 든든하다. 남편도 좋지만 가끔은 여자들끼리 시댁, 남편, 자식 흉을 보며 대화하고 싶을 때도 있다. 이런 관계가 필요하다고 느낀다.

또한 베트남은 이중국적이 허용되기에 나는 한국과 베트남 이중국적을 가지고 있다. 국적 취득 전에는'○○엄마'로 불렸는데 한국 이름이 생긴 후 '○○ 씨'라고 불러주니 행복했다. 개명하기 잘한 것 같다. 처음 한국에 왔을 때는 나만 한국말을 잘하면 된다고 생각했는데, 사회생활을 하다 보니 한국 사람들이 외국 이름을 발음하기 힘들어한다는 걸 알게 됐다. 때로

는 내 이름을 기억하지 못해 미안해하기도 했다. 여전히 베트남 이름을 사용하는 언니들은 아이들이 학교에서 엄마 이름을 쓸 때 자신감이 떨어진다는 말을 들었다고 했다. 나는 딸이 내 이름을 한국 이름으로 적을 수 있으니 훨씬 좋다.

딸이 무난하게 커주다

딸 교육에 있어서 남편과 무엇이든 상의하기 때문에 둘 사이에 의견 차이는 없다. 나와 한글 공부를 하고 남편이랑 수학 공부를 한다. 딸이 생각이 깊고 다른 사람 입장을 많이 생각해주는 편이라 학교에 다니면서 혹시나 힘들거나 불편한 일이 있어도 말하지 않을까 봐 걱정되곤 한다. 친구들이 다 한국말을 하니까 베트남어를 배우고 싶어 하지 않지만, 베트남에 여행 가는 것은 재미있어한다. 한국에서는 다른 친구 집에 편하게 가지 못하는데, 베트남에서는 마을 사람들 왕래가 자유롭다. 또한 외가에 닭이나 돼지 등 가축을 키우고 있고 자연 속에서 뛰어놀 수 있는 것이 좋다고 한다. 매일 용돈을 천 원씩 주는데 모아서 베트남에 가겠다고 한다.

한국 사람들은 친절하다

병원에 가서 가만히 앉아 있으면 병원 직원들이 내게 도와드릴 게 있는지 물어본다. 한국 사람들은 참 친절하다고 느꼈다. 지금은 많이 나아졌지만, 베트남에는 뒷돈을 줘야 하는 문화가 남아있다. 한번은 남편에게 사정이 생겨 나 혼자 집 주소를 옮기기 위해 주민센터에 갔다. 남편은 내가 처리해야 할 사항을 종이에 써주었지만, 뭘 해야 할지 몰라 당황한 채로 15분 동안 그냥 앉아 있었다. 잠시 후 직원이 내게 와 혼자 계시는데 무슨 일이 있느냐고 물었다. 나는 무슨 말인지 몰라 손에 든 종이를 그냥 보여

줬다. 그분은 내게 손을 내밀었고 나는 그를 따라갔다. 서류를 처리해주었고 남편에게 전화해 처리 결과를 알려주었다. 한국은 서비스가 너무 좋다. 잘 몰라도 물어보면 다 도와준다. 진짜 최고라고 생각한다.

3.
한국 사람들이 우리에게 관심을 가져주길 바란다

한국어 발음을 교정받고 싶다

한국어 공부를 계속하고 있는데 한국어 발음교정을 해주는 곳이 별로 없다. 고급과정에 들어가더라도 문법만 가르쳐주고 발음을 가르쳐주지는 않는다. 말하는 건 어떻게든 되는데 교정을 못 받으니 틀리는 건 계속 틀리게 된다. 내가 열 마디 했을 때 다 알아듣는 사람을 보지 못했다. 혼자 유튜브 보고 발음 공부하면서 스스로 잘한다고 생각했지만, 막상 사람들이 하나도 알아듣지 못할 때면 혼자 공부하는 것의 한계를 느낀다. 또한 교육을 무료로 해주면 좋겠다는 바람도 있다.

한국 사람들이 우리에게 관심을 가져주길 바란다

공익광고를 만들어 다문화가정에 대한 인식이 변하면 좋겠다. 사회복지사 같은 분들은 다문화에 대한 지식과 이해가 있지만 보통 사람들은 너무 모른다. 우리는 한국 사람들의 동작 하나에도 상처를 받을 수 있다. 우리는 한국이 좋아서 한국에 사는데 한국 사람들은 그렇게 받아들이지

않는 것 같다. 말이 안 통해 힘들게 생활한다는 점도 너무 몰라주는 것 같아 섭섭하다. 그나마 나는 괜찮은데 아이들이 차별받은 이야기를 할 때면 많이 속상하다. 한국말을 잘하지 못하는 언니들은 사춘기가 된 아이들과 거리감이 생긴다고 한다. 우리가 노력할 부분도 있지만, 다문화 사람들의 힘든 생활과 고충을 이해할 수 있도록 한국 사람들에게 알려주면 좋겠다.

4.
전사록 요약

〈연구참여자 정보 및 특성〉

출생연도	1988년생	이주연도	2011년
국적(이주 전/현재)	필리핀/대한민국	학력	전문대 졸
가족	남편, 딸	직업	통·번역사

▶ 아는 언니의 소개로 한국 남자를 만나다

[조사자: 선생님 지금 몇 년생인 거예요?] 88년생이에요. [조사자: 88년생이면 지금 한국 나이로 서른 살? 남편분이 76년생이세요? 남편분이랑 열두 살 차이 나네요.] 네. [조사자: 언제 들어오셨어요?] 2011년에 들어왔어요. [조사자: 결혼 몇 년 차예요?] 7년 차예요. [조사자: 카톡에 보니까 따님이 한 분 계시는 것 같던데…. 맞아요?] 네. 딸이 있어요. 지금 일곱 살이에요. 내년에 학교 가야 하는데 걱정이 돼요. [조사자: 그렇구나. 남편분 이야기 좀 해주실 수 있어요? 어떻게 만나셨고 어떤 성향이신지?] 저는 그냥 아는 분이

소개해줘서 한 1년 넘게 좀 연애하다가 결혼을 결정하게 된 거예요. 지인이 만나서 소개하고 나머지는 그냥 둘이. 인터넷에 번역기가 있어가지고. 그렇게 통해가지고. 저희 집 근처에 계신 분이 먼저 결혼 와가지고. [조사자: 친정 그 옆에 사는 언니가?] 네. 갔다 와가지고 사람 좋다고만 많이 이야기했어요. 궁금도 하고 했어요. 그래서 처음에 남편 만났을 때도 깜짝 놀랐어요. 그 약간 드라마 속에 보는 사람이 한국 사람들은 이렇게 피부도 하얗고 키도 많이 크시니까. 그래서 '아, 이거 혹시 드라마 속 사람인가?' 이렇게 생각했었어요. [조사자: 남편분이 키도 크고 얼굴도 하얗고 잘생겼어요?] 아니 근데 한국에 와보니까 다…. (웃음) 베트남 다시 가보니까 키도 작고 막 하니까. [조사자: 그렇구나. 그럼 남편분은 키가 어떻게 되세요?] 키가 아마 172? 173? 정도예요. [조사자: 되게 훤칠해 보였구나?] 네. 근데 한국 사람들 대부분 다 그래요. [조사자: 첫눈에 되게 멋있어 보이셨나 보다. 그렇죠?] 네. [조사자: 1년 동안은 그냥 인터넷으로 핸드폰으로 문자 주고받고?] 네. 그러고 전화도 하고 그래요. 그 사전이 있어요. 그 사전 보면서 이렇게 통화해가지고.

▶ 베트남에서의 어린 시절을 떠올리다

[조사자: 친정이 베트남 어디예요?] 친정이 베트남 중부 지방에 있습니다. [조사자: 가족관계는 어떻게 되셔요?] 아빠, 엄마하고 다섯 남매가 있습니다. 아빠는 돌아가시고 엄마만 살아계세요. 한… 4~5년 전에. 결혼하고 나서. 오빠랑 엄마랑 같이 살고 있어요. 동생은 3명 더 있어요. 오빠 한 명하고 동생 3명. 남자 동생 둘하고 여자 동생 하나 있어요. [조사자: 어릴 때 가족관계는 어떠셨어요? 가족 분위기라든지 성장할 때.] 어렸을 때는 그 아빠도 주민센터 같은 데 가서 근무하셨었어요. 그래서 주말마다는 어르신

들 집에 가서 농사일도 도와주고 막 그랬었어요. 근데 중학교 3학년 때는 아빠하고는 맨날 주말마다는 쉬는 시간마다는 놀러 다니고 그랬던 것 같아요. [조사자: 아버지가 엄청 가정적이셨나 보다. 그렇죠?] 시골에서 살다 보니까 어르신들 많이 있어요. 그래서 토요일, 일요일 쉬는 날이면 어르신들 도와주려고 계속 나가거든요. 맨날 우리 다섯 남매를 데리고 가서 어리면은 막 집 청소하고 조금 더 크면 빨래도 도와드리고. 조금 더 크면 저는 맏딸이니까 농사도 도와드렸어요. [조사자: 그래도 가족 간에 되게 화목하셨나 보다.] 네.

▶ 다정다감한 한국 남자에게 첫눈에 반하다

[조사자: 그러면 국제결혼이라는 게 쉽지 않았을 텐데 어떻게 선택하셨어요? 주변에 아는 언니가 추천해주셨다고 하더라도.] 아니, 그냥 결혼 추천해주는 거예요.

"이 사람이 괜찮은 사람이다. 한번 만나볼래?"

이렇게 해서 그냥 만나본 거예요. 결혼 이야기 안 하고 우리도 이야기 안 했어요. 그래서 만나서 그냥 제가 하고 싶은 말만 했을 때는 그냥 나한테는 공감하고 많이 이해해주는 사람이라고 생각이 들었어요. 그러고 나서 10개월 정도 계속 그러다가 결혼하게 되었어요. [조사자: 남편분이 베트남에 보러 오신 거겠다. 몇 번이나 오셨어요?] 10개월 동안 한 다섯 번? 근데 많이 오고 그 금요일까지 근무해요. 금요일 오후 일찍 퇴근하고 비행기 타고 그러고 일요일 밤에 다시 한국 가서 회사 다녔어요. 그래서 이틀 동안밖에 못 있었어요. [조사자: 남편분이 좋아하셨나 봐요. 열정적인 사랑을 하셨네요. 짧은 시간이라도 뵈러 베트남까지 가신 거잖아요.] 네. [조사자: 어때요? 지금의 남편은?] 뭐 지금도 변하지 않은 것 같아요. 똑같아요. 근

데 생활은 약간 경제적으로는 혼자 하니까 여러 일도 해야 하고 그래서⋯. [조사자: 직업은 어떻게 돼요?] 남편은 장애인 쪽에서 근무하고 있어요. 그 지금은 교수님하고 나이도 비슷하지만, 교수님은 교수가 되었는데, 우리 남편은 지금 ○○대에서 박사를 공부하고 있어요. [조사자: 전공은 뭐 하신 거예요?] 사회복지. [조사자: 지금도 남편분이 우리 ○○ 씨에게 다정하게 잘 해주는 편이에요?] 네. [조사자: 성격이 어떠셔요?] 음⋯. 저는 되게 상대방에게는 많이 관심도 주고 배려도 많이 해주는 사람인 것 같아요. 그리고 저는 항상 이렇게 지적하지 않아요.

"꼭 이거는 이렇게, 저렇게 해."

라고 하지 않아요. 저한테 지적하지 않고 그냥

"이런 거 있는데 이렇게 하면 어떨까?"

되게 이런 식으로 대화를 해요. [조사자: 되게 좋은 분을 만나셨네요. 그러면 처음 이제 한 10개월 동안 연애하고 나서. 부모님 반대는 없으셨어요?] 저는 지금 남편 처음 만났을 때는 엄마, 아빠 몰랐어요. 그래서 한 결혼 결정할 때까지는 엄마는 많이 말렸어요. [조사자: 반대하셨어요? 너무 멀어가지고.]

"너 왜 그렇게 가냐. 왜 그렇게 멀리 가려고 하냐."

그래도 아빠는 이제 그래도 성인이니까.

"음, 그냥 조금 더 생각해보고 진짜 아빠 말은 반대는 하지 않는데 앞으로 어떤 일이 있더라도 본인이 선택한 일이니까 책임은 너가 져라."

이렇게. 근데 그때는 한국이 어딘지도 모르고 그냥 생각을 안 했어요. [조사자: 그냥 남편이 좋으셔가지고?] 그냥 결혼을 그냥 빨리 가고 싶었어요. [조사자: 프러포즈도 받으셨어요?] 네. 그때는 저한테 전화 와가지고 비행기 표 샀는데 못 올 것 같다. 근데 뭐 어 그래도 하루 이틀밖에 못 있으니

까 힘드니까. 그래서 안 오면 좋겠다고 저는. 어… 비행기 표도 많이 들어가고. 올 때마다 또 선물도 많이 사고 오니까 좀 미안해가지고 그렇게 했는데, 갑자기 공항에 있다고 나오라고 해서. 그래서 갔더니 꽃이랑 반지를 선물해줬어요. [조사자: 좋았겠다. 그때 너무 행복했겠다. 꽃이랑 반지를 사서 프러포즈하셨구나.] 네.

▶ 남편이 없었다면

[조사자: 한국에 오셔서 생활은 어떠셨어요?] 한 3개월 동안은 시어머니랑 함께 살았어요. 그리고 그다음에 제가 임신해가지고 제가 입덧도 심하고. 한입밖에 못 먹고 좀 심했어요. 그래서 그냥 떨어져서 살자. 그래서 어 일주일에 주말에는 시댁에 가서 밥 먹고 그래요. 저 솔직히 한국 와서 너무 힘들었어요. 가끔에는 시어머니하고 대화했을 때는 시어머니 못 알아들었어요. 하지만 방문 선생님이나 한국어 선생님이나 한 단어만 이야기해도 다 알아들으니까. 어떤 마음인지 선생님이 알고 계신 것 같아서 많이 편하고 좋았던 것 같아요. [조사자: 그러셨구나. 그런데 오자마자 센터에 다니신 거는 아니죠? 어떻게 다니시게 된 거예요? 한국에 와서의 생활을 좀 이야기해주실래요?] 한국에 오자마자 센터 왔어요. 외국인등록증 나오자마자. 나오고 나서 그냥 했어요. 한 달 정도밖에 안 돼서 공부하다가 또 방학하고 나서는 임신했어요. [조사자: 임신하고 나서는 집에 계셨어요?] 임신하고 나서는 방문 선생님 신청했어요. 그래서 그냥 같이 공부는 많이 못 하고 그냥 같이 이야기했어요. 어우… 힘들어요. 그래서 같이 대화할 수 있는 사람이 필요한 것 같아요. 그때는. [조사자: 방문교사가 안 오면 거의 대화할 사람이 없는 거죠?] 네. 우리 남편 그때는 회계였어요. 근데 회계 왔을 때는 오후 한 3시면 집에 들어와서 산책시키고 막 그래요. 혼자 집에 둬서

힘든 것 같다고 해가지고. 그래서 근데 한 달도 넘어가지고 그러다가 계속 이런 식으로만 하면 남편 직장도 곤란하겠다 해가지고

"나 이제 괜찮다. 안심하고 일해도 된다."

고 해가지고 다시 일하는 것 같아요. [조사자: 아유, 참. 남편분도 배려심이 깊으시다.] 그때 남편 없었으면 또 모르는 거예요. 어떻게 됐을지. 임신했을 때는 왠지 사람이 계속 짜증이 나고 그래요. 좀 이상하게 그냥 아무 이유 없는데, 그냥 가만히 있어도 그냥 그래요. 근데 그때는 한참 동안 남편이랑 산책도 하고 공원에 가서 아이스크림 하나 먹는데 한 3~4시간 앉아가지고는 그러는데 한동안 그때 좀 지나가니까 괜찮은 것 같아요. [조사자: 그때 친정 식구들 생각 많이 났겠다. 그렇죠? 고향 생각. 그죠?] 맞아요. [조사자: 어떻게 이겨내셨어요?] 제가 남편이랑 많이 시간 보내고….

▶ 다문화가족지원센터에서 도움받다

[조사자: 센터는 다시 언제 가셨어요?] 센터는… 2014년도에 다시 간 것 같아요. [조사자: 2012~2013년도에는 아기 키우느라 그냥 집에 계시고?] 네네. 왜냐하면, 임신했을 때는 한국어 하는 거로 방문하기는 너무 힘들었고, 아기 낳고 나서는 그 교육…. 부모교육 그거 신청해서 그거 수업 들었어요. 아기한테는 어떻게 하는지 가르쳐줬었어요. 도움 많이 됐어요. [조사자: 아, 그렇구나. 아기 양육하는 방법 이런 거?] 네네. 아기 양육하는 방법 이런 거 처음에는 아기 울 때 왜 우는지 몰랐어요. 그런데 선생님 오니까

'아~ 배고픈가 보다.'

해서 먹을 거 주니까 진짜 배고픈 거였던 거예요. 그래서 선생님은 우는 소리가 다르대요. 배고프고 틀리고 화장실 가고 싶은 것도 울음소리

가 다르다고 말씀하셨는데,

'도대체 어떻게 구별하지?'

생각을 했는데 키우다 보니까 알게 되더라고요. [조사자: 그래도 그때 행복하셨겠다. 아기 갓 태어나서.] 네. [조사자: 지금 한국어는 어떻게 토픽 급수를 따셨어요?] 그때는 4급? 몇 년 전에 땄어요. [조사자: 한국어는 센터에서도 초급 있고 중급 있고 한데 어떻게….] 그때는 고급까지는 졸업했어요. 근데 그때 고급 신청했을 때는 저하고 2명밖에 없었어요. 그래서 공부하다가 보니까 저만 혼자 남은 거예요. 중국 한 분하고 그… 베트남도 한 분 계셨는데, 하다가 또 다 직장 하러 나가니까…. [조사자: 그때는 그냥 혼자서 공부했구나. 그래요. 그러면 듣고 쓰고 말하고 하는 거 중에 쓰기가 제일 어려워요? 말하고 듣는 거는 잘하시는데.] 아, 저 쓰기가 너무 어려워요. 제일 안 돼요.

▶ 출산 후 남편이 많이 도와주다

[조사자: 출산할 때는 어땠어요? 언어도 잘 안 통하고 그러셨을 텐데. 그리고 한국이랑 문화도 달라서.] 출산할 때는 거의 남편이 다 알아서 한 것 같아요. 남편이 미역국하고 밥 갖다줬을 때

"그냥 먹어."

하고. 국이 좀 짜요. 이런 거 말을 못 해가지고. 또 말을 해도 이해를 못 하니까 그냥 간단하게

"짜요."

이렇게만 하고 또

"아기 일어나니까 빨리 자요."

이런 식으로만 이야기했던 것 같아요. [조사자: 병원에서 산후조리 같

은 거는 누가 해주셨어요?] 저 그때는 음… 도우미 신청해서 2주 동안. 그거 끝나고 나서도 남편이 많이 해줬어요. 빨래나 설거지 이런 것도 다 하고 반찬도 다 스스로 해서 아침 회사 가는 것도 알아서 먹고 가고. 병원에도 어디 가도 다 잘해주셨던 것 같아요. 그냥 가만히 앉아있어도

"뭐 도와드릴까요?"

하고 물어봐주시고. 그냥 다 해주셔서.

▶ 아이 때문에 한국어를 배워야겠다는 생각이 들다

[조사자: 우리 ○○는 지금 어린이집 가고 있지 않아요? 아, 그러면 몇 살부터 갔어요?] 2013년. 그때는 세 살 때인가? 어린이집 너무 좋아해서 토요일, 일요일도 계속 가려고 해요. 혼자 집에 있으니까 심심하기도 하고. [조사자: 어린이집 보내면서 그때 기분도 또 다를 것 같아요.] 처음에는 아무것도 못 했어요. 계속 신경만 써가지고. 아기 지금 뭐 하고 있나 해서 걱정 많이 했어요. 그때는 그래도 아이는 지금은 괜찮은데 그때는 아직 몇 년 안 됐고, 몇 년 전에는 그때만 해도 다문화가정 아이가 많이 없었어요. 지금은 있어요. 그래서 지금은 좀 괜찮은데 그때는 막 쳐다보고 신경 쓰이고 그런 것들이 좀 있어서…. 그때는 저도 한국말 지금처럼은 안 되니까…. 아이한테는 나는 친구 엄마들하고도 못 노는 그렇게 될까 봐. 그래서 집에 가서 많이 고민하고

'아기 어린이집 옮길까?'

그 생각도 했어요. 그래서 남편하고 대화도 많이 했는데 남편이

"솔직히 어디를 가도 그런 사람들 한두 명씩은 있으니까 우리 지금에 적응해야 한다. 그리고 노력해야지. 그렇게 안 피하려면 그리고 한국말도 돼야지 대화도 할 수 있고, 오해할 수도 있다. 사람들 그런 마음 아닌데 우

리는 그렇게 생각할 수도 있으니까 말을 먼저 배워라. 그러면 괜찮다."

이렇게 해서 그때부터 나 다시 다문화센터 다시 갔어요. [조사자: 그때부터 다시 열심히 하셨구나. 그렇죠?] 네. [조사자: 2013년에 아기를 어린이집에 보내고 나서 한국어의 필요성을 더 느끼셨네요. 그렇죠?] 네. [조사자: 거기다가 준비물도 뭐 준비해오라고 안내문도 보내고 할 텐데, 그런 거는 어떻게 하셨어요?] 그런 거는 제가 그냥 네이버에서 단어 쳐서 이렇게 찾고, 안 되면 남편한테 물어보고. 지금은 습관이 되니까 알고. 왜냐면 거의 비슷비슷하게 오니까.

▶ 남편의 지지로 학교에 다니다

[조사자: 이제 직장을 뭐 가지려고 취업교육 같은 거 받고 이런 거 있어요?] 저 안 그래도 어디 가면은 다 필요한 게 있잖아요. 예를 들어서 한국 사람 기본 대학교 2년 정도는 나와야 하고, 컴퓨터 자격증도 있어야 하고, 그리고 사회복지 자격증 뭐 이런 것도 기본이고 어디를 가도 그러니까. 그래서 저번에 자격증을 제가 땄어요. 사회복지사 자격증 2급. 컴퓨터 기본 자격증. 컴퓨터 자세히는 못 하겠더라고요. 어려워서. 컴퓨터는 엑셀, 파워포인트, 한글 기본 뭐 이런 거 땄는데도 사용 안 하니까 금방 까먹더라고요. [조사자: 그런 거는 어떻게 어떤 경로로 배우신 거예요? 센터에서?] 아, 그거 고용노동부에 가서 고용센터에서 취업 상담을 했어요. 취업 상담을 해서 선생님이… 만약 공장 다니면 솔직히 이런 거는 상담이 필요 없다. 그런데 솔직히는 지금 하고 싶은 게 이런 거 있어야 자격증 있어야 한다. 그런데 이런 거는 생각 안 해봤으면 그래도 컴퓨터 자격증은 무료로 해줄 수는 있다니까 그래서 무료로 배웠어요. [조사자: 새 일자리 카드인데, 배움카드인가 그거로?] 네네. 맞아요. [조사자: 사회복지사는 따기 어려우셨을 텐

데?] 솔직히 저도 전문 2년 다녔어요. 나왔어요. 여기 한국에서 전문대를 나왔어요. 왜냐면 여기 하기 전에는 아기 엄마들은 다 선생님이고 방과 후 하고 막 이런 거 가지고 있는 엄마들이라서 부모 교육할 때 다 모인 자리에서 다 소개하잖아요. 근데 다들 누구는 선생님이고 누구는 방과 후 강사고. 그래서 지금 우리 사회복지사 어디어디 근무하고 해가지고.

'나는 어떡하지?'

해서 저는 그때 한국에 막 와서 뭐 할지 생각을 못 했어요.

'그냥 공장 다녀야지.'

만 생각하고 있었어요. 그런데

'이제 안 되겠다. 나도 조금 더 공부해야겠다'

해서 대학교 다녔어요. 토요일마다 갔어요. 다문화복지과를 다녔어요. 어우, 근데 그때는 새벽 4~5시에 일어나서 ○○에 학교 버스가 있어요. 그래서 다 모여서 한 번에 내려가고 이렇게 했어요. 그래서 집에 오면 밤 11시 반, 12시 정도에 들어와요. 아기 어린이집 보내고 나서. 2013년부터 배우고 2015년 졸업하고 그랬어요. [조사자: 베트남에서는 어디까지 배우셨어요?] 고등학교까지 나왔어요. 전문대 다닐 때 그때 많이 못 배웠어요. 왜냐면 그때 한국말도 많이 모르고 그러니까 지금 책 보니까

'어우, 나 그때는 왜 몰랐지?'

이러고 아마 지금 배우면 더 많이 알 거예요. 그리고 그때 또 국적을 취득하지 않은 상태에서 학교를 다니니까 학비를 다 내고 다녀야 해요. 그때 학비는 막 260만 원이고 그랬어요. 그래서 너무 돈이 아깝고 그랬어요. 알았으면 지금 국적 취득하고…. [조사자: 남편분이 대단하시다. 그렇게 공부하는 거에 대해 지원을 많이 해주시네요?] 네. 남편도 저한테 항상 그랬어요.

"어차피 먹고살아야 하니까. 평생. 그리고 너는 지금 젊으니까 하고 싶은 거 먼저 하고."

이랬어요. 그리고 만약에 안 되면 뭐 공장 가서 돈 벌어야죠. (웃음)

▶ 안정된 직장을 갖고 싶다

[조사자: 주변에 베트남 친구분들이 공장에 다니는 분들이 많은가 봐요?] 저 아는 사람들은 다 공장 다니는 사람들이에요. 그런 큰 회사는 말고…. 중소 규모의 그런 작은 회사에서. [조사자: 전문대도 졸업하시고 그렇죠? 그러고 사회복지사도 따시고 그렇죠?] 그래서 여기 다녔을 때는 나왔어요. 자격증이. 그래서 막 실습하고 그랬어요. 하고 나니까 여기 이거 배웠을 때는 여기 와서 상담했어요. 그래서 한국 사람들은 기본적으로 사회복지사가 되었으면 하고 그래서 공부했어요. 그리고 공부하고 하고 나서 다시 상담했어요. 근데 기본은 하고 나서 다시 하라고 해서 컴퓨터 배우기로 했어요. 그래서 자꾸 가서 물어보고

"거기는 기본이 있어야 된다. 안 그러면 안 된다. 한국 사람도 지원이 어렵다고 하는데 외국 사람은 더 어렵다."

고 해서 더 해야 되지 않나 해서 그랬어요. [조사자: 어디 취업해서 직장을 다니신 곳은 있어요?] 아직은 잡고 있어요. 여기는 솔직히 통역사는 중국 한 분하고 베트남 한 분 있어요. 근데 중국분은 여성가족부에서 원하는 사람이었고, 여기는 베트남 사람은 아직 경력 우선으로 5개월씩 한 번 바꿔서. 저 작년에도 신청은 했어요. 그런데 한 번 했으니까 두 번은 안 된다고 그래서 지금 새로운 선생님 오고 또 그래요. [조사자: 월급을 어떻게 줘요?] 시급으로. [조사자: 일해본 거는 센터에서 5개월 동안 한 거?] 아, 그때는 10개월 했어요. 두 번째에 신청하는 사람이 없어가지고 연장 한 번 해줬어

요. 지금도 가끔 센터 와서 정보 같은 것도 듣고 그래서. 배우는 거는 솔직히 뭐 배우는 거는 못 배우고. 그… 배우는 거는 그 과정이 하지 않아요. 그리고 그거 배우고 나서는 실습이라든지, 현장을 연결해주지 않아요. 그냥 기본만 배우니까…. 그거에 배우고 나서도 뭐 도움이 안 되는 것 같아요. [조사자: 고용노동부에 한 번 신청하면 뭐 자리 생기면 계속 추천해주고 하지 않나요?] 아, 신청은 해서 신청은 하고 있어요. 근데 뭐 전화 와서 면접하거나 서류 하거나 그러면 어차피 경력이 없는 사람이면 어차피 우리랑은 안 맞겠다 해서 좀 어려워요. [조사자: 워크넷 이런 곳에 올리면 연락 오는 곳은 있어요? 면접 보러 오라고?] 네. 있어요. 근데 가서도 뭐 대부분 아쉽지만, 경력이 없어서…. [조사자: 어떤 일 하고 싶어요?] 저는 그래도 사회복지 쪽이나 아니면 다문화 관련된 거. 공부는 좀 못해도 저는 이해하고 그러니까…. 얼마 전에 활동보조인 자격증 땄어요…. 아무래도 좀 궁금하기도 하고 집에 있으니까. 알아보는 김에 그냥 인터넷 보니까 사회복지사 자격증 있는 사람이면은 시간도 다른 사람들보다 덜 걸리고 돈도 다른 사람들보다 적어요. 그래서 그냥 배웠어요. 배우고 나서 실습 갔을 때

'장애인 되게 대단하다.'

이렇게 많이 느꼈어요. 그냥 책으로 배웠을 때는

'장애인 되게 불쌍하다. 몸이 불편해서.'

이렇게 생각하는데 거기 들어가면 안 그래요. [조사자: 사회복지사 자격증도 있고, 활동보조사 자격증도 있고, 컴퓨터 자격증도 있고 이 정도면 그냥 학사 정도네요. 한국에 와서 공부를 많이 하셨네. (웃음)] 기회가 왔으면…. 그래서 센터장님도 많이 도와주세요. 좋은 정보도 많이 알려주고. [조사자: 지금 가장 큰 고민이 뭐예요? 해결하고 싶은 거?] 아무리 그래도 취업하는 거. 내가 안정된 직장은 있어야 한다고 생각해요. [조사자: 왜 일을 하고 싶

어 해요?] 제가 하고 싶은 일. 안 그래도 지금 앞으로 어디 계속 일해야 되니까 일찍 시작하면 좋지 않을까. 경험도 있고 해서.

▶ 센터에서 봉사활동 하다

[조사자: 취업 기회가 좀 있으면 좋을 텐데.] 그래서 센터에서… 봉사활동하고 있어요. 최근에 온 모국 친구들한테 한국어 가르쳐주고 있어요. 잘은 못하지만 그래도 기본은 하니까. 왜냐하면 처음에는 선생님한테서 배웠대요. 그런데 무슨 말 하는지 몰랐대요. 근데 그래서 다시 물어봐도 서로 대답을 못 하고 몰라서 그래서 이해가 못했어요. 그래서 제가 그냥 가서 하고 있어요. 7명인데 3년 정도 됐어요. 거의 매일 나가요. [조사자: 그 친구들 도움 많이 되겠다.] 도움 많이 되었으면 좋겠어요. 왜냐면 저는 처음에 한국 와서 공부한 지 얼마 안 돼서 방학하고, 그래서 내년 3월까지는 쉬다가 다시 시작하니까 집에서는 대화할 사람도 없고 배우고 싶은데 어떻게 배웠는지도 모르고 해가지고. 그래서 방학하는 김에 그냥 9월까지는 하고. 근데 9월 전에 오는 친구들이면 너무 늦게 오니까 9월 몇 번밖에 남지 않아서 교실에 못 들어가는 친구가 있어서. 그냥. 몇 년 전에 아까 교수님 말씀하신 것처럼 전에는 중국분이 많이 오잖아요? 근데 요즘은 베트남이 많이 와요. 그래서 요즘은 순서 기준이 거의 베트남 사람인 것 같아요. [조사자: 힘들지는 않아요?] 힘들어요. 아니, 힘들지는 않아요. 그냥 만나서 대화도 하고. [조사자: 여기서 지금 베트남분들은 서로 얼마나 알고 지내고 있어요?] 음… 한 8명? 친하게 지내는 사람 아니고 지금 가르쳐주는 사람.

▶ 다문화이해강사 일을 하다

[조사자: 아까 우리가 서비스, 사회복지 서비스 이용하고. 직업훈련, 직업

상담, 그리고 그다음에 아동을 위한 부모 상담, 부모교육도 하셨다고 했는데 이거는 어떤 거 하신 거예요?] 이거는 어린이집에서 어디지…. 경찰서에서 손님이 와서 어떤 일 당했을 때는 어떻게 해야 하고, 당하지 않으려면 어떻게 해야 하는지 그런 상황들이 어떻게 좀 가르쳐주고 그랬어요. 그래서 그것만 배웠어요. 위험한 상황에 처했을 때 어떻게 해야 하는지. 두 번 했어요. [조사자: 한국어는 우리 센터하고 동영상 좀 찾아보셨다고 하셨잖아요. 그거 외에는 뭐 다른 곳에서 배운 거는 없어요?] 올해도 4월쯤인가? 한 2주 동안 거기 남한 이해 강사를 교육받았었어요. 교육받기 전에는 그냥 베트남 중도입국자녀 많다. 학교 가서는 적응이 안 된다. 빨리 국적 취득해야 한다. 뭐 이렇게 많이 알고 있었거든요? 근데 거기 신청해서 거기 교육받았는데, 지금 못 나가고 있어요. 학교에 신청을 안 하니까 못 나가고 있는 거예요. 학교에서는

"우리… 우리 학교는 베트남 중도입국자녀 있다. 아니면 중국 중도입국자녀 있다. 선생님 와서 도와달라."

하면은 올 수 있는데, 신청하는 학교가 없어서 못 나가고 있어요. [조사자: 다문화 교육 강사로도 교육받으셨어요?] 네. 센터에서도 3개월 받고, 그리고 ○○교육대학교에서도 2주 받고. 그래서 지금은 간단히 어린이집 가서 문화 알려주는 것 정도만 하고, 베트남어 조금만 알려주고. [조사자: 강의 의뢰는 센터에서 선생님한테 의뢰하는 거예요? 강의해달라고?] 네. 만약에 요청이 들어오면 센터에서 연결을 해주는 거예요. 근데 개인이 연락이 올 때도 있어요. [조사자: 한 달에 몇 번 정도 강의해요?] 음… 지금은 제가 어린이집 가서 공짜로 해주는 거라서 없어요. [조사자: 강의는 2시간 해요?] 네, 거의 2시간 해요. [조사자: 힘드셨겠다.] 매일매일 오후쯤에. 아기가 있는 사람들이니까 오전에 일찍은 못 일어나고 오후에 하고. 재밌어요.

▶ 돈, 그다지 필요하지 않다

[조사자: 경제활동으로 그렇게 해서 저번에 10개월 동안 센터에서 통역사로 활동하신 것 말고는 따로 아르바이트하신 거는 없는 거예요?] 네. 저는 알바천국 그렇게는 안 하고 그냥 작년에 거기 센터에서 10개월 일하고 나서는 아는 사람이 부부싸움이나 이런 거 하면 전화 상담하고 통역해주는 그런 거예요. 근데 돈은 안 받고. [조사자: 그때는 10개월 동안 통역사로 돈 버시면서 집안의 경제활동에 조금 도움이 되었는데, 지금은 다시 남편분 혼자?] 네. 다시 혼자 벌어요. 남편이 부담이 된다고 해요. [조사자: 남편분 한 달 월급이 얼마나 될까요?] 음, 솔직히 남편 2개가 있어요. 낮에는 그거하고 다른 자격증 있어서 시간 날 때마다 가서 이것저것 하고 그래요. [조사자: 경제 관리는 어떻게 해요?] 남편이 해요. 용돈을 줘요. 그래서 먹고 싶은 거 먹고 이렇게. 시장 장 보는 거는 혼자 갈 때도 있고 남편이 갈 때도 있고 그래요. 근데 갈 때는 남편이 돈 줘요. [조사자: 10개월 동안 돈 벌어서 월급 받은 거는 어떻게 했어요? 남편한테 줬어요?] 남편한테 다 줬어요. 저는 돈을 안 써요. 어디를 안 가니까. 그냥 집에 있으니까. 그리고 써도 그냥 친구 만나서 이렇게 카페 오거나 국수 먹고 이러니까 저는 따로 돈 쓸 일이 없어요. [조사자: 친정에 돈 보내고 이런 거는 없어요?] 아, 친정에 돈 보내는 것도 남편이 보내요. 보내고 나서 엄마한테 전화해서 돈 잘 들어갔냐고 하고 그래요. 다 알아서. 다 남편이. 근데 하고 싶으면 하겠는데 저는 하기 싫어요. 너무 편해요. [조사자: 용돈이 부족하고 그럴 때는 없어요?] 용돈 뭐 안 받을 때도 있어요. 필요가 없으니까. 그냥 남편이 줘도

"나 필요 없어. 안 받아."

하고 그래요. 옷이랑 화장품 남편이랑 같이 가서 사니까. 아니면 남편이 사가지고 와요. 지금 입은 것도 다 남편이 사왔어요.

▶ 주변 사람들과 정을 나누다

[조사자: 이웃 관계는 어때요? 집 주변에 있는 사람들하고는 관계가 어때요?] 할머니하고 이래가지고. 조금 시간 나고 이러면

"우리 집 와서 커피 마실래?"

하고 그래요. 할머니 또 두 분 계셔가지고 맛있는 거 많이 얻어먹어요. [조사자: 주로 만나시는 친구분들은 주로 베트남 친구들?] 친한 친구면 몇 명밖에 없고 보통 그냥 지내는 사람들은 5~6명 돼요. 보통 커피숍이나 이런 곳 가서 수다 떨고. 커피 한 잔만 있어도 하루 종일 이야기할 수 있어요. 저도 성격이 막 쉽게 사귀지 않아요. 그래서 여기서 남편이 계속 나가서 친구들도 만나고 그러자 하는데, 저는 나가도 이 사람하고 나하고 언어가 안 통해서 그러기도 하지만 저랑 똑같은 언어를 써도 안 통하는 사람이 있어요. 똑같이 베트남 말 쓰는데 마음이 안 통해요. 그래서 그런 거는 만나는 거는 좀 불편하긴 하죠. [조사자: 베트남 친구들도 센터 가서 만나게 된 거죠?] 네. 다 공장에서 일해요. 그래서 만나면 맨날

"아, 달러가 올라갔나?"

이런 말 하고

"금 사러 갔나?"

이런 말 많이 해요. 남편도 직장 생활하고 자기 직장 생활하니까. 보통 하는 게 없어서 다들 저랑 비슷하게 왔어요. 그래서 다들 오자마자 아기 낳고서는 어린이집 보내고 바로 공장 나가니까. 그래서 친구들 지금까지는 돈 되게 많이 벌었어요. 그분이 돈이 있으니까. 우리에 비하면 그분이 편하게 살아요. 그래도 만나서 이야기하고 시간 보내면 재미있어요.

▶ 남편과의 대화가 힘이 되다

[조사자: 혹시 한국에 오셔서 우울감을 많이 느끼고 그런 적은 있어요? 괜히 외로워서 기분이 다운되거나.] 저는 다른 친구들은 그런 게 많이 있는 것 같은데 저는 그런 게 없는 것 같아요. 남편이랑 대화를 많이 하기는 해요. 그리고 솔직히 잘 먹어요. 먹는 거를 잘 먹으니까. 친구들은 잘 못 먹어요. 아는 언니가 있는데, 거의 매일 베트남 요리해서 먹어요. 근데 저는 너무 잘 먹으니까 아무 문제가 없는 것 같아요. 한국 음식 김치 처음에는 못 먹었는데 며칠 지나고 나니까 잘 먹었어요. 솔직히 안 먹으면 배가 고프니까 그냥 먹었던 것 같아요. (웃음) [조사자: 남편과는 대화가 잘 통하나 봐요?] 네. 처음부터 지금까지 무슨 일 있으면 남편하고 많이 이야기해요. 그리고 무슨 일 있으면 항상 저는 저 입장에서 이야기하지 않아요. 남편도 상담사 자격증이 있어서 많은 상담을 해요. 그리고 저도 많은 상담을 해서

"와이프니까 이렇게 해야지"

이러지 않아요. [조사자: 와이프 입장에서 상담을 해주는구나.] 네. 그렇게 이야기해요. 지금까지 만약에 남편이 없었다면 어떻게 되었을지 잘 모르겠어요. 힘든 점은 그래도 지금 공부도 하면서 하니까, 또 혼자 돌보면서 가정을 하니까, 그리고 또 베트남도 많이 못 하니까 본인이 많이 미안하다고 했었던 것 같아요.

▶ 베트남에 가서도 남편 생각나다

[조사자: ○○ 씨는 결혼하고 나서 베트남에 몇 번 갔어요?] 저는 2년에 한 번씩 가요. [조사자: 그사이에 친정 식구들도 왔어요?] 아니요. 한 번도 못 왔어요. 아, 너무 거기 가서 이야기해보니까 거기 아까 제가 소개해줬던 언니도 막 이야기하니까 너무 답답한 것 같다고. 거기 너무 시골이니

까 거기는 여기저기 가서 놀고 그러는데 거기는 시골이니까. 그 언니도 엄마 오자마자 바로 갔어요. 그러고 안 간다고 답답해서 못하겠다고. 그래서 계속 전화해서 알았어요. 그러면 내년에 온다고 했는데 모르겠어요. 그래도 제가 2년에 한 번 가면 한 2주 정도 있어요. 그러면 되게 또 잘 놀아요. 저도 2주 이상 있지는 않아요. 왜냐하면, 남편도 보고 싶고. 그리고 베트남에 있어도 약간 이미 있는 사람들은 다 있잖아요. 한 이틀, 삼일이면 다 이모나 다 만나잖아요. 그리고 우리도 막 집에 경찰이나 이렇게 있어서 휴가하면 하루에 막 다 보지는 못하고 휴가에서 이틀이나 삼일 정도 해가지고 하는 거지. 그때 끝나면은 또 다들 일 가야 해요. 저는 처음 낳았으니까 많이 예뻐해주는 것 같아요.

▶ 한국 이름으로 불리니 행복하다

[조사자: ○○ 씨는 언제 국적을 취득하신 거예요?] 2015년 12월 16일인데. 그런데 2016년 9월 정도에는 주민등록증이 나와요. 12월은 시험에 합격했을 때. [조사자: 아, 베트남은 이중국적이 되니까 베트남에서는 한국이랑 베트남 이중국적을 가지고 있고. 어때요? 국적을 취득하고 나니까 마음이 좀 달라요?] 네. 달라요. 다른 곳에서는

" ○○엄마"

이렇게 부르니까 누구 아이 엄마? 이렇게 왜냐면 외국 이름이니까 부르는 게 더 어렵고 그러니까. 근데 이름 있고 나서는

"○○ 씨, ○○ 씨"

이렇게 부르니까

'아, 이런 거구나.'

이렇게 느꼈어요. 그래서 솔직히 이름 바꾼 거는 잘했다고 생각했어

요. 이름 바꾸고는 처음에는 솔직히 상관없어요. 그냥 한국말 잘하면 돼요. 이렇게 생각했는데, 하지만 어… 사회생활 하다 보니까 외국 사람들은 이름을 부르는 게 너무 힘들더라고요. 교수님도 아마 외국 사람 많이 만나잖아요. 근데 외국인 처음 만나면 이름으로 소개를 하는데 너무 힘든 거예요. 그래서 안 돼요, 그래서 이름을 기억을 못 할 때는 좀 미안했나 봐요. 그래서 계속

"○○ 엄마"

라고 불렀어요. 근데 갑자기 이름이 나오니까

"아유, 잘됐다."

했어요. [조사자: 이름으로 불리니까?] 네. 행복했어요. 저는 처음에 한국 온 지 얼마 안 돼서 잘 몰랐는데, 먼저 저보다 오래전에 온 언니들이 아기들 학교 가니까 계속 엄마 이름 베트남 이름으로 있고 그래서 하니까 아이가 약간 자신감이 떨어지고 이런 경우가 있대요. 저는 아직 그런 상황은 상상하지는 못하지만, 걱정은 했어요.

▶ 친한 한국분들이 있어 든든하다

[조사자: 한국에서 알게 되거나 만난 사람 없어요? 친하게 지낸다거나. 예를 들면 어린이집 학부모 모임을 통해 알게 된 사람들이나 이런 거.] 아, 한국 학부모는 두 분은 있어요. 그리고 아는 분도 2명 정도 있어요. 나이는 저보다 조금 더 많지만 그래도 도움 많이 받았어요. 오면서 가면서 인사하고 그러고 하니까 많이 도와주셨어요. 저도 잘 모르고 이러니까 아이 어떻게 키우고 이래야 하는지 모르니까 이런 거 도움 많이 받았어요. [조사자: 속상했거나 상처받았거나 이런 적은 없어요?] 그냥 처음에 어린이집 가서 그때 아까 말했던 거 그랬을 때는 좀 그랬어요. 근데 지금 한국말 잘하니

까 그때 그런 말 아니었냐고 그런 거 이야기했어요. 근데

"아이, 우리 좀 그때는 외국 사람 만나서 그래요."

이렇게 말하더라고요. 아마도 제가 그때 한국말 너무 어려워서 잘하지 못해서 오해했던 것 같아요. 사람들은 그렇게 생각하지 않는데 저는 저 혼자 그렇게 생각을 해서 오해한 것 같아요. 그때는 제가 물어보고 또 어떻게 해도 제가 잘 못 알아듣고 잘 못했어요. 그래서 그랬던 것 같아요. 근데 지금 친해요. 통화도 하고 서로 메시지도 보내고 주말에는 같이 커피숍도 가고 그래요. [조사자: 한국분들도 이렇게 친하게 지내는 분들이 있네요.] 네. 그래서 든든해요. 사실 남편도 좋지만, 여자들끼리 이렇게 막 대화하고 싶을 때도 있어요. 남편 흉도 좀 보고 시댁 흉도 좀 보고. 시어머니가 근처에 사시니까. 그냥 저희가 거의 매일매일 갔다 와요. 오전에 못 가면 오후에 가고. 작년부터 지금까지 치매가 좀 심해가지고. 혼자 아니고 우리 둘째형님네랑 같이 살아요. 가끔은 알아보고 가끔은 몰라요. 그 정도로 심해요. [조사자: 병원 가셔야겠다.] 네. 그래서 가끔 모시고 가고 그래요. [조사자: 그래도 옆에 있으니까 자주 찾아보고 그러니까 계속 신경이 쓰이고 그러겠다.] 네. 안 가면 좀 그래요. 솔직히 무슨 일 있었는지는 좀 궁금해요.

▸ 한국 사람들은 친절하다

[조사자: 베트남하고 비교했을 때 한국의 복지 서비스가 어떤 것 같아요?] 최고예요. 베트남은 그런 거 없어요. 솔직히 베트남도 그런 거 하지만, 베트남은 그래도 아직 안 하면 안 주는 그런 문화가 있어요. [조사자: 한국말로 뒷돈?] 네. 지금은…. 옛날보다 지금은 많이 없지만. 왜냐하면, 인터넷이 발달하니까 많이 없지만 그래도 아직 있어요. 그래서 가끔 남편하고 이야기했어요. 남편이

"한국 옛날에는 그렇게 했다. 그런데 그렇게 못 하게 법으로 강하게 하고 사람들 인식도 많이 바뀌었다."

이렇게 말하더라고요. 베트남은 지금도 그런 게 많이 있어요. 저는 처음에 여기 와서 말을 잘 몰랐어요. 집 주소를 옮겨야 해요. 그래서 남편은 한번은 같이 못 갔어요. 그래서 한 종이에 그렇게 써줘서 저 혼자 구청에 갔는데, 뭘 해야 할지 모르겠는 거예요. 그래서 15분 그냥 앉아만 있었어요. 그런데 갑자기 직원분이 나오셔서

"혼자 계시는데 무슨 일이 있었냐?"

고 물어보는데도 저는 무슨 말인지 몰라서…그냥 종이 보여줬어요. 그러고 그냥 그 선생님 따라가서 무슨 말 하는지 몰라서 그냥 손잡고 따라가서 그분이 서류 같은 거는 그냥 해주셨고, 그러고 나서는 남편한테 전화가 와서 해줬어요. 그래서 말을 어느 정도까지 할 때는 남편이 계속 이야기해줬어요. [조사자: 친절하신 분이네요.] 그러니까 저는 서비스가 너무 좋아요. 병원도 그렇고 어디 가서 동 주민센터 같은 곳 가서도 잘 몰라도 그냥 물어보면 다 도와주니까. 진짜 최고예요. [조사자: 주변 베트남 친구분들은 뭐라고 하셔요?] 아니. 그 친구들은 저한테

"아니 그런 거를 왜 자꾸 다녀요?"

이렇게 말해요. 왜냐하면, 직장생활을 하니까. 이런 것도 신경 안 쓰고 있어요. 그래서 주민센터 이런 거는 어떤 곳인지, 뭐 하는 곳인지도 모르는 친구들도 굉장히 많아요.

▶ 딸이 무난하게 크다

[조사자: 딸 교육은 어떻게 해요? 육아 방법이라든지 아니면 교육 방법 이런 거는 남편이랑 생각이 다르거나 그러지는 않아요?] 어… 교육 방법 같은

거는, 공부 가르쳐주는 거는 지금 저 혼자서 해요. 근데 무슨 생각이 있으면 남편하고 대화해요. 제가 뭐 우리 아이한테는 이런 거를 이렇게 하면 괜찮은 것 같다고 하면 일단 설명을 다 해주고 맞는 방식을 골라서 하는 것 같아요. 지금 모르는 거는 남편하고, 제가 아는 거는 제가 하고 그래요. [조사자: 어린이집 말고 교육하는 거는 없고요?] 네. 없어요. 엄마랑 같이 한글 공부하고 아빠랑 수학 공부하고. 아빠랑 뭐 수학이라기보다는 그냥 숫자 세는 정도. [조사자: 남편분이랑 교육 방법이 차이가 나서, 육아 방법이 차이가 나서 갈등이 있고 그러지는 않구나?] 네. 그런 거는 없어요. 사실 수학 같은 거는 아직 학교를 안 가니까 제가 기본적인 것은 가르쳐줄 수 있는데. 그래도 아빠랑 이렇게 해야 하니까 이렇게 서로 나눠서. [조사자: 딸은 성격이 어때요?] 성격은 약간 좀 생각이 깊어요. 나도 생각이 되게 많고 깊은데 남편도 그래요. 남편 그 상대방을 먼저 눈치 보고 행동해요. 그래서 가끔은 미안해요. [조사자: 배려심이 깊은 건데.] 그래도 가끔은 미안해요. 아빠 막 밖에서 힘들게 일하고 오면 피곤하면은 약간 ○○이 혼자 조용히 눕고 그래서 조금 미안한 거는 있어요. 그냥 이야기하면 괜찮은데…. 그래서 학교생활 같은 거 하면 좀 걱정도 해요. 학교생활하면 또 무슨 일 있는데 이야기 안 할 수도 있으니까. [조사자: 딸이랑 이야기 많이 해요?] 네. 많이 해요. [조사자: 엄마가 한국 사람이 아니라고 불편해하거나 뭐 이렇게 힘들어하거나 어색해하거나 그런 적은 없어요?] 베트남 말을 안 배워요. 근데 베트남은 가고 싶대요. 여기 친구들은 다 한국말 하니까

"나도 친구들처럼 베트남 말 말고 한국말을 잘하고 싶다."

이렇게. 베트남은 재미있대요. 왜냐면 여기는 어… 사람들 다른 집에 편하게 가지 못 가요. 베트남은 그냥 마음대로 같이 다니고 그래요. 베트남에서는 이렇게 지금 나이 많이 드셔서 농사는 안 하지만 그냥 식구들

이 많이 키우고 있어요. 닭이나 돼지 이런 거. 그래서 자기는 너무 좋은 거예요. 자연 속에서. 그래서 매일매일 제가 매번 용돈을 조금씩 주거든요? 1,000원 이렇게 줘요. 그러면 그 돈 모아서 베트남 갈 거라고 그 돈을 모으고 그래요. 저는 이제 돈을 쉽게 쓰지 말라고 돈이 쉽게 생기는 것이 아니라고 이렇게 가르쳐주려고 그렇게 하는데, 아직은 돈 아직 못 써가지고.

(웃음)

▶ 한국어 발음 교정받고 싶다

[조사자: 2014년도에 다시 센터에 나가서 열심히 이제 공부를 하셨다. 그렇죠?] 네. 토픽은 4급까지 했고. [조사자: 한국어 공부 지금도 하고 계신 거죠?] 네. 지금도. 여기저기 그 아는 사람들 통해서

"이런 데도 프로그램 있다. 좋다"

하면 여기저기 다문화센터를 좀 여기저기로 다녀요. 근데 제일 하고 싶은 거는 하나 있어요. 저는… 외국 사람은 한국말을 잘 못하잖아요. 그래서 한국어 발음 교정해주고 그런 거는 좀 무료로 해줬으면 좋겠어요. 이렇게 한국말 기본은 가르쳐줬었는데 교정을 해주지 않아서 계속 습관적으로 이렇게 하니까. 그래서 대화는 제가 열 마디 하면 열 마디를 다 알아듣는 사람이 거의 없었어요. 그래서 그거 하고 싶었어요. 그런 게 인터넷은 보면 다 내가 공부해야 할 그런 시스템이어가지고. [조사자: 돈 내기도 많이 부담스럽잖아요. 남편분 혼자서 버는데.] 네. 그래서 조금 미안해가지고. 솔직히는 배우고 싶었는데. 그래서 그 유튜브에 들어가서 아나운서들이 가르쳐주는 거를 하고 있는데 안 되더라고요. 이게 혼자 계속하니까. 혼자 나름대로

'오, 나 잘하는데?'

이렇게 생각해요. 그런데 다른 사람들은 못 알아듣는 거예요. 그래서 약간 고쳐주는 사람이 필요한 것 같아요. [조사자: 맞아요. 고급과정에 가면 그런 걸 좀 해줄 텐데. 그런 거는 없어요?] 고급과정에 가면 더 문법적으로 들어가는 거지 발음 같은 것은 없어요.

▶ 한국 사람들이 우리에게 관심 가져주길 바란다

[조사자: 한국 정부에 바라고 싶은 거나 그런 게 있을까요? 우리를 위해 이런 거를 좀 정책이라든지 이런 거 좀 혹시… 요구할 사항이나 이런 게 있을까요?] 저는 솔직히 지금도 다문화 사람들 많이 들어오고 있는 거 알지만. 차별 같은 거는…. 차별 같은 거는 많이 당하고 있는 친구들이 많고 그랬어요. 사실 본인도 약간 스스로 노력해야 하는 거지만, 사실 노력해도 안 될 때도 있잖아요. 그런 친구들은 약간 한국 와서 바로 직장 생활해야 하는데 말을 잘 못하니까 당할 수밖에 없는 것 같아요. 사실 뭐 당한다기보다는 말을 못 하니까 당연하게 무시? 무시당하는 것 같아요. 그래서 약간 교육 같은 거…. 모든 국민한테 다문화에 관한 생각? 인식에 대한 광고 같은 것도 나오면 좋지 않을까 하고. 공익광고 그런 거 하면 인식이 좀 많이 바뀌지 않을까. 그 요즘 사람들 핸드폰 많이 보잖아요. 그러니까 드라마 아니면 뭐 잠깐 광고 그 드라마 사이에도 잠깐 나오는 것도 좋지 않나. [조사자: 좋은 아이디어네요. 그런 광고들을 하면 다문화에 대한 국민의 인식이 많이 좋아질 것 같다는 거죠?] 네. 솔직히 사회복지사나 이런 사람들은 다 그런 지식 알고 있지만 보통 사람들은 보통 다문화에 대해서 많이 모르는 사람들도 많이 있는 것 같아요. 우리들도 그냥 한국 좋아서 와서 살고 사람들도 좋아해서 같이 여기 와서 지내는 거지만 한국 사람들은 그렇게 받아들이지 않는 것 같아요. 그래서 우리 조금 더 우리들도 힘들게 살고 있

다는 그런 것도 많이 다문화에 많은 관심 주고 그리고 사랑해줬으면 좋겠어요. 솔직히 나는 그래도 괜찮은데 아이 엄마들은 아예 차별받고 이런 게 많이 있는 것 같아요. 학교나 이런 곳에서도. 주변 사람들 말 듣고 되게 속상했어요. 언니들이 전화 와서 자기가 아기들은 지금 한국에서 태어났고, 그런데 근데 언니들은 한국말을 잘 못하잖아요, 그래서 아기들 일찍 어린이집 보내고 직장 생활해서 그래서 약간 거리가 있어요. 아기들 지금 커서 사춘기 되고 이러니까 거리감이 있어요. 솔직히 그거는 본인이 노력해야 하지만, 그래도 지금 다문화 자녀들이 힘들게 살고 있다. 우리는 한마디, 모든 동작 하나에도 상처받는 것 같아요. 그러니까 광고나 그런 것들 나왔으면 좋겠어요. 이건 제 개인 생각이에요.

7장

사랑하며 살 수 있어 행복하다

연구참여자는 필리핀 세부 근처에서 7남매의 장녀로 태어났다. 중학교를 마치고 열여덟 살 때부터 일을 시작했는데, 그때 친구 부모님의 소개로 남편을 만나게 되었다. 첫 만남부터 결혼하기까지 한 달이라는 시간이 걸렸는데, 한 달 동안 기도하면서 자신의 결혼에 대해 신중하게 결정을 내렸다. 아무것도 모르는 한국 생활은 낯섦 그 자체였지만 주눅 들지 않았고, 교회 사람들과 교제하며 한국어를 배우고 이웃을 사귀는 방법을 배워갔다. 다문화가족지원센터에서 한국어교육 이외에 가정생활, 자녀교육, 요리 등 다양한 것을 배웠다. 연구참여자는 배움에 대한 이해가 높았고 실생활에 적용하려고 노력했다.

열아홉 살 차이 나는 남편과는 신혼 초 의사소통이 안 되는 것을 제외하고는 큰 어려움이 없었지만, 자녀교육 문제로는 다투는 날이 많았다. 어릴 때는 마음껏 놀면서 자라게 하고 싶은 엄마 마음과 어렸을 때부터 이것저것 잘 배워야 한다는 아빠 마음의 차이가 너무 컸기 때문이다. 그녀의 친구들은 자녀들의 영어교육을 위해 필리핀에 가고 있다고 한다. 많은 친구들이 남편과 떨어져 자녀의 교육을 위해 고향을 찾았지만, 그녀는 아무리 좋은 것이라도 가족이 함께 있을 때만 의미가 있다고 생각하고 남편과 함께 갈 수 있을 때를 기다리고 있다. 그녀는 사랑받는 것보다 사랑하는 것이 행복하다는 것을 삶으로 보여주길 원한다. 그래서 베풀고, 사랑하고, 함께하는 것에 가치를 두며 살고 있다.

[주제어] 다문화가족지원센터, 한국어, 가족, 시댁 가족, 자녀교육

1.
예기치 않은 결혼, 그리고 한국행

필리핀에서 자라온 이야기

7남매 중 맏딸로 태어난 나는 필리핀 세부 근처에서 살았다. 부모님은 농사를 지으며 우리를 키우느라 고생을 많이 하셨는데, 무엇보다 학비를 준비하는 게 가장 큰 어려움이었다. 필리핀은 학교 행사에 필요한 비용을 부모들이 분담해야 했고, 특히 크리스마스 같은 특별한 행사를 준비할 때는 내야 하는 돈이 만만치 않았다. 우리는 자녀가 많았으니 부모님의 부담이 더 컸을 것이다. 한국과 비교했을 때 필리핀은 학교 다니는 것이 쉽지 않았다. 한국은 급식이 있어 학교에서 편하게 밥을 먹을 수 있지만, 필리핀은 점심 시간이 되면 집에 가서 먹거나 도시락을 싸와야 했다. 또 고등학교는 대부분 집과 1시간 정도 떨어진 곳에 있어서 차나 오토바이를 타거나 걸어 다녀야 했다. 태풍이 부는 날이면 학교에 가는 것이 위험해 학교를 빠지는 경우도 많았다. 내가 다닐 때는 초등학교 6년-고등학교

4년 과정이었는데 지금은 많이 바뀌어 학교 다니는 기간이 더 길어졌다.*

고등학교를 졸업하고 돈을 벌기 위해 일자리를 찾았다. 하지만 열여섯 살밖에 되지 않아 직장을 얻을 수 없어서 마트에서 아르바이트 정도 하며 돈을 벌었다. 그렇게 2년 동안 아르바이트하며 돈을 벌었고, 열여덟 살이 되었을 때 양말공장에서 일도 하고 백화점에서 판매원 일을 하며 본격적으로 돈을 벌 수 있었다.

첫 만남에 프러포즈를 받다

남편은 친구 부모님의 소개로 알게 되었다. 백화점에서 일하고 있을 때였는데, 어느 날 갑자기 나를 만나고 싶다며 찾아왔다. 바쁘다는 핑계를 대며 거절했지만 잠깐만 만나달라고 해서 하는 수 없이 만나보기로 했다. 한국어와 영어를 전혀 알지 못하는 두 사람이 만나야 했기에 통역할 수 있는 사람들을 데리고 와서 이야기를 나누었다.

남편은 처음 만난 날 청혼했다. 한국 사람들은 뭐든지 빨리빨리 한다지만 첫 만남에 바로 결혼하자고 하다니…. 필리핀에서는 상상할 수 없는 일이었다. 필리핀에서는 상대방을 정말로 좋아한다면 1년도 더 기다릴 수 있다고 생각한다.** 결혼에 대해 생각해본 적도 없었고, 부모님의 경제

---

* 필리핀의 학제는 10년제(6-4-4)에서 2012년부터 'K-12' 제도를 도입했다. K-12 제도는 초등(6)-중등(4)-고등(2)-대학(4년 혹은 2년)의 교육과정으로 운영된다. 필리핀의 종전 교육 기간이 다른 나라에 비해 짧아 국제경쟁력이 낮고, 외국 유학생 유치에 어려움이 발생한다는 이유로 K-12를 도입했다. 10년제(6-4-4) 교육과정을 변경하지 않고 추가로 2년제 교육과정(고등)을 보완한 체계다. 고등 교육과정은 한국에서의 고등학교 개념이 아닌 대학교에 진학하기 전에 전문교육을 미리 받거나, 사회에 나가서 쉽게 응용할 수 있는 전문교육 개념이다.

** 필리핀에는 '퀄팅(courting)'이라는 문화가 있다. 남자가 여자와 연애하기 위해서는 퀄팅이라는 것을 하는데, 한국말로 표현하면 구애 혹은 사랑 표현 정도가 된다. 퀄팅은 '은은하고 간접적이게'라는 의미를 가지고 있는데, 남자가 여자에게 구애할 때 여자가 놀라지 않게 점잖고, 부드럽고, 포근하게 한다는 뜻이다. 퀄팅의 기간이 지나면 여자는 자기 가족이나 친지들에게 남자를 공

적 부담도 덜어드리고 동생들 생활비와 학비도 마련해주고 싶었는데 당장 결혼하자니 쉽게 받아들일 수 없었다. 이런 나의 상황을 말했는데도 남편은 일단 일을 그만두고 결혼하자고, 당장 결혼하고 싶다고 하며 절대 결혼으로 장난치지 않겠다고 약속했다. 필리핀에서 이혼은 돈이 많은 사람들만 할 수 있기 때문에 결혼은 정말 신중한 일로 여겨진다.* 그래서 필리핀에서는 결혼하기 전에 함께 살면서 서로를 알아가는 기간을 갖는다. 이런 문화에서 살아온 내게 처음 만날 날 청혼했으니 얼마나 놀랐는지 모른다. 내가 바라던 결혼은 데이트도 하고 함께 시간을 보내며 상대방을 알아가는 과정을 충분히 갖는 결혼이었다.

한 달 만에 결정한 결혼

"당신에 대해 아는 것이 없는데 어떻게 결혼을 결정할 수 있어요?"

"그건 결혼해서 알아가면 되지."

"한 달 동안 기도해보면서 결정할게요."

막무가내로 결혼하자는 말에 한 달 동안 생각해보겠다고 대답했고, 결혼 조건으로 동생들의 용돈을 책임지고 주어야 한다고 제시했다. 한 달 동안 기도하면서 마음을 정리했고, 한국 생활에 대해 여러 가지를 알아보았다. 결혼은 어떻게 하는지, 이혼은 할 수 있는지 이런 부분이 너무 궁금

식적으로 소개하고, 그때부터 연애가 시작된다. 한편 필리핀에서는 여자가 남자에게 쉽게 보이지 않는 것을 미덕으로 여겨 남자가 마음에 들어도 관심이 없는 것처럼 한 발 물러서는 자세를 취하는 경우가 많다.

* 필리핀은 스페인에 300년이 넘는 기간 동안 식민지배를 받았고 그 영향으로 가톨릭교가 전파되었다. 국민의 83%가 가톨릭을 믿고 있다. 가톨릭은 교리상 이혼을 금지하고 있고, 이혼하기 위해서는 막대한 비용(10~15만 페소, 한화 232~348만 원)이 들며, 소송 기간이 보통 3년 정도 소요되기 때문에 결혼하고 나서 헤어지고도 혼인무효소송을 하지 않고 결혼 상태로 다른 사람을 만나는 경우가 많다.

했다.

남편의 비자 문제가 있어서 한 달 안에 결혼을 결정해야 했다. 기도하는 중에

'한번 해볼까…. 해보고 안 맞으면 이혼할 수도 있으니까 하는 것도 괜찮겠지…'

이런 마음이 들었다. 하지만 신앙의 양심으로 이혼은 절대 받아들일 수 없었다. 부모님은 남편을 데이트 상대로 만나는 정도로만 알고 있었기 때문에 결혼 이야기를 꺼낼 수 없었다. 한국 남자와 결혼한다는 사실을 알면 반대하실 것이 뻔했기에 결혼을 몰래 준비했고, 혼인신고 전날에야 남편을 집에 데려와 인사시켰다.

"너 미쳤어? 모르는 남자랑 결혼하겠다고? 너 혼자 알아서 결혼해!"

날벼락 같은 결혼 소식에 아빠는 정말 화를 많이 내셨다. 그렇게 혼인신고를 하고 남편은 비자 문제와 직장 일로 먼저 한국에 들어가고 나 혼자 남아 마지막 서류 절차를 처리하고 한국행 비행기를 탔다.*

'결혼했으면 무조건 끝까지 함께 사는 거야!'

라고 굳게 마음을 먹고.

* 대한민국 국민이 필리핀인과 국제결혼을 하는 경우 통상적으로 필리핀 현지를 먼저 방문하여 현지에서 혼인신고 절차를 진행한 뒤 필리핀 대사관의 결혼증명서(혼인의 법적 능력 증명서, Certificate of Contract Marriage, L.C.C.M)를 받아 우리나라에서 혼인신고를 하는 순서로 진행해오고 있다.

2.
낯설지만 주눅 들지 않게

친구가 되어준 교회 사람들

학교를 졸업하고 열여덟 살이 되어 일을 시작했을 때 집에서 나와 혼자 지내게 되었다. 혼자 지내다 보니 마음을 나눌 사람이 없어서 힘들었다. 엄마, 아빠도 농사를 지으시며 어린 동생들을 돌보느라 많이 힘드셨기 때문에 나까지 투정을 부릴 형편이 안 되었다. 그때부터 성당에 다니기 시작했고 예배를 드리면서 마음의 위안을 많이 얻었다. 한국에 온 이후에도 성당에 다니고 싶었는데, 집에서 너무 멀어서 다니지 못했다.

한국에 와서 다문화센터를 다니게 되었는데, 교회에서 운영하는 곳이었다. 한국어 수업이 끝나면 찬양도 하고 사람들과 함께 이야기를 나눌 수 있어서 마음이 편했다. 부모님께 한국 생활이 힘들다고 말할 수 없어서 혼자서 마음의 짐을 안고 지내다가 이야기를 나눌 수 있는 사람들을 만날 수 있어서 숨통이 트이는 것 같았다. 교회에 다니면서 봉사도 하고 친구들도 많이 사귀었는데, 사람들이 친절해서 마음을 나눌 수 있었다. 몸이 아프거나 일이 생겨서 교회에 못 가는 일이 있을 땐 걱정해주었고, 어린 아

기 때문에 이동하는 것이 힘들 때는 목사님께서 1시간가량이나 되는 먼 길인데도 차량 운행을 해주셨다. 이런 작은 것들이 나에겐 감동으로 다가왔다. 혼자라고 생각할 때 누군가 나와 함께해준다는 것, 친구가 되어주는 것 그 자체가 마음에 위로가 되었다.

다문화가족지원센터 이용하기

다문화가족지원센터는 한국 생활을 배워가는 데 큰 도움이 되었다. 필요할 때마다 통역 서비스를 이용해서 도움을 받았고, 친구를 사귈 수 있는 통로로 삼았다. 한국 사람들이 외국인을 안 좋게 생각한다는 이야기를 들어서 다문화가족지원센터에 가는 게 부담이 되기도 했지만, 센터 선생님들께서 그런 생각하지 말고 자신 있게 오라고 하신 말씀에 용기를 얻어서 다닐 수 있었다. 다문화가족지원센터에서 한국어를 열심히 배웠지만, 생각만큼 실력이 눈에 띄게 늘지는 않았다. 1년, 2년 그렇게 시간이 지나고 4년 정도 되니 그때부터 말이 편하게 나오기 시작했다. 출산과 양육 때문에 중단했다가 다시 시작하기를 여러 번 반복했지만, 완전히 놓지 않고 꾸준히 공부했다. 아기를 키우면서 센터에 가는 것이 힘들어서 방문교육을 신청하기도 했다. 아기를 어떻게 키워야 할지 몰랐는데, 가정방문 선생님을 통해 아기 안는 방법부터 예방접종을 언제 해야 하는지 육아에 관련된 여러 가지 상식을 자세히 배울 수 있었다.

사회통합 프로그램은 5단계까지 공부했다. 시험이 너무 어려워서 3단계에서 5단계까지 가는 데 1년이 걸렸다. 공부하러 갈 때 아기도 데리고 갔는데, 센터에 계시는 선생님들이 아기를 돌봐주셔서 편하게 공부할 수 있었다. 5단계가 끝나고 더 공부하고 싶었는데, 육체적으로 너무 힘들어서 못 하고 있다. 한국어뿐만 아니라 가족들과 잘 지낼 방법, 한국 사회를

이해하는 것들을 배울 수 있어서 도움이 많이 되었다.

배움을 활용하는 지혜로운 며느리

다문화가족지원센터에서 배운 것 중에서 시어머니와의 관계에 대한 교육이 인상 깊게 남았다. 살아온 문화가 전혀 다른 시어머니와 내가 잘 지내는 데 가장 중요한 것은 서로의 차이를 인정하고 상대방의 마음을 이해하는 것이라고 배웠다. 교육의 영향 덕분인지 많은 사람이 시어머니를 불편하게 생각하지만, 나는 시어머니가 편하고 시어머니께 내 마음을 표현하는 것도 어렵지 않다. 시어머니께서 어떤 일을 시키실 때 나는 이렇게 말했다.

"어머니, 저는 이렇게 하는 게 더 좋아요. 근데 어머니께서 그렇게 하는 게 좋다고 하시니까 제가 아는 만큼이라도 해볼게요."

그리고 가끔은

"어머니 이렇게 해보는 건 어떨까요?"

하고 여쭤보면서 내 의견도 말씀드린다. 그러면 어머니께서도 싫어하지 않으시고 알아서 해보라고 허락해주시고 나를 믿고 맡겨주신다. 음식 만들 때 어머니께서 도와주시려고 할 때가 많은데 되도록 혼자서 해보려고 한다. 그래도 도와주시려고 하면 어머니의 마음이 상하지 않게 이렇게 말하곤 한다.

"어머니, 저 혼자 해보고 싶어요. 어머니는 그동안 고생 많이 하셨잖아요. 어머니는 조금만 도와주세요."

자존심을 상하게 하는 한국인의 태도

한국에 와서 가장 힘들었던 것은 소통의 단절이었다. 시댁 가족들과

전혀 대화할 수 없었는데, 그나마 막내시누이가 영어를 할 줄 알아서 간단한 대화를 할 수 있었다. 멀뚱히 듣고만 있을 뿐 할 수 있는 말이 없었다. 남편과 이야기할 때는 인터넷 번역기를 사용했는데, 의사소통이 원활히 되지 않아 답답함을 많이 느꼈다. 임신 중에도 남편에게 도움을 요청하고 싶을 때가 많았는데, 어떻게 표현해야 할지를 몰라서 혼자 해결하는 일이 많았다. 1년이 지나면서 한국말을 조금씩 알아들을 수 있었는데, 실수하는 것이 두려워서 입을 열지 못했다. 특히 시댁 가족들과 이야기를 나눌 때 높임말을 못 하고 반말을 사용할 때가 많았는데, 그때마다 형님과 시어머니께서는 귀엽다고 하시면서 괜찮다고 하셨다. 하지만 나는 그런 말을 들을 때 자존심이 상했다.

'내가 실수한 거 같은데 귀엽다고? 지금 나를 무시하는 건가?'

필리핀에서는 이런 태도를 상대방을 낮게 보는 태도라고 여긴다. 나는 한국 사람들이 외국인이 한국어를 어설프게 말할 때 웃으면서 넘어가는 것은 우리를 무시하는 것이라고 느껴진다. 한국 사람들은 종종 나에게 이렇게 말했다.

"너 외국 사람이구나. 여긴 어떻게 왔어? 힘들겠다."

나는 그런 말을 들을 때마다 나를 업신여기는 것 같아서 일부러 자신 있는 태도를 취하려고 했다. 그건 바로 영어로 말하는 것이었다. 한국어를 못 한다고 무시하는 듯한 자세를 가지고 있던 사람들은 놀라면서

"영어로 말할 수 있어요? 영어 잘하네요. 좀 천천히 말해주세요"

라고 말했다. 그때 나는 이렇게 한마디를 덧붙여서 대답했다.

"천천히? 어떻게 천천히 말할까요?"

3.
가족은 나의 행복의 원천

한국에서 받은 최고의 선물

나는 한국에서 '가족'이라는 선물을 받았다. 이렇게 좋은 가족을 만난 것에 대해 늘 감사하는 마음을 가지고 살아가고 있다. 내가 한국에 가서 산다고 하니 친구들은 이렇게 말했다.

"야, 한국에서 뭐하러 살아? 한국 사람들, 시아버지 같은 사람들 나쁘다던데 괜찮겠어?"

한국에 와서 가족들의 대화를 다 이해하는 것은 아니었지만, 시댁 어른들을 만나며 느낀 감정은 친절과 다정함이었다. 전라남도에 살고 계신 시어머니께서는 내가 좋아하는 음식을 손수 만들어 보내주고 계신다. 딸들이 세 명이나 있지만 딸들에게는 안 보내주시고 우리 집에만 보내주시니 딸들이 받아야 할 사랑을 내가 받는 것 같아 형님들에게 미안한 마음이 들기도 했다.

"밥은 챙겨 먹니? 먹을 게 없어서 못 먹을까 봐 걱정이구나."

어머니는 그렇게 말씀하시면서 시골에 갈 때마다 내가 맛있게 먹는

음식을 기억해두셨다가 택배로 보내주신다. 가끔씩 시누이들이 우리 집에 놀러 와서 반찬을 먹으며 놀랄 때가 있다.

"이 음식 올케가 만들었어? 올케 음식 못 하잖아. 이 김치 어떻게 했어?"

"어머니가 보내주셨는데요"

라고 말하면 우리한테는 안 보내고 며느리한테만 다 보낸다며 농담한다.

시간이 될 때마다 다문화가족지원센터에서 요리를 배우고 있는데, 명절 음식도 어렵지 않게 만들 수 있는 실력이 되었다. 이제는 제법 한국 음식을 잘 만들 수 있어서 부모님과 친척들이 와도 크게 부담을 느끼지 않고 있다. 1년에 한 번씩 시댁 가족들이 우리 집에서 모이는데 시누이와 아주버님, 그리고 시누이의 딸들 2명씩 하면 15명이 넘는 대가족이 모이고 있다. 많은 며느리들이 이런 모임을 고생으로 여기지만, 나는 가족들을 위해 음식을 만드는 게 행복하고 즐겁다. 내가 만든 음식을 온 가족이 맛있게 먹고, 이것저것 싸달라는 말을 들을 때 뿌듯하다. 명절 음식에는 필리핀 음식도 같이 올렸더니 가족들이 같은 재료를 넣었는데 맛이 색다르다며 맛있게 먹었다. 내가 만든 음식을 맛있게 먹어주니 오히려 내가 고마웠고 행복했다.

엄마의 자리를 지켜주고 싶다

아들이 초등학교에 입학하면서 작성할 서류도, 가야 할 모임도 많아졌다. 남편은 서류 작성을 도와주었고, 모임이 불편하면 굳이 갈 필요 없다고도 말해주었다. 그래서 어려운 학부모 모임은 가지 않고 있다. 하지만 공개수업 정도는 괜찮을 것 같아서 공개수업이나 학부모 상담이 있을 때는 가려고 한다. 그리고 등하굣길 지도를 하는 어머니 봉사활동에도 주기

적으로 참여하고 있다.

나는 아이들에게 엄마의 사랑이 절대적으로 필요하다고 생각한다. 다른 엄마들은 다 왔는데 우리 엄마만 없을 때 그 마음이 어떨까 생각하면서 되도록 엄마의 자리를 지켜주려고 한다. 다문화가정 아이들이 엄마를 창피해한다는 말을 들었지만, 우리 아들은 친구들에게 영어 잘하는 엄마라며 자랑하고 다닌다. 엄마의 존재를 숨기려고 하지 않기 때문인지 오히려 친구들이 신기해하면서 아들과 나에게 관심을 보이는 것 같다. 아들이 영어를 잘 배웠으면 하는 마음이 들어 작년부터 영어를 가르쳤다. 하지만 우리가 사는 곳이 한국이기 때문에 한국어를 더 많이 배워야 한다고 생각해서 되도록 집에서는 한국어를 사용하고 있다.

교육관 차이: 조급한 아빠 vs. 태평한 엄마

남편과 같이 살기 시작했을 때는 힘든 점이 많았다. 하지만 나는 결혼생활을 포기하는 것은 한 번도 생각하지 않았다. 안 좋은 말도 많이 듣고 가슴 아픈 일도 겪고 화나는 일도 많았지만, 이해하려고 노력했다. 아무리 화가 나도 아들 앞에서는 절대 싸우지 않으려고 조심했다. 남편이랑 한동안 싸우는 일이 많았을 땐

"당신이 이렇게 계속하면 난 너무 힘들어. 이렇게 할 거면 우리 차라리 따로 살자. 나는 집에 가야겠어!"

라고 얘기했다. 지금은 처음보다 정말 많이 좋아졌다.

우리가 싸우는 이유는 별게 아니라 아이 교육 문제 때문이었다. 한국과 필리핀 문화가 달라서 자녀에 대한 기대와 교육적인 부분에서 차이가 났다. 나는 아이가 놀면서 자연스럽게 자랐으면 하는 마음이 있다. 어차피 어른이 되면 놀고 싶어도 못 놀 테니 어렸을 때라도 실컷 놀아야 한다고

생각한다. 나 역시 어린 시절에는 그렇게 놀면서 자랐다. 하지만 남편은 생각이 다르다. 아들이 1학년 때부터 수학학원을 보냈는데, 아들은 학원 가는 것을 무척 싫어했다. 그래서 운동이라도 배우라고 했는데, 쉬는 날 없이 매일 하니까 그것도 힘들어했다. 남편은 그런 아들을 보며 커서 뭐가 될 거냐고 화를 내며 말했지만, 나는 아직 1학년이기 때문에 조금만 시키고 좋아하는 것을 하게 하자고 남편을 설득했다. 부모가 보기에 좋은 것이라도 아이가 따라오지 않으면 소용이 없는 것 같다. 학원에서 아이들을 가르치면서 이런 이야기를 들었다.

"가기 싫은데 엄마가 가라고 하는 거예요. 거짓말하고 안 갈 때 많아요. 우리 엄마도 나 하기 싫은 거 계속 시키니깐 나도 거짓말하면서 다닐 거예요."

어린아이들이 억지로 학원에 다니는 모습을 보면서 나는 아들에게 강요하지 않겠다고 다짐했다. 남편은 어렸을 때 시골에 살아서 하고 싶었던 것들에 제약을 많이 받으며 자란 것 같다. 자신이 못 해본 것들을 아들에게 시키고 싶어 하지만 아들은 놀고 싶다고 하니 그것 때문에 항상 부딪히게 된다. 이제 한국도 많이 변해서 반에서 누가 1등을 했는지가 중요하지 않고 자연스럽게 공부시킨다고 알고 있다. 다들 저학년 때는 공부에 스트레스 안 주고 키우는데 남편은 걱정되는 모양이다. 내가 자라면서 배운 방식은 성장하면서 자연스럽게 배우고 스스로 깨닫고 필요할 때가 되면 하는 것이었지 이렇게 스트레스를 받고 하는 공부는 아니었다. 아들한테 놀고 싶은 만큼 놀라고 얘기하면 남편은

"당신이 이렇게 실컷 놀라고 하면 평생 이렇게 노는 사람으로 자랄 거야. 나중에 더 커서 선생님이 공부해야 한다고 하면 그땐 못 따라가. 지금 우리가 못 도와줘도 선생님이 도와주시는데 이때 공부해야지"

라고 말한다. 아무래도 남편은 나이가 있으니까 마음이 급한 것 같다.

아들, 공부의 그늘에 갇히지 말자

처음에 엄마들을 만나면서 조급한 마음이 들었다. 나도 하나밖에 없는 아들을 잘 키우고 싶었다. 하지만

'넌 잘될 거야. 하고 싶은 대로 하면서 크면 돼'

라고 생각하며 마음을 지켜갔다. 그리고 아들에게 이렇게 말해주었다.

"엄마랑 아빠는 널 사랑해서 다 해주고 싶어. 하지만 네가 안 따라오잖아. 하기 싫은 거 억지로 하면서 거짓말하는 건 엄마도 싫어. 네가 알아서 하는 거야."

"엄마, 난 학원 다니기 너무 싫어. 관심이 없는데 어떻게 하라는 거야? 억지로 다니면 스트레스받아. 그리고 엄마한테는 학원 갔다 왔다고 거짓말하게 되고 나는 점점 엄마를 미워하게 된단 말이야."

아들이 한 말이다. 학원에서 아이들을 가르쳐본 경험이 있다. 학생들에게 왜 학원에 오기 싫은지 물어봤더니 하나같이 이렇게 대답했다.

"내가 하고 싶어서 온 게 아니고 엄마가 보내서 온 거예요. 나도 잘하고 싶어요. 엄마가 학원 다니면서 잘하면 좋겠다고 해요. 근데 나는 싫어요."

"엄마는 돈을 많이 벌어서 학원에 보내요. 근데 나는 돈보다 엄마 사랑이 더 필요해요. 엄마가 나를 이해해주면 좋겠어요."

어린아이들이 하는 말에 나는 가슴이 아팠다. 엄마들이 자신의 마음을 몰라주고 공부만 시키려고 한다는 말을 듣고 아이들이 안타깝게 느껴졌다. 한국 엄마들은 아이들의 마음과 상관없이 자기 생각대로 강요하는 것 같다. 하지만 나는 아직도 아이들은 많은 경험을 하면서 재미있게 살아

가야 한다고 굳게 믿고 있다.

'더 나은 삶'보다 '함께하는 삶'을 선택하다

아들은 필리핀이 좋은지 필리핀에 가서 살자고 한다. 남편과 같이 갈 수 없어서 아이만 데리고 다녀온 적이 있는데, 그때 기억이 좋았던지 아빠는 한국에 놔두고 필리핀에서 계속 살고 싶다고 농담했다. 많은 사람들이 자녀에게 영어를 가르치기 위해 필리핀으로 온다는 것을 알고 있다. 만약에 아들을 위해 필리핀으로 와야 한다면 나는 무조건 우리 가족이 다 같이 와야 한다고 생각하고 있다. 하루 종일 일하고 온 남편이 혼자서 밥해 먹고 집안일을 하며 지낼 생각을 하면 마음이 불편하다. 또 아들이 얼마나 보고 싶을 것인가?

다른 친구들은 남편만 한국에 놔두고 아이만 데리고 와서 교육한다고 들었는데, 나는 그렇게 하고 싶지 않다. 아직은 아들이 어리니 일단은 한국에서 학교에 다니고 나중에 여유가 생기고 아들이 고등학교를 필리핀에서 다니고 싶다고 하면 그땐 혼자서도 왔다 갔다 할 수 있으니까 마음 편하게 보낼 수 있을 것 같다. 남편도 필리핀에 가서 살고 싶은 마음을 가지고 있지만, 필리핀의 더운 날씨는 남편에게는 너무 힘든 일이다. 필리핀에 가면 직장을 구하기 쉽지 않아 사업을 할까 생각도 하고 있다. 그래서 우리 남편 옆에는 내가 꼭 같이 있어야 한다. 가족은 무조건 같이 가야 한다는 게 내 굳은 마음이다.

4.
전사록 요약

〈연구참여자 정보 및 특성〉

출생연도	1988년생	이주연도	2010년
국적(이주 전/현재)	필리핀/대한민국	학력	고졸
가족	남편, 아들	직업	전업주부

▶ 필리핀에서의 학교생활

[조사자: 필리핀의 어디 지역에서 오셨어요?] 제가 세부에서. 민족은 그냥 필리핀에서 세 가지 나누더라고요. 왜냐면 거기 다 섬이거든. 섬 해가지고. 우리 수도는 마닐라하고 저쪽 밑에 하고 세부 있고, 저기 밑쪽 동네 밑쪽 동네 밑쪽 동네 저기 민다다외라고 그 한… 도시에 무슬림분들 많이 계셔요. 한 지역에만. 그러니까 우리도 필리핀 사람인데 저기도 들어갈 수가 힘들어요. 왜냐면 저기서 싸우는 거도 많고 전쟁 같은 거는 좀…. 그런 지역 있어요. 헷갈려요. 잘 안 해가지고. (웃음) 네, 그렇게 하고 우리 언어도 섬마다 조금 달라요. 이렇게 섬까지만 우리 저기 마닐라 있는 쪽은 거기만

우리 다 알고 계시니까 그거 써요. [조사자: 마닐라에 있는 언어가 공용어고 그거 다 쓰고, 선생님도 그러면은 마닐라의 공용어를 사용하는?] 그렇죠. 영어도 같이하고, 우리만 우리들이 이 부분 세부까지 오는 말 알고 있어요. 세부 말도 할 수 있고. 우리는 세부 밑에 살고 있거든요. 세부 밑에 있다가 또 작은 섬 있고. 어 모두가 언어 다 비슷하지만 좀 뭐라 그럴까…. 여기 한국에서도 서울하고 전라남도? 그런 거 있어요. 그래서 좀 복잡해요. (웃음) 그냥 들으면은 금방 익힐 수 있어요. 깊은 말 좀 어렵지만 그래서 아마 50%, 50% 그렇게 하면 금방 해요. [조사자: 그러면 필리핀에 가족관계가 어떻게 되세요? 엄마, 아빠, 동생들 혹은 언니, 오빠 있으신지.] 제가 큰딸이고, 부모님은 다 계시고. 동생들도 다 필리핀 있어요. 엄마는 집에서 그냥 농사일 보고 그 애들이 아직 학교 다니고 있으니까. 그렇게. 남동생, 여동생. 남동생 여동생 3명, 3명. [조사자: 아 3명, 3명 있으세요? 아아, 그러면 7남매네요? 7남매의 큰딸이신 거죠? 자녀가 7명인데 그중에서 선생님 계시고.] 네. 요즘도 그렇게 옛날에는 아기 그냥 자연스럽게 낳았는데, 근데 많이 힘들었죠. 먹는 거는 괜찮은데 학교 가는 거 좀 힘들어요. 학교에서 필요한 거 좀 많아요. 네. 준비물 갖고 가는 거나 학교에서 뭐 행사하는 거? 행사 같은 거는 비용 같은 거는 부모들이 나눠서 해요. 아니, 저기 그 뭐라고 할까. 그 우리 필리핀에서는 크리스마스 파티 같은 거 좀 유명했잖아요. 크리스마스는. 그래서 학교에서 1년에 한 번씩 크리스마스 파티 해요. 그래서 크리스마스 파티 비용 그 쓰는 돈을 부모들이 나눠서 그렇게 진행한 거예요. 예쁘게 꾸미거나 하는 거. 그래서 아이들 많이 있는 집은 좀 힘들죠. 부모들이 열심히 일하고 해야 해. 한국에서는 식사는 무료고 이렇게 있는데, 필리핀은 그렇게 안 해요. 집에 다시 들어가고 아니면 직접 가져오고 학교에서 밥 먹고 이렇게 해요. 도시락 가져가야 돼요. 왜냐면 학교도 좀 우리

같은 경우는 초등학교 집에 5분 정도 걸어야 되는데 가까운데. 고등학교 들어가면 1시간 정도 차 타거나 아니면 오토바이 타거나 이렇게. 걸어가는 거는 일인데 옛날에 많이 걸었는데, 근데 거기 우리 근처에 강이 있어요. 그래서 비가 많이 오면 물이 넘쳐가지고 애들도 인제 위험해요. 비가 많이 오면 갈 수가 없어요. (웃음) 태풍도 많이 왔잖아요. 그래서 아이들 많이 빠져요. 학교에서. [조사자: 학교에 못 와서? 아, 그렇죠. 그러면 초등학교, 중학교, 고등학교 이렇게 다니나요? 한국에서는 지금 초등학교.] 2003년부터 인가? 2년 전에부터인가 한국처럼 비슷하게 있어요. 옛날에는 내가 그때는 없어요. 초등학교 6학년 하고 바로 고등학교 해요. 고등학교 4학년. 그렇게 해요. 10년. [조사자: 교육을 받으시고. 근데 2년 전부터는 필리핀도 초등학교 6년, 중학교 3년, 고등학교 3년 이렇게 더 길어졌네요. (웃음)] 더 길어졌어요. 그래서 동생들이 "아, 언니. 힘들어서 죽겠다." 막 그래요. (웃음) 동생들은 지금 학교 다니고 있어요. 고등학교 1학년? 네. 한 동생. 네. 고등학교 1학년 하나 있어요.

▶ 열여덟 살부터 일을 시작하다

[조사자: 그럼 한국은 가족관계가 어떻게 되세요?] 지금 한국 와서 남편, 남편 부모 계시고, 아들 있어요. 여덟 살이에요. 1학년 하고 있어요. [조사자: 그러면 고등학교까지 졸업하신 거죠?] 네. 졸업은 고등학교까지 했어요. [조사자: 혹시 그러면 고등학교 졸업하고 필리핀에서 경제활동을 하셨어요? 일을?] 그렇죠. 제가 고등학교 끝나고 열여섯 살이잖아요. 열여섯 살 하고 제가 필리핀 마닐라에서 막 어 뭐라고 할까 우리 엄마 동생들 집에서 아, 이모 이모들하고 같이 자랐어요. 아르바이트도 하고 안 됐었잖아요. 열여섯 살 하면 직장 다닐 수가 없어요. 열여덟 살부터 다녀야 되니까. 그

래서 나 뭐 필요한 곳 있으면 도와주고 그렇게 해요. [조사자: 아, 그러면 열여섯 살에 고등학교 졸업하시고 마닐라로 가서?] 네. 마닐라. 아르바이트 같은 거 해요. 내가 뭐 필리핀에서 작은 마트 같은 거, 내가 마트 보고 뭐. 왔다 갔다 하고. [조사자: 그거 하시고 하다가 끝나고.] 네. 열여덟 살 때 내가 음… 공장 같은 거 다니고. 그냥 간단한 거. 공장 같은 거 하고 그다음에 백화점 다녔어요. 결혼하기 전에 판매 양말공장.

▶ 힘들 때 의지가 되었던 신앙생활

[조사자: 한국에 올 당시에 나이가 어떻게 되셨어요?] 제가 스물둘 그 때? 2010년 와가지고. (웃음) [조사자: 아, 22세. 혹시 종교 있으세요?] 필리핀에서 제가 가톨릭이거든요? 근데 한국에서 크리스틴으로 옮겼어요. 어 필리핀에서 내가 혼자 열여덟 살 때는 다른 집에 옮겨서 살았어요. 혼자 살았어요. 그래서 그때 이제 일할 때 뭐 힘든 거 있으면 이야기할 곳이 없잖아요. 사람들 다 바쁘고 엄마들 걱정 안 하게 이야기 안 하고 그렇게 했잖아요. 그래서 혼자 있으면 교회 가서 기도하면서 막 스트레스 풀고 그렇게 해요. 그래서 아마 그때부터 원래부터 다녔는데 내가 일할 때 그때 힘들어서 막 이렇게 그때부터 믿었어요. 한국에서는 성당이 찾았는데 너무 멀어가지고. 근데 여기도 한국에서도 다른 센터에서 여기 이런 센터 말고 다른 다문화센터였어요. 2013년인가? 그때 어떤 선생님인데 목사님이에요. 그래서 학교 끝나고 수업 끝나고 찬양 이렇게 하니까 그때 좀 이렇게 열었어요. 마음이. 이게 난 또 이렇게 있구나. 여기 와서 내가 힘들게 이렇게 엄마들이 부모들 이야기하면은 안 될 것 같아서 내가 음… 그래서 음… 목사님이 제가 저쪽에 데리고 갔어요. 그래서 교회 갔어요. 그래서 그 목사님 나가도 제가 교회 그대로 있어요. 제가 거기 가서 봉사도 하고 이렇

게 친구들도 많이 만났어요. 한국 사람분들도 진짜 내가 그렇게 다녔을 때 너무 좋아했어요. 한국 사람도 너무 친절하고. 네, 그렇게 했어요. 2003년, 2004년부터 다녔어요. 13? 13? 2013년부터 그 목사님 새로운 센터 세우는데 그분 그래서 나갔어요. 내가 근데 그래도 그 교회는 그대로 계셔요. [조사자: 아, 그분이랑 계속 만날 수 있고 하시는구나. 많이 의지되시나 봐요. 그 교회에서 목사님이나.] 네. 그런 것 같아요. 거기 사람분들도 너무 감동도 받고 이렇게 하니까. 내가 뭐 아프거나 이렇게 교회 못 가면 전화 와요. 왜 안 왔냐고. 아침부터 10시까지 가야 돼가지고 전화해서 왜 안 왔냐고 애들 기다린다고 그렇게 해요. 그래서 무슨 일이 생기면 진짜 특별한 일이 있으면 그냥 해도 되고, 여기는 걱정하지 말고 다른 분 하면 된다고 그러고. 그리고 처음에는 진짜 운전 못 해서 교회 차로 30분? 40분 가는 거는 걸려요. 그래서 버스 하면 1시간 정도 걸려요. 오래 걸려요. 버스가 좀 빙글빙글 해가지고. (웃음) 멀어요. 그래서 사람 와서 데리러 와요. 집이 ○○동인데 거기는 ○○동 정도? 그래서 사람 와요. 오실 수 있게 사람 와요. 그래서 좀 감동이었어요. 근데 한 사람 아니고 좀 여러 명. 다섯 명, 여섯 명이나? 일이 있어서 못 가면 다른 사람 시켜서 오고 그래서 너무 감동이었어요. 그래서 지금.

▶ 첫 만남에 청혼하다니

[조사자: 혹시 한국에 오시기 전에 한국어를 알고 오셨어요? 아니면 와서?] 하나도 몰라요. 그땐 친구가 그냥 소개해가지고 남편이 그래서 소개하고 그 당시에도 나는 한국 사람 결혼할 생각 없어요. 그래서 갑자기 나왔어요. (웃음) 친구의 친구 나 이렇게 한다고 해가지고 그래서 부모님도 알아요. 부모님 이제 서울 계시는데 필리핀 이사 갔고 아이들 거기서 교육시

켜요. [조사자: 아, 그분은 이제 자녀교육도 필리핀에서 시키시고 필리핀에 연고가 있으신. 아, 그래서 이제는 선생님하고 연결이 돼가지고 남편분을 소개해 주신 거예요?] 네. 소개해줘가지고. 그때는 내가 한국 결혼할 생각 하나도 없어요. 한국말 아무것도 모르고 뭐. [조사자: 혹시 지금 남편분 처음 만났던 날 기억하세요? 어떻게 만나셨어요?] 어, 제가 처음에는 한 친구가 백화점 와서 여기 한국 사람 여기 필리핀에서 그냥 놀러 간 거예요. 자기 필리핀 여자분을 만나고 싶다고 해서 나는 저기 시간 없다고 화요일날만 저기 그 날만 일 없고 쉬는 날 있다고 했는데, 그날 온다고 했어요. 월요일날 왔다가 남편이 월요일날 왔다가 그다음 날에 만났어요. 그래서 제가 바쁘다고 이렇게 그런 거 시간 없다고 했는데, 잠깐만 내라고. 나도 쉬고 싶고 죽겠어 힘들어 참고 하라고 했는데. 그래서 우리 남편도 영어 아무것도 몰랐어요. 그래서 한 저기 3명, 4명인가 친구분들이 영어 좀 해요. 한국어는 제가 없어가지고 못 알아들었고. (웃음) 그래서 통역사 불러왔어요. 그때 통역사 불렀고. 그때 제대로 이야기하고 그냥 왜 우리 왔냐고 그냥 만나고 싶다고 이렇게 하고 그냥 놀러 가고 싶었나 봐요. 그래서 그렇게 하다가 근데 한국에서 사람들이 이렇게 오래 기다릴 일이 없어요. 막 이렇게 여자친구 좋아하면 바로 결혼해요. (웃음) [조사자: 그렇죠. 한국 남자들 성격 급해요, 그렇죠?] 진짜 반대예요. 진짜 좋아하면 1년이나 기다릴 수 있어요. 그런데 남편은 아니에요. 바로 이렇게 좋아했다고. 근데 나는 아냐. 나는 결혼하기 싫다고 아직 안 한다고. (웃음) 이제 일하고 부모들이 동생들 도와주고 생활비나 학교비 같은 거나 그런 거 내가 그렇게 살고 싶어요. 근데 남편은 일단 그만한다고, 우리랑 같이 결혼하고 싶다고. 이런 거로 장난 안 한다고. (웃음) 우리는 결혼 장난 아니에요. 필리핀에서는 이혼할 수가 없어요. 이혼하면 돈 있어야 한 2년 정도 걸려요. [조사자: 아, 돈도 많이 들고? 오래 걸리

고? 그럼 사람들이 이혼 많이 안 하세요? 필리핀분들은?] 결혼하기 전에 살다가. 네, 기간 있어요. 우리 서로 알아야. 그러고 이거는 없어요. (웃음) [조사자: 아, 그러면 남편분이 거의 첫눈에 반해가지고 "우리 당장 결혼합시다!" 이렇게 된 거구나.] 네. 제가 그래서 얼마나 놀랐는지 모르겠어요. (웃음) [조사자: 아, 그러면 만난 지 며칠 만에 그렇게 하셨어요?] 그날에. 그래서 내가

"그러니까 당신도 몰랐는데 우리 어떻게 결혼해요?"

하니까

"우리 결혼해서 서로 알면 돼."

여기는 결혼 없어요. 그러니까 내가 생각했죠. 결혼 어떻게 하라고 나도 이런 결혼 바란 거 아니에요. 데이트하고 싶은 거 데이트해요. 하는데 며칠 있다가 한 달, 두 달 이렇게 지나야 하는데 아니에요. 너무 급하게 그때는 그렇죠. 너무 놀랐죠.

▶ 한 달 만에 결정한 결혼

[조사자: 근데 어떻게 결혼 결정을 하신 거예요?] 제가 한 달 후 생각해보고, 한 달 후 생각해보고. 결혼하고 싶으면 하고 안 하고 싶으면 안 하고. 그리고 제가 조건도 이야기했죠. 내가 일하고 그거 있고 일하고 하니까 이거 한국에 가면 내 가족들이 내가 떨어져 있잖아요. 생활 아니고 동생들 용돈 줘야 되잖아요. 제가 언니니까. 부모들이 일해도 내가 직접 용돈 줘요. 그래서 남편이 그렇게 약속했어요.

"남편이 대신 용돈 좀 줘."

이렇게 했어요. 그리고 나는 거기 가면 아는 사람 없고 그렇게 하니까 해서 남편이 걱정하지 말라고. 한국에 그래서 그때 한 달 동안 기도하고 그래서 기도 계속 계속 하다가 이렇게. 근데 내가 한국 사이트도 들어

가고 한국, 한국에서는 어떻게 결혼하냐, 이혼할 수 있냐 이런 거 되게 많이 물어보고. 이혼할 수 있냐 이런 경우가 되게 궁금했거든요. 그래서 그런 거 물어봤다가 여러 사람들이 이렇게 이혼할 수 있대요. 3개월 안에 만약에 서로 안 맞으면, 아니면 서로 어떤 일이 생기면 이렇게 해요. 근데 필리핀에서 안 했잖아요. 근데 제가 여기 바로 올 수가 없어요. 결혼하고 와야 하는 거예요. 비자 때문에. 결혼하기 전에는 제가 부모들에게 이야기 안 했어요. 말씀 못 해서 얼마나 화난 거예요. 너 미쳤냐고. (웃음) 그렇게 심각한 거예요. 내가 아는, 아는 집에서도 그냥 한국 사람 데이트만 알고 있거든요. 근데 바로 결혼하는 거 말 못 했어요. 그래서 한 달 안에 결정했어요. 그래서 나도 해볼까 해보고. 저기 가서 안 맞으면 이혼할 수 있잖아요. 그래서 이렇게 했는데, 근데 내가 기도하면서 그 이후로는 하느님 법은 이혼하기 쉽지 않잖아요. 종교적으로. 그래서 그렇게 생각하면 이혼할 수가 없잖아. 그래서 우리 만나서 결혼해서 살면 우리 끝까지 살고, 저기 관심 한국 어떻게 되어 있는지 모르겠어요. 드라마는 아는데 근데 드라마는 진짜 아니잖아요, 그냥 드라마. 그래서 결혼했어요. 한 달 그냥 결혼했어요. 그때 결혼하기 전에 엄마랑 아빠랑 많이 화났어요.

"너 미친 거야?" (웃음)

"너 모르는 남자 결혼하고 결혼하고(결혼시키고) 싶지 않아."

그랬어요. 그래서 내 말 못 해서 아빠가

"그냥 알아서 해. 결혼 알아서 해!"

그랬어요. 그래도 결혼하기 전날에 왔었어요. 몰래 왔어도 왔었어요. 그래도 제가 여기 와서 제가 혼자 왔거든요? 결혼하고 나서 남편 집에 잠깐 있다가 비자 때문에 계속 왔다 갔다 해가지고. 그래서 남편이 그냥 무비자 받아요. 필리핀에서. 그래서 언제든지 갈 수 있어요. [조사자: 아, 비

자를 받지 않고도 언제든지 필리핀에 갈 수 있어요? 그러면 그 체류 기간이 길지는 않겠네요?] 체류 기간은 없어요. 아니 1년 안에 그런 것 같아요. 그래서 며칠마다 몇 개월 어… 며칠마다 여기 일 있으니까 직장 다니니까 빨리 해가지고 하고, 서류 다 끝나고 혼자서 왔어요. 인천공항으로 왔어요.

▶ 나는 언제쯤 이들과 소통이 될까?

그래서 여기 와서 우리 소통 안 됐죠. 얼마나 답답한지 모르겠어요. 소통 안 돼가지고 엄청 힘들었어요. 우리 밥 먹다가 막 이거 주고, 막 내가 맨날 듣는 거는 막 인정하고 이런 뜻이구나. 다가가고 이렇게 하니까 남편 누나 3명인데 시누이가 3명 있고, 막내누나는 이제 딸 2명 있고 영어 좀 해요. 남편도 남편도 해요. 그래서 여기 와서 도착하자마자 짐 놓고 바로 그 집에 갔어요. 인사드리려고. 그래도 영어 하니까 좀 편해요. 조금씩이라도. 한국 영어, 한국 영어긴 한데. (웃음) 음… 뭐라 그럴까 편할 것 같아요. 그래서 좀 뭐라고 뭐라고 해도 말해도 못 알아듣는 거예요. 이야기하면서 나는 그냥 듣고. 나는 언제 할 수 있을까. 그날 와서 바로 가가지고 언제 이런 말 배울 수 있을까. 이런 고민 계속했거든요. 여기 와서 그냥 내가 말씀하고 싶은 거 있으면 인터넷 가서 통역 있어요. 번역 인터넷 들어가서 번역 같은 거 이렇게 할 수 있어요. 그래서

"보여줘."

해서 남편한테 보여주고 그거를 해다가 바꿔주면 남편한테 얼마나 답답한지 모르겠어요. 불편한 거는 뭐 없었어요. 처음에는 우리 아마 내가 와서도 그냥 마음으로 이렇게 이야기하면, 마음으로 이렇게 보여주면 알 것 같다 그냥 그렇게 하고.

▶ 실수를 귀엽게 보는 것은 자존심을 상하게 한다

그 당시 다문화에서 이렇게 한다고 배웠어요. 다문화센터를, 아니 학교 학교를 가야 돼요. 학교 가서 과정에서 가서 일주일에 두 번, 2시간씩 공부해요. 한국어를 처음에는 이렇게 내가 남편 항상 같이 안 듣잖아요. 그래서 그날만 버스 타고 하니까 끝까지 또 남편 기다리고. 내가 버스 왔다 갔다 해야 돼가지고 남편이 없으니까 그때 남편이 또 안 돼가지고 일해야 되니까. 그날 같이 와서 버스 어떻게 해야 하는지, 집 어떻게 집까지 도착할 수 있게 이렇게 알려주고. [조사자: 남편이 같이 와서 끝나면 이렇게 오는 거야. 이렇게 알려주시고?] 네. 한 번 가르치면 이제 알아서 하니까 한 번 가르쳐주고 내가 이제 마음대로 왔다 갔다 해요. 근데 갑자기 임신했어요. 여기 와서 12월, 12월달에 임신했고 임신해도 계속 공부해요. 운동하면서 왔다 갔다 하고 임신해도 내가 나도 도와달라고 어떻게 표현할지 모르겠어요. 할 수 있는데, 근데 느낌 이렇게 우리 마음 안에서 어떻게 표현하지? 그거 되게 힘들어요. 처음에 여기 1년 안에? 1년? 1년 후에 조금씩 알아는 들었는데 말 못 한 거예요. 표현이 안 돼서. 왜냐면 내가 잘못 말할까 봐 그런 걱정했어. 어… 높은말 썼어야 되잖아요. 내가 가끔씩 반말 있고 다들 우리 가족들 1~2년 동안 내가 반말하면 막 웃어요. 너무 귀엽다고. 아, 뭐가 귀여워. 내가 잘못 말했는데. (웃음) 그래서 내가 천천히 표현하고? 천천히 말하니까 그래서 괜찮다고 이해한다고. 우리 시어머니도 내가 반말해도 그냥 웃어요. 이해한다고. 그냥 내가 그런 그런 당시에 내가 좀 가족이 나한테 좀 나도 처음에는 나도 말 못 해도 제가 낮은 편 같은 거는 내가 그렇게 해주면 필리핀에서는 이렇게 하면 사람들 다 낮게 보여요. 그래서 자신 없어도 내가 자신 있다고 그런 표현 보여주는 거예요. 그래서 어차피 필리핀에서 영어 하니까 여기서 누가 모르면 내가 영어 하냐고 해요. 근데

저기 여기 사람들이 천천히 하라고 해요. 근데 어떻게 천천히 해야 될지를 몰라서

"어떻게 천천히 할까요?"

막 했잖아요. 그래서 그 영어 때문에 나보고

"너 영어 잘하는구나. 말할 수 있구나. 잘할 수 있구나."

그분들이 나보고 그렇게 말했어요. 약하지만 없지만 그렇게 보여져야 이렇게 너는 힘들지 않게 가족 만나느라 다른 사람들도 나보고

"약하구나. 외국 사람이구나. 여긴 어떻게 왔어?"

이런 표현 있고 막 그런….

▶ 다문화가족지원센터에서 실용적인 것을 배우다

우리 결혼하고 나서 비자 받기 전에 3일 동안 교육 있거든요. 한국 필리핀 선생님인데 한국에서 몇 년 살았어요. 그래서 네 그렇게 하고 문화하고 뭐 이것저것 알려주는데 근데 기억 다 못해요. (웃음) 외울 수가 없어요. 그래서 그거 음… 특별한 것만 기억하고 한국에 한국 사람도 외국 사람들 잘 몰라서 어떻게 표현하고 어떻게 설득하고 어떻게 뭐 편하게 이야기하는지 모르잖아요. 그래서 그냥그냥 자연스럽게 보여질려고 그런 거예요. 어차피 사람 사람 다 똑같기 때문에. 근데 우리는 그냥 다른 나라 살기 때문에 그런 거도 그 나라는 좀 안 좋다 이런 거 많이 들어봤잖아요. 근데 자신 있게 오라고 한 거예요. 그 선생님들이. 그래서 네 그 당시에는 한국어 계속 배웠다가 진짜 1년, 3년, 4년, 3년 그때 말이 나와요. 그냥 계속 배우는 거 아니고 아기 낳으니까 갔다가 끝났다 또 멈췄다가 또 하고 또 멈췄다가. (웃음) 이렇게 이렇게 이렇게 원래 이렇게 하고? 그다음에 집에서도 직접 와서 가르쳐요. 방문교사로 해요. 집에서 아기 때문에 못 나가니

까. 그리고 아기도 어떻게 키우는지 나도 처음 엄마였잖아. (웃음) 필리핀은 그냥 자연스럽게 키우는데, 여기는 추운 날도 있고 더운 날도 있고 추운 날도 있으니까 그리고 6개월 안에 아기 병원 아기 어떻게 다 가르쳤어요. [조사자: 아, 그럼 육아도우미처럼 와가지고 "이 시기에는 이렇게 아기를 병원에 데려가세요" 이런 것들을 알려주셨구나.] 그렇죠. 아기 음식 어떻게 만들어야 돼요. 필리핀에서랑 다르잖아요. (웃음) 그다음에 여기 아기 낳고 우리 몸을 어떻게 어… 어떻게 할까 어떻게 하는지 이렇게 힘들지 않게 아기 어떻게 세우는지 다 알려줬어요. 그런 거 다 배웠어요. 다문화센터에다가 신청하고. 그때는 내가 ○○ 사는데 ○○ 뒤에 다문화센터 있어요. 바로 진짜 가까워요. 그래서 무슨 일이 생기거나 통역하는 분 있어요. 제가 이거 필요 있고 이거 필요 있고 하면. [조사자: 필리핀어를 하실 수 있는 분이 계셔가지고 요청을 드리면 도움을 받을 수 있는?] 네. 친구도 많으면 친구랑 같이 가서 이렇게 친구한테 이야기해주고 그 친구가 이렇게 통역하고. 네, 그렇게 해요. 매번 하지만 그래도 그때는 그것밖에 없어요, 힘들지만.

▶ 한국에서 받은 최고의 선물 '가족'

[조사자: 그러면 여기 한국 가족들하고는 사이가 되게 좋으신가 봐요?] 제가 다른 분 친구들보다 사이가 되게 좋아요. 내가 감사한 거는 내가 와서 이렇게 좋은 가족 만난 것 같아요. 그래서 사람들이 나보고

"야, 한국에서 뭐 뭐해?"

사람들이 이렇게 나쁘다고. 막 그런 시아버지 막 그렇게 그랬는데, 제가 자신 있게 이거 한국에서 왔을 때 우리 못 알아들었지만 그래서 내가 느끼는 건 진짜 친절한 분이에요. 저희 어머니하고 시아버지. 그래서 몇 년 지났다가 우리 사이 진짜 너무 좋았어요. 그래서 우리 집에서 누구 하

나 놀러 오면 우리 시어머니 집에서 전라남도 계신데 있는 거는 우리 집에서 다 보내요. 먹는 거나 뭐 이렇게 다 보내요. 음식이나 네. 다 내가 좋아하는 음식, 반찬 같은 거는 거기 집에서 다 해서 보내요. 딸들이 3명인데 딸들한테 안 보내고 저한테 보내요. 그래서 딸 나는 너무 미안하죠. 딸들이 받아야 하는데 저한테 와요. 그래서 먹는 거 먹는 거 걱정해서

"너 먹을 거 없을까 봐."

내가 음식 먹을 거 안 만들까 봐 내가 시골 갈 때마다

"나 이거 좋아해. 이거 좋아해."

그러는데 시어머니 저한테 보내요. 그래서 지금 어… 저기 남편 누나들이 우리 집에 오면 신기해해요.

"야, 너 이거 음식 어떻게 있어? 너 음식 못하는데 이 김치 어떻게 있었어?"

놀랐어요. 그래서

"시어머니 보내주셨는데요" 하면

"야, 우리 엄마는 안 보냈는데 너한테 다 보냈어!"

이렇게. (웃음) 그다음에 나도 아들 낳잖아요. 그래서 고기 같은 거 더 많이 보내주셨어요. 막 우리 남편 막내고. [조사자: 여자 셋에 막내아들이면 한국에서는 아들을 더 낳았으면 좋겠다고 많이들 생각하시거든요.] 네, 그래서 그래도 시어머니 집에서 시어머니하고 시아버지 집에서 설날이나 추석날 우리 집으로 와요. 그때는 몇 년 안에 시골 내려갔는데, 전라남도에 6시간 걸려요. 그래서 명절에 우리 6시간 내려가요. 우리 가족만 나하고 남편하고 아들 다른 분들은 시어머니 여기 계시니까 막 그렇게 했었는데, 몇 년 후에 시아버지, 시어머니 우리 집으로 와요. 명절 때마다. 몇 년 안에 제가 많이 배웠나 봐요, 음식하는 거. 내가 다문화센터에서 요리교실 있

어요. 몇 년 안 다녔는데 그래도 시간이 될 때마다 다녀요. 네, 한 달에 두 번? 있어요. 몇 년 안에 제가 계속 다녔어요. 그래서 많이 다녔었어요. 한국 음식을 집에서 지금 기회 있으면 명절 음식도 만들어요. 여기 집에서 다 와요. 우리 친척들 다 와요. 우리 집에 1년에 한 번씩. 저기 남편 누나들 3명, 남편 누나들 남편하고 그리고 남편 누나들 딸내미 2명씩. 내가 음식 많이 해서 많이 남아요. 하루 종일 많이 만들어도 기분은 좋아요. 필리핀에서는 음식 관심 있어요. 제가 잘 먹거든요. (웃음) 제가 잘 먹어가지고. (웃음) 그래서 뭐 이거저거 이렇게 좀 먹고 싶어가지고. 여기 와서 어… 며느리들이 얼마나 고생하는지 궁금해요. 나는 기대해요. 내년에 뭐할까? 이렇게 그래서 이렇게 남편 누나들이 나보고 고생했다고. 근데 나는 고생했는데, 그래도 음식 다 먹으면 기분이 좋아요. 음식 먹고 나서 이제 음식 갖고 싶다고. 그래서 이거 다 가져갔어요. 그래서 그거는 아, 내 생각에도 시어머니 계신데 도와주는데 대부분 제가 다 해요. 내가 해보고 싶어가지고 내가 해보고 싶었다고. 시어머니 많이 하니까 그때도 시어머니 있어서 고생 많이 하셨잖아요. 그래서 그냥 내가 하라고 하는데, 그래도 하루 종일 아침부터 하다가 아침에 밥해. 자기 해놓고 음식 어디서 어떻게 사야 되나 필리핀 음식도 섞었어. 제가 바나나이라고. 바나나이는 일반 여기 먹는 바나나 아니고 다른 바나나 있어요. 종류가 다른 거 있어요. 그래서 그거하고 튀김 같은 거는 있어요. 튀김하고 뭐 여러 가지 있어요. 그래서 우리 가족들이 좋아했다고. 음… 내가 고기도 그렇게 만드는데 맛이 다르다고. 그래서 왜 맛이 다르냐고. 똑같은 재료 했는데 근데 아마 내가 음식 같은 거는 좋아하나 봐요. 힘들지만 기뻐요. 마음이 그렇게 생각했어요. 그래서 우리 추석 하기 전에 지난번 추석 하기 전에 친척들 같이 이야기하고

"이번에 뭐 먹고 싶은 거 있어요?"

이랬는데, 아 그거 먹고 싶다고 이거 먹고 싶다고 했는데 잘 만들었어요. 저기 와서 막 너무 맛있게 먹어가지고 내가 좋죠. 제가 아마 음식 되게 좋아했나 봐요. 만든 거는 제가 잘 먹어가지고. 다른 분들이 진짜 이런 거 되게 싫어했거든요. 만난 시간도 또 싸우고 마음이 서로 안 돼가지고 그래서 싸우고 힘들고 설거지 많다고 막 그렇게 했거든요. 그래서 아마 내가 진짜 좋은 가족 찾았나 봐요. 만났어요.

▶ 배움을 활용하는 지혜로운 며느리

요즘에는 부모들이 걱정하니까, 나 없으면 어떻게 살아 이렇게 하니까 나도 부모교육 자주 가요. 교양문화센터에서 아이들 어떻게 이해해야 하는지, 시어머니하고 남편 어떻게 문제 있으면 해결해야 하는지 방법을. 우리는 이야기할 때 다 이해해야 해요. 그래서 공부는 요즘은 계속 시켜도 해도 아이들 안 들어요. 그리고 다문화센터는 공부는 필요 있죠. 진짜 부모들 선택해야 해요. 다문화센터 방법 알려주잖아요. 그러면 방법만 알려주잖아요. 그러면 우리는 선택해야 해요. [조사자: 선생님이 선택하신 거는 이해하고 포용해서 내가 내 자녀를 사랑해주고 포용해줘야겠다 이렇게 선택하신 거고. 그러면 다문화센터에서는 시어머니와의 갈등이나 그런 게 있으면 어떻게 해결하라고 알려줘요? 다문화센터에서는?] 우리 우리 다문화센터에서도 다른 데 하는데 이런 수업하면 시어머니도 이해해야 해요. 시어머니도 이해해야 하고 시어머니도 내 마음 모르고 이렇게 많이 안 했잖아요. 서로 좋은 시간 보내고. 이렇게 그냥 시어머니 뭐라고 하면 대답 어떻게 대답해야 하는지 그거는 좀 그렇게 했잖아요. 근데 나는 시어머니 편해요. 네, 편해요. 그래서 시어머니가 뭐라고 하면

"시어머니, 나는 이렇게 하면 좋겠어요. 근데 시어머니가 좋아해서

내가 아는 만큼이라도 해볼게요."

하고. 그래서 시어머니가 시어머니는 많이 계시니까 나는 또 해보고 싶어서 시어머니한테

"이런 방법은 어떨까요?"

하고. [조사자: 아, 시어머니가 어떤 방법을 알려주시면 선생님이 생각하시는 "제가 알고 있는 방법은 이건데, 같이 접목해서 해보는 건 어떨까요?" 하시는 편이고?] 그렇죠. 그러면

"그래, 알아서 해라."

그래요. 우리 시어머니도 이제 말이 그렇게 많지 않잖아요. 그래서 우리 남편이 잔소리가 많거든요. 진짜 많아요. 진짜 받들어요. (웃음)

▶ 한국의 교육관을 이해하기까지

[조사자: 그러면 지금 남편분은 어떤 일 하세요?] 남편분이 처음에는 몇 년 전에? 우리 남편 회사 다녔는데, 회사에서 조금 망가졌나 봐요. 그래서 친구들 만나서 인테리어하고 인테리어 배우라고 하고. 음… 네 사무실 있고 그냥 바로 있고 하니까 연결하면서 그런 일 했나 봐요. 그 친구가. 남편 그냥 파트너로. 내가 그렇게 알고 있어요. [조사자: 아, 그러시구나. 그럼 지금 선생님은 한국에서 일하고 계세요? 아니면 뭐 일하고 싶다고 생각하시거나 그러지는 않으세요?] 아, 제가 한국 오면서 3년 전에, 1년 전에? 아, 작년이구나. 영어 영어 선생님 했는데 그건 아이들이라서 그래서 천천히만 하면 괜찮아요. 어른들은 아니고. 어른들은 좀 힘들잖아요. 그래서 아이들이랑 같이 놀고 하면서 영어 하면서 이렇게 놀아요. [조사자: 그럼 혹시 자녀분한테도 필리핀어랑 영어랑 가르치세요?] 영어만 관심 있는데 배우기 싫어해요. 그게 문제예요. 지금 말할 때는 좋아하는데, 자기 쓰는 건 싫고 조금씩

하는데 내가 조금씩 하는데 말을 안 들어가지고 계속 계속 놀고 싶어. [조사자: 가정 안에서는 한국어를 주로 사용하세요?] 한국어. 그렇죠. 나도 한국에서 그런 생각 했거든. 살다가 한국어 많이 필요 있을 것 같아서 사람들 많을 때 힘들었잖아요. 그래서 한국어도 배워야 할 것 같아서 집에서 한국어 써요. [조사자: 이제 초등학교 갔잖아요. 초등학교 가서는 어떤 것 같아요? 아들의 학교생활이?] 초등학교 서류는 내가 못 알아들으면 남편이 해주니까 남편한테 이거 뭐라고 한 건지 알려달라고. 이거 신청해야 되는지. 가끔씩 학교에서 학부모 있어요. 남편이 학부모 그냥 학부모 가지 말고, 아니면 뭐 공개수업 공개수업 같은 거 있어요. 엄마들이 앞에서 수업하는 거예요. 그런 거는 괜찮을 것 같다. 응, 왜냐면 아이들도 엄마 필요하잖아요. 엄마 사랑받고 싶고 아무래도 엄마 없으면 아이들 좀 그렇잖아요. 그래서 나는 학부모는 이제 남편이

"이제 너는 불편할 수도 있으니까 너는 외국인이잖아."

그래서 우리 1학년 우리 아들 반 나만 외국인이거든요? 근데 우리 아이들은 외국인 얼굴 아니기 때문에 그래서 저기 어… 가족관계증명서 확인하더니 선생님 놀랐어요.

"어머, 어머니 외국인이신가요?"

하고. 그래서 네, 그래서 학부모 문화는 갈 수 없을 것 같은데 너무 불편한 것도 많고. 그래서 그런 게 많아서 남편도 갈 필요가 없다고 하니까. 무슨 일이 생기면 아니면 특별한 일 있으면 상담 꼭 받아야 한다고 하면 선생님 직접 가서 해야 될 것 같아서 우리 그렇게 했어요. [조사자: 그러면 학부모 회의는 따로 안 나가시고? 담임선생님하고 상담하시는 거는 필요하시면 하시고. 학급에서 그 엄마가 나가서 수업하는 그런 활동은 또 하시고. 그럼 뭘 가르쳐주세요?] 제가 부모들이 카카오톡에서 카톡방이 있어요. 그래서 아이들

뭐 특별한 거 있으면 엄마들이 막 알려줘요. 그러면 나도 보고 좋으면 대답하고, 꼭 대답해야 하는 거 있으면 대답하고. 그다음에 학교에서 봉사하는 거 있어요. 마미 밥하고 마미 폴리스 같은 거.* 그런 활동하고 다른 엄마 두 명하고 또 아마 1년에 3번? 4번? 같아요. 근데 몇 년 동안 우리 학교 가서 학교폭력 같은 거 이런 거 많이 생겼잖아요. 그래서 요즘에는 외국인 아이들 많아서 외국인 많잖아요. 그래서 학교가 경찰서 통해서 같이 활동했어요. 학교에서. [조사자: 아, 그러면 음… 혹시 그러면 아이들 학교에 엄마가 외국인이라는 걸 알리는 게 부담스럽거나.] 네, 안 알려줘요. 아이들이 근데 아이들이 직접 알려줘요. 아이들이

"야, 내 엄마 필리핀 사람이야. 영어 잘해!"

막 이래요. (웃음) 그래서 내가

"그렇게 말하지 말고."

그래도 아이들이 좀 신기했나 봐요.

"야, 그러면 너네 엄마 영어 알아? 너도 영어 알아?"

"아니? 나는 많이 안 배워."

이래요. 아들 필리핀 살고 싶대요. 필리핀 아이들 많잖아요. 학교 끝나고 이제 학원 같은 거 없어요. 학교 교육만 하고 집에 와서 바로 놀았잖아요. 일요일 토요일 놀고 티브이 보는 거는 아니고 밖에서 놀아요. 그래서 우리 아들 그렇게 좋아했나 봐요. 밖에 노는 거 게임도 좋아하지만, 어느새 없는 거예요. 집에 그래서 다른 댁에 혼자 있으니까 친구들 있을 때 같이 놀고 있고 친구들이 없으면 우리 동네에서 시간 없으면 집에서 티브이 보거나 아니면 핸드폰 보거나 그렇게 해요. [조사자: 아, 형제가 없으니

---

* 등하굣길을 지도하는 어머니회 모임

까 아무래도 혼자서 보내는 시간이 좀.] 그래서 나 토요일날 나가고 일요일날 나가고.

▶ 교육관 차이: 극성 남편 vs. 태평한 아내

[조사자: 남편분이랑 사이가 되게 좋으신가 봐요.] 아, 제가 네 처음에는 힘들지만 우리 서로 힘들지만, 그래도 포기하는 거는 내가 한 번도 생각 안 했어요. 그래서 그랬다가 나도 이거 안 좋은 말 많이 받고 아프지만, 그래도 이해하고 그래서 화가 나기도 하고 그랬죠. 아기들 안 보는 데서 우리 둘이서만 있을 때. 그래서 화가 나면 우리 둘이 했죠. 그래서 부부가 했는데 아마 보고 다 그랬나 봐요. 그래서 우리 둘이 사이 남편이랑 같이 이야기하고. 난 이렇게 계속하면 힘들다고. 차라리 계속 이렇게 하면 우리 차라리 따로따로 살자. 이렇게 하면 남편이 아니거든요. (웃음) [조사자: 그러면 남편이 "안 돼"라고?] 네. 그래서 화날 때 집에 가야 되겠다 이렇게. 아마 처음에는 힘들지만 우리는 마음 서로가 안 돼서 시간 지나서 괜찮았어요. 요즘은 그래서 진짜 옛날보다 많이 좋아졌어요. [조사자: 혹시 다투시면 어떤 문제로 다투셨어요? 싸우시면.] 아기 때문에요. 아기 키우는 거는 방법 우리 서로 달라서 내 문화랑 남편 문화랑 달라서. 나는 이렇게 좀 자연스럽게 하고 싶어. 놀아, 놀아, 계속 놀아. 이렇게. 나중에 넌 자기 크면 못 놀아. 나도 그렇게 했잖아요. 그래, 놀아. 1학년 해도 그때도 이거 하고. 그래서 남편이 수학학원 이거 학원 보내고 싶은 거예요. 근데 아기가 안 가. 안 가고 싶어. 안 가고 싶어. 그래서 남편이

"그래, 운동만 해라."

했는데 운동했어요. 근데 운동 매일 가니까 싫어했어요. 그래서 남편이

"넌 뭐할까?"

하는데, 저는 일단 냅둬. 1학년이니까 1학년이니까 좀 시키자 좋아하는 거.

어차피 우리도 좋아하는 것도 있지만 아이한테 시키고 싶지만, 아이가 안 따라와. 막 갔다고 해서 간 줄 알았는데, 거짓말해서 사실은 안 간 거야. 애들 다 똑똑해요. 티브이 보면서 이런 거 나와가지고 그래서 아이가

"엄마가 계속 그렇게 하면 난 계속 그렇게 할 거야!"

그랬어요. 아이들 진짜 똑똑해요. 1학년인데. 그래서 안 가고 싶으면 안 가. 난 안 시킬 거야. 난 한 번도 안 시켜요. 근데 남편은 막 수학 이거 잘하고 싶다고 하는데, 내가 보기엔 아니 옛날에 남편도 아마 시골에 있으니까 이거 하고 싶어도 안 됐잖아요. [조사자: 아, 못한 게 많으셨구나.] 네, 그래서 그렇게 했나 봐요. 그래서 여기는 학원 있으니까 너 알고 싶은 것들 다 마음대로 하고 이거 주고도 하고 싶으면 하라고 한 거예요. 근데 아기가 놀고 싶어. 그럴 때마다 싸워요. 교육하는 거는 그냥 이해하고 사람 만날 때하고 특별한 거. 이제 한국에서는 반 안에 누가 1등 이제는 누가 2등, 누가 3등 그런 거 없잖아요. 네. 그래서 그거 말하고. 이제 없어졌으니까. 근데 애들만 학교에서 빨리 할 수 있게 이렇게만 하니까. 근데 요즘 1학년 그렇게 없어요. 네. 그래서 아마 내가 들어봤는데 1학년, 2학년 아이들이 그냥 자연스럽게 공부시킨다고 했어요. 아마 그렇게 걱정 안 하는데, 남편이 그렇게 걱정하나 봐요. 내가 아는 거는 그냥 자연스럽게 크면서 그때

'내가 아 나 이거 밀리는구나. 내가 이거 해야 되겠다.'

그때 이제 그렇게 하면. 나는 그냥 자연스럽게 크라고. 스트레스받지 말고 그냥 놀아, 이렇게인데 남편은 계속

"너가 이렇게 놀아라고 놀아라고 하면 아이들 계속 평생 이렇게 놀 거야."

나중에 선생님이 뭐라고 하면 뭐하고 하고 따라와 이렇게. 아이들이

우리도 마찬가지잖아. 선생님이 이거 하라 이렇게 했는데 이거 못 하면 우리는 우리는 못 도와주는데 선생님이 도와주는데, 근데 이렇게 나는 그렇게 구니까 항상 그렇게 너무 급해요. 처음에는 내가 반대해서 처음에는 이렇게 엄마들이 만나면 그렇게 계속 이야기했어요.

▶ 아들, 공부의 그늘에 갇히지 말자

[조사자: 아, 엄마들은 그렇게 아이들 학원 보내고 그러는 거 싫으시다고?] 들어보니까, 어떤 학원은 보니까 몇 년 된 건데 보니까 실제 아이들 얼마나 잘한다. 막 그렇게. 나도 스트레스받았어요. 나도 아기 하나인데 하나 아기인데, 아기 그냥 잘될 거라고, 너가 하고 싶은 대로 하라고. 어차피 이렇게 하면 내가 내 생각은 나중에 어차피 배운 수학은 안 써. (웃음) 살면서 그냥 필요한 거 아니고 정말 간단한 거만 시험 내요. 그런데 근데 그런 엄마가 우리 아기가 너무 자랑스러워. 그 잘하는 게 너무 우리 아기가 자랑스러운 거예요. 막 자랑하고 싶어가지고. 그래서 우리 애들한테 내가 이야기했어요.

"나는 우리 엄마, 아빠는 사랑해서 다 해주고 싶지만 너가 알아서 해. 왜냐면 우리는 너무 시키고 싶지만 너가 안 따라오잖아. 어차피 너는 거짓말하고."

어쩔 수 없는 거예요. 그래서 아기가

"엄마, 나는 이거 너무 다니기 싫어."

"왜?"

"나는 그렇게 관심 없어서 관심 없는데 어떻게 하라는 거예요."

집에 들어가면 스트레스받고 엄마한테 거짓말. 엄마한테 다 미워요. 나도 학원 다녔는데 아이들 하기 싫어요. 그래서

"왜 하기 싫으냐고. 너 지금 학원 다니잖아?"

하니까 아이들이

"아냐, 내가 하고 싶어서 온 거 아니야. 엄마가 보내서 온 거예요. 잘 하고 싶다고, 엄마가 나는 이렇게 하면 좋겠다고. 근데 나는 싫어해요."

그러니까 선생님 얼마나 힘들어요.

[조사자: 아, 학원 강사를 또 해보셨으니까 아이들이 학원 와서 하기 싫어 하는 거를 또 보셨고, 그러니까 또.] 아이들이 와서 놀아요.

"엄마 돈 필요 없어요."

이래요. 엄마 돈 있지만 이거 시키고 배우라고 한 거예요. 근데 나는 엄마 돈 필요 없어요. 엄마 사랑 필요 있어. 엄마 이해 필요 있어. 근데 막 이런 아이들이 진짜 너무 감동해요. 엄마들이 이해 안 했대요. 공부시키려고 하고. 근데 한국에서 엄마들이 나쁜 교육 많이 했잖아요. 좋죠, 그거 얼마나 좋은데. 근데 네 아이들 하기 싫은데 그렇게 시키니까 나는 아이들이 그냥 경험. 공부하고 있는데 다니는데 근데 사실은 공부 안 하고 다른 곳에 간 거야. 그런 경험 재미있게 이렇게 나눠주면 좀 좋잖아요. 근데 여기서 다 공부. [조사자: 경험하는 거 다양하게 경험하는 것보다 공부해라 공부해라 하는 게 필리핀에서는 그러면은.] 요즘에는 좀 그랬는데 아마 좀 반반? 그렇게 했던 것 같아요.

▶ '더 나은 삶'보다 '함께하는 삶'을 선택하다

[조사자: 혹시 그러면 아들이랑 같이 필리핀도 방문하고 그러시나요?] 네. 2012년? 한번 갔다가 남편이랑 여기는 내가 남편이 갈 수 없으니까 나는 혼자서 불편한 거 어떻게 제가 그냥 했어요. 여기 나갈 때. 그때는 한국말 좀 안 돼서. 그래서 2015년, 2016년인가 갔다 왔어요. 아기 네, 그때 좋

아했나 봐요. 아기가 그래서 필리핀 살고 싶대요, 아빠 버리고. (웃음) [조사자: (웃음) 혹시 그러면 진짜로 계획은 안 하세요? 여기 한국 아이들은 필리핀으로 유학도 가거든요. 영어나 이런 거 가르치려고. 선생님도 혹시 생각 있으세요?] 음… 제가 만약에 우리 아이들 필리핀 가르치고 싶으면 우리 가족 다 가야 돼요. 남편이랑 이렇게 여기 남편 남겨지면 뭐 집에서 누가 해야 되잖아요. 밥 해야 되고 피곤하니까 집에 오면 발 뻗고 쉬고 하는데, 아기만 보내면 안 되잖아요. 나하고 아기만 그래서 다 해야(가야) 돼요. 한 다른 친구들이 그렇게 했지만 난 그렇게 하고 싶지 않아요. 다 다 같이 가야 돼. [조사자: 아, 그럼 다른 친구분들은 자녀만 보내기도 하고.] 엄마하고 자녀만 계시고, 아빠는 여기 한국에서 계시고. 주변에 친구들 통해서. 근데 나는 그렇게 하지 않아요. 남편 떨어지면 아기 보고 싶잖아요. 매일 이렇게 하고 싶잖아요. 그리고 지금은 아직 어려서 일단 일단은 한국에서 음… 학교 다니고, 나중에 돈 진짜 있으면 고등학교 여기 안 했잖아요. 아마 고등학교 저기서 하고 싶으면 많이 크면. 편하게 할 수 있게 난 우리도 여기 와서도 혼자서도 괜찮고 왔다 갔다 할 수 있게 해야 할 것 같아요. 지금은 안 돼요. [조사자: 아, 너무 어려서. 그럼 나중에 혼자서 오갈 수 있는 정도가 되면 그때는 뭐 생각해볼 수 있겠지만, 지금은 너무 어려서?] 우리 남편도 이렇게 하고 싶지 가서. 근데 처음에 가서 우리 남편은 한국 사람이라서 우선 일이 많은지, 날씨도 많은지 이렇게 고민이잖아요. 날씨가 항상 더워 항상 더워서 힘들어해서. 그렇죠, 힘들죠. 처음 갔더니 힘들다고 해서 일도 직장도 잡을 수가 없을 것 같다고 그런 생각도 있죠. 그래서 들어가면 사업하거나 그래서 같이 가야 해. 나도 나중에는. [조사자: 아, 그래도 고민은 해보셨구나. 가족들 다 같이 필리핀에 가가지고 거기서 남편분은 사업하시고, 그렇게 해서 아기 키우고 그런 것들을 고민을 해보셨는데 지금은.] 지금은 아니

고. [조사자: 그러면 남편분이 필리핀에 가시면 날씨 말고 뭐 다른 거 혹시 힘들어하거나 그런 거 있으세요?] 아뇨. 없어요. 먹는, 아니 음식 같은 거는 내가 여기서 항상 했거든요.

"이거 먹어봐, 이거 먹어봐."

라고 했는데 그래서 먹을 수 있대요. 그래서 일주일 한 번? 했고 그래서 익숙해졌는데, 이건 먹을 수 있다 아니면 다른 거는 이건 안 맞다 이렇게 했는데 익숙해야 해서

"나중에 가면 이 음식 내가 만들어볼게."

하고 그래요. 그리고 아기는 상관없어요. 아기는 다 먹어요. 매운 것만 안 먹고. 근데 아마 나중에는 바뀔 수도 있으니까 그래서 남편도 이제 괜찮아요. 날씨만 좀 그래. [조사자: 다문화센터에서 춤 하는 거. 전통춤 같은 거 하시는?] 전통춤 하고 있어요. 그래서 한 달에, 아니 일주일에 두 번이나 연습해요. 그래서 이번 13일도 저기 공연 나가고, 22일도 공연 나가고 이렇게 하니까 연습할 시간이…. 베트남, 인도, 발리 이렇게 하고 있어요. [조사자: 아, 필리핀도 하면 좋을 텐데.] 아, 필리핀 춤은 친구들 친구들이 다 베트남이라서 베트남분이라서 따라갈 수가 없어요. (웃음) 스타트가 좀 복잡해서 그래서 좀. (웃음) 인도, 작년에 인도 많이 나갔어요.

▸ 안정적인 삶을 위한 공부

[조사자: 사회통합 프로그램은?] 사회통합 프로그램 5단계까지 그 시험이 너무 어려워가지고 어려워가지고 1년 동안 공부해서 3단계부터 5단계까지 1년 동안 공부했었어요. 학교 갈 때도 아기 들고 가요. 시간이 안 맞아가지고. 가면 또 선생님 보는 아기 있어요. 선생님 아기 보고 우리는 공부하는 거예요. 자녀가 어린 분들은 데리고 와서 그렇게 힘들었어요. 그

래서 5단계 끝나고 나서 이제 또 실용시험 하고 싶은데 몸이 피곤했나 봐요. 나도 생각해서 더 이상 공부하고 싶은데 몸이 안 따라가요. 제가 아마 지금도 낮아요. 그렇게 힘들었나 봐요. 5년 동안 계속 공부해서 사회 공부도 해야 되고. 그리고 가족 언어도 해야 되고, 문 어떻게 저기 해야 되고. [조사자: 가족 관계를 어떻게 해야 되나? 네. 가족 관계를. 그게 제일 힘들거든요.] 잘해도 그분들이 잘하지만 그래도 내가 그대로 그런 표현 계속해야 되잖아요. 내가 몇 년 계셔도 한국에서 내가 잘한 거도 자랑하고 보여주면 안 됐잖아요. 그래도 그대로 있어야 그분들이 좀 여기 몇 년 계셔도 그런 모습 계속 보고 있고. 나도 그런 거 이상 안 하고 싶은데. 그래도 그거도 조심히 해야 되고. 내 생각은 내가 안전 안전하게? 살고 있어요. 여기서. [조사자: 아, 안정적으로?] 안정적으로. 안정적으로 살고 계신 큰 문제 안 해도 되고, 문제 있을 때마다 빨리 해결하고 큰 문제까지는 안 가고. 이렇게 하니까 스트레스는 받지 않게 그거는 몸이 좀 그랬잖아요. 스트레스 계속 받으면 몸도 안 좋고 그렇게 하니까 건강하게. 건강 저기 음식 먹고 이렇게 하니까 안정적으로 안정적이기는 뭐 그렇게 이렇게 살고 싶어요.

8장

효녀 심청으로 살아온 한국 생활

연구참여자는 베트남에서 4남매 중 장녀로 태어났다. 부모님이 운영하는 마트에서 일을 도우며 어린 시절을 보냈다. 친한 언니가 한국 남자와 결혼하면서 국제결혼에 관심이 생겼다. 한국 남자와 결혼해 새로운 삶을 영위하며 부모님께 경제적 도움을 주길 꿈꿨다. 결혼정보업체의 단체미팅에서 남편을 한 번 만난 후 결혼을 결심했다. 한국에 온 뒤 다문화이해강사를 하며 틈틈이 아르바이트하는 등 돈 버는 일에 집중했고, 일에만 몰두했다. 저축한 돈으로 베트남 부모님 집을 새로 지어드릴 만큼 그녀는 쉬지 않고 일했다. 그러나 친정 식구를 돕는 일은 끝나지 않고 계속되었다. 병환으로 한국에 모셔온 친정어머니의 병원비 때문에 그녀는 현재 남편과 시어머니에게 미안한 마음으로 눈치를 보며 생활하고 있다. 이러한 상황 때문에 연구참여자는 지쳐가고 있지만, 다행히도 한국에서 만난 양엄마 덕분에 많은 위로를 받으며 생활하고 있다.

[주제어] 결혼이주여성, 베트남, 경제활동, 친정 부양, 효녀, 친정엄마, 양엄마

1.
한국 남자와 한 번의 만남 후 결혼하다

나의 고향

나의 고향은 베트남의 바닷가 근교 시골 마을이다. 대도시 호찌민에서 차로 5시간 정도 걸린다. 베트남에 거주하는 54개 민족 중 킨족*이 가장 많은 수를 차지한다. 나 또한 킨족이다. 부모님은 집 앞 전통시장에서 마트를 운영하셨고, 나는 어릴 때부터 채소나 과일 파는 일을 도왔다. 고등학교를 졸업하고 바로 한국으로 들어왔기에 학교 끝나면 쉴 새 없이 부모님을 도운 것이 베트남에서의 기억의 전부다.

국제결혼을 결심하다

친한 언니가 한국 남자와 결혼하기 전까지 한국에 대해 전혀 몰랐고 한국 남자와의 결혼도 생각해본 적 없다. 언니 얘기를 들으며 한국에 대해

---

* 킨족은 '베트남인' 또는 '비엣족'으로 불리며 베트남의 북쪽에 거주하는 아시아계 민족이다. 베트남과 인접한 중국의 남부지방에도 거주하는데, 중국에서는 '경족'이라고 부른다. 킨족은 베트남 인구의 약 86%를 차지하며 중국에는 약 2만 2천 명이 거주하는 소수민족으로 분류된다(두산백과).

조금씩 아는 것이 생겼고 한국 남자와의 결혼에도 관심이 갔다. 나 스스로 결혼정보업체를 알아보고 등록했다. 한국 남자와 결혼하면 새로운 인생을 영위할 수 있고 베트남 생활보다 편하리라 생각했다. 또한 경제적으로 부모님을 도와 효도할 수 있을 것 같았다. 고등학교 졸업 직후 스무 살에 결혼했다. 이 모든 것이 무언가에 홀린 듯 일사천리로 이뤄졌다.

한국 남자와 한 번의 만남 후 결혼하다

베트남의 결혼정보업체가 주선한 자리에서 남편을 처음 만났다. 한국 남자 3명과 베트남 여자 44명이 만나는 미팅이었다. 내겐 마음에 드는 남자가 있었다. 그 남자는 잘 웃고 성격이 밝았다. 반면 남편은 첫인상이 까다로워 보여 불편했다. 그런데 맘에 드는 남자는 나를 선택하지 않았고, 지금의 남편이 나를 택했다. 원하던 사람이 아니어서 섭섭했다. 엄마에게 남녀관계에서 이럴 때 어떻게 하면 좋을지 물었다. 엄마는 내가 좋아하는 사람보다 나를 좋아해주는 사람과 결혼하는 게 좋겠다고 했다. 나는 남편의 선택을 받아들였고, 고민 끝에 만난 지 일주일 만에 결혼을 결심했다. 그때까지 부모님은 내가 만난 사람이 한국 남자라는 걸 몰랐다. 결혼해서 한국에 가겠다고 말하니 부모님은 반대하셨다. 하지만 한국에 가고 싶은 마음이 간절했다. 일주일 후에 결혼하기로 마음을 먹었다. 결국 내 의지대로 결혼을 강행했고 3개월 후 한국에 도착했다. 내가 한국에 들어올 때는 결혼이주여성들이 이제 막 입국하기 시작한 초기여서 인터뷰와 시험 절차 없이 바로 들어올 수 있었다.

2.

베트남 가족에게 할 만큼 했다

한국에 적응해가다

베트남에 있을 때 학원에서 한국어를 잠깐 배웠다. 한국에 온 후 다문화가족지원센터에서 한국어를 다시 배우고 한국어능력시험 4급을 땄다. 그때는 국적도 거주 3년이 되면 바로 받을 수 있었다. 이름은 좋아하는 가수 장윤정으로 하고 싶었는데 남편이 나의 성에는 다른 이름이 더 어울린다고 해서 마음을 바꿨다. 다른 사람들은 돈 내고 이름을 짓는다고 하던데 우리는 그냥 우리가 좋은 이름으로 정했다. 베트남에 있을 때 종교는 불교였는데 한국은 교회가 많고 절이 먼 곳에 있어 잘 못 가게 되니 자연스럽게 멀어진 것 같다. 반면 한국에 오니 많은 것을 배울 수 있어서 좋았다. 특히, 꽃꽂이, 바리스타, 네일아트와 같이 자기계발을 할 수 있는 것을 배우는 것이 재미있었다. 남편은 형제가 6명으로 각자 뿔뿔이 흩어져 살고 있어 1년에 한 번씩 만난다. 괜히 트러블 생기는 것이 싫어 깊은 이야기는 하지 않는 편이다. 나에 대해 불만이 많고 안 좋은 얘기를 한다고 들은 적이 있어 지금은 그때그때 할 이야기만 하고 즐거운 분위기를 만들려

고 노력한다.

슈퍼맨같이 일하다

나는 평소 오전 6시에 일어난다. 아이들을 등교시킨 후 다문화이해 강사로 일하고, 퇴근 후 가족들의 저녁 식사를 준비한다. 시간이 되면 종종 아르바이트를 하기도 한다. 다문화 강사단은 러시아, 몽골, 베트남, 필리핀 강사가 한 팀을 이룬다. 강의는 주로 초등학교 교실에서 베트남 문화 설명 40분, 강당에서 베트남 음식을 만들어 시식하는 체험 40분으로 구성된다. 강의는 한 번에 2시간 정도 진행하고, 하루에 2~4시간 정도 일한다.

아르바이트 자리는 구인·구직 사이트에서 단기 계약직으로 구한다. 그동안 여러 가지 일을 해왔다. 우선 한국관광공사에서 진행하는 설문지 조사하는 일을 했다. 한 달에 세 번 인천공항에 나가 한국에 여행 온 베트남인을 대상으로 설문조사를 하는 것이다. 경찰서의 요청으로 베트남어 통역도 했다. 경찰서에 온 베트남인의 소통이 어려울 땐 통역이 필요하다. 요청이 자주 들어오지는 않지만 자주 들어오는 것도 좋지 않은 일이라 생각한다.

한국 제사 음식 전문점에서 음식을 포장하는 일도 했다. 베트남 음식을 만들어 팔기도 하고, 베트남 음식 조리법과 음식 사진으로 책 만드는 작업도 했다. 베트남 대표 설음식인 댓커리우, 모둠 과자인 빵떽 등 베트남 가정에서 먹는 다양한 음식을 만들고 사진을 찍었다. 기업이나 공공기관이 다문화가족지원센터를 통해 요청하면 베트남 음식을 만들어주는, 일종의 출장 음식 서비스도 했다. 예를 들어, 베트남 사법연수원 사람들이 한국 사법연수원에서 연수받는 3개월 동안 베트남 음식을 제공했다. 한국 음식만 먹는 것이 힘들거나 베트남 음식이 그리울 것을 고려한 것이다.

이렇게 바쁘게 일하다 보니 놀 시간이 없고 놀고 싶다는 마음도 들지 않았다. 가끔 내가 슈퍼맨이 된 거 같다. 돈 버는 일이라면 이것저것 정신없이 한다. 덤프트럭 운전기사인 남편은 개인사업자라 딱히 쉬는 날이 정해져 있지 않다. 평일에 쉬기도 하고 주말에 일할 때도 있어 같이 시간 맞춰 놀러 가기가 쉽지 않다. 돈 들어갈 곳이 많아 둘 다 열심히 일하고 있다.

맏이로서 베트남 식구들을 챙겨주고 싶었다

나의 베트남 가족은 부모님과 여동생 하나, 남동생 둘이다. 베트남에서 부모님은 남동생들과 같이 살고 있다. 예전엔 과일과 채소를 파는 가게를 했다. 딸들이 결혼해 한국에 온 후 도와줄 사람이 없어 문을 닫았다. 부모님 연세도 있고 고생을 많이 하셔서 쉴 때가 되었다고 생각한다. 여동생은 내가 한국에 온 후 5년 뒤 한국 남자와 결혼했다. 여동생은 네 살, 다섯 살 어린 자녀를 돌보느라 돈 버는 일은 하지 않는다. 첫째 남동생은 스무 살에 한국에 와 취업비자가 만료될 때까지 용접일을 하다가 지난해 겨울 베트남으로 돌아갔다. 현재 미혼이고 베트남으로 돌아간 지 얼마 안 되어 베트남 생활이 낯설고 어색하다고 했다. 9년 동안 한국에서 살았으니 적응 기간이 필요한 것 같다. 지금은 집 옆에 게스트하우스를 지어 세를 납부하고 관리하고 있다. 한국에 다시 오고 싶지만, 곧 막내 남동생이 결혼할 예정이라 부모님만 외롭게 베트남에 남겨둘 수 없어 못 오고 있다. 막내 남동생은 베트남 여행 가이드로 승용차로 손님을 모시는 일을 하고 있다. 내가 맏이라서인지 동생 결혼을 챙겨주고 싶고 돈을 벌어 부모님께 효도하고 싶다.

베트남 가족에게 집을 지어주다

지난해 베트남 부모님 집을 새로 지어드렸다. 건물구조와 인테리어를 다 바꿨다. 15년 전 허름했던 집이 완전히 다른 집이 되었다. 인테리어를 할 때 내가 한국에서 배운 아이디어가 있어 일하는 분들에게 요청했다. 텔레비전 등 헌 가전제품은 동생들을 주거나 폐기하고 모두 새로 구입했다. 그릇, 반찬통, 냄비도 전부 한국에서 가져갔다. 베트남에서 구하기 힘든 귀한 인삼도 한국에서 사 집에 들여놓았다. 작년에 집들이를 가보니 그동안 열심히 번 돈으로 베트남 부모님 집을 장만해드렸다는 게 뿌듯했다. 여동생과 첫째 남동생이 조금 보탠 것을 제외하면 대부분 내가 모은 돈으로 새집을 지은 거다. 나는 베트남 가족에게 할 만큼 했다고 생각한다.

내 맘을 몰라주는 엄마가 야속하다

친정엄마는 한국에 두 번 오셨다. 2012년에는 3개월, 2016년에는 4개월 동안 계셨다. 이번 2016년에는 사고 후유증이 있어 한국에서 척추 수술을 받기 위해 오셨다. 엄마가 아프셔서 속상하지만, 한편으론 엄마와 마음이 통하지 않아 지내기가 답답하다. 엄마와 마음이 맞지 않는 일이 많다 보니 예전 베트남에서의 엄마가 아닌 것 같다. 내가 원인인 건지, 엄마가 늙은 탓인지, 아니면 내가 한국 생활에 너무 익숙해진 건지 이유를 모르겠다. 지금도 엄마 때문에 많이 힘들다. 엄마가 아파서 짜증을 내시는 걸까. 내 마음을 잘 모르겠다. 언제까지 계속할 수 있을지도 잘 모르겠다.

척추 수술을 한 후 의사선생님이 반드시 운동해야 한다고 하셨다. 그런데 엄마는 운동하지 않았다. 몸이 아파 귀찮을 수 있지만, 운동할 의지가 없어 보였다. 보통 아프면 건강해지기 위해 몸에 좋은 것을 챙겨 먹고 운동도 열심히 하는 등 노력하기 마련인데, 엄마는 아프면 그냥 죽겠다고

말했다. 아픈 걸 치료하는 것이 한국에 온 목적인데, 통증이 있으면 무조건 치료 안 받겠다며 베트남 집에 보내달라고 울고불고 보챘다. 아직 해야 할 치료가 많이 남았는데도 보내달라, 여기서 못 산다며 난리를 치셨다. 약도, 밥도 안 먹고는 힘이 없다고 했다. 나는 엄마가 건강해지길 바라는데 엄마가 따라주지 않아 마음이 아프다.

엄마는 병원비가 얼마나 많이 나오는지도 몰랐다. 내가 힘들어하는 걸 알고 아무 불만을 표하지 않는 남편에게 미안한 마음이 들었다. 시어머니는 친정엄마 때문에 병원비가 많이 나간다며, 아들 고생시킨다고 내게 잔소리를 하셨다. 시댁 식구들 모두에게 눈치가 보였다. 그런데도 친정엄마는 얼마나 딸이 고생하는지, 돈이 얼마나 많이 들어가는지 알아주지 않아 섭섭했다. 병원비가 굉장히 많이 나왔다. 원래는 더 나왔는데 양엄마 덕분에 몇백만 원이 줄었다. 게다가 부모님은 보험도 안 되었다. 다문화가정은 20% 감액 혜택을 받을 수 있지만, 부모님은 적용되지 않아 100% 다 내야 했다. 여동생과 내가 반씩 나눠 냈고, 그 빚을 아직 다 갚지 못했다.

팔순 시어머니는 아직 건강하신데, 이제 62세인 엄마는 시어머니보다 더 나이 들어 보이고 여기저기 아프다고만 했다. 또한 베트남의 이모와 외삼촌은 꾸준히 일을 해왔고 지금도 건강하신데, 우리 엄마는 7남매 중 일곱째인 막내로 이쁨받고 자라셨고 일을 안 해서인지 여기도 아프다, 저기도 아프다 한다. 자주 아픈 사람들이 있는 것 같다. 한국에 오실 때마다 치료할 데가 많아 그동안 여러 검사를 많이 받았다. 여동생은 아이가 어려서 주로 내가 엄마를 간호했다. 나도 힘이 들어 몸살이 나고 백내장 수술까지 했다. 나는 간호 외에도 할 일이 많다. 가끔 쉴 시간이 있어야 하는데, 쉬는 시간에는 또 아르바이트하러 가야 한다.

내게는 의지되는 양엄마가 있다

내겐 대한적십자사에서 맺어준 양엄마가 계시다. 양엄마는 한국 사람으로 인연을 맺은 지 6년이 됐다. 베트남에서 나보다 늦게 온 이주여성과 셋이 그룹으로 연계되어 있다. 그래서 우리를 '첫째 딸', '둘째 딸'이라고 불렀다. 내가 첫째 딸이다. 나와 가까운 곳에 살고 계셔서 고민이 있거나 답답할 때마다 양엄마를 찾아갔다. 서로의 일상이 궁금하거나 어려운 일이 생길 때면 만나서 대화하고 맛있는 음식을 먹고 여기저기 구경도 다녔다. 내 일을 자기 일처럼 여기며 많이 도와주셨다. 우리 아이들을 돌봐주거나 친정엄마가 치료받을 병원을 알아봐주고 병원까지 동행해주기도 했다. 병원비를 깎아달라는 부탁도 대신 해주었다. 양엄마가 계셔서 의지가 된다.

일상을 사진으로 기록하다

나는 모든 일상을 사진으로 남기고 있다. 애들이 학교에서 활동하는 모습, 다문화이해강사 활동하는 모습, 전통 놀이하는 모습, 심지어는 병원에서 수술한 모습까지도 찍어놓았다. 어느 병원에서 수술했는지, 어떤 수술을 했는지 동영상을 찍고 카테고리를 만들어 컴퓨터에 저장해두었다. 아들이 중학교 2학년, 초등학교 6학년인데 아이들이랑 놀러 다닐 때도 사진을 찍었다. 큰애는 야구를 좋아해서 유명한 야구 감독 ○○○이랑 찍은 사진도 있다. 그런데 막내아들은 요새 사춘기라 그런지 사진 찍는 것을 싫어해서 어떨 때는 아들 몰래 찍기도 했다. 예민한 시기라 강요하지는 않는데 가끔 섭섭할 때가 있다. 주말에는 가끔 친구들과 쇼핑하고 산이나 분위기 좋은 곳으로 놀러 가기도 했다. 예전에는 다문화센터에서 하는 전통춤 행사에도 참여하고 전국대회에 나가 1등을 해서 200만 원을 상금으로 받기도 했다.

3.
전사록 요약

〈연구참여자 정보 및 특성〉

출생연도	1984년생	이주연도	2003년
국적(이주 전/현재)	베트남	학력	고졸
가족	남편, 아들 2	직업	다문화이해강사

▸ 다문화이해강사 일을 하다

[조사자: 선생님께서는 결혼정보업체를 통해 지금 남편분 만나셨다고 하셨잖아요. 한국 남자랑 결혼해야겠다고 생각한 이유가 있으세요?] 효도하려고. 부모님한테 효도하려고. [조사자: 한국에 오면 부모님한테 효도할 수 있다고 생각하셨구나. 어떻게?] 언니가 한국 남자랑 결혼한 언니가 있었어. [조사자: 그전에는 한국에 대해 잘 모르셨고.] 전혀 몰랐어요. 그리고 한국에 오면 좋잖아. [조사자: 와보니까 정말 좋으세요?] 좋아. [조사자: 어떤 게 좋으세요?] 배우고 싶은 게 있으면 가르쳐주는 데도 많고. [조사자: 어떤 거 배우고 계세요?] 꽃꽂이도 배우고. 바리스타도 배우고. (사진을 보여주기 시작함)

[조사자: 이건 뭐예요? 아~ 네일아트? 네일아트도 하시고, 꽃꽂이도 1년 넘게 하시고, 바리스타도 하시고, 그다음에 베트남 음식 만들어서 파는 것도 하시고, 그런 거죠?] 네. 연구소 나가는 것도 있고. 연구소에서 책으로 만드는 거 있잖아요. [조사자: ○○시 연구소에서 베트남 음식 어떻게 만드는지 레시피하고 사진 찍어가지고 책으로 만드는 작업도 함께하셨고.] 네. [조사자: 지금 초등학교 가시면서 다문화 강사 하고 계시는 거고.] 네. [조사자: 다문화 강사는 한 번 나갈 때 2시간 정도씩 하시는데 러시아랑 몽골이랑 베트남이랑 필리핀이랑 이렇게 한 팀으로 다니시면서 20분씩 아이들이 체험할 수 있도록 하는 거고요.] 체험만 20분. 수업은 40분이요. [조사자: 40분 수업을 한 다음에 체험을 20분 하는 건가요?] 원래는 한 곳에는 40분 수업하고, 한 교실은 40분 더 체험하고, 시식이 있어서 시식도 하고 그러는 거고요. [조사자: 평소에는 교실에서 40분씩 수업을 하시는 건가 보다. 그렇죠?] 네. 강당에서 하는 것 20분. [조사자: 아, 강당에서 20분씩 몽골, 필리핀, 베트남, 러시아 이렇게 해서 20분씩 체험하는 것은 강당에서 하는 거고, 평소에는 교실에서?] 네. [조사자: 40분씩, 40분씩 이렇게 하는 거 맞죠? 한 번은 베트남 문화 설명하시고, 또 한 번은 베트남 음식 만들어가지고 나눠 먹는 것, 시식하는 것 이렇게 하시는 거고.] 네. [조사자: 하루에 적으면 2시간씩 하시고 많으면 4시간씩 하시고.] 네. [조사자: 요청이 있을 때마다 하시고. 10월은 일이 많으셨어요. 그렇죠?] 네.

▶ 베트남 음식을 만들고 책을 만들다

이거. 댓커리우. [조사자: 댓커리우라는 장조림~! 이게 뭘로 만드는 거예요?] 돼지고기랑 계란. [조사자: 돼지고기랑 계란을 넣고 간장 같은 걸로 조리는 건가요?] 네. [이것도 설날에 꼭 먹는 음식이에요?] 네. 꼭 있어야 돼요. [조사자: 뭐 의미 같은 게 있어요?] 의미는 없는데 풍습 같은 거예요. [조사

자: 풍습? 아~~ 댓커리우랑 빵떽이라는 거랑 그 과자 그거.] 모둠 과자. [조사자: 그것도 보니깐 종류가 되게 많던데 그걸 하나씩 만드는 거네요. 전부 다?] 그게 옛날엔 다 만들었는데 요즘은 그냥 사 먹어요. 귀찮아. [조사자: 그냥 사 먹어요? 하하하. 힘들죠. 그게 종류가 많더라고요. 이거는 직접 찍으신 거예요? 이걸 직접 다 만들어서?] 네. 직접 찍은 거예요. 다 만들었어요. 이거는 라면볶음. [조사자: 집에서도 평소에 가정에서도 이런 음식들을 많이 만들어서 드세요?] 네. 제가 먹고 싶은 것만 만들어서 먹어요. [조사자: 남편은 안 먹고?] 먹고 싶으면 먹고, 안 먹고 싶으면 그냥 패스. 하하. [조사자: 아들은 잘 먹고?] 아들도 먹는 것만 먹고. [조사자: 평소에는 한국 음식도 좀 만들어 주시고 그러세요?] 이거 만들어요. 월남쌈. [조사자: 월남쌈이다. 이야, 참 종류가 많네요. 그러고 보니까 베트남 음식 사실 이것보다 훨씬 더 종류가 많겠죠?] 네. 많아요. [조사자: 다 가정에서 만들어 먹는 음식이죠? 와, 진짜 종류가 많네요.] 네. 사법연수원에서도 해요. [조사자: 사법연수원에 가서도 음식을 만들어주셨어요?] 네. [조사자: 기업이나 공공 기관이나 그런 데서 일당을 받고 음식을 만들어서 식당에 내는 그런 일들을 하시나 봐요? 어떤 단체에 소속되어 있으신 거예요?] 그냥 다문화센터요. [조사자: 다문화센터에서 그 기업들을 어떻게 알아요? 다문화센터에서 그렇게 해주신다는 게.] 인터넷 검색했겠죠. [조사자: 일종의 출장 음식을 해주시는 거네요.] 네. [조사자: 일이 있을 때만 하고.] 네, 그리고 기간이 있어요. 그 사법연수원에 가는 거는 기간이 3개월이에요. 매일매일. 왜냐면 그 기간을 베트남 사법연수원에 있던 사람들이 한국에 들어와서 잠깐 3개월 동안 연수하는 거예요. 국제 연수. 공부하러 온 사람들인데 한국 음식 못 먹잖아요. 그래서 베트남 음식 요리하는 거예요. 올해도 했었어요. 10월 초에 끝났어요. [조사자: 베트남 사법연수원 사람들이 우리나라 사법연수원에 와서 연수를 받는 기간이 3개월 정도 있

는데, 그 3개월 동안 한국 음식 먹는 게 좀 힘드니까 오시라고 요청해서 음식을 만들어서 이렇게 먹고 하는.] 왜냐면 한국 음식은 다 못 먹잖아요. 어떤 음식은 먹을 수 있고 어떤 음식은 또 못 먹고 그러니까. 우리는 한두 개 메뉴 중에 두세 개 메뉴를 추가해요. [조사자: 한국 음식이 있는데 거기에 베트남 음식을 두세 개 정도 추가해서 베트남분들이 그걸 가져다가 먹을 수 있게 하시는군요.] 네. 그리고 그립잖아요. 한국에 와서 베트남 음식도 잘 못 먹으니까. 베트남 음식이 그리우니까 그런 거 그렇게 해줘요. [조사자: 같이 나가시는 분들은 몇 분이나 계세요?] 3명이요. 이것도 했어요. (사진 보여주는 중) 전통춤. [조사자: 베트남 전통 의상이에요?] 전통춤이에요. [조사자: 이것도 다문화센터에서 하는 거예요?] 전국대회도 나갔어요. 상도 받았어요! 작년에 받았는데, 200만 원도 받았어요. 어디지? 영광에서요. [조사자: 전국에 있는 전통춤 하시는 분들 다 오셨겠어요?] 네. [조사자: 이 활동도 오래 하셨어요?] 네. 오래 했어요. 그런데 올해는 안 했어요. 힘들어서. 돌아다니는 게 힘들고 연습 기간도 많이 없어요. 행사 있을 때는 이거 해야 되고, 음식도 해야 되고. 여기 올라가서 춤추다가 음식도 해야 되고 정신이 하나도 없어요. 작년에 그렇게 돌아다녔어요. 근데 이번에는 그만할래. 그래서 지금은 신입 있던 친구들은 하라 그랬어요. 저는 이제 힘들어서, 그리고 늙어서요. 하하하. 이거는 이제 안 맞아. 그만해. [조사자: 아직 젊으신데요.] 그래도 지금 어떤 친구들은 되게 젊어요. 20대 초반이잖아요. [조사자: 20대 초반인 친구들 많아요? 다문화센터에?] 네. 그 친구들이 하라고 했어요. [조사자: 그분들은 한국말 좀 하세요?] 아직 어려워하는 친구들은 아직 어려워해요. [조사자: 처음 온 사람들은 아직 한국말 좀 서투시죠. 활동을 엄청 많이 하셨네요.]

▶ 일상을 사진으로 기록하다

[조사자: 혹시 온 지는 얼마나 되셨어요? 아들이.] 15년 됐어요. 2003년. 아들은 두 명 있어요. 큰애는 지금 중학교 2학년 그리고 둘째는 초등학교 6학년. 우리 아들 보여줄까요? [조사자: 네, 보여주세요.] 근데 잘 안 보이네. 요즘 얼굴 잘 안 내밀어요. [조사자: 중학교 2학년짜리 아들이 얼굴 잘 안 보여줘요?] 네. [조사자: 사춘기라 그런가 보다.] 네. 얘는 있는데. (막내) 가족사진 있는데. 사진이 너무 많아가지고. (찾는 중) [조사자: 추억이 되게 많으신가 보다. 사진이 많다는 것은 추억이 많다는 거잖아요. 하시는 일도 많으시고.] 많이 돌아다녀서. 큰애가 야구도 해요. 선수는 아니고 그냥 취미로. 작년이에요. ○○ 아시죠? 야구 감독이에요. (사진을 같이 찍은 듯.) 이거는 초등학교 졸업이에요. [조사자: 졸업식 날! 키가 크다.] 네, 얘는 키가 커요. 180 넘어요. [조사자: 아버지가 키가 커요?] 네. 이거는 작년 사진이에요. [조사자: 어머, 둘째가 아빠 많이 닮았다.] 네. [조사자: 큰애는 선생님 많이 닮으신 거 같은데요?] 그래요? 어떤 분은 얘가 동글동글하니 아빠 닮았다고 하던데. [조사자: 큰애는 되게 호리호리하네요. 체형이. 남편분이 키가 크네요.] 181? 이제는 둘이 키가 똑같아요. [조사자: 키가 또 컸어요? 이 사진 때보다?] 네. 3년 전 사진이에요. [조사자: 어디에서 찍은 거예요?] 공원인데. 독립공원인가? 비행기도 있고. 전쟁기념관. 요즘은 근데 사진을 잘 안 찍어요. [조사자: 아들이 사춘기여서 그래요. 그런데 남편분 혹시 하시는 일이 뭔지 여쭤봐도 되나요?] 덤프트럭. [조사자: 나이가 어떻게 되세요?] 68년생. 이건 작은애 사진이에요. 그리고 이건 큰애. 몰래 찍은 거예요. 이건 찍은 줄 몰라요. 잘 안 찍어줘요. [조사자: 고민 많으시겠다. 중학교 2학년 아들 키우시려면.] 몰라요. 자기가 하고 싶어 하는 거 하라고 해야죠. 우리가 이거 해라, 저거 하라 할 수 없고 그냥 좋아하는 쪽으로 하라고 해야죠. [조사자: 키우

면서는 뭐 힘들거나 한 부분은 없으셨어요? 여기는 어디예요?] 호수공원! [조사자: 가족분들이랑 이렇게 나들이를 많이 가시나 봐요.] 네. [조사자: 틈날 때마다 여행도 많이 가시고.] 네. [조사자: 그런데 아들들은 이제 같이 가는 거 안 좋아하고.] 네. 요즘 좀 잘 안 좋아해요. [조사자: 그럼 부부끼리는 많이 가세요?] 우리 신랑은 주말도 안 쉬어요. 계속 일을 해가지고. 그리고 개인사업이니까 하는 만큼 받아서. 이것도 지불하고 저것도 지불하니까 열심히 해야 돼요.

▸ 베트남에 집을 새로 지어주다

[조사자: 베트남에서 가족은 어떻게 되세요?] 4남매. [조사자: 부모님 다 계시고?] 네. 또 자랑해야겠네. (사진을 찾는 중) 작년에 베트남 우리 집들이 있어요. 집들이 때 저는 갔다가 왔어요. 그때 갔다가 사진을 많이 남겼어요. 여기 우리 집. 엄마 아빠 집. 근데 전에는 엄청 안 좋아요. 사진 보여줄게. 새로 지은 거예요. 땅부터 다 새로 한 거예요. [조사자: 땅 다지고 이거 올리고. 이런 거 다 직접 한 거예요?] 네. 이렇게 옆으로. (사진으로 집을 설명하는 중) [조사자: 엄청 좋네요.] 15년 동안 이렇게 바뀌었어요. 이건 내부. 거실이에요. [조사자: 누가 인테리어하신 거예요?] 저는 한국 아이디어를 가지고요. [조사자: 선생님이 하신 거예요?] 네. 이거 이거로 이렇게 해라. 그래서 제가 한 거예요. [조사자: 선생님이 아이디어를 말해주면 거기서 그걸 수용해서 만들어준 거예요?] 네. [조사자: 선생님 혹시 이 사진 저한테 좀 보내주실 수 있어요? 가서 이렇게 만드셨다고 저도 자랑 좀 하게요.] 네. 이거는 옆에 사진이에요. 인삼도 갖다놨어. 여기. 베트남에서 엄청 귀한 거예요. [조사자: 여기 텔레비전도.] 다 새 거예요. 있는 거는 다 폐기. 동생 주고. [조사자: 전에 있던 거는 다 버리고…. 부모님 집을 이렇게 새집으로 만들어주신 거예요?]

네. [조사자: 어머, 이거 부엌도 너무 깔끔하다. 그림 속에 나오는 집 같아요.] 그릇도 전부 한국에서 갖고 왔어요. 반찬통도, 이거 냄비도. ○○. 이건 우리 동생. 두 살 차이요. [조사자: 선생님은 몇째예요?] 첫째. [조사자: 동생이 셋이나 되네요. 이분은 바로 밑에 동생이신 거죠? 두 살 밑에.] 바로 밑에(여동생). 그다음에 남동생. 그다음도 남동생. 얘(여동생)하고 세 살 또, 얘하고 다섯 살. (차이 나요) 동생도 안산에 시집왔어요. [조사자: 동생분도 한국으로 시집오셨어요? 선생님 오시고 몇 년 후에 오신 거예요?] 5년 후. [조사자: 동생분도 10년 되신 거네요.] 그러네. 생각보다 빠르다. 얘는 2008년도에 왔어. 이건 집들이할 때 음식 예쁘게 해놓은 거예요. (사진을 보여주는 중) [조사자: 이거 닭이에요?] 네. 닭이에요. 닭튀김이에요, 이건. [조사자: 그 밑에는 뭐예요?] 찹쌀이요. 찰밥은 베트남에서는 녹두콩으로 해요. 그래서 노란색같이 보여요. 근데 한국에서는 팥 섞어서 하잖아요. 이거는 치킨처럼 생각하시면 돼요. [조사자: 이것도 선생님이 하신 거죠?] 저는 이거 안 했어요. 저는 힘들어서. 하면 할 수 있는데 그때는 힘들어서 못 했어요. [조사자: 그럼 선생님이 모아오신 돈을 보내드려서 이렇게 베트남에 집을 만드신 거예요?] 여동생이랑 같이. [조사자: 되게 뿌듯하시겠다.] 네. 할 만큼 했어.

▶ 베트남 가족들 생각을 많이 한다

근데 이번에 큰 사고가 있었어요. 너무 많이 들어가지고 엄마가 척추 허리 수술하면서 한국에 왔어요. 허리가 네 번째하고 다섯 번째 있는데, 많이 안 좋아요. [조사자: 척추에 네 번째, 다섯 번째 뼈가.] 네. 그래서 한국 와서 수술했어요. 수술하는 데 이만큼 돈이 많이 나왔어요. [조사자: 그렇죠. 수술하는 데 돈이 많이 들죠. 그것도 동생분하고 선생님하고 같이하셨어요?] 네. 저는 ○○만 원. 보험 안 돼요. 부모님은 안 돼요. 다문화가정은

20% 혜택을 받을 수 있는데. 그리고 보험도 없고. 100% 내야 돼요. [조사자: 의료비 그냥 다 내야 해서 ○○만 원 나왔구나. 부담 좀 되셨겠어요.] 네. 작년에 그렇게 몽땅 한 번에 다 들어가고, (집들이) 이번에도 그렇고. 내년에는 막냇동생이 결혼해. [조사자: 베트남에서 결혼하시는구나. 아이고, 선생님 힘드시겠다.] 그래서 지금 이것저것 정신없게 돈 벌어. 내년에 가야 돼. 동생 장가니까 안 갈 수 없고. [조사자: 선생님이 또 맏이니까 해주고 싶은 마음에 또 그렇게 하시네요. 지금 이 집(베트남 집)에서는 남동생 두 분하고 부모님이 살고 계세요?] 네. (사진을 보여줌) 얘도 한국에 있다 갔어요. 근로자. [조사자: 동생분도 한국에서 일하셨군요. 몇 년 정도 있다 가셨어요?] 9년. 작년 겨울에 갔어요. [조사자: 무슨 일 하셨어요?] 공장. 용접도 하기도 하고. 그거 철? 안성에서. [조사자: 그러면 자주 보기는 좀 거리가 있네요?] 그래도 가끔 또 봐요. 쉬는 날에 저희 집으로 와요. [조사자: 그렇죠. 큰누나니까 보고 싶을 때 오고 그러시겠다.] 얘는 아직 한국 안 왔어요. (사진 속 막내 남동생을 보며 말씀하심) [조사자: 막냇동생은 베트남에서 무슨 일 하세요?] 지금은 한국 베트남 가이드, 그리고 차 운전. [조사자: 베트남에서 운전하는 게 그렇게 어렵다고 하던데.] 어렵다고요? 얘는 여기서 살아서 익숙하니까 그나마 하는 거야. 그런데 얘는 이번에 결혼해. 형보다 빨리. 형은 아직 안 했어요. 한국에서 일하다가 들어간 지 얼마 안 됐는데, 지금은 어색하대요. [조사자: 베트남 사람이 어색한 거예요?] 네. 왜냐면 스무 살 때 왔어요. 왔다가 9년을 살다가 이제는 베트남으로 갔는데, 낯설어해요. 벗어난 지가 10년 되니까 낯설어해. 지금은 다시 적응 기간이 필요해. [조사자: 1년 반 정도 지났네요?] 네. [조사자: 베트남에서 어떤 일 하세요?] 지금은 일 안 해요. 지금은 집 옆에 호텔에서 숙박? 집 옆에 세 내고. 그런 거 해요. [조사자: 세 내는 거 관리하시고 그런가 보다.] 네. 그동안은 힘들었으니까 이제 쉬고 있어요. [조사

자: 10년 동안 힘드셨으니까. 다시 한국 오고 싶어 하지는 않으세요?] 네. 해요. 그런데 지금은 부모님하고 같이 있을 수 있는 사람이 없어. [조사자: 두 분밖에 없으셔가지고 부모님이 외로우실까 봐 못 오시는 거구나.] 네. 이거는 여동생네 가족사진이에요. 가끔 만나요. 우리 집으로 와요. [조사자: 동생이 진짜 정다워 보이네요. 여기는 아직 애기가 어리다.] 다섯 살. 얘는 막내, 얘는 큰애.

▶ 친정엄마가 여기저기 아프시다

[조사자: 베트남에서 선생님 댁은 어느 지역이세요?] 남부. 호찌민에 껀터시. 우리 한국은 ○○시잖아요, 베트남은 껀터시예요. 5시간도 걸려. [조사자: 호찌민에서 껀터시까지 5시간이 걸려요? 엄청 오래 걸리네요!] (가족사진을 보여줌) [조사자: 가족사진인가 보다. 이분이 친정아버지세요?] 네. [조사자: 엄청 인상이 좋으시다~~ 이건 선생님이시고, 여동생. 조금 두 분이 닮으셨어요. 이건 남동생이네요? 이 사진이 언제 사진이에요?] 작년이요. 집들이할 때. [조사자: 아버님 연세가 좀 많으신가 보다.] 아니에요. 그렇게 보여요. 지금은 65도 안 되셨어요. 64 그렇게 됐어요. 한국 나이로 생각하면 젊잖아요. 우리 엄마도 그래요. 62세인데, 한국 80세보다 나이 들어 보여요. 우리 시어머니가 팔순인데 아직 건강하세요. 근데 우리 엄마는 "여기 아파 저기 아파" 이래요. [조사자: 일을 많이 하셨어요?] 그 정도로 하지 않았는데, 왜냐면은 우리 엄마는 일곱째예요. 막내예요. [조사자: 7남매? 그중의 막내예요?] 네. 얼마나 예쁘겠어요. 근데 일 안 하니까 아픈가 봐. 이모하고 외삼촌은 일하는 사람인데 지금 건강하셔. 근데 우리 엄마만 여기 아파 저기 아파. 잘 아픈 사람들이 있나 봐. 다른 사람들이 어머니 그렇게 아프면 어떻게 치료하냐고 그래요. [조사자: 한국 오시면 치료할 데가 많으시겠어요.]

네. 많아요. 여러 가지 다 치료해봤어요. 온 김에, 검사하는 김에 다 해봤어요. [조사자: 아버님은 괜찮으시고요?] 네. 아버지는 괜찮아요. 그나마. (형제들 사진 보여주심) 우리 이렇게 4명. [조사자: 우와. 되게 정다워 보이네요. 막내는 귀엽죠?] 네. 애는 아직 어려. 아직 애예요. 그런데 이번에 장가가서요. [조사자: 베트남에서 연애해서 결혼하는 거예요?] 네. 이거는 그냥 우리 재미있게 남기려고 사진 찍었어요. [조사자: 되게 즐거워 보여요. 만나면 사이좋은 형제인가 봐요.] 장난식으로.

▶ 일상을 사진으로 기록하다

이거는 학교에 애들 수업하는 모습 사진이에요. [조사자: 애들 학교 갔을 때 사진이구나. 다문화 강사 하시는 것. 전통놀이 같은 건가 봐요?] 네. [조사자: 네일아트도 하시고.] 네. 그리고 인천공항에서 한국관광공사 회사에서 저기 설문조사도 했어요. 한 달에 세 번. [조사자: 한 달에 세 번 정도 인천공항 가서 베트남 사람들에게 설문조사 하는 거예요?] 네. 한국에 여행 온 사람들한테요. [조사자: 그것도 아르바이트로 하고 계신 거예요?] 네. [조사자: 선생님 일 많이 하시네요.] 네. [조사자: 말은 어떻게 써요? 한국말 써요?] 다 섞어서 써요. [조사자: 애들도 베트남 말을 알아들어요?] 네. 알아들어요. 그런데 말을 안 해. [조사자: 엄마들끼리는 베트남어 쓰시는 거예요?] 네. 어떨 때는 베트남어 쓰고, 어떨 때는 한국어 쓰고 그래요. 완전 짬뽕이에요. [조사자: 이건 수술하신 어머니 사진이구나.] 네. 수술한 거 기록해놨어요. 간호는 혼자 해요. 동생은 안산에 있고 애도 어려가지고 제가 혼자 해요. 죽을 뻔했어. 나도 몸살 나. 눈도 수술했어. 백내장 때문에. 이것도 사진으로 기록해둔 거예요. [조사자: 선생님 되게 기록도 잘하시나 보다. 그래서 선생님 사진첩에 사진이 많네요.] 이거는 아직 컴퓨터에 기록만 하는 거예요.

시간이 없어서. 나중에 이거 정리도 해요. 이렇게. [조사자: 이렇게 정리도 다 하시는 거예요?] 네. 컴퓨터에다가 해요. 이건 어디어디에다 수술한 건지, 어디서 했는지. 동영상도 남겨요. 이거는 눈 수술하셨던 거 의사선생님 사진도 찍어뒀어요. 이거는 퇴원 영수증까지 다 있어요. 모으고 있어요. 왜냐하면 여러 군데 갔거든요. 안과도 갔고 척추 수술하는 곳도 갔고. ○○병원도 갔고 그래서. 척추 전문 병원이에요. 그리고 ○○병원도 갔고. 대학병원이요. 그래서 할 일이 많아요. 사진이 너무 많아요. [조사자: 사진을 정말 많이 가지고 계신다. 이것도 전부 카테고리가 있나 봐요.] 네.

▶ 슈퍼맨같이 일하고 주말에만 쉬다

쉬는 시간도 있어야 하는데. 쉬면 또 알바하러 가. [조사자: 선생님은 아침에 언제 일어나세요?] 6시에 일어났어요. [조사자: 6시에 일어나서 애들 다 학교 보내고 선생님도 출근하시고. 그리고 갔다 와서 좀 있다가 그러면 저녁도 하시는 거예요?] 네. [조사자: 저녁도 하시고 틈틈이 아르바이트도 하시고….] 어제도 알바 갔어요. 한국 제사 음식 전문점에 있는 곳이요. 그냥 음식 도우미, 보조로 갔어요. [조사자: 음식 만드는 것 관련해가지고 일을 많이 하시네요?] 네. 주로는요. 그런데 한국 음식은 아직이요. 베트남 음식은 많이 할 줄 아는데, 한국 음식은 그냥 일반 집에서 먹는 것 정도만 해요. 한국 음식점처럼은 못 해요. 이번에는 제사 음식만 들어가는 거 만들었어요. 그냥 포장. 완성된 거. 왜냐면 전문으로 하는 사람이 다 있어요. 음식은 음식 담당이 있고, 저는 그냥 포장 담당이었어요. [조사자: 그거는 어떻게 알아보고 가신 거예요?] 알바천국 보고요. 전화로요. [조사자: 그거 알아보고 내가 가고 싶다 하시면 가시는 거예요?] 네. 슈퍼맨 같죠. 놀 정신 안 들어요. 그래도 주말엔 놀아요. [조사자: 주말엔 뭐 하고 노세요?] 여기저기 쇼핑도

하고 그래요. 산이나 좋은 데는 다 찾아가요. [조사자: 지난주에 ○○공원에 도 가시고 친구들하고요.] 네. 그리고 전주에 비가 와가지고 안 그러면 ○○대공원으로 간다고 했어요. 단풍이 지금 좋아요. [조사자: 가보셨어요, ○○대공원?] 검색해봤는데 예쁘더라고요. 그래서 가자 이렇게 했는데 그날에 비가 와요. [조사자: 그래서 아쉬워서 ○○공원 가셨구나.] 네. 얘는 내 친구예요. [조사자: 친구분들도 애들 떼어놓고 외출하실 수 있을 정도로 애들이 큰가 보다.] 네. 우리 같은 라인으로. 중학생 아직. 저만 중학생이에요. 저는 먼저 와가지고 그렇고 다른 사람들은 다 초등학생이에요. [조사자: 선생님은 여기 처음 오셨을 때 나이가 어떻게 되시는 거죠?] 스무 살이요.

▶ 양엄마에게 의지하다

양엄마도 있어요. 대한적십자사 봉사하는 분인데, 그렇게 연결이 됐어요. 한국 사람. 6년 됐어요, 지금은 ○○마을에 살고 있어요. 여기 바로 앞에요. 매주 만나요. 서로 일상생활이 궁금하거나 어려운 점 그런 거 나누거나 같이 맛있는 것도 나눠서 먹고 여기저기 같이 돌아다녀요. [조사자: 이분은 어떤 분이세요? 베트남에서?] 베트남에서 저보다 늦게 왔고, ○○ 살아요. 근처에. 그리고 그룹으로 연계가 되는 거예요. 저는 먼저 왔고, 그다음은 이 사람을 연계한 거예요. 그래서 첫째 딸, 둘째 딸이라고 불러요. [조사자: 선생님이 좀 답답하거나 그럴 때는 어떻게 하세요?] 양엄마 찾아가요. [조사자: 양엄마 찾아가시는구나.] 예전에는 그런 일이 많이 있었는데, 요즘에는 그나마 좀 많이 좋아졌어요. [조사자: 예전에는 고민이 좀 있으셨는데 요즘은 많이 그나마 좋아지셨어요?] 네. 근데 그래도 양엄마 여기 가까운 덕분에 이것저것 많이 도와주셨어요. [조사자: 어떤 거 조금 도와주셨어요? 기억 남는 거?] 애기들 봐주는 거랑 우리 친정엄마 아프다고 했을 때 어디어

디 아프다고 했을 때 치료받는 것 알아봐주고 그랬어요. [조사자: 어디 아플 때 어디로 찾아가야 하는지 이런 거 양엄마가 거기 가봐 이렇게 알려주셨구나.] 같이도 가주고. 그리고 이런 일이 돈 많이 나오기 때문에 그래서 양엄마가 대한적십자 봉사에 속해 있는데, 거기에서 부장님이 있는데 거기 병원이랑 연결되어 있어요. 서로 친하세요. 그래서 만나면 잘해주고 그래서 병원비를 조금 깎아줬어요. [조사자: 아는 사람한테 가서 "병원비를 조금 깎아주세요" 이렇게 부탁도 해주시고 양엄마가 대신…. 그리고 고민 상담도 해주시고. 많이 든든하시겠어요.] ○○병원도 그렇고. 왜냐면 ○○병원 같은 경우는 파킨슨 담당 의사선생님이 있는데, 저희 엄마를 보면서 파킨슨병인 것 같다고. 그래서 저도 그 병이 아직 모르는데 엄마를 통해서 알게 됐고, 의사선생님을 통해서 알게 되어서, 양엄마랑 같이 상담을 받고 저희 친정엄마를 모시고 가서 치료받고 그랬어요.

▶ 막냇동생 결혼식에 꽃을 만들어주고 싶다

[조사자: 아~ 그런데 선생님 사진이 진짜 잘 나오신다. 실물도 진짜 아름다우신데 사진이 정말 귀여워요.] 이거 포토샵이잖아요. 이 사진은 꽃꽂이 있던 단체방 친구들. [조사자: 꽃꽂이 같이 들으시던 분들? 이분들도 다 외국에서 오신 분들이에요?] 다 베트남. ○○마을에 그냥 길거리예요. 이거는 센터에서 보여줬던 영화요. ○○시네마예요. [조사자: 선생님 이런 옷도 입으세요? 레이스가 엄청 화려한 스커트네요!] 하하하. 이거 뭐야 그랬어요. 사람들이. 이 사진은 우리 시동생이에요. [조사자: 남동생의 아내, 만나보신 적 있으세요?] 아직요. 지금은 사진으로 그냥 보여줬어요. [조사자: 부모님은 마음에 들어하세요?] 마음에 들어하겠죠. 그러니까 결혼하겠죠. 하하하. 이건 베트남 가서 꽃 줄라고. [조사자: 결혼하면서 꽃을 사와서 여기에 꽂는 거

예요? 이거 완성된 거예요?] 완성된 사진인데, 이 사진 보고 나중에 결혼식에서 만들어서 주려고요. [조사자: 아, 이거를 이런 모양으로 만들고 싶어서 찍어놓으신 거구나. 이런 모양으로 만들어야지 하고 구상도 해놓으셨고요.] 네. 그때 만들어야 되고 의미가 있으면 좋겠어서 찍어놨어요. 이렇게 하트 모양으로. [조사자: 결혼에 의미가 있으니까.] 네. 여기는 베트남에 뽕다오라는 곳이 있어요. 동생이 사진 보내준 거예요.

" 누나 여기 어때?"

이렇게요. 그래서 그냥

" 동생 알아서 해."

이랬어요. [조사자: 선생님이 스무 살 때 오셨으니까, 막내 남동생이 열세 살이었을 때 오신 건가 봐요.]

▶ 결혼정보업체를 통해 남편을 만나 결혼하다

[조사자: 처음에 선생님이 여기 한국에 오신다고 할 때, 부모님이 반대 안 하셨어요?] 반대했어요. [조사자: 스무 살인데 한국으로. 그전에 한국말은 좀 배우셨어요? 결혼하기 전에요.] 아예 하나도 몰랐어요. [조사자: 하나도? 남편분은 어떻게 만나셨어요?] 결혼업체 통해서요. [조사자: 선생님이 결혼업체에 등록하신 거죠?] 등록하는데 이런 거는 안 해요. [조사자: 돈은 안 내고 그냥 "등록해주세요" 하면 거기서 등록을 그냥 해주는 거예요?] 네. [조사자: 한국 남자하고 결혼할 거라고 생각해본 적 있으세요?] 아예 없었어요. 근데 갑자기 이런 일이 생겨서 그냥 가는 거예요. [조사자: 그냥 갑자기 생긴 일처럼 느껴지셨어요? 한국 남자하고 결혼이?] 네. [조사자: 스무 살이면 고등학교 졸업하고 거의 바로 온 거네요.] 네. [조사자: 베트남에서 살지 않고 한국으로 와야겠다 결심하게 된 계기나 이유나 뭐 그런 게 있을까요?] 베트남에 지

금 사는 것보다는 조금 편하게 살고 싶었고 새로 인생을 바꾸고 싶었어요. 그런 계획으로 왔어요. [조사자: 친구분이랑 결혼업체에 같이 등록하신 거예요? 아니면 선생님 혼자?] 네. 저 혼자요. [조사자: 혼자 알아보고 선생님 혼자 등록하고 그렇게 해서 남편 만나고 하셨나 봐요.] 네. [조사자: 처음 만났을 때 남편에 대한 기억이나 인상이 어땠어요?] 맘에 안 들어. 말이 안 통하니까, 헷갈려. 왜냐면 그때는 일대일로 만나는 게 아니고 3명이에요. 여자는 여러 명인데, 근데 그때는, 아무튼 남자는 세 명이 앉았어요. 남자는 그때는 누구누군지 잘 몰라요. 제가 사실대로 말할게요. 그때 제가 마음에 드는 남자는 따로 있었어요. 우리 남편 아니에요. [조사자: 따로 있으셨구나.] 응. 그분은 마음에 들었는데 마지막은 이분이 돼서 기분이 좀 안 좋았는데 엄마한테 물어봤어요. "나는 그분이 마음에 드는데, 이 사람은 내가 마음에 들어, 어떻게 해야 돼?" 그랬더니

"너는 상대방이 너를 좋아해주는 사람을 선택해야 돼."

그래서 그냥 선택했어요. 오케이 했어. 왜냐면 사랑받은 사람은 그거에 응답해야 하는데, 나는 좋아하는 사람은 그 사람이 아니었는데 그래도 그냥 오케이 했어요. [조사자: 나를 사랑해주는 사람이랑 결혼해야 된다고 어머니께서 말씀하셨구나. 그래서 받은 사랑에 응답하려고 지금 남편을 선택하신 거고요.] 그런데 처음에는 이 사람은 아무도 생각 없었어요. 인상이 마음에 안 들어서. 처음에 까다로운 사람같이 보였고, 이 사람은 좀 뭐지 불편할 것 같기도 하고, 약간 사람을 잘 사귈 것 같지 않고. [조사자: 되게 무뚝뚝할 것 같고, 그래서?] 네. 그래서 마음에 안 들었어요. 옆 사람은 화사해서 마음에 들었어요. [조사자: 되게 화사하고 잘 웃고 그래서요?] 네. 그런데 이 사람이 나를 선택하는 거야. 저 사람은 아니고…. [조사자: 남편분을 몇 번 만나고 결혼하신 거예요? 딱 한 번 만나고?] 네. [조사자: 남편분은 완전

히 첫눈에 반한 거네요, 선생님한테.] 그랬나 봐요. 44명 중에 1명 고른 거예요. [조사자: 그럼 첫눈에 반했나 보다. 그렇죠. 눈에 쏙 들어왔나 보다.] 몰라요, 그때는. [조사자: 하하하. 마음에 안 드셔가지고?] 네. 저는 그때는 마음에 정말 안 들었어요. [조사자: 결혼을 결심하시고 그러면.] 1주 후에요. [조사자: 처음 만나고 일주일 동안 생각하고 결정하신 거고. 그러면 결혼식은 어떻게 하셨어요?] 그냥 뷔페에서 했어요. 집에서는 안 하고. [조사자: 베트남에 있는 뷔페에서요?] 네. 그냥 결혼식장에서요. [조사자: 결혼식장에서 결혼하셨고, 한국에서도 하셨어요?] 네. 베트남 가서 또 한 번 했어. 세 번. 시골 가서. 우리 집 가서 또 했어요. [조사자: 처음에 부모님 반대하셔서 마음이 좀 슬프거나 그러지 않으셨어요?] 슬펐는데, 저는 가고 싶으니까. 그냥 제 맘대로 했어요. [조사자: "내 맘대로 할 거예요" 그랬어요?] 네. 부모님이

"알아서 해!"

이러셨어도 그냥 제 마음대로. [조사자: 남편하고 결혼식하고 그러면 바로 오셨어요?] 3개월 후에 왔어요. [조사자: 몇 개월 있어야 하죠. 선생님도 준비하고. 요즘에는 더 있어야 한다고 들었어요.] 요즘도 뭐 5~6개월 정도 있고, 시험 또 떨어지면 더 늦게도 있고 그러더라고요. [조사자: 선생님도 보셨어요?] 그때는 안 했어요. 그때는 이런 결혼정보 이런 거는 초기이기 때문에 쉬워. [조사자: 아, 초기일 때라 쉽게 오실 수 있었고.] 네. 빨리 갈 수 있었어요. 3개월 정도요. 인터뷰도 안 하고. 시험도 안 보고.

▶ 이주 초기라 거주 3년 만에 국적 취득을 할 수 있었다

[조사자: 초기니까. 선생님 그러면 한국에 와서 한국어를 배우신 거잖아요.] 베트남에서 그 기간에 잠깐 배웠어요. [조사자: 잠깐 한국어학원 같은 곳 다니셨어요?] 네. 잠깐 배웠어요. 기본만. [조사자: 한국 왔을 때는 한국

어 다시 배워야 하는 거잖아요.] 네. 다시 배웠어요. [조사자: 어디서 배웠어요?] 처음에는 ○○에서. ○○ 복지관에서. [조사자: 수업을 했어요, 복지관에서?] 네. [조사자: 한국어를 가르쳐주는 프로그램이 있었어요?] 네. [조사자: 어느 정도 배우셨어요? 기간은?] 글쎄요, 그때 생각 안 나요. [조사자: 하하하. 15년 전이라?] 네. [조사자: 한국어 능력시험은 보셨어요?] 네. 4급. [조사자: 선생님은 국적 받으셨는데, 언제 받으셨어요?] 한참 됐어요. 2006년. [조사자: 오자마자 거의 바로 받으셨네요.] 3년 정도 있으면 받을 수 있어요. 거주 3년이면. [조사자: 그러면 3년 바로 딱 채우고 받으신 거네요.] 네. 신청하면 돼요. [조사자: 이름은 어떻게 정하신 거예요?] 이름은 그냥 알아서. [조사자: 선생님이 그냥 마음에 드는 이름으로?] 네. 이 이름은 가수 있잖아요. 장윤정라는 가수. 처음에는 윤정이라고 하고 싶었어. 장윤정이라고. 그래서 신랑한테 물어봤는데 윤정보다는 ○○가 더 아름다울 것 같다고 해서 ○○로 바꿨어. 그런데 처음에는 장윤정이라는 이름이 좋았어. 성은 그냥 ○○에 잘 어울리는 맞는 성으로 정한 거예요. 다른 사람은 뭐 돈 내고 이런 거 짓고 그러는데, 우리는 그냥 했어요. 알아서 했어요. 만족해요.

▶ 부모님께 효도하고 싶어 열심히 일하다

[조사자: 선생님 원래 고향이 호찌민에서 5시간 정도 떨어진 곳이라고 하셨잖아요. 그럼 약간 한적한 느낌이 드는 시골 도시고 바닷가 근처의 그런 느낌이 있는 곳인가 봐요?] 네. [조사자: 베트남에 민족이 되게 많다고 들었는데, 선생님은 혹시 무슨 민족이에요?] 54개 민족이 있어요. 킨족. [조사자: 킨족 분들이 제일 많으시다고. 거기서 그러면 고등학교까지 졸업하신 거고요?] 네. [조사자: 고등학교 졸업하자마자 신청해서 오신 거니까, 베트남에서 일한 경험은 없으세요?] 부모님 도와주는 거요. 야채 장사. 마트 그런 거요. 슈퍼. 여

러 야채가 있었어요. 무, 양파, 양배추 이런 거. 시장 앞. 집 앞에 바로 시장이에요. 전통시장처럼. [조사자: 집 앞에 바로 시장이 있었고, 거기서 야채 파는 그런 일을 하셨구나.] 네. 야채나 과일도 팔고 그랬어요. [조사자: 장사는 지금도 하세요?] 안 해요. 하는 사람이 없어서. 사장은 있는데, 우리가 없어서요. 우리가 팔아야 하는데 다 시집 가버리고. 하는 사람이 없어서. [조사자: 아, 부모님만 계시니까 일할 사람이 없어서. 막내 남동생 있잖아요?] 막내는 지금 승용차 운전해요. 손님 모시고 이것저것 하느라 못 해요. 그리고 부모님 지금 나이도 있으셔가지고 쉬어야 돼. 당분간은 안 해. 고생 그동안에 많이 했으니까 이제 좀 쉬려고. [조사자: 그래서 첫째 딸이 이렇게 대신 열심히 일하고 계시네요. 부모님한테 효도하려고.] 네, 맞아요. [조사자: 여동생분도 이렇게 선생님처럼 일 많이 하세요?] 아직 못 해요. 애기가 아직 어리니까. 막내가 네 살, 다섯 살밖에 안 되니까 아직은 못 해요. [조사자: 한국에서 선생님 직업은 엄청 많네요.] 네. 짬뽕. [조사자: 그래서 뭐라고 적을 수가 없네요. 다문화 강사도 있고. 한국관광공사에서 설문지 조사하는 것도 있고. 그다음에 음식 만드는 일 틈틈이 아르바이트하는 것도 있고.] 그거는 빼요. [조사자: 왜요? 이게 다 선생님이 하시는 일인데요.] 아, ○○시에서도 일을 해요. 경찰서. 베트남어 통역. 요청이 있을 때면 해요. [조사자: 요청이 자주 들어오는 편인가요?] 아뇨. 자주는 안 와요. 자주 오면 안 좋은 거죠. [조사자: 베트남 사람들이 뭔가 불편한 게 있고 소통이 안 되면 선생님이 가서 통역해주는 것도 하시고.] 네. [조사자: 선생님 종교는 뭐예요?] 종교는 없어요. 베트남에서는 불교. [조사자: 가족분들도 없으세요?] 네. [조사자: 불교는 왜 여기 와서는 절 안 가보셨어요?] 멀어서요. 주변에 교회 많고. [조사자: 베트남 사실 때는 절 많이 가셨어요?] 네. [조사자: 여기 계실 때는 주변에 절이 없고 그래서 자연스럽게 종교에서 조금 멀어지셨네요.] 네.

▶ 내 마음을 몰라주는 친정엄마가 야속하다

[조사자: 친정어머님이 한국에 좀 자주 오시는 편이에요?] 아니에요. 2012년에 한 번 왔다가 그냥 방문. 우리 집으로 방문 왔다가 3개월 있다 가서 이번에 두 번째 오신 거였어요. 이번에는 치료 때문에 4개월 오셨던 거예요. [조사자: 치료 때문에 4개월 있으셨고. 그동안 선생님은 어머니 아프시니까 속상하기도 하고, 간병하는 것 힘들기도 하고 그러셨겠어요.] 속이 터지는 것 많아요. 왜냐면 엄마는 예전에 저희랑 같이 살 때의 마음 아니야. 마음이 바뀌었어. 서로 이제 안 맞아. 저 때문에 안 맞는 건지 엄마가 이제 늙어서 안 맞아진 건지. 아니면 제가 이제 한국에 살면서 한국 생활이 익숙해져서 그런 건지. 그거는 잘 모르겠는데 서로 잘 안 맞아. 그래서 지금도 많이 힘들어. 아니면 엄마가 아프면서 짜증이 나시는 걸 수도 있고. 그런데 모르겠어요. 4개월만 딱 할 수 있고 그 이상은 이제 힘들어서 엄마 간호 못 하겠어요. 예전의 우리 엄마 아니야. 싸우고, 울고 난리 났었어요. 엄마가

"빨리 보내달라고!"

하셨어요. 우리는 안 보낸다고 그러고. 아직 치료가 이만큼 많이 남아있는데. 아직 안 끝났는데 빨리 보내달라고 여기 못 산다고 난리 치셨어요. [조사자: 어떤 것 때문에 싸우셨어요? 엄마랑?]

"약도 안 먹어, 밥도 안 먹어. 그리고 힘이 없어."

그래서요. 그리고 수술하고 의사선생님이 운동하라 그랬는데 안 해. 몸이 아파서 귀찮을 수 있는데, 그런데 노력을 하지 않아요. 예를 들어 한국에 아픈 사람들이 있으면 그 사람들은 자기가 살고 싶으니까 노력하면서 밥 먹고 운동하고 좋은 거 먹고 그러는데 우리 엄마는 안 그래.

"아프면 그냥 죽을래."

이래요. 여기 온 게 목적이 뭔데. 아프면 무조건

"안 할래. 가자."

그래요. 그러면 돈 얼마나 나오는지 알아? 몰라. 그것도 몰라요. [조사자: 딸이 치료하고 싶어가지고 이렇게 노력하는데. 그걸 잘 몰라주셨구나.] 마음이 아파. 신랑한테 미안한 거 많이 있어. [조사자: 신랑이 그래도 뭐라고 안 하시죠?] 힘든 거 아니까요. [조사자: 선생님, 그럼 지금 제일 힘들어하시는 부분이 친정엄마와의 관계인 거죠?] 네. 그런데 시어머니가 물어보고 그래요. 뭐라고 그러고. 왜냐면 이렇게 큰돈이 많이 나갔잖아. 자기 아들 돈 나가니까. 부모님이 다 그렇잖아. 자기 아들 돈 나가니까 뭐라 그래. [조사자: 남편은 아무 말 안 하시는데, 시어머니는 병원비 많이 나간다고 뭐라고 하시는구나. 또 어떻게 아셔가지고. 많이 속상하시겠어요. 친정엄마는 그 마음도 몰라주시고. 이렇게 딸이 고생하시는데.] 돈이 얼마나 많이 들어가는데. 아직 빚도 아직 못 갚았어. 갑자기 그렇게 ○○만 원이 어딨어. 원래 ○○만 원이었는데 ○○만 원 정도 깎아줬어요. 그 양엄마 덕분에. 그래도 ○○이잖아요. 나눠서 해도 한 사람이 ○○만 원이야. 갑자기 ○○만 원이 어디 나와. 1년 동안 적금해도 그 정도 나오지. 그래도 우리는 잘사는 편이에요. 근데 그래도 시어머니는 막 뭐라 그래. [조사자: 시어머니한테 눈치도 보이고 그러시겠어요.] 그럼요. 식구들 모두한테 눈치 보이지. 엄마 이런 검사 받고 이런 병이 생겨서 수술했다라고 얘기했는데, 값이 나와. 이제 딱 알잖아요. 시어머니는 몰라도 식구들이나 다른 식구들은 말만 들어도 딱 알더라고요.

▶ 남편 형제들과는 적당한 거리를 두다

[조사자: 남편 형제분들이 많으세요?] 여섯 형제. 그중에서 셋째요. 밑

에 3명이요. [조사자: 가까이 사세요?] 파주, 인천, 신갈, 수원 있는 데 살고, 그리고 서울에 가양동인가? 아주버님 사시고 큰고모님이 신갈. 둘째 고모는 대전. [조사자: 다 각지에 뿔뿔이 흩어져서 사시네요?] 네. 막내고모는 인천. 또 남동생은 파주. [조사자: 자주 만나시나요, 형제분들하고는?] 뭐, 1년에 몇 번씩 만나요. [조사자: 형제분들하고는 사이가 좋은 편이세요?] 많이 친하진 않지만 그래도 만나요. [조사자: 만나서 크게 불편하지는 않은 정도로?] 네. 큰일은 없어요. 그냥 이건 이건가 보다 하고 넘어가는 정도예요. 근데 얘기랑은 또 싸우고 그래서 서로 안 좋으니까 그냥 지나가고 그래요. [조사자: 깊은 얘긴 안 하시는구나. 싸울까 봐.] 네. 그때그때 할 얘기만 하고 그냥 즐거울 정도만 이야기해요. 그래도 대부분은 앞에서는 괜찮은데 뒤에서는 불만이 많으시겠죠. 저는 못 들었지만요. [조사자: 얼굴 맞대고는 그런 안 좋은 이야기 들으신 적은 없으신 거고요?] 네. [조사자: 중학생 아들 두셨잖아요. 중학생 아들 키우는 이야기나 이런 거 얘기를 좀 듣고 싶은데, 오늘은 이미 얘기를 많이 나눴으니까요. 다음에 한 번 더 약속을 해가지고 제가 선생님 만나러 와도 될까요?] 네. 근데 아들은 큰 문제 없어. [조사자: 그래도 한국 사회에서 아이들 교육하는 문제나 그런 것에 대해 또 질문드리고 여쭤보고 싶어서요. 일단 오늘은 여기서 마칠게요.] 네.

9장

인내와 도전으로 채운 희망의 삶

손재주가 좋았던 연구참여자는 미용과 관련한 일을 하고 싶었지만, 엄마의 기대에 부응하기 위해 공부했고 미국에서 MBA 과정까지 마칠 수 있었다. 졸업 이후 금융회사에서 근무하던 중 남편을 만났다. 연구참여자는 일에 대한 욕심이 있어서 결혼 후 한국에 오지 않고 태국에 남아 직장생활을 이어갔다. 하지만 임신 후 우울증과 조산 위험으로 인해 심신이 지쳐갔고 남편의 도움이 필요하여 한국으로 이주했다. 남편이 있는 한국으로 왔지만 결혼생활은 연애 때와 사뭇 달랐고, 외적으로 초라해지는 자신의 모습 때문에 우울증이 심해졌고 결국에는 이혼까지 생각했다. 하지만 좌절하는 것은 자신이 살아온 삶과 어울리지 않는고 생각했고 '잘할 수 있다'는 마음을 먹고 이혼의 위기를 극복해갈 수 있었다.

연구참여자는 딸의 언어교육을 중요하게 여기고 있다. 한국어를 빨리 습득하게 하려고 18개월 때부터 어린이집에 보냈고, 지금도 여름방학이 되면 태국으로 보내서 집중적으로 태국어를 배우게 하고 있다. 그녀는 교육뿐만 아니라 딸의 친구 관계를 위해 다른 엄마들에게 영어를 가르쳐주고 있다. 현재는 대학에서 글로벌 마케팅을 가르치는 강사로 활동하고 있으며, 법무법인에서 통·번역을 맡고 있다. 일에 대한 열정은 아직도 뜨겁지만, 딸과 많은 시간을 보내기 위해 프리랜서로 활동하고 있다. 연구참여자는 결혼생활에 위기도 있었지만 가족과 딸, 그리고 자신에 대한 믿음으로 어려움을 극복하고 희망의 삶을 그려가고 있다.

[주제어] 태국, 가족관계, 경제활동, 결혼생활, 자녀교육, 언어교육

1.
일과 사랑의 전쟁터에서

이 남자, 내 마음을 읽어준다

나는 부유한 가정에서 성장했다. 부모님은 공무원으로 근무했고, 개인사업에 부동산까지 보유했으며, 가사도우미가 집안일을 맡아서 할 정도로 넉넉했다. 부모님의 지원 덕분에 일류 고등학교와 대학을 거쳐 미국에서 3년간 MBA 과정도 밟을 수 있었다. 나는 공부도 잘했지만 손재주가 뛰어나서 손으로 하는 모든 일에 흥미를 느꼈다. 고등학생 때는 나한테 머리를 다듬기 위해 친구들이 줄을 섰고, 유학생 사이에서 머리를 잘 만져준다는 소문이 나서 꽤 인기가 있었다. 이런 활동들이 나름 적성에 맞기도 했고 솜씨가 좋다는 평을 받아서 즐겁게 할 수 있었다. 적성을 살려 미용과 메이크업에 관련된 일을 하고 싶었지만, 엄마의 기대를 충족시키기 위해 공부를 계속했고 졸업 후에는 금융회사를 다녔다.

엄마의 기대에 맞춰 살던 내게 남편과의 만남은 신선한 바람과도 같았다. 나는 자존심을 지키기 위해 직장에서는 강한 사람처럼 행동했지만 내면은 여린 편이었다. 남편은 다른 사람의 이야기를 잘 듣고 마음을 잘

이해하는 사람이었는데, 남편과 이야기를 나누면 나눌수록 나의 진심을 이해하고 내가 진정으로 바라는 것이 무엇인지 알아준다는 느낌을 받았다. 남편은 엄마의 기대 아래에서 살아온 나의 삶을 이해해주었고 내가 잘하는 것, 내가 하고 싶은 일들을 하며 살아도 된다고 격려해주었다.

'어떻게 이렇게까지 내 마음을 잘 알까?' 하는 생각이 들며 닫혔던 마음이 열렸고 나의 꿈을 응원해주겠다는 말에 결혼을 결심하게 되었다. 하지만 막상 결혼하려고 하니 이런저런 걱정이 생겼다. 같은 나라 사람이 아니었기에 미래를 함께 약속하기에는 막막한 두려움이 있었다. 거절하면 적극적으로 청혼한 남편을 곤란하게 할 것 같아 결국 청혼을 받아들였다.

나의 힘으로 부모님께 드린 태국의 신부값

나는 태국의 결혼 문화인 신부값(신솟, sin sod)*을 남편의 도움을 받지 않고 자력으로 마련했다. 신부값은 신랑이 신부 부모님께 드리는 지참금 같은 것인데, 나는 남편에게 요구하지 않고 내가 일하면서 모아둔 돈으로 드렸다. 그리고 결혼식 비용도 양가 부모님의 힘을 빌리지 않고 남편과 내 힘으로 마련했다. 남편도 나도 제법 괜찮은 직장에서 성공적으로 직장생활을 하고 있어서 부모님 도움 없이 우리 힘만으로 결혼식을 치를 수 있었

---

* 신솟은 신랑이 신부 집안에 지불하는 돈으로, 크게 세 가지 의미를 지닌다. 첫째, 태국은 전통적으로 결혼하지 않은 딸이 결혼 전까지 매달 수입의 일부분을 부모에게 보내는 것이 일상화되어 있다. 따라서 신솟은 부모에게 드리는 마지막 부모 봉양, 생활비를 의미한다. 둘째, 태국은 이혼 시 부부가 동등하게 재산을 가질 수 없기 때문에 여성이 이혼했을 때 가정을 꾸려나갈 보험 역할을 한다. 셋째, 신솟은 딸에게 투자한 돈에 대한 지불 성격도 갖는다. 신솟의 액수는 부모가 딸을 위해 얼마나 많은 희생을 치렀는가에 따라 결정되는데 일반적으로 가문, 교육, 과거 혼인 여부, 가족 수, 직업, 나이에 따라 정해진다. 현대사회에서는 많은 신부들이 신솟을 받지 않겠다고 말하기도 하지만, 신솟이 신랑신부 집안의 부와 명성, 결혼식의 규모를 뜻하기 때문에 필수불가결한 요소다. 신부의 집이 부유한 경우에는 신솟을 요구하지 않으나 결혼식에서는 보여주기식으로 제공되며, 결혼식 이후 신부 부모가 다시 돌려준다.

다. 우리는 한국과 태국 두 곳에서 결혼식을 올렸다. 나는 독립적인 성격이 강해서 데이트 비용도 각자 지불하는 것을 좋아했다. 내가 한국을 방문할 때는 남편이 여행 경비를 부담해줬지만 남편이 태국에 오면 식비, 숙박비, 쇼핑비 등 여행 일정에 필요한 모든 것을 내가 다 내주었다. 나는 3개월에 한 번, 남편은 한 달에 한 번 태국을 오는 꼴로 만났으니 당연히 내가 훨씬 더 많은 돈을 내야 했다. 이런 나를 보고 언니는 손해 보는 거라며 바보같다고 했지만, 나는 그저 행복하기만 했다.

처가에 오는데 반바지를 입고 오다니

결혼을 준비하는 커플이라면 한 번씩은 싸울 것이다. 우리 역시 결혼을 준비하면서 이런저런 일로 많이 싸웠다. 남편은 회사를 대표해서 국제 세미나에 자주 참석했는데, 직장 일로 참여하는 세미나에 올 때도 반바지를 입고 올 정도로 꾸밈없이 자연스럽게 입는 것을 좋아했다. 나는 이런 남편의 수수한 옷차림을 크게 신경 쓰거나 싫어하진 않았다. 하지만 적어도 우리 부모님을 만나러 올 때는 말끔하게 정장을 차려입고 올 줄 알았는데, 인사를 드리러 오는 날에도 어김없이 반바지에 티셔츠 차림으로 왔다. 태국이 아무리 여행지로 유명한 곳이라지만 장인어른과 장모님 될 분을 만나러 올 때조차 격식을 차리지 않는 남편에게 많이 서운했다. 부모님은 집에 올 때마다 여행하는 사람처럼 입고 오는 남편을 게으름뱅이로 생각해서 무척 싫어하셨다. 나는 남편이 태국에서 치르는 결혼식을 너무 가볍게 생각하는 것 같았고, 이 문제로 결혼을 준비하는 동안 여러 번 다투기도 했다. 이런 태도는 나에 대한 마음도 의심하게 했다.

"태국어도 못 하고 태국 음식도 싫어하는데 왜 나랑 결혼하려고 해?" 라고 따져 물으면 "나는 너를 사랑하는 거지 태국을 사랑하는 건 아니야.

그리고 당신을 사랑하는 건 내 가슴이 먼저 알았는데 내가 어떻게 하냐?" 라는 말로 내 마음을 녹이곤 했다. 첫인상에서는 점잖지 못한 차림새로 인해 부모님께 점수를 잃었지만, 결혼하고 10년 동안 성실하게 살아오고 경제적으로도 안정적으로 사는 모습을 보여드린 덕분에 지금은 부모님께 점수를 꽤 많이 받았다.

2.
희망의 실마리를 잡고 일어서다

임신과 출산으로 몸과 마음이 지쳐가다

일에 대한 욕심이 많았던 나는 결혼식을 치르고 한국에 가지 않고 태국에 남아서 직장생활을 계속 이어갔다. 임신 중에는 업무로 인한 스트레스를 많이 받아 조산의 위험이 생겼다. 일을 계속하고 싶었지만, 아이를 지키기 위해 어쩔 수 없이 임신 7개월째부터 두 달 동안 입원 생활을 해야 했다. 전치태반이라 걱정하며 지내고 있었는데, 결국 태아의 심장박동이 급격히 떨어져 응급수술을 해야 했다. 제왕절개로 어렵게 출산하고 몸도 회복되지 않은 상태였지만, 퇴원 직후 바로 출근했다. 결혼하고 남편과 함께 있고 싶었지만, 한국에 가지 않은 것은 일을 그만두고 싶지 않아서였다. 그런데 출산 후 우울증이 찾아오고 몸과 마음이 지쳐가면서 남편 없이 혼자서 아이를 키울 자신이 없어졌다. 하루 종일 아이를 키우느라 점점 초라하게 변하는 나를 보며 자신감이 없어졌다. 그제서야 사랑하는 아이가 가족 안에서 잘 자라는 것이 일보다 중요하겠다는 생각이 들었고, 그 즉시 한국행을 결심했다. 행복하게 살고 싶고 아기를 위해 한국행을 선택했지만, 마

음 한편에는 나의 꿈들이 버려지는 것만 같아서 두려운 마음도 있었다.

하루 종일 남편을 기다리는 내가 싫다

따뜻하고 포근한 가정을 꿈꾸며 한국으로 왔지만, 결혼생활은 기대만큼 행복하지 않았다. 확실히 결혼은 연애와 다르다는 것을 실감할 수 있었다. 대기업에 다니는 남편은 항상 늦은 시간에 귀가했기 때문에 가정에 남편의 자리는 없었다. 아이를 나 혼자 키우는 것만 같았다. 한국말도 못하고 친구도 없는 상황에서 하루 종일 남편이 돌아오기만을 기다리는 나 자신이 초라하게 느껴졌다. 지금 생각해보니 남편도 가장으로서 책임감을 가지고 있었지만, 애인이 아닌 남편과 아빠로 어떻게 해야 할지를 잘 몰랐던 것 같다.

우울증이 심해지면서 남편도 내게 큰 도움이 안 되는 것 같고 나 역시 남편을 힘들게 하는 것 같아 이혼해야겠다고 마음을 먹었다. 계속 이혼할 생각만 하고 있어서인지 몸과 마음은 더 지쳐만 갔다. 태국에 돌아가서 어떻게, 무엇을 하며 살아야 하나 생각해보았지만 막막해질 뿐이었다. 아이 손을 잡고 공원을 걸어 다니면서 혼자서 생각하는 시간이 많아졌다. 결혼을 결심했을 때부터 지금까지 내 삶을 돌아보면서 '해야 한다, 할 수 있다'는 마음을 가지게 되었다. 남들도 다 하는 결혼생활이고 태국에서 그 어려운 고위직에도 올라갔는데, 결혼생활이라고 못 할 이유가 없다고 생각하니 다시 시작하고 싶은 용기가 생겼다. 모르는 건 배우면 그만이었다. 국제결혼을 결정한 것도 나고, 이 남자를 선택한 것도 나 자신이기 때문에 남 탓하고 핑계를 댈 수 없었다. 그보다 한국 사회에 적응해서 한국 사람답게 살아가는 것이 해결책이라는 결론을 내렸다.

30평짜리 아파트는 필요 없어!

2년 반이라는 긴 시간 동안 남편과의 거리가 점점 멀어지자 남편 없이 혼자 살아야겠다는 결론을 내렸다. 마음이 멀어지니 남편을 기다리는 시간도, 남편을 보고 싶은 마음도 점점 사라져갔다. 이제는 나름 마음 나눌 친구들도 있고, 한국어로 의사소통도 어느 정도 가능해졌다고 생각하니 남편이 필요 없을 것 같았다. 그리고 한국어, 영어, 태국어까지 하면 3개 국어를 할 줄 아는데 이 정도면 혼자서도 충분히 살 수 있겠다는 자신감이 들었다. 그때부터였던 것 같다. 남편이 집에 들어와도 신경 쓰지 않았고, 남편 또한 내게 별다른 인사도 하지 않고 방으로 들어가버렸다. 남편도 나도 서로에게 관심을 두지 않았고, 한 공간에 있지만 각자 하고 싶은 것만 하며 그야말로 남남처럼 지내고 있었다.

그러나 이것은 내가 바라던 결혼생활이 아니었다. 모름지기 가족은 함께 사랑하며 잘살아야 하는데, 우리는 점점 멀어져 남이 되고 있었다. 같이 몸을 부대끼며 거실에서 TV도 보고 책도 읽고 싶었는데, 마음과는 정반대의 삶을 살고 있었다. 더 이상 이렇게는 안 되겠다는 결심이 섰고 남편에게 작은 집으로 이사 가자고 부탁했다. 세 가족이 사는데 30평 아파트는 필요 없으니 더 작은 집으로 가자고 했다. 25평 아파트로 이사한 후 거실은 도서관이 되었고, 딸은 친구들을 초대해서 노는 날이 많아졌으며, 남편이 퇴근한 후에는 함께 이야기를 나눌 수 있어 작은 이 집이 너무 좋아졌다. 이렇게 사는 게 진짜 가족이 아닐까? 나는 결혼생활의 어려움을 극복해내면서 인생 공부는 평생에 걸쳐 해야 한다는 걸 깨달았다. 좋은 대학을 다니는 것도 공부지만 아내와 남편이 서로를 지지하고 가족이 행복하게 살기 위해 끊임없이 배우는 것이 진짜 공부임을 알게 되었다. 나를 변화시키고, 상황을 바꾸면서 평생 배우면서 사는 것이야말로 인생 공부

라는 것을 알게 되었다.

뿌린 대로 거둔 딸의 언어 실력

이민자에게 아이 교육은 가장 큰 걱정거리 중 하나다. 이민자 부모에게 자녀교육은 자연스럽기 어려운 영역이다. 깊이 있게 가르치지도 못하고, 엄마의 한국어도 완벽하지 않기 때문이다. 이웃과 어느 정도 인사는 할 수 있지만 좋은 일자리를 얻기는 힘들고 한국어 교육을 받는다고 해도 다문화가족지원센터 교육만으로는 부족하다. 그래서 '어쩔 수 없다'라는 말밖에 할 수 없다. 아이 하나를 키우고 있는 지금도 너무 힘들고 경제적으로도 부담이 된다.

아이가 어린이집을 다니게 되면서 가정통신문을 받아왔는데, 너무 어려워서 읽을 수가 없었다. 겨우 그림으로 된 내용만 이해할 수 있었다. 엄마인 내가 아이에게 도움을 줄 수 없었다. 이런 문제가 반복되면 아이는 엄마가 자신에게 관심이 없다고 느낄 수 있고, 엄마가 세심하게 신경 쓰지 못하면 아이는 왕따도 당할 수 있다. 엄마인 내가 도움이 되지 못한다는 것이 너무 속상했다. 딸이 유치원에 입학할 때가 되었을 때는 더 이상 모르는 상태로 지낼 수 없다고 생각해서 ○○대학교에 있는 어학당에 다니며 한국어를 배우기 시작했다.

아이에게 한국어를 잘 가르치고 싶어 18개월 된 어린 딸을 어린이집에 보냈다. 나보다는 한국 선생님과 같이 있으면서 한국어를 배우는 게 좋을 것 같았다. 아직 말도 못 하는 어린 딸을 어린이집에 보내놓고 나는 거의 2주 동안 밖에서 기다리며 매일 울었던 기억이 난다. 어린이집 교육만으로는 부족하다고 생각해서 언어상담과 언어치료도 받게 하고, 국가에서 지원해주는 무료학습지 서비스를 이용해서 한글을 가르쳤다. 아이가

배우는 걸 재미있어해서 더 많은 프로그램을 추가로 신청해서 돈을 내면서 한국어를 배우게 했다. 사실 아직도 또래에 비해 한국어가 조금은 부족하지만, 나는 딸이 자연스럽게 한국 사람이 되어가는 것을 보며 뿌듯함을 느낀다. 어느 날 ○○이가 엄마가 욕을 모르니까 나도 모른다며, 친구들이 욕을 하는데 무슨 말인지 못 알아들겠다고 했다. 그 말을 듣는 순간 더 가르쳐야겠다는 생각이 들어 국어 과외 선생님도 구하고, 다양한 학습지와 독서 프로그램을 추가로 신청했다. 나와 남편은 유학 생활을 통해 영어를 유창하게 잘할 수 있었다. 집에서 영어로 대화하는 남편과 나의 모습을 보며 아이가 영어를 배웠고, 아빠에게는 한국어를, 엄마인 나에게는 태국어를 배우며 아이는 3개 국어를 할 수 있게 되었다.

이주민 엄마는 몇 배나 더 노력해야 한다

나에게 가장 큰 고민은 이제 3학년이 되는 딸이 잘 자라는 것이다. 공부는 잘하는지, 한국어를 못 해서 친구를 못 사귀지는 않는지 늘 염려가 되었다. 감사하게도 딸은 친구들에게 엄마가 태국 사람인 것을 자랑스럽게 말하고 다닌다. 나는 딸이 한국 친구들을 많이 사귀고, 그들의 가족들과도 친하게 지내기를 바라는 마음이 있다. 엄마인 내가 먼저 더 적극적으로 친구를 사귀고, 사람들을 만나는 모습을 보여주려고 했다. 받으려고 하기보다는 내가 가진 것을 주려고 했고, 엄마들에게서 좋은 정보도 배우면서 주고받는 것을 익혀나갔다. 영어를 배우고 싶어 하는 엄마들에게 영어 말하기 상대가 되어주면서 엄마들하고 관계를 맺어가기 시작했다. 영어를 가르쳐주면서 많은 엄마들과 친해질 수 있었고, 자주 만나면서 엄마들한테서 학교생활에 대한 정보를 얻을 수 있었다. 나의 일상은 그렇게 딸의 친구 관계를 위해 집중되었고 많은 시간을 투자했다. 정말 딸을 위해 많은

노력을 했다.

다른 나라에서 살아간다는 것은 누구에게나 힘든 일이다. 특히나 한국에서 다문화가정으로 살아가는 것은 사실 불편하고 힘든 일이다. 하지만 힘들다고 해서 포기할 수는 없지 않은가? 살길을 찾아야 하고, 찾다 보면 살길은 있기 마련이다. 나에게는 그 길이 한국어 공부였다. 아이를 키우는 것, 한국어를 공부하는 것 두 가지 모두 힘들었기에 포기하고 싶었다. 그리고 쉽고 빠른 길을 찾아서 벗어나고 싶었다. '빨리빨리'를 강조하는 한국식 문화에 적응하는 것도 쉽지 않았지만, 다들 그렇게 살고 있었기에 그것을 당연한 것으로 여기고 적응하려고 했다. 이주민 엄마들은 다른 것이 많고, 모르는 것도 많아 배울 것이 많다. 배우는 것이 어렵지만 엄마가 힘들면 아이는 더 힘들다. 그래서 엄마는 두 배, 세 배 더 열심히 해야 한다.

3.
도전하는 우리의 이야기

엄마 나라의 말도 중요하다

딸은 책 읽는 것을 좋아해서 책이 옆에 있으면 바로 열어보곤 했다. 딸이 어렸을 때 서울시에서 운영하는 '엄마 나라 동화여행'*이라는 프로그램에 참여한 적이 있다. 다문화 스토리텔링으로 엄마 나라의 언어로 동화책을 읽어주는 프로그램이었는데, 딸을 위해 부지런히 배우고 가르치러 함께 다녔다. 딸은 지금 태국어, 영어, 한국어 3개 국어를 할 줄 안다. 남편은 영어와 태국어도 중요하다고 늘 말했고, 태국어를 가르치기 위해 방학 때마다 아이를 친정에 보냈다. 덕분에 나에게도 1년에 한 번씩은 부모님과 형제들을 만날 기회가 생겼다. 딸은 여름방학이면 태국에 가서 외국인 학교 캠프에 참여하고 있다. 낮에는 캠프에서 영어를 배우고, 저녁에는 외할머니와 같이 지내면서 태국어를 배운다. 또 겨울방학에는 친정 가족들

---

* 서울시 건강가정지원센터 프로그램으로 결혼이민자 여성들의 양육 부담을 덜고 아기와의 소통을 돕는 것을 목적으로 한 사업이다. 서울시 거주 36개월 미만 자녀들을 둔 결혼이주여성을 대상으로 하며, 동화책 활용 교육 프로그램이다.

이 한국에 여행을 오고 있어 늘 태국어를 잊지 않고 배울 수 있는 환경을 마련하고 있다.

우리는 매일 도전한다

성공적인 삶을 살길 원하지만 누구나가 다 그런 삶을 살지는 못한다. 다른 엄마들처럼 살아가고 싶지만 낯선 나라에서 그 삶은 너무 어렵다. 나 역시 실패하는 것이 무서웠고 실패의 길로 가고 싶지 않았다. 하지만 그렇다고 가만히 있을 수는 없었다. 한국 사회는 가만히 있으면 도태되는 사회다. 아무것도 하지 않으면 그 자리에 있는 것이 아니라 계속 뒤로 밀리게 되어 처지게 된다는 것을 깨달았다. 나는 한국 사회에서 살아남기 위해서는 무조건 자기계발을 해야 한다고 생각한다. 끊임없이 계발하고 자신을 발전시켜야 한다. 멈추는 순간 뒤로 밀리게 된다는 생각은 나를 힘들게 하기도 하지만, 경쟁하며 사는 것은 결국 나를 발전시키는 것이 된다고 받아들이고 있다.

외국인과 결혼하는 것은 결코 쉽지 않았고, 더 많이 준비해야 한다는 것도 깨달았다. 다른 결혼이주여성들과 만나면서 느낀 것은 우리 모두 도전하며 살고 있다는 것이다. 누구나 마음만 먹으면 도전할 힘이 생기고, 우리에게 닥친 어려운 일들도 이겨낼 수 있을 것이라고 생각한다. 나는 지금도 다문화가족지원센터에서 멘토링을 하며 다른 결혼이주여성들과 이주민들을 돕는 봉사활동을 하고 있다. 다른 사람의 도움을 받기보다는 내가 먼저 어떻게 도울 수 있을까, 내가 무엇을 할 수 있을까를 고민하며 살 길을 찾으려고 고민했다. 내가 힘들었던 경험이 있기 때문에 한국에 와서 적응하는 이주민들이 얼마나 힘든지 그 마음을 잘 알 수 있었다. 다른 사람을 돕는 것은 나 스스로에게 자신감을 선물해주기도 하며, 나 역시 다른 사람들의 도움을 받아 조금씩 성장해가고 있다.

4.
전사록 요약

〈연구참여자 정보 및 특성〉

출생연도	1973년생	이주연도	2010년
국적(이주 전/현재)	태국/대한민국	학력	대학원 졸
가족	남편, 딸	직업	통·번역사, 대학 강사

▶ 마음을 읽어주는 남자를 만나다

[조사자: 남편분하고 2007년에 태국에 있는 파이낸셜회사에서 만나셨다고 했죠?] 세미나에서요. 같은 반이었어요. 남편 만나기 전에는 한국은 북쪽 남쪽도 몰랐어요. (웃음) 「대장금」은 알았는데, 「대장금」만. 그것도 북쪽, 남쪽 나누고 따로 그런 것도 관계 몰라요. [조사자: 남편의 어떤 점이 마음에 드셨어요?] 남편은 다른 사람 이야기 같이 이야기하면 다른 사람 마음을 알아요. 남편이 이해해주는 사람. 마음에 드는 사람. 또 이해해주고. 제가 진심으로는 어떻게 살았는지, 저한테 남편이 벌 수 있는 거. 어떻게… He can understand people what really they think inside. What inside they

not, only see the outside, the character. But he see what is deep inside you. 그래서 제가 그것 때문에, 왜 남자가 나는 진심은 어떻게 되는지, 밖에(서)는 Strong woman, 일 많이 했잖아요. 하지만 안은 마음이 좀 약해요. 이 남자가 처음 이야기하니까(할 때), 내가 어떻게 생각하는지 물어봤어요.

'어? 어떻게 이렇게까지 내 마음을 읽을 수 있는 거지?'

남편과 얘기하면서 조금 마음이 좀 열어졌어요. 제가.

▸ 엄마의 바람대로 살아가다

[조사자: 선생님은 고등학교도 일류 고등학교를 가셨고, 일류 대학교를 가셨고, 그리고 미국에 유학도 하시고, 태국에 다시 돌아와서 꿈이 있으셨고. 그래서 태국에 있는 그 회사에 입사하셨는데, 다른 것보다 일을 중요하게 생각하고 그렇게 계속 일을 열심히 해오셨는데, 한국 남자를 만나는 바람에?] 네. 사실은 제가, 엄마도 법 전공했거든요. 엄마 가족, 엄마 부모님 위해서 제가 많이 노력을 했었고, 이 남자가 만나서. 당신 뭐 처음에 제가 미용실 적어줬거든요. 우리 엄마는 "미용실은 안 돼. 이거 해!" 고등학교 들어가야겠다! 대학교 들어가야겠다. 엄마는 그냥 딸 수준 더 높이고 이거 해야 한다고 이런 식으로. 이런 있기 때문에 제가 들어가는 거고. 하지만 제가 좋아하는 거 진심으로는 책만 읽기보다는, 그러니까 손 들어가는(손으로 만드는) 거 좋아해요. 하지만 그거는 못 하고. 돈 벌지 않고 그런 엄마가 이야기하니까. 하지만 제 남편은 "한국 오면 자기가 좋아하는 거 공부해. 내가 서포트(support)해줄게" 했어요. 이 남자가 제가 이거는 예를 들면 여러 가지 많이 있는데 제가 진심으로 원하는 거 진심으로 생각하는 거. 이 남자가 잘 챙겨주고…. [조사자: 그걸 알아주셨구나. 사실은 선생님이 공부도 잘하셨고, 그렇게 하셨지만, 이건 엄마의 기대, 내가 좋은 딸이 돼야지.] 어, 그런 거. 진

짜로 하고 싶은 거는 활동적인 건데 그걸 남편이 알아줬어요. 하지만 이 엄마가 키운, 몇십 년 동안, 이렇게 저도 모르게 책을 잘 읽고, 정보도 잘 읽고 어떤 그런 그 스킬(skill)은 맘에 들지는 않는데, 몸은 익숙하니까. 바로 바로 읽어져요. 책들이.

▶ 남다른 손재주를 가지다

하지만 제가 기억하는 거, 고등학교 때 제가 머리, 미용실 쪽 관심 있잖아요. 제가 친구 머리 길고, 그래서 손으로. 제 친구가 절 기다리는 거예요. 몇십 명 정도. 저한테 예쁘게 만들어달라고. 그럴 정도로. 인기가 제가 그 수업은 100점 받을 수 있어서 인기만 아니고, 이 머리 잘하는 것도 있고. 그래서 친구들이 잘 기억하고. 립은 어떻게 잘, 이쁘게 하고. 또 유학 갔을 땐, 남자들이 제가 태국 남자들한테 인기 좀 많았잖아요? 특히 공부하는 남자가. 그래서 같은 유학하는 남자가 미용실 가기 너무 비싸서, 저한테 부탁하려고 그랬어요. 왜냐하면 좀 보기에는 뭐가 있을 것 같아서. 그래서 제가 한 번도 못 해본 건데 그 친구가

"괜찮아. 나는 너 믿어."

그래서 제가 한 번 (해봤는데) 잘하더라구요. 그래서 소문이 나고 그 친구의 친구도 와서 저한테 남자 머리가 하고. 제 딸도 제가 직접 잘라요. (딸이) 좋긴 좋아하는데, 가끔 제가 그 뭐지? 그거는 제가 10대, 20대 하잖아요. 그래서 일하다가 10년 동안 파이낸셜(financial)회사 하다가 이런 거 벌였어요. 이런 거 조심하고. 그래서 딸이랑 카톡하는데, 그때보다는 맘에 안 들어요. 그 결과가. 그래서 가끔 미용실도 보내고, 머리는 쉽게 하면 제가 싹싹싹 해요. 제가 가끔 혼자도 해요. 이렇게 제 머리가. 제가 인스타그램 그런 거, 일본 머리 만드는 것도 가끔 봐요. 봐도 가끔 손 안 가니까. 뭔가

스킬(skill)은 많이 프랙티스(practice)하지 않았으면 좀 능력은 조금 떨어져요. 그리고 음식도 관심 있고. 그래서 TV에서 음식 만드는 프로그램은 잘 봐요. 제가. 제가 관심 있기는 한데… 또 한국 음식도 만들어요. 집에서, 간단하게. 왜냐하면 태국 음식이랑 한국 음식 다른 거는, 태국은 열 더운 나라잖아요. 새우 만들 때도, 만드는 방법은 간단해요. 그냥 넣고 보일(boil)하면 끝. 근데 한국 음식은 찌고 볶고 부치고, 또 같이 모아서 더 끓이고. 이거는 좀 단계가 많아서 제가 그래서 어댑트(adapt)했어요. 그냥 한꺼번에 태국처럼. 맛이 차이 나지는 않아. (웃음) 간단하게. 그냥 한국 방식 쓰지 않고 제 방식에서. 잘한다기보다는 제가 원하는 대로 하는 것 같아요.

▶ 처가에 오는데 반바지를 입고 오다니

[조사자: 연애를 6개월 정도 하셨죠? ○○에 있는 바닷가에서. 어머님 반지 준비해와가지고 프러포즈했잖아요?] 네. 어… 그때는 받긴 했는데, 그냥 말하지 않았는데. 하지만 이 남자가, 왜? 같은 나라도 아니고 연애는 더 멀리 봐야 하는데 마음에 들긴 하는데 미래는 아직 같이 보낼 생각은 없는데…. 하지만 이 남자가 빨리 프러포즈하니까 사람 마음을 이렇게 하니까 제가 거절하면 곤란할 것 같아서 그래서 예스 했어요. 그렇게 보고. 하지만 그 남자가 예스 하면은 우리는 결혼해야 해. 아이 낳아야 해! 생각했어요. 하지만 결혼식 준비하는 거는 싸웠죠. 이런이런 저런저런 하다가 맞는가 안 맞는가. 이거는 다문화 아니라 누구나 (똑같아요). 자기가 워낙 이거는 같은 문화인데 우리는 다른 문화잖아요. 우리는 한국 결혼식도 있고, 태국 가서 또 태국 결혼식도 있고 그러니까. 세미나도 이런 반바지 입었는데, 결혼식은 어떻게 생각할지. 선생님 상상해보셔. (웃음) 자기가 그 뭐지 여행처럼 생각만 하는 거죠. 그것 때문에 많이 싸웠죠.

"왜 한국식만 많이 준비하고, 태국식은 그냥 자연스럽게, 아무렇지 않게 생각해? 태국어도 못 하고 태국 음식도 싫어하는데 왜 나랑 결혼했어?"

"당신을 사랑한 거지 당신 나라를 사랑한 건 아니잖아."

"나를 사랑하는 건 어떻게 알아?"

"(왼쪽 가슴에 손을 갖다 대며) 그건 여기가 먼저 알았어!" [조사자: 사실은 선생님 부모님은 좀… 또 뭐랄까? 막내딸이잖아요. 그러니까 더 잘해주고 싶으셨을 것 같은데.] 그런 거 하는데, 하지만 제가 그런 때가 서른여섯 살이잖아요. 좀 많았어요. 그래서 그때 그때도 제가 제 돈 쓰고. 부모님 돈 쓰지 않고. 결혼식도 제가 돈 준비하고. 그래서 이제 몸, 타는 차, 옷 그런 돈 제가 일했을 때부터 부모님 돈 쓰지 않고, 차라리 부모님 드리는 돈 매달 있고. 그거는 태국, 우리 가족 보통은 하거든요. 그래서 이 남자가 태국 왔을 때, 자연스럽게 여행 가는 것처럼 오니까 뭐 저런 게으름뱅이가 다 있어? 부모님이 이 남자가 게으른 줄 알았어요. 아무것도 안 하고 그냥 차만 타고 항상 반바지에 티셔츠만 입고. 머리도 아무것도 안 하고. 그래서 우리 부모님은 남편 와이셔츠 입은 거 본 적이 없어요. 항상 여행옷. 캐주얼. 응 그래서. 하지만 10년 보다가 남편도 잘 책임감 있고 집도 사고 이것도 하고 생기고 하면서 시간 쭈욱 지날수록 이 남자가 괜찮은 것 같아. 처음에는 싫었어요.

▶ 욕을 알아들을 수 없다

[조사자: 한국에서 아이 키우기 조금 힘드시죠? 혹시 아이를 더 낳아야겠다거나 그렇게 생각하진 않으셨어요?] 지금은 나이가 많아서. 하나만으로도 힘들고. 몸도 힘들고. 지갑도 힘들고. (웃음) 제일, 이민자 고민하는 거 아

이밖에 없어요. 왜냐하면 혼자 살면 편하게 살 수 있으니 괜찮을 것 같았고. 어떤 가족 아이가 꼭 있어야 하는 그거는 문제가 지적해야죠. 왜냐하면, 이민자라고 하더라도 제가 타고난 가족, 가르치는 교육은 자연스러울 수 없어요. 왜냐하면, 깊이 가르치지도 못하고. 어, 그래서 언어는 완벽하게 못 하고. 내 어느 정도 인사할 수 있는까지만 하고. 좋은 일자리는 얻을 수 있는 분들이 10년 열심히 하고 아니면 남편이 계속 통화하고, 아니면 그니까 대학교 한국에서 대학교 더 공부하는 거 하면. 회사원 직원처럼 외국 디파트먼트(department) 그런 거 관련될 수, 그런 거 ○○○ 언니처럼 될 수 있는데, 하지만 그냥 1년, 3년 넘지 않게 다문화 가족만 교육받으려면 그 능력이 부족해요. 어쩔 수가 없다. 집에서 아이만 키우다, 키우다가도 유치원 가서, 어린이집 가서, 정보 그 안내장 같은 거 읽을 수가 없어. 어떻게 한자가 워낙 많고. 특히 초등학교 엄청 많고. 어 픽츄어 워드(a picture word), 단어들이 들어오고. 그래서 엄마들이 학교 뭔가 보내도 못 읽어주죠. 그래서 상황을 어떻게 아이에게 도움이 될 수가 없다. 아이가 엄마 어차피 관심이 없고, 아이가 문제가 생기는 점. 왕따 같은 거. 왜냐하면 자기 제일 중요한 사람, 엄마는 나도 도움이 할(될) 수가 없다. ○○이가 유치원 때 제가 더 이상은 안 되겠다. 엄마인데 몰라, 못 해. 할 수 없잖아? 그때는 ○○대학교에 있는 어학당에 쭉 계속. 왜냐하면 ○○이는 일찍 어린이집 가요. 왜냐하면 우리 집에 남편은 유학했기 때문에 우리는 영어 쓸 수 있는데. 왜냐하면 제 생각에는 제가 양쪽 언어를 잘 알아야 가정이 잘되는 거. 남편은 언어가 수준 높아, 여자는 낮다 하면 이야기는 이렇게 하는 거죠. 안 돼. 자기가 먼저 생각하고, 나는 또 먼저 생각하고. 그래서 중간 언어 쓰고. 약속했어요. ○○이는 따로, 아빠는 한국어 이야기하고 엄마는 태국어 하고. 이런 식 하는데, 갑자기 ○○이가 영어 얻었어요(배웠어요). 왜냐하면 엄마,

아빠가 이런 막 이야기하니까 자기가 자연스럽게 영어를 대화할 수 있고, 그냥 그 이런 식, 이런 식, 우리가 가족 언어 쓰고 있잖아요? 문제는 ○○이가 다른 아이보다 한국어는 더 적어요. 아빠밖에 없으니까. 아빠도 일하고, 시간은 부족하고. 이거 안 되겠다. 한국어 배워야 한다! 그때는 어린이집을 ○○이가 18개월부터 보냈어요. 제가 다른 일이 있는 게 아니라, 선생님한테 한국어 배우려고 미리 일찍 보냈고, ○○ 보낸 시간 동안 밖에 기다려요. ○○이가 어떻게 되는지. 2주일 동안 매일 울었죠. 익숙해질 시간 그리고 기다리구 받고 집에 데리고 가고. 그런 식. 하고, ○○이는 또 언어, 언어상담도 받고, 언어발전교육도 받고. 다문화센터에서. [조사자: 근처에 그런 다문화가정 아이의 언어발달에 도움을 주는 프로그램이 있었나 봐요?] 네. 있어요. 그거는 쓰고 또 그냥 자연스럽게 패스했어요. 그냥 괜찮다고. 그냥 끝. 6개월 동안 또 또 그때는 나라가 학습지, 교육 2년 동안 무료 해주시니까, 그 또 ○○ 프로그램에서 2주에 한 번 받아 하고. ○○이가 워낙 좋아하니까 우리도 돈 더 내고, 더 수업 더 늘이게 해주고(늘려주고). 그래서 ○○이가 조금 지금은 같은 (또래에) 비해, 같은 아이가 자연스럽게 한국 사람처럼 되는 거죠. 하지만 한자 같은 거. 깊이, 집에 생활 말. (웃음) ○○가 어떤 말인지 모르고. 그런 집 쓰는 말은. 욕 쓸 수가 없어. 엄마가 모르니까. 다른 아이가 욕 쓰는 거 들었었는데 무슨 말인지 모르겠어! 이거는 더 배워야겠다. 그래서 ○○이한테 도움 많이 줘야겠다! 국어. 한 달에 뭔가 선생님도 집에, 개인 선생님도 집에 오고, 국어. 1학년 때 많이 준비했어요. 지금은 좋아졌고, 지금은 ○○ 학습지하고 ○○ 시간 있고, 그런 것 정도. 책은 매일 읽고.

▸ 엄마 나라 말도 중요하다

그래서 ○○이가 책은 좋아해요. 책은 있으면 바로 열어보고. 제가 또 다문화 책 스토리텔링 책. 뭐지? 동화책. 그거 읽고. 다른 언어. 몽골, 태국, 베트남 이거 녹음, 소리 녹음. 다문화 아이들이 웹사이트 들어가서 자기 엄마 나라 말을 잘 들을 수 있는 프로그램 있어요. 제가 또 그거 했고. 그거는 서울시 프로그램이었는데, 서울시가 다른 단계가 뽑아서 이런 관련, 운영, 동화책, 그 엄마 나라 열두 나라 이런 언어 읽어주는 프로그램 있는데. 매년 있어요. 동화책. 다문화에서 놓고 있어요(배우고 있어요). [조사자: 다문화 관련 정책처럼 하는 건가 보네요? 모국어로 동화책 읽어주는 거를 지금 ○○이가 듣고 있구요.] ○○이도 듣고 다른 아이들도 듣고. 다문화 엄마들이 입소문 주고. 웹사이트 있고 웹사이트 들어가면 뭐 들을 수 있어요. [조사자: 그래서 그럼 ○○이는 태국어도 하고, 영어도 하고, 한국어도 하고 지금 그러네요?] 네네. 아빠가 영어가, 태국어도 중요하다고, 영어도 태국어도 중요하다고, 1년마다 태국 보내요. 태국 보내고, 저도 부모님 만나고 ○○이는 캠프. 우리 친언니가 딸 외국인 학교… 다니는 원장이 언니의 친구예요. 그래서 ○○ 갈 때마다 한 달 맡기고 그래서 저 학교에서 캠핑 다니고, 낮에는 영어 캠핑하고, 밤에는 우리 엄마랑 같이 생활하고. 태국어로. 보통은 여름방학. 겨울방학은 우리 가족 여기 와요. [조사자: 태국 가족분들이 오시고요? 겨울에는? 그럼 1년에 두 번은 그래도 가족분들이 서로 만나시네요?] 네, 만나, 네네. 언니랑 딸이랑. 엄마, 조카. 엄마는 방학하니까, 엄마는 일 안 하고 그냥 집에 있으니까 거의 3주 정도? 언니는 일 있으니까, 1주일 정도, 아니면 10일 정도.

▶ 콩깍지의 힘, 퍼줘도 아깝지 않아!

[조사자: 결혼하실 때 친정 부모님이 아주 큰 반대는 안 하셨다고 하셨잖아요?] 큰 반대는 안 하는데 그냥 싫어. (웃음) 엄마가 한날은 우리 연애 사진 보고 너 이런 웃음이 행복해 보여. 이 남자는 괜찮아. [조사자: 제가 ○○○ 선생님한테 듣기로는 태국에서 결혼할 때 신랑이 신부한테 '신부값'이라고 하는 걸 준다고 하더라고요.] 하하하. 네, 재미있어요. (웃음) 이야기하면 웃기기도 하고, 화도 나고. 왜냐하면, 한국도 함? 함인가? 여자도 준비하고, 태국에서는 남자는 다 준비하고. 그러니까. 하지만 우리 가족은 서로 자기가 준비해요. 한국은 남편 준비하고 태국은 제 돈하고. 남편도 남편 돈하고. 부모님 돈 아니고. 그런 거. (웃음) 우리 언니가 나한테 너 엄청 스튜피드(stupid)해. (웃음) [조사자: 아, 손해 보는 결혼하는 건데? 이렇게?] 네네. 저도 사귀었을 때부터 남편은 태국 오면 제 돈 써요. (제가) 한국 오면 남편 돈 써요. 그거는 남편은 (태국에) 매달 오잖아요. 저는 한국에 3개월에 한 번. 제가 더 많이 쓰는 거죠. 그때는 그걸 생각하지 않고, (웃음) 네네. 태국 가격, 물건 가격도 더 칩(cheap)하잖아요. 호텔, 음식 그런 거 하면. 그래서 뭐 제가 더 많이… 돈을 잘 벌 수 있으니까, 그럼 이런 거 괜찮다. 하지만 멀리 오니까 잘, 줄이는 거 더 좋다, 좋다고 생각해가지고. 그때 내가 왜 그랬지? 지금은 안 돼. 그렇게 못 해. (웃음) [조사자: 보통 태국 문화가 연애할 때, 각자 쓰는 문화예요?] 아니죠. 아, 그거는 느낌이 외국인, 제가 이 남자가 외국인 처음 남자친구 아니라서, 하지만 다른… 제가 그때 할 때도 그 남자가 저 챙겨주는데, 이 남자가 제가 또 뭐지? 100퍼센트 아니고, 보통은 만약에 호텔 하면 자기가 또 내요. 그래서 제가 와서 제가 차 타니까, 그래서 좋은 식당은 잡자 하고, 아 먹어봐. 마음 잘 챙겨주는, 잘하고 싶다. 그래서 돈 내는데. 그때는… (웃음) 뭐지? 블랙 매직(black magic)인가? 그런 생각 안 들

어서. [조사자: 사랑의 힘이죠.] 그런가 봐요. (웃음) 유학했을 때, 남자친구도 생겼는데, 그때는 외국에서 만났으니까 그거는 반반 내요. 왜냐하면 그 남자친구가, 그때는 태국 남자였고. 그 남자도 돈 스스로 벌지 않았잖아요. 저도 부모님 돈이고. 그래서 같이 식당 가면 자기 거는 자기가 내고, 제가 제 거 내고. 하지만 이거는 50% 정도. 50%는 그 남자가 다 챙겨주고. 그런 식으로. 항상 반반 아니고. 50%는 반반하고, 보통 원래는 태국 문화가… 왜냐하면 여자가, 어떤 남자가 이렇게 낼, 쓰고 있으면 좀 능력, 자기가 능력 있다는 생각 들어서. 그 남자도 이런 식으로 보이고 싶어서 하는 거 같아요.

▶ 출산과 함께 나를 잃어버리다

[조사자: 선생님이 결혼을 결심하시고 한동안은 태국에서, 일 욕심도 있으셨으니까요. 태국에서 일하시고 결혼하시고 나서 그러니까 1년 정도 일하신 거잖아요?] 제가 일은 그만두는 거, 3월에 한국 오잖아요. 2월까지는. 정말 정말. 끝까지 하는 거고. [조사자: 어, 근데 애를 낳고도 한동안 회사에 다시 나가셨네요?] 응. 응. 그거는 좀 문제가 생기죠. 제가 임신을 하고, 일하다가 모르게 스트레스받으니까 병 걸렸어요. 제 임신가(저 임신했을 때)… 아이가 일찍 태어났어요. 7월 동안 태아, 상황이 태어나게 생기고, 아직 눈이랑 머리 완벽하지 않아요. 지금 태어나면 안 돼요. 7개월부터 계속 병원에 누웠어요. 그래서 7, 8개월에서 병원에 누웠고 두 달 동안. 그리고 ○○ 태어나고. 음. 제가 병원 더 2주 정도 더 입원했어요. 계속, 아이 태어나도 피가 계속 나와요. 그래… (웃음) 네. 그리고 또 ○○가 태어나서. [조사자: 탯줄?] 탯줄. 이렇게 묶었어요. [조사자: 탯줄을 목에 감고 있었구나.] 네. 자연스럽게 태어나고 싶은데, 7시간, 7시간을 기다렸는데, 이거 상황이 심각해서

심장은 떨어지고 선생님이 지금 바로 수술해야겠다고. [조사자: 고생 많이 하셨어요. 남편분은?] 같이 있었어요. 그때는 회사가 5일 동안 휴가 받아가지고, Must be thank you for a skype, the program. 그때는 그 통화, 그 페이스타임 이런 거 없었잖아요. 스카이프밖에 없었어요. 얼굴 보기에는. 그래서 우리 사귀었을 때는 스카이프하고 전화기하고. 전화비 얼마나 많은지 몰라요. (웃음) 비행기 가격하고 전화기 가격 똑같아요. 하지만 우리 일과 자리 있으니까. 못 가고 전화만 하고. 보고 싶다~ 뭐 이런 거. 매일은 전화하고. 스카이프는 밤에 매일 하고. 네. 그게 신기해요. (웃음) [조사자: 선생님 근데 그 일을 한국에 들어오기 직전까지, 일을 하셨잖아요. 근데 사실, 일을 그만둘 결심을 하시기는 쉽지 않으셨을 것 같아요.] 네. 쉽지 않아. 하지만 아이 태어나고 나서 조금 우울증 걸리나 봐요. 가족 많이 생각하고. 허무한… 뭔가 자체가, 일보다는 아이가 중요해. ○○는 어떻게, 아빠 없으면 어떻게 키울까. 그런, 계속 생각해요. 반복. 다른 생각도 아니고. 또 저 또 뭔가 몸, 그 여자 몸이 음… 바뀌었어요. 제가 옛날엔 선생님, 슬림했는데, 지금은 10킬로, 지금은 10킬로 쪘는데, 가슴도 크고, 젖도 나오고. 이것도 크고, 옷도 아휴. 불편, 몸도 불편하고 머리도 스트레스받고. 그때는 어 우울증 같은 거 걸렸어요. [조사자: 그래서 더 남편이랑 아이랑 같이 있어야 되겠다고 결심하신 거고요?] 네. 그것 때문에 뭐지, 꿈이 버렸어요(사라졌어요).

▶ 3년 동안 이혼을 생각하다

[조사자: 그래서 한국에, 그러면 사실 갈등하셨을 것 같아요. 왜냐하면 한국에 와서도 태국 회사에서 계속 3년 동안은.] 3년 동안은 계속 이혼을 생각해요. 진짜로… 여기 와서 아, 옛날에 연애하는 거는 그냥 여행 오는 것처럼 기분 좋은 일이었는데…. 하지만 여기 이사 와서 남편은 일하고, 늦게

끝나고. 나는 그냥 머리가 이렇게 몸, 샤워도 못 하고 아이 키우고. 어떻게 하는지도 모르고 있고, 언어도 모르고. 남편만 기다리고 있고. 부모님도, 남편 가족도 어떻게 이게 또 남편은 천안이 고향이잖아요. 서울말도 아니고 또 사투리. 어 힘들어요. 그래서 남편도 스트레스받은 거 같아요. 지금 생각해보니까. 남편도 어떻게 잘해주는지 그때는 자기도 몰랐을걸? 어떻게, 결혼하고 나서 책임감 갖는 거 당연히, 누구나 알고 있는데, 그 이상은 어떻게 익히는지. 그 사람 있는 순간은 스트레스받는 거죠. 그래서 남편이 나한테는 도움이 안 되고. 남편도 내가 힘든 것 같아. 서로가 많이 생각을. 하지만 남편이 계속 책임감 내주고, 하지만 나는 나가야겠다, 나가야겠다. 이거는 맞지 않는다. 그런, 계속 생각하고. 그래서 우울증도 더 심각했어요. 저 그때는 많이 힘들었어요. 하지만 제가 당연히 불교라서, 이거 스트레스받기보다는 제가 메디테이션(meditation)했어요. 매일 하고, 하고. 뭐지, 중앙공원에서 아이하고 걷고 운동하고 어떻게 하지? 이혼하면 태국 가서 뭐 해야지? 이런 생각하다가 하지만 다른 여자도 결혼했잖아? 다른 사람 될 수 있잖아! 왜 나는 못 해? 나도 1등, 2등 이렇게 갔잖아. 패스했잖아. 일도 10년이나, 나도 일 시작한 데도 슈퍼바이저 했잖아! 매니저까지 올라갔잖아. 이것도 힘들게 해봤잖아. 왜 이런 일 못 이겨내지? 그렇게 반복 생각하고. 평생 우는 거는 거의 매일이요. 그래서 다른 후배들이 여기 와서 뭔가 힘든 상황…. 아 괜찮다 해봤으니까. 나중에 시간의 흐름으로 익힐 수가 있을 거야. 새로운 상황이지? 우린 모르는 거지. 하지만 모르는 건 배워야지. 마음먹어야지. 생각했어요. 다른 거는 태국에서, 더운 나라잖아요. 더운 나라라서 야채도 많고 고기도 많고, 다 리소스(resource)가 많이 있어요. 그러니까 일 안 해도 나가서 뭔가 먹을 수, 찾을 수 있어요. 그러니까 게으른, 게으르다는 느낌, 한국 사람 태국 가면 태국 사람 게으르다고

생각해도 된다. 하지만 한국에 와서 이거 준비하는 마음먹지 않으면 겨울에는 죽겠다 생각했어요. 이거 여름 하면 이거 준비해야지. 왜냐하면 덥겠다. 이렇게 이렇게 항상 빠르고 준비, 미리 생각. 그거는 그 상황이 다르죠. 그래서 어, 한국 사람은 이런 게 사회 같아서 내가 뭐가 바꿔야겠다. 뭔가 해야겠다. 모르는 거, 지금 시작하지 않으면 나는 어디든지 누구든지 같이 살 수가 없다. 다른 사람 때문이 아니라, 나. 이 남자랑 결혼하는 거 내가 결정했잖아 이렇게 반복 생각해서. 답은 나오는 거죠. 다른 사람이랑 같이 이야기 나누기보다는 시간은 흐를수록 투명하게 자기가 반복 생각하고 진심으로 깨달았죠.

▶ 30평짜리 아파트는 필요 없어!

나는 이렇게 그래서 그때부터 2년 반 후에 깨달았고, 그래서 남편 기다리지 않게. 나 할 수 있는 만큼 싹 하고. 그때 시작부터 아이 챙길 때까지. 그때는 좀 문제가 생기고. 왜 그러냐면, 너무 할 수 있으니까. 남편 필요 없어. 나 친구 있어! 나 한국말도 어느 정도 할 수 있다. 생각해요. 완벽하지 않았어도. 제가, 왜냐하면 제가 세 언어 계속 쓰잖아요. 100% 한국 쓰지 않게 있으니까, 그래서 말하는 거는 좀 음, 제일 힘들고, 듣기 쓰기는 괜찮고. 그래 보니까, 어느 정도는 갑자기는 내가 스스로는 살 수가 있어. 그래서 남편 들어오는 거 느낌 하지(신경 쓰지) 않고. 그것도 문제 생기죠. [조사자: 남편은 서운해하나요?] 그런 것 같아. 제가 생각은, 그냥… 제가 남편 거실에 있고 제가 안방에 있고. 싸우지 않았는데 느낌이 이거 놓고 하면 돼. 이거 놓고 하면 돼. 내가 스스로 자기 시간을 챙기고. 유튜브 보고, 제가 관심 있는 거 하고. 하지만 점점 뭐지? 가족이 잘살아야 하는데, 점점 멀어지고 있잖아. 이런 생각이 생겼어요. 그래서 남편한테 혹시 다음에

이사하면 우리가 좀 평수가 더 적은 데로 가자. 우리 가족 3명밖에 없으니까 30평 필요 없어. [조사자: 네. 처음에 40평 엄청 멀어지고.] 그죠, 그죠. (가족이) 어디 있는지도 모르겠어요. 응, 점점 줄이고. 그 지금은 25평 딱 좋다, 제 마음에. 몸이 붙이고 같이 안방 TV 보고, 거실은 그 라이브러리, 도서관처럼 책 사놓고. ○○는 친구 매일 데려오고 친구 여기 하고, 그래서 가까워지고, 소통 더 하고. 일 끝나서 어떻게 되는지 서로 몸이 붙이니까(가까워지니까), 아 이런 게 가족이지 그런 생각이 들었어요. 또 제가 또 계속, 평생 공부하잖아요. 공부는 그냥 대학교 다니기보다는 제가 정보, 좋은 정보 얻지. 여자는 와이프는 남편을 서포트(suport), 많이 서포트해주는 거 제일 좋다고. 왜냐하면 남편은 일만 목적하면 우리 가족도 돈 벌고 우리 가족도 잘되잖아요? 그래서 항상 제가 어, 남편이가 말하고. 옛날에는

"나 왔다."

"어 왔어?"

그냥 집… 따로따로 다른 (방으로) 건너가고. 지금은 지금도 배우죠. 그 세대 차이 바꾸고 상황을 힘듦으로, 사람이 좀 상황을 바꾸고 생각해서. 우리는 평생 삶을 배우는 거죠.

▶ 이주민 엄마는 두 배, 세 배 더 노력해야 한다

[조사자: 지금 혹시 고민거리 있을까요? 지금 선생님이 고민하는 것?] 지금 고민하는 거 아이 교육인 거죠. ○○이가 3학년을 올라가는 거, 제가 제 손으로 하는 거 걱정 없는데, 다른 기대, 다른 사람이 기대하는 거 제일 힘드는 거죠. 아이 기대하는 거. 공부는 잘할까? 한국어 잘해서 친구하고 잘 지낼까? 왜냐하면 ○○이가 특별함이 있어서, 타고난 아이. 혹시 친구가 잘 받은 거죠. 하지만 당연히 ○○이가 밝은 성격이기 때문에. 그다음에 친

구가(친구한테) “우리 엄마는 태국 사람이야. 인사해!” 그런 거 하고. 친구들 한테. 자기가 컨피던트(competence) 좀 높아요. 그래서. 또 동네가 같이, 친구 엄마도 제가 사귀고, 처음에는 영어 잘되는 엄마는 만나고. 그래서 좀 시간 지나서 ○○ 친한 친구는 엄마가 영어를 못해. 그러니까 제가 그 가정을, 아이 친한 친구 가족이 어떻게 되는지 얻고 싶어서, 그래서 한국, 다른 아줌마 한국어 자주 집에 와서, 또 집에 가서 시작되었어요. 옛날에는 제가 마음에 드는 친구만. 하지만 아이가 친하지 않아도 제가 그 친구가 맘에 드는지, 그 친구가 저도 마음에 드는지 그래 사귀는데 지금은 몰라 해도(몰라도) 하지만, 우리 ○○이가 친한데 조금 가족 알게 되고 싶어서 그런. [조사자: 아이를 중심으로 많이 생각하게 되시는구나.] 네. 왜냐하면 같은 동네. 같은 동 아파트라서. 네. 초등학교가 그냥 아파트 끼고 있어서. 그 아이들이 다 이 동네가 살고. [조사자: 한국에서 혹시 다른 엄마들이나 ○○는 자기 친구들한테 다문화가정이라는 것 때문에 조금 뭐 불편한 일을 겪으셨거나 혹시 그런 일은 없으셨어요?] 저, 아니면 다른 가족이요? 제가 당연히 누구나 다른 나라 살면 힘들어요. 힘들지만 하지만 그 길을, 어떻게 살려는 길은 있을까? 있지요. 처음에는 제가 만약에 다른 사람처럼 제가 멘토링 그 봉사해봤거든요. 먼저는 다른 사람 도움을 받기보다는 자기가 어떻게 어떻게 어떻게… 뭐지? 어떻게 먼저 공부해야지. 언어. 그 나라 언어 공부하고, 언어를 알 수 있으면 길이 나와요. 하지만 아무것도 신경 쓰지 않았으면 조금 곤란해요. 그래, 제가 경험하고, 처음에 제가 또 한국 와서 싱가포르처럼 생각 들어서, 어 영어도 된다고. 한국어 조금 2년 동안 늦었어요. 아이 키우는 것도 힘들고, 밖에 공부하는 것 힘들잖아요? 하지 말자. 하지 말까? 빨리 할 수 있으면 좋겠는데…. 그래서 2년 동안, 조금, 2년 동안이라도 길어요. 또, 문화 차이인가? 특히 동남아시아 나라들이, 아까 제가 이

야기한 거. 다른 추운 나라보다는, 추운 나라 사람들보다는 좀 게으르다 생각할 수 있으니까. 우리도 여기 와서 복잡하게 살아야 하나? 이것도 하고 이것도 빨리 해야 하고 이것 때문에도 싸울 수 있어요. 그것도 문제 하고. 특히 엄마들이 문제 하는 거, 아이가 어떻게 생활 잘 적응하는지. 친구들이랑. 먼저 다들 다 그렇게 해요. 엄마 먼저 해야지. 엄마도 친구 만나야지. 엄마들이 어떻게 친구가 되었지? 왜냐하면 사회에서 너 주고 나 받고, 나도 주고 너도 받고. 하지만 난 어떤 사람이 나(한테) 주는 거 없어. 놀리지도 없고, 경험도 없고, 어떻게 정보가 바꿀 수 있냐. 저는 특히 제가 친구 엄마들이 좋아하는 거, 제가 영어 할 수 있다. 제가 가끔 엄마들도 영어 학습 받는 것처럼 저랑 같이 이야기하고. 제가 또 영어는 어떻게 잘 공부하는지 또 정보 알려드리고. 자기도 또 한국에서 학원 어떤 게 좋은 건지. 저에게 알려주고. 그것처럼 서로 받아주고, 이런 거 하는 거죠. 그러니까 그 릴레이션십(relationship) 잘돼요. 이런 한국에서 어렸을 때 사귀는 게 아니라, 커서 사귀는 거죠. 같이 목적. 아이 위해서. 하지만 이주민들이 다른 거. 공부도 못하고, 부족한 교육도 받고, 걷고 있고, 그렇게 하면 사회 얻을 수가(얻는 것이) 어렵고. 엄마 어려우면 아이도 어려운 느낌이 나요. 그래서 엄마는 두 배, 세 배 더 해야죠.

▶ 우리는 매일 도전한다

하지만 이런 힘이 누구나 다 있어요? 만약에 경험 많지 않은 사람은 힘이 많지 않은 것은 실패했을걸요? 제가 생각에는. 또 그냥 실패하는 거는 더 무서워. 왜냐하면 실패해서 가고 싶지 않고, 가만있잖아요. 하지만 이 사회는 가만히 있으면, 다른 쪽 쪼달려요. 그냥 가만히 있으면 아무것도 생기지 않는 것 생각하지만, 아니잖아요. 가만 있어도 그냥 뒤로 나

는 가는 것처럼. 그래서 한국 사회에서는 무조건 자기계발, 계속 계발하고. 스탑(stop) 하면 그냥 뒤에 걷는 것처럼 생각 들어서 힘들어하고. 아무튼, 태국에서도 10년 후에는 똑같을 것으로 생각 들고. 경쟁적으로 디벨롭(develop) 많이 하면서, 아… 외국인하고 쉽게 결혼하기보다는 많이 준비해야겠다. 그런 생각은 들어요. 하지만 제가 이민자들이 같이 이야기하면 어떤 여자가 다른 남자 결혼하면 맘에 하나, 똑같이 있어요. 뭐지? 챌린징(challenging) 도전하는 거 있어. 그래서 누구나 이런 도전 힘 있어. 마음먹으면, 또 더 먹어. 그래서 이겨낼 수 있을 거 같아서. [조사자: 혹시 더 하시고 싶은 말씀이 있을까요?] 저는 봉사활동을 해요. 예를 들면 다문화센터에서 이주민들한테 은행에는 어떻게 가는지 가서 어떻게 해야 하는지 같은 거 알려줘요. 왜냐면 힘들었던 마음이 있었으니까 그 마음 잘 알 수 있어요. 저도 도움이 될 수 있어서 자신감 생기고 그 사람들도 모르는 거 알 수 있으니까 좋고 해서 서로 좋은 일이에요.

10장

배움과 나눔의 삶이 주는 행복

연구참여자는 스물다섯 살에 남편을 만나 한국으로 이주했다. 한국에 와서 남편과 처음으로 산에 올라갔을 때의 시원함과 상쾌함에 매료되어 지금도 시간이 날 때마다 산에 오르고 있다. 그녀는 좋은 부모가 되기 위해, 또 무엇이든 배우기 위해 손에서 책을 놓지 않고 있다. 배우며 공부할 수 있다는 것은 그녀에게 희망이자 힘이 되는 일이다. 그녀는 결혼이주여성으로 차별받지 않기 위해 공부의 끈을 놓지 않고 실력을 키우고 있다.

두 아들은 그녀의 삶에 큰 의미를 주는 존재다. 아이들을 키우느라 좋아하는 것들을 하나둘씩 포기해야 하지만, 아이들이 엄마의 무한한 사랑과 신뢰 안에서 자라는 것이 더 중요하다고 생각하며 살고 있다. 육아는 오로지 그녀의 몫으로 남아있다. 남편은 아이들과 함께 있는 것보다 친구들 만나는 것을 좋아하기 때문에 아이들 옆에 아빠가 없을 때가 많아 걱정된다. 남편과 싸울 일은 없지만 아이들 교육 문제만큼은 양보할 수 없어 말다툼으로 이어질 때가 많다. 그녀는 다른 사람을 위해 요리할 때, 봉사활동할 때, 자신이 가진 것을 나눌 때 행복을 느낀다. 그녀는 이제 도움을 받는 사람이 아니라 이웃과 친구들을 도와주는 멘토의 삶을 살고 있다. 틈날 때마다 교회와 다문화가족지원센터에서 봉사활동을 하며 도움의 손길을 기다리는 사람들과 함께하는 것이 그녀에게 큰 행복이다.

[주제어] 필리핀, 가족, 자녀 양육, 자녀교육, 요리, 봉사활동, 등산, 독서, 멘토링

1.
일상에서 누리는 소소한 행복

산에 오르며 자연의 품에 안기다

2009년 가을, 한국에 와서 처음으로 등산이라는 것을 경험했다. 필리핀에서는 도시에 살아서 산에 가본 적이 없었는데, 한국에 오고 난 후부터는 특별한 일이 없을 때마다 산을 찾고 있다. 남편을 따라나선 산은 너무나 매력적이었다. 예쁜 꽃, 나무, 깨끗한 공기가 신선하고 아름답게 다가왔다. 지금도 등산을 자주 하는데, 복잡한 준비물 없이 시원한 생수 한 통 챙겨서 나서면 그만이다. 산에 오르는 뚜렷한 목적은 없다. 등이 젖도록 흐르는 땀의 느낌과 시원한 바람과 나무가 그저 좋을 뿐이다. 바쁘지만 않다면 매일 오르고 싶지만, 아이들을 위해 포기할 때가 많았다. 아이들은 몸을 움직이는 것보다 영화를 보거나 놀이동산에 가는 것을 좋아하기 때문에 아이들과는 같이 가지 못한다. 조용히 앉아 있는 것은 나랑 맞지 않는 것 같다. 몸을 움직이고, 사람들을 만나는 것이 내게는 딱 맞는 옷처럼 편안하다. 그래서 나는 거창하지 않은 소소한 것들을 하며 일상에서 즐거움을 느끼고 있다. 교회에서 아기들을 봐줄 때도 몸은 힘들지만 정말 즐겁

다. 아이들을 돌보고, 아이들에게 음식을 해주는 그런 일들을 할 때 행복함을 느낀다.

요리를 하는 것은 마음을 나누는 것이다

오빠들 틈에서 자란 나는 남자같이 행동하는 게 더 편하고 좋다. 오죽하면 우리 아들들이 나보고 남자같다고 했을까? 딸이 있었다면 예쁘게 머리를 묶어줘야 하는데, 그럴 일이 없으니까 천만다행이라고 생각하고 있다. 아이들 응석도 받아주며 부드럽게 대해야 하는데 나는 강하게, 무섭게 대할 때가 많다. 말은 조금 무섭게 하지만 아이들과 말타기도 하고, 농구도 하고, 축구를 함께하는 나는 다정한 엄마라고 생각한다.

필리핀에서는 요리를 즐겨 했다. 엄마와 오빠가 식당을 하고 있어서 옆에서 배웠는데, 나름 솜씨가 좋았다. 음식 솜씨가 있어서 요리하는 게 좋기도 하지만 손에 물이 묻는 그 기분이 좋아서 요리를 계속하는 것 같다. 누군가는 요리하는 것을 힘들어하지만 나는 요리하는 순간이 행복하다. 산에 오르는 이유가 딱히 있는 게 아니고 그저 산이 좋아서 가는 것처럼 요리를 하는 그 순간이 즐거운 시간이기 때문에 요리를 한다. 형님들이 해주신 음식이 맛있을 때는 형님들에게 물어본 후에 집에서 혼자 연구해보고 나름대로 비법을 개발하고 있다. 식당에서 먹은 음식이 맛있을 땐 사장님에게 물어보면서 그때 먹었던 그 맛을 내보려고 한다. 필리핀 음식은 맛있기는 하지만 느끼해서 그런지 가족들이 자주 찾지 않아 친구들이 놀러 올 때만 만들고 있다. 나도 한국 음식이 익숙해졌는지 이제는 추운 겨울에는 아무래도 된장찌개나 순두부찌개가 제맛인 것 같다. 한국 음식을 두루두루 다 좋아하지만 그중에서도 나물을 가장 좋아한다. 남편 고향이 전주인데 전주에 가면 비빔밥을 꼭 찾아 먹을 정도로 좋아한다.

"올케, 한국 음식 안 먹을 줄 알았는데 잘 먹네."

한국 음식을 맛있게 먹는 덕분에 지금도 형님들은 떡이며, 나물이며 맛있는 게 있을 때마다 보내주신다.

다문화가족지원센터에서 같이 밥 먹는 시간에 고등어조림을 해간 적이 있었다. 다들 어찌나 맛있게 먹는지 너무 기분이 좋았다. 내가 먹어봐도 정말 비린내 하나 없이 맛있었다. 다들 맛있다고 칭찬해주니 또 만들고 싶고, 나눠주고 싶은 마음에 자주 만들어서 가지고 갔다. 한번은 한국 사람들이 먹기 힘들어했던 음식을 한 적도 있어서 사람들을 당황하게 했다. 소간을 간장에 조려서 갔더니 다들 먹기 힘들어했다. 그때는 기분이 나빴던 것보다 '아, 한국 사람들은 이런 음식은 잘 안 먹는구나' 하고 알아가는 기회로 삼았다.

내가 바라는 것은 마음껏 공부하는 것

나는 공부하는 것을 여가 생활의 일부로 생각하고 있다. 다른 사람처럼 춤을 추러 다니거나 노래방을 다니는 것은 재미가 없지만, 책 읽는 것에는 흥미가 있다. 주로 한국어로 된 성경책, 삶의 지혜를 얻을 수 있는 책, 자녀 양육과 교육에 대한 책, 배울 것이 많은 백과사전을 읽는데, 책을 읽을 때 지식도 쌓고 한국어도 배우고 심심함도 달랠 수 있어 좋다. 필리핀에 있을 때도 책을 많이 읽었는데, 아마 우리 동네에서 우리 집에 책이 제일 많았을 것이다. 상자에 가득 책이 쌓여있었는데, 나무 침대에 앉아서 옛이야기와 외국 이야기를 많이 읽었던 기억이 있다. 그래서 그런지 지금 우리 작은 집도 천여 권의 책으로 가득 차 있다.

배우며 공부할 수 있다는 것은 너무나 소중한 일이다. 우리에게 공부가 꼭 필요한 이유는 차별받지 않기 위해, 어눌한 말 때문에 무시당하지

않기 위한 것도 있다. 지나가는 말로 쉽게 내뱉는 말이 우리에게는 상처가 된다. 한국에서 함께 살아가고 있는 우리를 인정해주고, 함부로 평가하지 않았으면 좋겠다. 그래서 지금도 다문화가족지원센터에서 일하고 있지만 계속 공부하고 있다. 완벽하게 한국어를 구사하고 싶은데 아직 원하는 만큼 잘되지 않아서 공부하며 고치고 있다. 그래서 공부를 못한다고 생각하면 벌써 마음이 힘들어진다. 한국어를 계속 공부할 수 있는 프로그램과 주말에도 공부할 수 있는 장소를 제공해주는 기관이 많아졌으면 좋겠다. 다문화가족지원센터에서는 내가 하고 싶은 일들을 제공해주지 않아 아쉬움이 있다. 기회가 되면 여러 가지 많은 것들을 공부하고 싶다. 하고 싶은 공부를 마음껏 하는 것이 내가 가장 원하는 것이다.

2.
아내와 엄마가 되어갈 때의 행복

이해하고 받아주는 것이 부부다

남편은 말이 많은 사람은 아니지만 하루 일상을 나누고, 아이들과 TV 내용을 이야기하는 정도는 하며 지낸다. 아이들의 학교생활에 대한 것도 물어보며 내가 해줄 수 없는 부분은 남편이 하려고 한다. 하지만 이런 시간 외에 가족이 함께하는 즐거운 시간에는 언제나 남편이 빠졌다. 나는 아이들과 영화관에 자주 가곤 하는데 남편은 항상 그 자리에 없었다. 남편은 아이들보다 자기 친구들과 지내는 시간을 더 좋아한다. 여행을 갈 때도 우리끼리, 다문화가족지원센터에서 행사를 할 때도 늘 우리끼리 갔고 남편은 항상 없었다. 아이들이 아빠와 즐거운 시간을 보낸 추억이 별로 없어서 남편이 가족과 함께하는 자리에 있었으면 좋겠다고 늘 생각했다. 아빠와 아이들 사이에 끈끈한 정이 없는 것 같아 걱정된다. 나는 아이들과 같이 다니며 함께 놀아주는 것을 힘들다고 느껴본 적이 없는데 남편은 대놓고 싫어하니 서운한 마음도 있다.

한국에 처음 왔을 때의 느낌은 '낯섦' 그 자체였다. 내 옆에 아무도 없

다고 느꼈는데 그래도 남편이 함께 있어주었다. 남편은 선물을 자주 주는 편은 아니었지만 내가 갖고 싶어 하는 것은 비싼 것이라도 잔소리하지 않고 사주었다(물론 10년이 지난 지금은 그렇지 않지만 말이다). 일찍 들어오라고 잔소리하지 않았고 내가 자연스럽게 적응할 수 있도록 도와주었다. 적응 초기에 그렇게 해주었기에 조금은 덜 외롭게 지낼 수 있었던 것 같다. '남편 될 사람이 정말 좋은 사람일까? 나를 때리면 어쩌지? 만약 나를 때리는 사람이면 집을 나가버리고, 이해하고 배려해주는 사람이면 힘들어도 참고 살아야지…' 하고 다짐했다. 연애를 오래 하지 않아서 남편에 대해 아는 것이 없었기 때문에 결혼 전에 걱정을 많이 했다. 결혼해서 지금까지 살아보니 그래도 괜찮은 사람이라는 생각이 든다. 가끔 아이들 교육 문제로 싸울 때가 있지만 말다툼으로 끝나고, 남편이 바로 화해하자고 해서 큰 싸움이 되지는 않았다. 남편만 양보하는 것은 아니다. 나도 강한 성격이지만 참고 배려하려고 노력하고 있다. 참으면 싸움으로 번질 일도 없다는 것을 알기에 그냥 내가 꾹 참는 게 오히려 편하다.

남편에게 크게 바라는 것은 없지만 꾸준히 일했으면 좋겠다는 바람은 가지고 있다. 한국에 처음 왔을 때 남편은 7~8개월 동안 일을 하지 않고 있었다. 한 가지 더 있다면 바로 외국인으로 살아가는 나를 조금 더 이해해주었으면 하는 것이다. 어떨 때는 그런 남편이 아무도 모르는 나라에 가서 실컷 고생하고 왔으면 좋겠다는 생각도 든다. 내가 돈만 있었으면 진작에 보냈을 것이다. 다른 나라에서 산다는 것, 말도 통하지 않고 음식도 안 맞는 그런 낯선 곳에서 산다는 것이 어떤 것인지 경험해보고, 내 마음을 더 알아주었으면 좋겠다.

딸보다 엄마의 자리가 익숙해지다

가끔 사람이 그리울 때면 필리핀에 있는 가족들에게 전화한다. 남편이 가족들에게 전화하라고 카드를 사주었는데, 통화하다 보면 1시간이 금방 지나가버린다. 통화하기 전에는 '아껴 써야지. 오늘은 조금만 해야지' 하고 마음먹지만 하다 보면 또 다 써버리고 만다. 엄마, 오빠와 실컷 이야기하다 보면 외롭다는 생각도 사라졌다.

"한국 음식 맵다던데 넌 뭐 먹고 지내니? 남편이 너 때리지는 않았니?"

엄마는 한국에서 살아가는 내가 걱정되는 모양이다. 나는 시간이 아깝기도 하고 엄마가 속상해하실까 봐 어려웠던 일은 말하지 않았다. 그런데 엄마는 나랑 통화할 때면 본인이 속상했던 일을 다 쏟아놓으셨다. 주로 오빠들 때문에 속상했던 일을 얘기하셨는데, 그런 이야기는 솔직히 듣고 싶지 않았다.

"엄마 나랑 전화할 때는 오빠들 얘기하지 마요. 그냥 나한테 부탁하고 싶은 것, 내가 해야 할 것만 얘기해요. 오빠들도 가족들이 있는데 자꾸 돈 얘기하면 오빠도 힘들어요."

필리핀에는 7년 전에 한 번 다녀왔다. 자주 가고 싶지만 한번 갈 때마다 큰돈이 들어가기 때문에 부담이 되었다. 남편의 일이 고정적으로 있는 게 아니다 보니 목돈을 모으는 게 쉽지 않다. 필리핀에는 가족들도 많아 선물 사고 이것저것 챙기면 정말 큰돈이 든다. 필리핀에 다녀온 친구들이 900만 원 정도는 있어야 한다고 해서 우리도 그렇게 준비해서 온 가족이 갔는데 생각할수록 아깝고 후회가 되었다.

'그 돈이면 우리 아이들 교육비로 충분히 쓸 수 있는데…. 한 번에 900만 원이 그냥 날아갔네….'

그 이후로는 필리핀에 가지 않고 있다. 남편에게도 부담이 되고, 안 그래도 아이들 교육비가 만만치 않은데 필리핀에 다녀오는 데 큰돈을 쓸 수 없기 때문이다. 가족이 보고 싶어 갔는데 정작 가족들은 다들 일하러 가서 만날 수도 없었고, 친구들도 다 결혼해서 볼 수 없었다. 다른 사람들은 다들 일하며 바쁘게 지내는데 나만 놀고 있는 것 같아 한국에 빨리 돌아오고 싶었다. 그 이후로는 필리핀에 가고 싶은 마음이 없었고, 전화 통화만 해도 가족들을 가까이에서 자주 만나는 것 같아 어려움 없이 지내고 있다. 엄마에게 100만 원 보내드리고 전화로 만나는 것이 마음 편하고 경제적이라고 생각하고 있다.

아이들 교육만큼은 양보할 수 없다

활동적인 나는 우리 아이들에게도 많은 것을 경험하게 해주려고 하는 편이다. 돈이 좀 많이 들지만 다양한 것을 배워보라고 보이스카우트도 시키고 있다. 남편은 학습지도 시키지 말고 태권도도 보내지 말고 방과 후 활동도 하지 말라고 하지만 나는 반대했다. 무조건 시켜야 한다고 생각하고 내가 결정하고 해버리니 이것 때문에 남편과 싸우게 되었다. 서로 맞춰주면서 살아야 한다고 생각하고 있지만, 교육만큼은 남편 의견을 따라줄 수 없었다.

"내가 외국인이고, 우리가 다문화가정인데 애들 교육 안 시키면 우리 애들은 어떻게 배워? 그러니까 내가 할 수 있는 부분은 다 해줄 거야!"라고 남편에게 말하며 어떻게든 아이들을 공부시키고 있다. 내가 돈을 버는 이유도 아이들 교육 때문이다. 나는 선생님을 만날 때마다 우리 아이들이 어떻게 생활하고 있는지 항상 물어보는데, 담임선생님이 아이들 교육에 관심을 갖고 잘 키우고 있다며 칭찬해주셨다. 아이들은 나한테 숙제를 다

했다고 이야기했지만 하지 않고 갈 때가 많았던 것 같다. 선생님께서 숙제를 잘 안 해온다는 얘기를 해주셨는데 아차 싶었다. 요즘 바쁘다는 핑계로 아이들을 잘 살피지 못한 내 잘못이었다. 아이들의 말이 사실이니 인정할 수밖에 없었고 혼낼 수도 없었다. 한번은 엄마가 무서워서 사실대로 말하지 못했다는 아들에게 이렇게 말해주었다.

"엄마 무서워서 숙제했다고 거짓말한 거야? 엄마는 사실대로 말하면 혼내지 않잖아. 앞으로는 그냥 사실대로 이야기해야 해. 알았지?"

아이들을 대하는 내 태도가 때로는 강하게 보일 때가 있지만, 나는 우리 아이들과 마음 편히 지낼 수 있는 엄마라고 생각한다. 언제든지 스스럼없이 이야기하고 같이 놀 수 있는 그런 엄마 말이다.

4학년 된 큰아들은 나를 많이 도와준다. 설거지도 하고 밥도 하고, 배고플 땐 혼자서 밥도 차려 먹는다. 출근하기 전에 냉장고에 밥과 국, 반찬이 떨어지지 않게 음식을 가득 해두어서 내가 늦게 올 때는 아이들끼리 챙겨 먹을 수 있는 음식을 준비해두고 있다. 아이들을 너무 강하게 키우는 것 같아 조금 미안한 마음이 들기도 한다.

아픔을 대물림하지 않기 위해

어렸을 적 엄마는 우리에게 심한 욕을 하고 때리면서 무섭게 키우셨다. 엄마가 무서워서 집에 가는 게 싫었던 나의 어린 시절을 아이들에게 대물림하고 싶지는 않았다. 엄마를 닮지 않겠다고 다짐했고, 아이들을 키우면서 아이들과 함께 놀아주는 다정한 엄마가 되려고 노력했다. 그래서 아이들을 키우며 화가 날 때가 많았지만 욕을 하거나 때리지는 않았다. 아이들을 혼내야 할 때도 화내지 않고 아이들이 자기 생각을 말할 수 있도록 시간을 주며 기다려주었다. 하고 싶은 말이 있는데 엄마가 강압적인 태도

로 대하면 아이들이 얼마나 답답할까 생각하면서 이야기하고 싶을 때 이야기하라고 기다려주었다. 하지만 그렇다고 언제나 오냐오냐 받아주지는 않았다. 아이들과 총 놀이도 하고, 레고도 하고, 축구도 할 만큼 친한 엄마이지만 잘못된 행동을 했을 때는 집에서 제일 무서운 사람이 되기도 했다. 부드러우면서도 무서운 엄마라고 하면 맞을 것 같다.

한번은 ○○이가 집에서 엄마, 아빠 돈을 훔쳐서 친구에게 갖다준 일이 있었다. 친구들이 돈을 안 가져오면 엄마를 죽이겠다고 협박했다는 것이다. 선생님께서 이런 행동은 잘못된 행동이라고 가르쳐주셨는데, 우리 아이가 울면서 제발 엄마한테는 말하지 말아달라고 빌었다고 한다.

"선생님, 제발 엄마한테는 말하지 마세요. 진짜 엄마가 혼낼 거예요. 엄마가 화나면 대나무로 엉덩이를 때릴 수도 있어요. 그러니 제발 용서해주세요. 다시는 안 그럴게요."

이렇게 선생님께 사정했나 보다. 선생님께 이 이야기를 듣고 나서 아이와 이야기를 나누었다.

"○○아, 처음부터 엄마한테 사실대로 이야기하면 엄마가 혼내지 않겠다고 했잖아. 오늘은 엄마가 때리지 않았지만 다음에도 이런 일이 있으면 정말 그땐 아주 아프게 때릴 거야. 그러니까 다음부턴 정말 조심해야 해."

아이를 키울 때는 힘들었지만 아이들을 보며 보람을 느끼고 있다. 힘든 일도 많고 마음 아픈 일도 많았지만, 그래도 아이들이 있기에 행복함을 느낀다. 나는 지금 내 삶에 만족한다. 돈이 많거나 좋은 집에 살면서 비싼 차를 가지고 있어서가 아니라 그냥 내 삶 자체가 좋다. 이유 없이 마음이 편하다. 그런데 곰곰이 생각해보니 아이들이 태어나기 전에는 불안하고 부족했던 마음이 있었던 것 같다. 아이들이 있으니 웃을 수 있고, 아이들

을 위해 열심히 살아야겠다는 꿈을 가질 수도 있는 것 같다. 일을 마치고 집에 오면 아이들이 엄마 힘들었냐며, 오늘 하루 무슨 일을 했냐고 물어볼 때면 나는 혼자가 아니구나 하는 생각이 들면서 가슴이 벅차오름을 느낀다. 이것이 행복이 아니면 무엇이 행복일까. 그러니 나는 내 삶에 만족할 수밖에 없다.

나는 우리 아이들이 자기의 꿈을 찾아서 자신의 삶을 살기를 바란다. 그래서 아이들이 무엇이 되기를 바라거나 하지 않는다. 엄마가 원한다고 해서 원하지 않는 삶을 힘들게 살 필요는 없다고 생각한다. 자신이 하고 싶은 일을 하며 살면 되는 것이다. 그래도 부모이다 보니 대학은 졸업했으면 하는 그런 바람은 가지고 있다. 나는 엄마로서 아이들을 끝까지 도와주고, 뒤에서 응원만 할 것이다. 엄마라고 해서 아이의 장래를 결정하고 끌고 갈 수는 없다고 생각한다.

3.
아낌없이 줄 때 느끼는 행복

나를 필요로 하는 곳에서

나의 일상은 나의 도움을 필요로 하는 곳에서 이루어지고 있다. 일을 마치고 교회에 가면 결혼이주여성들을 위해 봉사하며 하루를 보낸다. 유치원을 방문해서 엄마들이 무엇을 필요로 하는지, 도와줄 수 있는 부분은 없는지 일일이 찾아가며 다문화가정 엄마들을 도와주기도 한다. 다문화가족지원센터에서 일하고 있어서 주변 사람들이 도움을 많이 요청하는데, 주로 통역을 해주고 있다. 이런 분들을 도울 때는 보수를 받지 않고 그냥 도와드린다. 결혼이주여성들은 시어머니도 있고 남편도 있지만 말이 통하지 않기에 힘들어한다. 내 작은 도움으로 그분들이 편하게 살 수 있다고 생각하면 기꺼이 할 수 있는 일이다. 필리핀뿐만 아니라 베트남분들도 도와줄 수 있는 부분이 있으면 찾아서 도와주려고 한다. 주변에 있는 결혼이주여성들에게 다문화가족지원센터를 이용할 방법을 알려주고 있다. 하지만 아무리 많이 알려주어도 다들 일을 하고 있기 때문에 센터를 방문할 시간이 없다는 말을 많이 듣고 있다.

이주민 여성들의 멘토가 되어주다

나는 성격상 SNS를 잘 하지 않는다. 사진이나 동영상을 통해 나의 삶을 자랑하지 않아도 다문화 가족들을 위해 일하는 것만으로도 충분히 만족하고 '있기 때문이다. 다문화 가족들을 지원하는 것뿐만 아니라 주민센터에서 어르신들 목욕 봉사도 하고 출입국사무소에 가서 통·번역도 틈틈이 하고 있다. 다문화 가족들의 집을 찾아가 함께 청소도 해주고 아이들도 봐주면서 할 수 있는 것은 무엇이라도 함께하려고 한다. 교회에 다문화가정 사람들이 많이 있는데, 내가 도와줄 수 있는 일이 있을 때 항상 나에게 연락하라고 했다. 아이들을 맡아달라고 하는 사람들이 많이 생기면서 돌봐야 할 아이들이 점점 늘어나고 있지만 그래도 힘들다는 생각은 안 해봤다.

다른 사람을 위해 시간을 쓰는 것이 나의 여가이고, 그 시간은 나의 삶에 찾아온 작은 행복이다. 다른 사람을 돕는 특별한 이유는 없다. 그저 내가 그 일을 통해 내 마음을 표현할 수 있고 나 역시 만족을 느끼기 때문이다. 한국에 처음 왔을 때 너무 힘들고 답답했다. 필리핀에서 한국말을 배우지 못했고, 2006년 당시에는 다문화가족지원센터도 많지 않은 때라 한국 생활이 더 어려웠다. 남편 없이 시장에 갈 때면 사고 싶은 물건이 있어도 살 수 없었다. 그저 열심히 손을 움직여가며 '이거', '저거'라고 표현하는 것밖에는 도리가 없었다. 그렇게 손과 발을 사용해 온몸으로 말을 하다 보니 지금은 통·번역까지 할 수 있을 만큼 한국어를 잘하게 되었다.

지금 나는 결혼이주여성들의 멘토가 되어주고 있다. 나도 말을 하지 못해 힘들었던 시기를 똑같이 겪었다고, 지금은 힘들어도 시간이 지나면 한국말도 잘하고 즐겁게 살 수 있는 날이 올 거라고 말하며 용기를 주고 있다. 이제 막 한국에 오신 분들에게는 멘토링 프로그램이 정말 좋은 것

같다. 결혼이주여성들은 한국에 오면 사방이 막힌 것 같이 느낀다. 나도 그랬다. 남편밖에 없는 상황에서 남편은 영어를 못하고 나는 한국어를 못하니 대화하다 보면 소리가 높아지고 기분이 상하는 일이 비일비재했다.

어떻게 해서든 한국어를 혼자서라도 배워야겠다고 생각했다. 「인간극장」이라는 프로그램을 자막을 틀고 보기 시작했다. 그렇게 꾸준히 듣다 보니 어느 순간 귀가 열리고 말을 할 수 있게 되었다. 한국어를 배울 때는 예쁘고 바른말을 배우려고 신경 썼다. 그래서 주변 사람들이 어쩜 그렇게 바르고 예쁘게 말을 하냐면서 칭찬해주었다. 상대방이 기분 상하지 않도록 배려하고 감정을 헤아리면서 말하려고 노력하고 있다.

결혼이주여성을 위한 희망사항

나와 같은 경험을 한 사람들이 함께 모여 이야기를 나눌 수 있는 것만으로도 위안을 얻고 있다. 자조모임에 참석하면 많은 친구들을 사귈 수 있어서 좋긴 하지만, 몇 가지 불편한 점이 있다. 필리핀 사람들만 모여도 30명이 넘는데 장소가 좁아 식사하거나 행사를 할 때 불편할 때가 많다. 자조모임에 오는 사람들 중에는 회비를 내기 어려울 정도로 어렵게 사는 분도 있는데, 이런 분들을 잘 찾아서 지원해주는 것도 필요하다고 생각한다. 십시일반으로 조금씩 모아서 도와주면 좋겠다고 생각해서 추진도 해보았지만, 적은 돈도 부담스러워하는 사람들이 있어서 쉽지는 않았다.

비자 연장에 대한 부분은 까다롭고 어려워 배워야 할 게 많다. 출입국관리사무소 직원이 남편을 통해 설명해주고 있는데, 우리는 직접 듣는 것이 아니기 때문에 잘 이해하지 못하는 경우가 많다. 비자는 우리와 직접적으로 관련된 일이기 때문에 다문화가족지원센터에 와서 우리에게도 설명해주면 좋겠다고 생각했다. 또 개인적으로는 생활에 필요한 간단한 기

술을 알려주는 교육이 개설되면 자주 이용할 것 같다. 센터가 위치한 행정 구역에 있는 사람만 지원해주는 것도 바뀌면 더 많은 사람들이 쉽게 이용할 수 있을 것 같다. ○○구에 살고 있어도 △△구 센터가 가까운 사람들이 많이 있었는데 그 사람들은 무조건 자기 주소지인 ○○구 센터로 가야 한다. 사람을 먼저 생각해서 사람들이 더 쉽게, 자주 이용할 방법으로 개선되었으면 좋겠다.

4. 전사록 요약

〈연구참여자 정보 및 특성〉

출생연도	1981년생	이주연도	2006년
국적(이주 전/현재)	필리핀/대한민국	학력	대학 중퇴
가족	남편, 아들 2	직업	통·번역사

▶ 나를 필요로 하는 곳에서

[조사자: 이제 질문을 드릴게요. 저는 특히 여가 쪽으로 생각해요. 여가 아시죠? 레저. 쉽게 말하면 놀이. 이런 걸 생각해주시면 돼요. 한국에서 일상생활에 무엇을 하면서 시간을 보내세요? 근무할 때 빼고. 평소에요.] 평소에? 일 끝나고 말씀하시는 건가요? 다문화인들이 우리 교회에도 많이 있어가지고 그분들이 필요한 거. 뭐 예를 들면, 그분들이 유치원에서 통역사를 필요로 하는데 그분들이 무엇을 필요로 하는지, 내가 도와줄 수 있는지 그런 부분을 많이 해요. 일 끝나고도. 일 끝나고도 그분들이 한 사람 한 사람이 찾아가서 내가 도와줄 수 있는 부분 항상 알아보고, 내가 도와줄 수 있

는 부분이 저기 내가 센터에서 일 다니기 때문에 그분들이 항상 연락하면서 도움이나 통역 필요로 하는데, 무슨 뜻인지 그런 것도 해줘요. [조사자: 페이, 돈을 받아요?] 아니요, 그냥. 그 친구들이 시어머니 있지만 남편도 있지만 힘들다고. 이 이런 부분이 이해 못 해가지고 내가 작은 도움 줄 수 있으면 그 사람이 편하게 살 수 있는 거잖아요? 그런 부분이 잘 도와줘요. 그 친구들이 결혼이민자들이 그리고 필리핀만 아니라 베트남도 우리 집 가까운 베트남분들도 그런 부분 있으면 내가 도와줄 수 있는 부분은 잘 유념하고 잘 도와줘요. [조사자: 그러면 막 상담센터 이런 데를 가지 않아요? 친구들이?] 내가 항상 알려줘요. 다문화센터 가면 상담 선생님도 있고, 어 그리고 베트남이면 베트남 선생님, 베트남 통역사 있고, 중국 선생님도 중국 통역도 할 수 있어서 항상 많이 해주는 거예요. 다문화센터 이렇게 좀 음… 자기 필요한 부분 있으면 거기 가서 상담도 받고 통역도 해주면 저기 어려운 것 없다고 항상 안내해줘요. 그런데 그 친구들이 일도 다니기 때문에 그런 데 갈 수 있는 시간 없다고 그런 이야기 많이 들어요.

▶ 산에 오르며 자연의 품에 안기다

[조사자: 그러면 평소 취미활동 있으세요?] 취미활동이요? 없는 것 같아요. 그냥 애기 봐주는 거? 친구들이 뭐 어디 응 뭐 베트남이나 필리핀이나 어느 나라이든 내가 교회 있을 때 애기는 잠깐 나간다고. 뭐 항상 나는 뭐 놀이나 뭐 그런 활동 없어도 애들한테 잘해주는 거. 애들 봐주는 거는 애들도 너무 좋아하긴 하지만, 그런 부분이 좋은 것 같아요. 애들 봐주는 거, 애들 챙기는 거, 음식 챙기는 거 그런 게 좋아요. 그런 부분. 그런데 춤추는 거, 노래 부르는 건 재미없는 것 같아요. 산에 가는 것도 좋아하고. [조사자: 어디어디 가보셨어요?] 많이 못 가봤는데. 우리 동네 가까운 ○○

산? 응. ○○산, ○○산. 남편도 등산 좋아하고. 그리고 남편 항상 산 올라가는 거 좋아하고. [조사자: 이전에 필리핀에 있을 때도 등산하는 거 좋아했어요?] 거긴 도시라 산이 없어가지고 시골 있을 때는 산 있는데, 산 올라가는 거 좋아하고. 그리고 조용한 거 바람 시원하고 그런 자연, 자연 좋아해요. 그러니까 여기 한국에 있으면 항상 애 안 볼 때도 산에 가요. [조사자: 왜요? 산에 가는 목적.] 없어요. 그냥 나무, 시원한 바람, 그런 자연이 좋아요. 숨차도 좋아요. 왜냐하면 너무 시원한 느낌, 그런 느낌이 좋아요. 안 바쁘면 항상 매일 가고 싶어요. 그런데 바빠가지고 가끔씩 한 달에 두 번? 세 번? [조사자: 주말을 이용해서 가는 거예요?] 응, 주말. 그런데 주말에는 애들도 싫어했잖아요, 선생님? 산 올라가는 거 항상 영화나 애들 위해서 시간 보내고 싶은 거예요. 그리고 막 어디서나 놀러 갈 수 있는 거. ○○○ 이런 가까운 데라도 애들 위해서. [조사자: 애들 위해서 그런 데 가시는 거예요? 그럼 마음은 등산 가고 싶은데, 애들은 싫어하나요?] 애들 싫어해요. 왜냐하면 힘들다고. 이제는 뚱뚱해가지고 산에 가고 싶어요. 막 올라가고 싶고, 막 땀나. 추워도 땀이 나잖아요, 선생님. 시원해. 그리고 하루 종일 센터에 앉아 있으면 아, 시원한 바람 그런 거 가고 싶은데, 가끔씩은 산에 가요. [조사자: 어디가 가장 좋았어요? 어느 산?] 어느 산이요? 다 좋은데? 전주 가면 산 있잖아요? 우리 남편이 전주, 전주 사람이라 한번 가면 진짜 ○○이랑 같이 산 타고 막 걸어요. 저도 걸어 다니는 거 좋아해가지고 항상 앉아 있는 거 싫어해요. [조사자: 활동적인 거 좋아하시나 보다.] 항상 몸이 가만히 있는 거 안 좋아해. 항상 어딜 가든 항상 막 이렇게 나는 가만히 있는 거 싫어해.

▶ 활동적인 성격

[조사자: 그러면 필리핀에서는 예전에 한국 오시기 전에 어떤 취미생활을 가지셨어요?] 취미활동? 요리. 네, 나는 요리하는 거 좋아하고 오빠랑 장난으로 농구 하는 거 좋아했어요. 남자, 남자 있어요. 왜냐하면 오빠가 큰오빠, 작은오빠, 셋째오빠 다 남자잖아요? 어떻게 내가 여성스럽게 할 수 없어. 여성스러운 놀이를 할 수 없어. 왜냐하면 오빠 세 명이라 걸어갈 때도 막 남자 같아. 오빠 세 명이라 할 수 없지. 아들도 지난번에 저한테

"엄마는 여자 같지 않아. 남자 같아."

막 이렇더라구. 말할 때도

"야, 이거 빨리해! 빨리해."

엄마가 원래 오냐오냐하잖아? 아니야. 우리 아들 둘이는 난 한 번도 오냐오냐하지 않고 이거 빨리해라 막 강하게. 엄마가 무서워서 엄마가 무서워서. 음, 가끔씩 하라고 할 때는 조금 무섭게 하지만 애들이 저를 좋아해가지고 항상 같이 놀아요. 말타기도 하고 농구도 하고 남편이 안 해가지고. 애들이 축구 하고 싶어 하면 같이해요. 남자 같지 여자 같이 안 하잖아. 항상 남자 같이 움직여요. 다행히 딸 안 낳았어. 딸 낳았으면 머리 묶을 때도 몰랐을 거야. 왜냐하면 남자는 안 묶잖아요? 선생님? 예쁘게 안 하잖아. 좋은 거 같아요. (웃음)

▶ 요리하는 것은 마음을 나누는 것이다

[조사자: 그럼 요리는 필리핀 요리?] 필리핀 요리. 왜냐하면 우리 엄마가 우리 식당 있어요, 필리핀에서. 오빠도 식당 있어가지고. 엄마는 필리핀 요리를 어디서 배웠는지는 잘 모르겠어요. 엄마도 계속 요리해요. 지금도 음식이 맛있어가지고 그냥 물 묻는 거 좋아해. 내 손에 물 묻으면 뭔

가 기분이 좋아. 기분이 좋은 거 같아. 그러니까 나는 저기 요리할 때도 다른 사람은 요리하는 거 힘들다고 하는데, 저한테는 쓱싹쓱싹 뚝딱 막 이렇게 해가지고. 어 다른 사람이 보면 취미 없는 것 같은데 그냥 좋아하는 거. 요리, 음식 만들고 그러는 거. [조사자: 그러면 요리를 자신을 위해 하는 거예요?] 아니요. 저는 만들면 냄새만 맡아도 배불러요. 그러니까 친구들 위해서, 가족들 위해서. 그런데 가족들 안 먹으면 안 만들어요. 안 먹는 거는 안 만들어. 근데 자주 먹는 거는 애들이 스파게티 만들어도 잘 먹어가지고. 선생님, 하루 만에 아들 둘이 다 먹을 수 있어가지고 자주 만들어요. 남편이 좋아하는 음식은 다 한국 음식. 뭐 미역국, 된장찌개, 김치찌개 모든 거. [조사자: 그러면 다 만들 수 있으세요? 어디서 배우셨어요? 요리는?] 내가 만약에 형님 집에 갔을 때 맛있으면 항상 물어봐요.

"형님, 이거 어떻게 만들었어요?"

물어, 항상 물어봐요. 그리고 알려주면 집에서 한번 연구해보고

'아, 이렇게 넣으면 아 맛있어.'

맛있으면 다음부턴 그렇게 해줘요. 해보고 해보고. 왜 그런 맛 안 나지? 또 다른 식당에서 먹어봤는데

"음! 언니 이거 맛있는데? 어떻게 만들어요?"

항상 물어봐요. 알려주면 대충 알려주잖아요? 그럼 또 그런 맛이 안 나. 또 다른 사람한테 물어봐요. 항상 물어봐요.

"아, 언니 내가 된장찌개 만들었는데, 그런 맛이 안 나. 뭐 넣어야 해요?"

이렇게 물어봐요. 항상 그러니까 어른들이, 특히 할머니들이 그렇게 물어보면 친절하게 해줘요. 젊은 사람들은 열받아요. 자꾸 물어보면 그래서 우리 어머니 같은 나이? 그러니까 우리 집에는 항상 우리 애들도 매운

거 잘 먹어가지고 필리핀 음식 잘 안 먹어. 우리 집에는 필리핀 음식 먹는 사람 별로 없어. [조사자: 그러면 집에서 가끔 필리핀 음식은 하세요?] 친구들 오면. 그런데 나 혼자 먹을려고 그렇게 안 만들어요. 그냥 한국 음식 먹어야지. 필리핀 음식보다 맛있는데 필리핀 음식 느끼해요. 지난번에 크리스마스 파티할 때 음식 많이 만들었는데 남은 거야. 우리 집에서 일주일이 지났는데도 아직도 다 못 먹어. 겨울에 추울 때는 된장찌개, 순두부찌개 이런 거 먹어야지. 아우 느끼하고. 근데 맛있을 때가 여름에 더울 땐 맛있어. 추운 날씨에는 먹으면 느끼해요. 그니까 안 만들어요. [조사자: 그럼 한국 음식 좋아하는 건 뭐예요?] 내가 좋아하는 음식? 순두부, 미역국, 김치찌개. 남편이랑 비슷해요. 아, 그리고 나물 좋아해요. 모든 나물 다 좋아해요. 응, 모든 나물 다 좋아해. 그래서 전주 가면 전주 유명했잖아요? 음식 나물 이런 거. 나 너무 좋아해요. 모든 거 다 먹어보고. 우리 형님들이

"안 먹을 줄 알았는데 왜 지금 잘 먹어?"

하고 좋아해요. 막 보내요.

"이것도 가져가. 떡도 가져가."

떡도 좋아해요. 나는 안 먹는 음식이 없는 거 같아요. 아! 홍어 홍어. 홍어는 안 먹어. 냄새나잖아. 안 먹어. 찜해놓은 홍어는 먹어요. 근데. [조사자: 삭힌 홍어는?] 응, 그것만 안 먹어. 그것만 회도 먹어. 그런데 조금 나물 가져다주면 내가 나물 다 먹으면 돼. 근데 회는 많이는 안 먹어. [조사자: 그럼 요리 중에서 가장 잘하는 요리가 뭐예요?] 닭도리탕. 왜냐하면 지난번에 닭도리탕 만들었는데 센터에 가져간 거야. 거기 센터에서 밥 있으면 같이 먹는 시간이 있어요. 과장님하고. 아, 고등어조림 맛있다고, 비린내도 안 난다고. 너무 내가 너무 기분 좋은 거야. 왜냐하면 내가 먹어봐도 진짜 비린내 안 나요. (웃음) 왜냐하면 생강 많이 넣었거든. 생강 많이 넣으면

비린내 안 나잖아요. 그런데 생강 냄새는 안 나. 저기 과장님이 어떻게 만들었냐고, 왜 비린내 안 나냐고. 생강 많이 넣었어요. 자랑했어요. [조사자: 그런 거 들을 때, 칭찬 들으면 어떠세요?] 좋아요. 또 다음에 시간 되면 또 만들어서 같이 먹으면. [조사자: 그러면 집에서 필리핀 음식 만들어서 센터 가져가신 적 있으세요?] 자주 그래요. 그런데 저도 한국분들도 필리핀 음식이 안 맞는 분들도 있을 거예요. 저도 그렇게 생각했는데, 음 지난번에 간? 돼지? 소간? 소간인가. 소간 간장조림처럼 해주는 거를 해줬는데, 너무 까매가지고 안 먹는 거예요. 한 분도 안 먹었어. 냄새 나가지고. 아, 기분 나쁘다기보다는 이런 음식은 안 먹는구나 알게 되는 거예요. 그런데 다른 음식 가져가면 필리핀 만두나 필리핀 닭도리탕처럼 잘 먹어요. 그것만 안 먹어요. 너무 심한가 봐. 냄새가 그래가지고. 그때부터는 간 안 가져가요. 그런데 지난번에는 잡채, 필리핀 잡채 가져갔더니 잘 먹어요. 근데 추워가지구요. 필리핀 음식은 따뜻할 때 먹어야 돼.

▶ 여가로 활용하는 것들

[조사자: 그러면 이전에 필리핀에 계셨을 때 드라마, 한국 드라마 이런 거.] 한 번 봤어. 장경, 장경? 장금? 대장금 요리요. 그거 한 가지만 봤어요. [조사자: 왜요? 왜 「대장금」 보셨어요?] 글쎄 저는 필리핀에 있을 때 모르겠어요. 저는 남자 성향이라서 드라마 잘 안 봐. 일만 바쁘게 했어요. 다른 여성들보다 뭐 술 먹고 뭐 하고 클럽, 노래방 가지 않아. 왜냐하면 어렸을 때 우리 아빠가 일찍 돌아가시고 노는 거는 재미는 있지만, 그런 거 별로 없어요. 그냥 공부하고, 일하고 집에 가서 쉬어. 피곤하면 자. 그런 반복되는 일상생활. 그래서 그런 거 별로 없어요. 저는 노래방 가는 것보다 가족이 좋아서 내가 가족한테 대접하는 거 좋아해요. 내가 월급 나오면 큰 생선.

지난번에 내가 큰오빠, 작은오빠 봤을 때 큰 생선 하나 사. 그리고 맛있는 요리해서 대접해주는 거야, 시언니 오빠한테. 그런 거 좋아해. 우리 가족 위해서 어떻게 기쁘게 할 수 있을까 그런 부분 좋아해요. 드라마는 가끔씩만 봐요. 애들 때문에 저도 드라마 못 보지만 남편이 보면 저도 보게 돼요. 드라마도 좋아하는데, 여기 한국에 와서 하루 종일 일. 일 끝나고 집에 들어오면 쉬어야 하는데, 막 남편 잔소리하고. 설거지 언제 하냐고. 그런 거 너무 싫어해가지고. 자기 잔소리하면서 나도 또 설거지 안 하는 거야. 그냥 텔레비전 나 봐, 너 잔소리 많이 해봐. 알아서 해, 이런. 왜냐하면 나는 잔소리 들으면 힘들어요. 그리고 나는 말싸움하기 싫어서

"아, 너 잔소리 많이 해. 나 텔레비전 볼 거야. 너 알아서 해!"

막 이래요. 그러면 이제 막 성질나는 거야. 내가 자기 뭐라고 했어도 내가 아무것도 안 해가지고 그렇게 되는 거야. [조사자: 그러면 텔레비전 예능 프로, 이런 거는? 그냥 보면 보는 거고 하시는 거예요?] 나는 예능 같은 거는 가끔씩만 봤는데, 뭐였지? 「1박 2일」, 「런닝맨」. 내가 좋아하는 거는 「미운우리새끼」, 그리고 「나 혼자 산다」. 「나 혼자 산다」 좋아해. 애들도 그거 보면 진짜 막 웃어요. 좋아해. 그리고 애들이 그게 뭐지, 「부기맨」? 애들이 자주 보는 거라 그거 저도 가끔씩 보게 돼요. 「대화가 필요해」? 개그맨? 그거 뭐지? 애들이 좋아해가지고. 선생님, 애들이 매일 보는 거 같아. 「개그콘서트」? 그거 가끔씩 방에 있으면 보게 되잖아요? 저도 웃어요. 「대화가 필요해」 그거 있잖아요. 그것도 좋아해요. 제일 신기한 거는, 애들이 그걸 좋아해가지고 저도 신기했어요. 왜냐하면 애들도 매일 웃는 거 좋아하나 봐. 웃을 수 있게 자기들 취미 되는 거 같아. [조사자: 그럼 재미있어요? 그거 보면?] 재미있어요. 그리고 시간이 금방 가. 그러니까 내가 텔레비전 보면 안 되는구나. 왜냐하면 보게 되면 한 몇 시간 지나가서,

'아이구야, 나는 잠 일찍 자야 하는데, 잠!'

이렇게 되는 거야. 그래서 내가 어 10시까지만, 아니면 9시까지만 자 빨리. 왜냐하면 저는 8시 출근해야 해서 ○○동까지 버스 갈아타고 하니까 1시간 정도. 그러니까 애들도 학교 가기 전에 챙겨야 해서 챙겨주지 않으면 선생님, 바지가 거지 같아. 거지 같아. 그러니까 조금 깔끔하게 학교 갈 수 있게 밥도 잘 챙기고 옷도 잘 입을 수 있게 잘 씻고 잘 닦고 그런 것만 내가 원하는 거지. 아이고 선생님 힘들어. 그거 다 챙겨야 돼. [조사자: 그러면 이제 등산은 한국 처음 오셨을 때부터 하신 거예요?] 네, 아직 안 불렀을 때 2006년 9월 여기 왔었잖아요? 아직까지 춥지 않아요. 그때도 반팔 입었는데 남편이 항상 데리고 가는 거야, 산에. 근데 산에 가면 예쁜 꽃도 있고 나무도 있잖아요. 그리고 필리핀 산보다 여기 한국 산이 깨끗해. 그래서 저도 좋아졌어요. [조사자: 그러면 남편 때문에 등산이라는 거를 접하고 좀 더 재미를 느끼신 거네요?] 응응. 저도 만약에 일 없을 땐 자주 가요, 선생님. 그리고 등산 가면 물 한 통 가지고 가면 너무 시원하잖아요.

▶ 아이들 수준에 맞춰 놀아주다

[조사자: 그러면 아이들하곤 주로 뭐 하고 놀아주세요?] 애들요? 애들은 집에서는 애들이 레고, 그리고 애들이 뭐 가지고 놀지? 아이고 총. 그 부드러운 총 있잖아. 너프? 지난번에도 10만 원짜리 사달라고 했는데. 너프 깜짝 놀라가지고

"이거 10만 원인데? 나 5만 원짜리만 사주고 싶은데?"

"아니, 엄마는 이거는 1년에 한 번만 선물 사준다고 했잖아."

그럼 내가 해주는 거야, 선생님. 왜냐하면 내년에 5학년 되는데 그냥 뭐 작은 자동차는 안 가지고 놀았잖아. 그래서 그냥 사주는 거예요. 그거

너프? 그거랑 레고, 레고 엄청 많아요. 집에서. [조사자: 그럼 같이 이렇게 레고도 만들어요?] 자기들끼리. 엄마는 오지 말라고. 언제부터 오지 말라고. 엄마랑 같이 안 놀았지? 한 작은애 1학년 2학기 때 그때부터

"엄마는 안 와도 돼. 우리 형아만 놀아도 돼. 엄마는 저기 가고 싶은 데 가."

그러니까 형제 있는 거는 선생님 너무 좋은 거 같아. 엄마랑 같이 안 놀아도 되고 그런 거. [조사자: 그러면 아, 나는 다른 걸 하고 싶은데 아이들이 이제 레고도 하고 싶고 아이들의 수준에 맞춰야 되는 그런 게 있었나요? 그런 일? 그러니까 나는 다른 걸 하고 싶은데. 만약에 영화를 본다고 하면 나는 정말 그 아이들이 재미없어하는 영화를 보고 싶은데, 막 아이들은 정말 이제 애니메이션이나 만화 이런 거를.] 아, 내가 애들 저한테 맞추는 거 아니고 내가 애들에게 맞추는 거는 해요. 왜냐하면 내가 어른인데 내가 또 애들이 원하시면 내가 그 수준에 맞추는 거야. 애들이 내 수준에 맞추는 게 아니라. [조사자: 그럼 영화관에 가보신 적은 있으세요?] 자주 가요. 지난 크리스마스에도 가고 싶은데 너무 바빠가지고. 큰엄마 집에도 가고 케이크도 선물 사주고, 선생님 집도 가고 케이크도 선물 사주고. 항상 바빠가지고 애들도 저보다 엄청 바쁜데, 선생님? 바이올린도 배우고, 뭐 토요일 학교도 가고, 태권도에서도 뭐 어디 놀러 가고. 막 바빠요, 선생님. 애들이 학교에서도 뭐 태권도에서도 뭐 뭐뭐 활동이 많아요. 그니까 저보다 애들도 쉬는 시간 별로 없는 것 같아요. 근데 내가 그렇게 만들었어요. 집에 있는 것보다는 활동하는 거. 저도 활동적이라 그렇게 만들어요. 애들이 근데 자기들도 싫다고 하지 않아요. 그냥 엄마 오늘 나 저기 어디 갈려고 하는데 이렇게 해요. 자기 스케줄 이렇게 이야기하고.

▶ 아이들과 함께할 때 남편은 없다

[조사자: 그러면 남편분도 같이 영화 보시는 거예요?] 지난번에 한 번, 한 번 봤어요. 남편은 싫어해요. 싫어해 남편. 남편이 싫어해가지고 그거 걱정되는 거예요. 남편이 그렇게 활동할 때 같이 안 하고 하면 애들한테 남은 정 없는 거 같아. 남편이 항상 친구들 같이 있는 거 좋아하고 모르겠어요. 저는 애들 같이 있어도 힘들다고 느끼지 않아요. 애들 원하는 거 따라 하면 되고, 항상 나쁜 활동만 안 하면 저는 그 생각해요. [조사자: 그러면 가족들과 남편과 아이들과 함께 여행 간 적 있으세요?] 없어요. 우리끼리만 애들하고. 다문화센터에서 지난번에 상상마당 할 때 어디지? 눈산? 논산. 논산인가. 남편 같이 안 가고 애들. 그런데 남편이 그런 거 싫어해가지고 그런데 같이 갔으면 좋겠어요. 그런데 남편은 자기

'아, 나 일본 갔으면 좋겠다!'

가끔 이런 장난도 하고.

내가 돈 있으면

'아, 남편 일본 보냈으면 좋겠다. 이렇게 다른 나라 체험할 수 있게. 얼마나 다른 나라 가면 말, 언어도 안 맞고 음식도 안 맞고 그런 경험 해봤으면 좋겠다.'

왜냐하면 선생님 자기는 아직 모르잖아요. 저는 결혼 필리핀 사람이랑 결혼했지만 자기는 아직 어려움이 있는 거 같아요. 저도 결혼하고 한국말 못했을 때, 근데 다른 나라 가서 진짜 말 못하는 기분 있잖아. 경험해보면 좋겠다. 당해봤으면 좋겠다. (웃음) 그렇지. 남편들이 자기들이 우리 와이프 얼마나 힘들었는지 알았으면 좋겠다. 그런 뭐랄까, 체험? 경험? 어떻게 말해야 하는지…. (웃음) 이렇게 당해봤으면 좋겠다. 재미있을 것 같아. (웃음) 재미있을 것 같아. 남편이 말 못하고 그냥 한국말 하는 거야. 상대방은 일

본어 하는 거고. 아우 정말 너무 (웃음) 좋은 것 같아.

▶ 한국에 처음 왔을 때 겪었던 답답함

[조사자: 그러면 처음에 왔을 때 힘들었어요?] 너무 힘들었어요. 필리핀에서 한국말 공부 안 했잖아요? 여기 와서 다문화센터도 별로 없어요, 2006년에. 힘들었어요. 내가 시장 가서도 사고 싶은 거 말 못하고 남편 없으면 그냥 손으로 이렇게 뭐라고 할까, 선생님? 한국어로. 이거, 이거, 저거. 손으로만, 손으로만 이야기하는 거야. 이거 사고 싶어. 이거 너무 힘들었어요. 상대방도 답답하고 막 뭐라고 해요. 막 뭐라고. 내가 못 알아들었지만, 내가 지금 멘토링하고 있는데 내가 멘토로서 멘티분 시장 가면 내가 지나가면서 들은 이야기.

"아우 답답해. 답답해 정말."

그런 이야기.

'아, 나도 이런 경험했었구나.'

그때는 내가 못 알아들었는데 지금은 내가 한국말 알고, 말할 수 있고, 이해할 수 있는 시기 세월 있잖아요? 그때는 나도 이런 상황 되는구나. 그때는 내가 이해 못 했지만 그니까 금방 오신 친구분들 멘토-멘티 프로그램 있잖아요. 그게 너무 좋은 거 같아요. 내가 그 사람들 조금 도와주고 안내해줄 수 있는 시간 있잖아요. 너무 좋은 거 같아. 왜냐하면 그 사람들 진짜 힘들어요. 저도 힘들었어요. 남편한테도 대화도 안 되고. 그때는 대화하려고 하는데 나는 영어로 하고 남편은 한국말로 계속 못 알아들었는데 막 소리, 음성이 높아지고. 그때는 너무 힘들었어요. 근데 내가 스스로 내가 어떻게 어떻게 하면 한국어를 배울 수 있을까? 「인간극장」 있잖아요? 집에 있을 때 여기 자막이 나와가지고 말할 때는 내가 막 자막을 봐요.

그러면 사람 말하는 거는 내가 귀 열리고.

'아, 내가 이렇게 말할 수 있구나.'

그리고 예쁜 말만 저기 들어요. 예쁜 말은 항상 기억해요. 아, 거기 좀 열어주세요. 막 이렇게 이렇게. 항상 좋은 말만 들어 담고 나쁜 말은 버려. 항상 친구들이 물어볼 때 어떻게 말 배웠어요? 왜 이렇게 말 이쁘게 해요? 내가 항상 필리핀에서도 저도 공부하는 거 좋아해가지고 항상 공부할 때 예쁜 말로 골라서. 나쁜 말은 나쁜 말은 버리고 좋은 말 내가 어떻게 예쁘게 할 수 있을까? 상대방 기분을 상하지 않는 말? 그런 거는 항상 생각, 신경 쓰는 거예요.

▶ 이해하고 받아주는 것이 부부다

[조사자: 그러면 남편하고는 안 싸워요?] 남편은 솔직히 말하면 선생님, 우리 싸우는 부분은 교육이에요. 애들 교육. 남편은 학습지 시키지 말라, 태권도 시키지 말라, 방과 후 시키지 말라 이런 부분인데 다른 부분은 싸우지 않아요. 그리고 싸울 때는 말다툼만 가끔씩 해요. 말다툼으로 싸우기는 하는데 남편 성격이 또 싸웠어도 바로바로 화해해요. 저도 강해요, 선생님. 그런데 남편이 더 고집 세요. 음성도 높아요. 다른 사람들이 어 남편이 불쌍하다고 생각한다고 했는데, 왜냐하면 남편이 우리 남편이 얼굴 보면 얼굴이 착하게 생겼어요. 사람은 같이 살지 않으면 몰라요. 그런데 같이 살게 되면 알게 될 거예요. 성격이. 아, 내가 이야기할 때

"얼굴만 보지 말고 한번 같이 살아보세요"

이렇게 말해요. 같이 살아보면, 아 고집도 세고 음성도 높아요. 근데 참는 거지. 안 참으면 싸워요. 그냥 꿀꺽하면 편해요. [조사자: 그럼 언어적인 것 말고, 한국에 오셨을 때 심적으로는 어떠셨어요? 처음에 한국 오셨을

때?] 한국 한국에 오실 때? 어떤 느낌이냐면 낯설어. 그냥 낯설어. 모든 게 다. [조사자: 그럼 한국에 오기 직전에 필리핀에서는 무슨 생각 들었어요?] 무슨 생각 들었냐면 오랫동안 연애 안 했잖아요. 이 사람이 우리 남편.

'이 사람이 좋은 사람인가 나쁜 사람인가?'

항상 이렇게 생각해요. 근데 만약에 저를 때리면 진짜 나갈 거예요. 그런 생각 들었어요. 근데 만약에 저희 남편은 저 때리지 않고 그냥 서로 서로 이해하면 배려해주면 내가 그냥 살 거야. 그냥 여기 한국에 살 거야. 근데 살다 보면 남편도 괜찮은 사람이라고 생각해가지고. 부부는 말다툼도 할 수 있고 에이 그냥 하고, 남편이 싫어하는 거 있으면 싫어하는 건 하지 않고 그냥 서로 이해하는 게 제일 좋은 방법인 것 같아요. [조사자: 그러면 처음엔 낯설었는데, 한국에 오셨을 때 그런 언어적인 부분 말고 어떻게 극복하게 되신 거예요?] 어떻게 극복했는지? 남편이 많이 도와주는 것 같아요. 왜냐하면 원래 우리 남편이 잘 안 사주는 사람인데, 근데 우리 남편이 항상 내가 원하는 것, 사고 싶은 것 항상 사줘요. 한번 느낌 받으면 15만 원, 20만 원 정도 막 사줘요, 막 사요. 근데 남편이 그렇게 잔소리하지 않고 그냥 사, 사. 막 이렇게 해가지고. 아, 내가 내가 원하는 거는 해주기 때문에 그냥 조금 덜 외로웠어요. 남편은 뭐 사고 싶은 거 있으면 뭐 사. 이렇게 근데 지금은 안 사줘. 몇 년 지나면 10년 지나면 안 사줘, 선생님. 그런 거 같아요, 선생님. 그때는 낯설고 그렇지만 모르겠어요. 그때는 남편이 잘 도와줘가지고. 남편이 그렇게 왜냐하면 다른 남편에 비하면 뭐 항상 일찍 들어와라 이렇게 하잖아요? 남편이 그렇게 하지 않았어요. 그냥 자연스럽게 자연스럽게. 그리고 저도 집에 있으면 쉬지 않고 막 닦고 막 청소해. 끝나면 마트나 뭐 ○○나 뭐 항상 막 돌아다녀. 심심하지 않게. 보는 거를 좋아하고 지나가면 보는 것도 있잖아요, 선생님? 남편 없으면 뭐 집에서 심

심하거나 뭐 그렇게 많이 안 할 거 같아. 왜냐하면 저도 필리핀에서 막 활동해가지고. 청소 끝나면 집에 청소 끝나면 막 집 밖으로 나가서 동네 들러서 들러서 보고

'어, 여기 있구나. 여기 당근 있구나!'

이렇게 했던 것 같아.

▶ 딸보다 엄마의 자리가 익숙해지다

[조사자: 그러면 친구들이랑, 필리핀 친구들이랑 자주 만나요?] 그때는, 누구 자주 만났지? 자주 안 만나는 거 같아. 알지 못하죠. 왜냐하면, 이 동네는 저기 많이 달라졌잖아요, 선생님. 그리고 일 끝나고 들어오면 그때만 사람 볼 수 있잖아요. 여기는 뭐 다들 일 바쁘고. 자주 사람이 없어요. 지금은 사람 많지만. 가족들 가끔씩 보고 싶은데, 보고 싶으면 저기 국제카드 있잖아요. 항상 남편이 사줘요. 남편이 사주면 그거 카드 1시간짜리 그거 다 써버려요. 그럼 또 사주고. 조금 조금씩 해야지 한꺼번에 다 쓰면 막 이렇게. 아니야 다 쓸 거야. [조사자: 그럼 주로 누구랑 통화해요?] 언니, 오빠, 엄마 이렇게. 전화하고 나서 그렇게 외롭지 않아요. 엄마는 항상

"무슨 음식 있냐? 내가 알기로는 한국 음식은 맵다"

고 이야기해주는데

"아니 안 매운 것도 있어. 맛있는 것도 많은데 왜."

이렇게 자랑해줘요. 그리고

"남편이 너 때렸어?"

"아니, 나 남편 때려요."

막 이렇게. [조사자: 그럼 그런 이야기들은 필리핀에 있을 때 많이 이야기들 해요?] 아니요. 저도 항상 바빠가지고 엄마한테 그런 이야기 많이 안 해

요. 막 자기 속상한 것만 이야기해요. 지금도 저한테 연락하면 속상한 거 이야기해요. 오빠가 용돈도 안 주고, 나는 아픈데. 엄마 나한테 연락하면 오빠는 이야기하지 마. 또 셋째오빠가 돈 안 준다고 그런 이야기하지 마, 나한테. 엄마 연락하면 엄마 뭐 필요한 거 뭐 해야 하는 거 나한테만. 이쪽저쪽 다른 사람이 이야기하지 말고 막 잔소리해요. 그러니까 엄마가 무서워해. 내가 연락하면 엄마가. 내가 똑바로 이야기해가지고. 엄마 나한테 연락하면 오빠 이쪽 저기 큰오빠, 작은오빠, 셋째오빠 어쩌고 이렇게 하지 말고, 엄마가 저한테 원하는 거 무엇인지 내가 해야 하는 거 무엇인지 그것만 이야기하고. 오빠들 뭐 자기들도 가족 있는데 막 뭐라고 해가지고 오빠들한테. 그러니까 엄마는 막 무서워해요, 저를. 내가 막 덤벼가지고. (웃음) [조사자: 그럼 필리핀에 자주 가셨어요? 결혼하고 나서?] 아니요, 선생님. 지난번에 7년 전에 한번 갔어요. 2013년. 그전에도 한 번도 안 갔어요. 왜냐하면, 필리핀 가면 대가족. 가족 엄청 많아요. 한번 가면 선물도 가져가야 하고, 돈도 좀 필요해요. 필리핀 가면. 나는 그런 돈도 많이 못 모아서. 왜냐하면 남편도 일 있다가 없다가 하니까. 돈 못 모았는데, 만약 필리핀 갈려고 하면, 가지 말자. 왜냐하면 지난번 갔을 때 900만 원 가져갔나? 900만 원 가져가서, 다른 친구들도 진짜 많이 가져가야 한다 그러고. 그런 것 때문에, 한 번에 900만 원 날아가는데, 그냥 애들 교육비나 돈 든다고 생각해서 안 가요. 7년에 한 번 갔을 때 애들이랑 남편 같이 갔어요. 너무 힘들어서요, 선생님. 900만 원 하면 내가 통장에서 넣고 애들 교육시켜야지. 얼마나 교육비 얼마나 많이 나가는데요, 한국에서. 그래서 생각하면 자주 안 가요. 그냥 엄마한테 100만 원 보내고 그냥 그렇게 생각해요. 통화하고. "언제 올 거야?" 나도 필리핀 안 가고 싶어. 자주자주 오빠들 목소리 듣고 그러니까 이제 그냥 안 가도 자주 있는 거 같아요. 그런 느낌이어

가지구. 그래도 오빠들 언제 올 건지 다음에 내가 시간 되면. 자주 안 보는 게 좋아요, 선생님. 왜냐하면 자주 안 보면 뭐 보고 싶잖아요. 거기서 가면 선생님 자기들도 바쁜데. 지난번 갔을 때 나만 집에 있는 거예요, 선생님. 다들 일 갔어. 그러니까 나도 나도 빨리 한국 가고 싶어. 외로워 거기 있으면. 친구들도 다 멀리 갔어. 멀리 시집갔어. 다른 분들은 다 열심히 일하고. 그래서 나도 필리핀 안 가고 싶어. 막 이렇게 이렇게 하는 거예요.

▶ 취미생활로 하고 싶은 것들

[조사자: 그러면 이제 나는 이거는 하고 싶은데, 이런 활동 놀이는 하고 싶은데, 이건 즐기고 싶은데, 혹은 이런 취미를 갖고 싶은데 하는 게 있나요?] 하고 싶은 거? 그냥 음식 만들기? 한국에 있는 동안? [조사자: 아직 뭐 도전해보지 않았다거나 아니면 '어, 저건 그냥 한번 해보고 싶다' 그런 거.] 한번 해보고 싶다고? 음… 있어요. 뭐 공부. 솔직히 센터에서 일하면서 내가 못 하는 부분 있어가지고 그거 했으면 좋겠다. 일하면서 계속 공부하고 싶다. 저도 어… 계속 통·번역사 그리고 영문학과도 계속 공부하고 싶고, 사회도 공부하고 싶고, 그런 여러 가지. 여러 가지 공부하고 싶고. 그런데 일하면서 공부 못 하니까 그거 내가 제일 원하고 하고 싶어요. [조사자: 그럼 가족이랑 함께하고 싶은 거.] 함께? 음… 같이 여행하고 싶고, 그리고… 여행하고 싶고, 그리고 영화 같이 보는 거, 놀러 가는 것도 남편도 같이 갔으면 좋겠다. 왜냐하면 남편도 항상 친구만 만나니까. 자기도 그런 거 즐기지 못해가지고 즐겼으면 좋겠어요. 놀러 가는 거, 뭐 영화 보는 거, 뭐 여행 가는 거? 그런. [조사자: 그러면 현재 여가 취미활동에 만족하세요?] 네. 네. 만족해요. 뭐, 원하거나 뭐 바라보는 거는 그냥 만족해요. 지금 느끼는 이유? 그냥 내 마음이 편한 거 같아. 뭐 돈 많다고 예쁜 집에 예쁜 자동차 그런

거 없어도 그냥 만족한다고 느껴요. 지금도 우리 집에도 이렇게 잘 자란 집이 아님에도 그냥 만족해요. 이유 없이 그냥 내 마음이 편하니까. [조사자: 그럼 아이들이 태어나기 전에도 마음이 편했어요?] 애들이 태어나기 전에? 음… 아니요. 아, 항상 걱정하는 거 같아. 애기 없을 때 아, 내가 모르겠어요, 선생님. 그때는 그냥 음… 뭔가 부족한 거 같아. 부족한 느낌이 들어요. 애가 없을 때. 지금은 애가 있으니까, 내가 웃을 수 있고. 또 꿈을 꿀 수 있는 거잖아요.

'아, 내가 열심히 일해야겠다. 애들을 위해서라도.'

그런 느낌? 그리고 내가 일 끝나고 애들이, 집에 들어오면,

"엄마 오늘 힘들었어요? 오늘 뭐했어요?"

막 이렇게 물어볼 때,

'아, 나 혼자 아니구나.'

그런 느낌 들어요. 그러니까 내가 아, 이렇게만 해도 나는 만족한다고 느껴요. [조사자: 그러면 가족끼리 대화 많이 해요?] 아, 남편하고 가끔씩. 남편이 우리 자주 싸우지 않는데, 뭐

"여보 커피 드릴까?"

뭐 남편이 세탁해서 앉아 있으면

"오늘 저기 말 없어서 무슨 문제 있나요?"

막 이렇게 물어볼 때 남편도 같이 대화해요. 애들도, 음 애들도 저기 그러면 텔레비 보고 있을 때

"뭐가 재밌어?"

이렇게 대화 시작하는 거예요, 선생님. 물어봐요. 오늘 뭐 어려운 거 있는지. 어려운 거 있으면 엄마한테 이야기하고, 내가 도와줄 수 있는 부분 있으면 도와주려 하고 그런 대화. [조사자: 그럼 남편분에게 바라는 거 있

다면?] 바라는 게 있다면 꾸준하게 일했으면 좋겠다. 왜냐하면… 아, 2018년 선생님 어… 내가 여기 한국에 왔을 때도 오랫동안 일 안 하는 부분이 7개월, 8개월 동안 일 안 하고. 꾸준하게 일했으면 좋겠다. 그리고 저도 아 그리고 바라는 거 없어요. 그리고 애들한테 많은 추억 남겼으면 좋겠어요. 왜냐하면 함께 있는 시간이 별로 없어가지고. 애들이 아빠를 생각하면 생각나는 추억 없잖아요. 그런 거를 항상 애들한테 함께했으면 좋겠고. 어떤 활동이든 애들 수준에 맞춰서 그렇게 해줬으면 좋겠다.

▶ 이주민들을 위한 봉사활동

[조사자: 그러면 온라인 커뮤니티 이런 거 활동하세요?] 온라인 커뮤니티? 예를 들면? [조사자: 뭐 카페? 온라인 카페, 블로그.] 그런 건 자주 안 해요. 페이스북 자주 안 해요, 선생님. 페이 카카오톡 있어도 저는 사진 자주 안 찍구요. [조사자: 그럼 아이들 사진은요?] 자주 올려요. (웃음) 응, 애들 것만. 내 거는 안 찍고. 그런 거 잘 안 해요, 선생님. 그냥 내 성격이 보여주지 않아도 그냥 어… 뭐 다문화 가족을 위해서 내가 원하는 활동 하고 있고, 내가 다른 사람에게 알려지지 않아도 도와줄 수 있는 그런 성격이라서. [조사자: 그럼 봉사활동 이런 것도 많이 하세요?] 많이 해요. 뭐 동사무소에서 어르신들 목욕하는 거? 도와줄 수 있는 거? 그런 봉사활동도 하고. 내가 활동 많이 하는 건 출입국사무소 번역, 통역 뭐. 그리고 음… 모든 다문화인들이 내가 할 수 있는 거. 집에서도 뭐 집에서도 같이 청소하려 하면 같이 청소하고 그런 봉사활동. 그리고 우리 교회. 모든 다문화인들이 제가 도와줄 수 있는 거 있으면 항상 연락하라고 애들 봐줄 사람 없으면. 음… 여기 ○○구 있는 사람도 잠깐 맡긴다고 4시간 맡긴다고 그러면 집에 봐주고. [조사자: 그럼 어때요? 애들 많아지면 힘들잖아요.] 나는 애들 많아져도

힘들다고 느껴지지 않는데. 배고픈 사람 빨리 먹어. 뭐 저기 갓난애기 아니면 좀 네 살? 네 살부터 내가 애기 봐주기 때문에 괜찮아요, 선생님.

▶ 결혼이주여성을 위한 희망사항

[조사자: 그러시구나. 그러면 그런 활동들, 여가활동이라고 쳤을 때 정의를 내리면? 정의, 개념. 어… 여가. 나에게 여가란?] 여가란? 아, 내가 그런 활동 봉사활동 같은 거 나에게? 나에게? 음… 작은 행복? 작은 행복이에요. 이유 없이 그냥 내가 이유는 뭐지? 이유는 없이 그냥 내가 만족한다고 느껴가지고. 그냥 내 마음도 표현하고 음… 그런 거 느끼는 거 같아요. [조사자: 그러면 더 나은 놀이라든지 여가생활을 즐기기 위해 정부, 만약에 한국에서 지원해준다면, 지자체나 국가가 지원해준다면 어떤 부분을 지원해줬으면 좋겠다고 생각하세요?] 음… 애들 어… 더 설명을 해주세요, 선생님. [조사자: 그러니까 만약에 일단은 선생님 개인으로 생각할게요. 그냥 주변에 다문화가정 친구들도 있으니까, 그러니까 이제 정부가 한국 정부인 거예요. 이게 국가적으로 다문화가정, 결혼이주여성들이 뭔가 경제적인 부분 말고 그냥 좀 여가생활을 즐기기 위해 좀 더 뭔가를 지원해주는 게 어떤 프로그램? 프로그램이라면 어떤 지원을 해줬으면 하는지.] 어떤 거 할까? 육아, 육아를 즐기기 위해서는 선생님. 친구들 만날 때 왜냐하면 저도 애들 봐줄 수 있는 거잖아요. 만약 국가에서 지원해준다면 뭐 생각 안 하는데? 만약 지원해준다면 뭐 다문화가정으로서 음… 자조모임 같은 거. 자조모임 할 때 다문화가정도 만날 수 있잖아요? 개인 본인이라도 지원했으면 좋겠어. 거기 가서 사람들이 진짜 이야기 나누면서, 그리고 만날 때마다 조금 교육이나 교육 지원했으면 좋겠다. 자녀교육 같은 거는 뭐, 그 사람들이 원하는 거. 만약에 모임 할 때는 음… 출입국관리사무소 가서 설명해줘요. 만약에 뭐, 14일

저기 연장 안 하면 벌금 내는 거다. 안에 해놓은 거. 그런 거 가서 저기 정보 얻을 수 있고. 그리고 뭐 한국 법을 이해하게 됐잖아요? 다문화가정을 그렇게 지원했으면 좋겠다. 선생님, 나는 생각이 사람 많아가지고 집중 못 하는 거야. (웃음) 그런 거. 그런 거 지원했으면 좋겠다. [조사자: 그러면 그렇게 자조모임 할 때 개인 돈을 내요?] 맞아요. 그리고 선생님 저기 다문화센터에서 교실 A 줍았잖아요. 만약에 좁은 인원에서는 그렇게 할 수 있는데, 필리핀 모임 같은 경우에는 30명이에요. 한 번 모이면 그리고 모일 때마다 식사하기 전에 뭐 우리는 개인기도 하고 뭐 할 때, 다문화센터에서 아니면 출입국관리사무소에서 한 사람 와서 설명해주는 거야. 다문화가정에서 어떻게 연장할 건지 남편한테. 항상 다문화센터에서 그거 알려줬지만, 모임 할 때도 어떤 사람이 여기 와서 직접 설명했으면 좋겠다. 출입국관리사무소는 잘 알고 있잖아. 어떤 정보 전달해줘야 하는지. 그런 거 있으면. 왜냐하면 필리핀 친구들도 그런 거 원하는 거예요. 그리고 자기 생활에서 어떤 것 배울 수 있는지. 정리 수납이나 그런 거 지원했으면 좋겠다. 왜냐하면 그런 거 없잖아요. 그런데 모임 참여할 때마다 그런 거 있으면 좋겠다고. 그리고 뭐 간식비라던가 이렇게 했으면 좋겠다. 왜냐하면 우리는 어려운 사람도 있고. 우리는 모임 할 때마다 많이 걷어서 음식 만들고 가져가야 해요. 모임 이동에서 이 사람이 살기 어렵다고, 이 사람이 살기 어렵다고, 이분이 지원했으면 좋겠다. 그런데 우리는, 저는 친구 같은 경우는 줘도 돼요, 그 친구. 그런데 다른 분은

"나는 어렵다. 만 원이라도 거둘 수 없다."

이런 분들도 있어요. 그런데 진짜, 진짜 어려운 사람 알아보고 그 사람이 다문화센터에서 지원해줄 수 있으면. 그런데 다문화센터에서는 증명 있고 먼저 하는 사람, 어려운 사람만 해주잖아요, 선생님. 그런데 다문

화센터 회원가입 안 하고, ○○ 살지 않는 분 지원 못 한다고 하면, 그 사람 어려워도 도와줄 수 없잖아요. 저기 그 사람이 만약에, ○○, ○○ 살고 있는데, 그 사람도 ○○ 다문화센터 가기 어려워서, 거기 필리핀 사람 없어서 조금 부담스럽다고. 조금 안 해주는, 필리핀 사람 없어가지고. 그러면 필리핀 사람은 여기 ○○ 다문화센터 오는 거예요. 그렇게 해줬으면 좋겠다. 그런 여러 가지. 나 말 많이 한 거 같아. 다 삐뚤어졌어.

▶ 가족은 나의 기쁨

[조사자: 그러면 필리핀 친구들이랑은 같이 이렇게 놀러 가거나 이런 거는 따로 없었나요?] 따로 없었어요. 왜냐하면, 다른 친구는 첫 번째 이유는 일 다 바쁘고. 그리고 멀리 떨어져 있어서. 그런 이유. 그리고 항상, 매일매일 일 바쁘고 집안일 하고. 진짜 만나는 시간이 별로 없는 것 같아요. [조사자: 가족 여가 정의 내렸나요? 안 했죠? 개인 여가 정의만 내렸죠. 그러면 가족 여가.] 아직이요. 가족 여가? 뭐 취미? 아, 의미. 음… 가족들 있어서, 아 의미. 나에게 어떤 의미인지? 저에게? 뭐라고 할까. 가족들… 그냥, 편안함? 편안해요. 애들이랑 같이 있으면. [조사자: 심적으로 이제 아이들과 남편과 같이 있으면 안정된 느낌이라는 거죠?] 네. 남편, 가족들이랑 있으면 뭔가 편하고 기쁘고. 더 바라는 게 없어. 그냥. 나의 즐거움? 나의 기쁨? 그런 느낌? 또 뭐 없는 거 같은데. (웃음) [조사자: 혹시 아이들이 뭐 차별 이런 거 없어요? 학교에서?] 애들 물어보면 그런 거 없다고 해요, 저한테. 가끔씩 애들한테

"친구들이 뭐라고 안 해? 친구들이 뭐라고 하면 엄마한테 이야기해봐. 친구들이 너희 괴롭히냐?"

이렇게 물어볼 때,

"그런 거 없어요 엄마."

이렇게 해요.

"그런 거 있으면 엄마한테 직접 이야기하고, 너희들도 아는 형, 아는 친구들이 너한테 못생겼다고 할 때 엄마한테 이야기해"

이러면

"엄마, 힘 세."

[조사자: 그럼 아이들도 영어 잘해요?] 아니… 매일 한국말 하고, 일곱 살 때부터? 한국어, 수학, 영어 배우면서

"엄마, 이거 발음."

프로넌시에이션 몰랐을 때 항상 물어봐요.

"엄마, 이거 어떻게 읽어요? 영어로?"

"아, 이거 포테이토."

그럼 애도 포테이토.

"아, 잘하네."

브레드, 브레드. 이렇게 따라 해요. 막내는 조금 말하기는 취미 있나 봐요. 큰애는 조금 발음이 조금

"캔 유 플리즈 라이트 다운?(Can you please light down?)"

이런 거 조금 틀려. 근데 막내는 포테이토, 브레드, 잼 잘 따라 해요. 근데 큰애는 조금 입이 쑥스러운가 봐요. 그래서 잘 따라 하지 못해요. 근데 괜찮아.

▶ 공부의 의미

[조사자: 그초. 그럼 마지막으로 못다 한 이야기가 있다?] 엥? 못한 거? 없는데. [조사자: 하고 싶은 말.] 하고 싶은 말? [조사자: 혹은 결혼이주여성

이 한국에서 적응하고 뭔가 하나의 한국인으로 살아가시는 거잖아요. 그러기 위해서는 뭐가 가장 필요하다고 생각하는지?] 저 개인적으로 이야기하면, 어디 가서든 저기 차별하지 않고, 발음 안 좋다고 막 뭐라고 하고 이런 사람도 있는데, 어… 그렇게 안 했으면 좋겠다. 왜냐하면 이주여성도 사람인데 자기도 상처받을 수 있고, 이 나라를 살아가면서 조금 인정해주고. 음… 상처받을, 안 받을 수 있게 해줬으면 좋겠다. 그리고 한국어를 계속 지원했으면 좋겠다. 왜냐하면, 한국어를 공부 안 하면 이 정도는 대화를 도움이 많이 될 거예요. 계속 공부하면 발음도 고치고 완벽한 발음 될 수 있잖아요, 선생님. 그러니까 그 한국어 교육을 계속 지원했으면 좋겠고, 그리고 토요일하고 일요일에 대부분이 여기 한국에서 혼자 돈 벌기는 어렵잖아요? 토요일, 일요일날 어디서나 공부할 수 있게 지역마다 그런 기관이나 공부할 수 있게 했으면 좋겠다. 왜냐하면 여기 한국에서 살고 싶으면 꼭 한국어 배워야겠다 생각이 들어요. 저도 지금 센터에서 일하고 있지만, 계속 공부하는 생각이 드는 거예요. 제가 부족하다고 생각이 들어요. 왜냐하면, 대화해보면 발음도 똑바로 안 해요. 왜냐하면 영어도 해야 하고 따갈어도 해야 되고. 그래서 완벽한 발음이 나올 수 없어. 계속 꾸준히 공부해야 한국어, 한국말 잘할 수 있다고 생각해요. 그래서 한국어 교육 계속 지원했으면 좋겠어요. 말 못 하는 부분 있나요? 선생님? 없어요. 내가 비밀 없는데. 그래요? 뭐, 말 못 한 부분은 생각해볼게. 없는 것 같은데. 나 원래 말 많아가지고. [조사자: 그러면 이것으로 인터뷰 마치도록 할게요.] 선생님, 다시 들어야 하는 거야? 이때 좀 꾸준하게 공부했으면 좋겠다. 왜냐하면 자기한테도 많이 도움이 될 것 같아. 난 그런 거 원해. 다른 사람은 공부 싫어했지만, 나는 공부 계속하는 거 좋아해. [조사자: 그러면 본인한테 있어서 공부를 여가로 생각할 수 있겠네요?] 맞아 맞아 맞아. 나는 그렇게 생

각해. 나는 다른 뭐 노래 못하지만, 난 공부로. 공부로 내 취미로? 맞아. 다른 거 뭐. 책 읽는 거 좋아해. [조사자: 어떤 책 읽어요?] 모든 책. 한국어로 된 거. 난 한국어로 되어 있는 거 좋아하고. 왜냐하면, 배우는 게 많아. 앉아 있으면, 선생님, 눈 피곤하면 막 이렇게 하면 돼. 내가 아는 친구예요. 그러니까, 그렇게 했으면 좋겠다. 공부 계속할 수 있게. 계속할 수 있고, 그리고 도움이 많이 될 것 같아. 내가 공부하게 되면. 그러니까 내가 아… 공부 안 하면 선생님, 공부 안 하면 나 슬퍼요. 그리고 여기 앉아 있잖아요? 항상 읽는 거 있어요. 심심하지 않아. 왜냐면, 뭐 읽거나 집에 혼자 있으면 다른 사람은 심심하다는데 난 심심하지 않아. 책 읽으면. 막 읽어요. 책 읽는 거 좋아하고. [조사자: 그럼 책은 주로 사서 봐요?] 우리 책 한 천 권 있어요. 너무 많아요. 엄청 많아요. 집이 작은데. 내가 ○○ 그 영어책 살 때, 한 1년 정도 됐나? 거기서 책 샀어요. 그리고 저기 형님들이 책을 받아서, 애들한테도 저기. [조사자: 주로 어떤 내용이에요? 제일 인상 깊었던 건 뭐예요? 좋아하는 책.] 제일 좋아하는 책? 뭐 성경에 대해서. 그런 거 뭐지? 제목이 뭐지? 음…. [조사자: 뭐 예를 들면 분류를 총서, 아니면 자기계발?] 어, 자기계발. 그런 살기 어려워도 그냥 살아가는 것? 그런 책 좋아해요. 힘들어도 살아가는 것? 행복이 물질적으로 많이 없지만 자기 행복으로 살아가는 것? 그런 책 좋아하고. 애들 자녀교육 어떻게 시키는지 그런 책 좋아하고. 백과사전도 좋아하고. [조사자: 백과사전은 왜요?] 백과사전 배우는 게 많잖아요. 나는 그런 거 좋아하고. 또 다른 거? 다른 거는 뭐 사람 마음? 사람 마음. 어떻게 사람 마음, 어떻게 알아볼 수 있을까 이런 책 많이 있잖아요. 제목은 기억을 안 해가지고 그냥 그렇네요. 그리고 어떻게, 좋은 부모 어떻게 될 수 있을까. 애들은 어떤 것으로 교육시킬 수 있을까 그런. 뭐 강한 엄마보다, 무서운 아빠보다 어떻게. 그런 것들이 좋아해요. 어떻게 애

들 행복을, 행복을 어떻게 느낄 수 있을까 그런 내용. 많아요, 선생님. 책. 필리핀에서 우리 집이 제일 책 많은 집일 거예요. 이모네는 다 버리더라구. 우리 2층집인데, 내 집에는 한 박스, 박스. 먼지 들어가지고 박스로 가져다놓는 거야. 꺼낼 때마다 박스 열어야 하잖아요? 항상 나무 침대야 이렇게. 언제 다 읽어 이런 거야. 나는 책 좋아해, 옛날이야기? 외국 이야기? 많이 읽었어요.

▶ 아이들 교육만큼은 양보할 수 없다

[조사자: 그럼 아이들이랑 박물관 이런 데는 가보셨어요?] 저기 학교에서 박물관, 뭐 태권도 교실도 박물관 자주 가요. 그런데 많이 가봤어요. 학교에서 자주 가요. ○○랜드 가고, ○○랜드 가고. 그러니까 나는 안 가도 돼. 몇 번 가봤어요. 그리고 그거 뭐지? 걸스카우트, 보이스카우트 학교에도 있잖아요. 3학년부터 6학년까지. 우리 애들도 그거 활동하고 있는데 한 번 가면 12만 원, 13만 원, 10만 원. 지난번에 ○○랜드 갔었는데 8만 원인가? 자주 가요. 활동적으로 많이 시켜요. 돈 조금 들어도 애들은 아이고 좋겠다. ○○랜드 가고 ○○랜드 가고 엄마는 자주 못 가는데. (웃음) 자주 시켜요. 애들도 할 수 있으면 해주고 할 수 없으면 뭐 항상 즐겁게 해줘야지. 남편은 항상 교육시키지 말라, 애들은 뭐 학습지 시키지 말라 할 때 나는 반대예요. 남편은 하지 말라, 나는 고고고고. 저기 하지 말라, 나는 고고고고. 반대예요. 그러니까 싸워요. 둘이. 남편은 남편 성격하고 제 성격하고 반대여가지고. 그런데 선생님 다른 성격인데 어떻게 맞을 수 있을까? 한 사람은 맞춰야겠지. 그런데 교육 부분은 안 따라 해요. 남편한테. 애들 만약 교육 안 시키면 어떻게 배울 수 있을지. 나는 다문화인인데. 그니까 내가 할 수 있는 부분은 해주고. 남편 따라 하지 않아. 내가 돈 버는 이유는

애들 시키는 거야. 저기, 하지 말라고 하는 부분은 내가 해줘요. 남편, 만약 남편이 하지 말라 하는 거 내가 따라 하면 모르겠어요. 우리 애들 어떤 거 배울 수 있는지. 그니까 그거 생각해서 나도 돈 벌고, 애들 교육시킬 거야 그런 생각 있어요.

▶ 아이들을 키운다는 것

그러니까 애들은 선생님, 상담 주간 있잖아요? 갈 때마다 항상 물어봐요. 애들은 어떻게 생활하는 건지 항상 알아봐요. 그래서 선생님이 칭찬했어요. 왜냐하면, 어… 다른 엄마들은 관심 없는데, 애들 교육 관심 없는데 저는 항상 물어봐요. 선생님 ○○이, ○○이 학교에서 어떻게 지내는 건지 항상 물어봐요. 선생님은 막 다 이야기해요. 선생님 사실대로 이야기해도 돼요. 애들 잘못되는 부분도 이야기해도 돼요. 집에 가서 막 혼나는 거 아니고, 대화로. 우리 집에도 상담의자, 상담 상담해준다고. 대화하는 중이에요. 상담해준다고 하면, 애들 불러서 막 상담해줘요. 학교에서 어떤 어려움이 있는지, 어려운 거 있으면 엄마가 이야기하라고 했잖아요, 근데 ○○이는 항상 숙제 안 하고 숙제했다고 해? 이렇게. 이유는 이야기해보라고. 이야기하면 이야기해줘요 선생님.

"엄마가 안 도와주고, 엄마가 항상 바쁘다고 해서 내가 숙제 안 했어요. 그냥 엄마한테 거짓말해서 그냥 숙제 했다고 해요."

이렇게. 요즘 엄청 바빠가지고. 뭐 내 잘못이지. 그냥 할 수 없어. (웃음) 그런 말 들으면 근데 내가 내가 잘못인데, 내가 잘못인데 애들이 사실대로 말하니까 할 말이 없어. 그러니까 혼낼 수 없어. 아, 그렇게 하면

"저기 엄마한테 직접 이야기해."

"엄마는 저기 바쁘다고 안 도와준다고 했잖아요!"

막 이렇게. 그니까 엄마도 알게 되는 거지. 이야기 안 하고 그냥.

"엄마 무서워서 그렇게 하는 거야?"

"응. 엄마가 무서워서."

"엄마는 저기 엄마가 사실대로 말하면 혼내지 않잖아. 그냥 사실대로 이야기해 엄마한테."

그렇게 대화해요. 애들하고. 애들도, 저는 얼굴 무섭지만 저를 만만히 해요, 선생님. 응, 애들이 지난번에 저기 ○○이가

"엄마는 항상 바쁘다고 하고 내가 사고 싶은 거 사주지도 않으면서…."

아이고 참. 이렇게 만만히 봐요. 왜냐하면 애들하고 같이 놀고 하니까 엄마는 너무 무섭지 않고. 화가 날 때만 무섭지. 근데 그렇게 뭐 둘둘 말았을 때 그렇게 하지 않아. 그렇게 하지 않아요. 오늘도 연락 왔는데 오늘 몇 시에 올 거야? 오늘 선생님이랑 약속이 있어가지고 조금 늦게 갈 거야. 엄마 나는 설거지했어요. 엄마 올 때는 피자 한 판만 사주세요. 알았어. 여기 ○○피자 있잖아요. 지나가면서 그때 사갈려고. 근데 어떤 피자인지 이야기 안 해가지고. 아, 그래 만약에 피자가게 있으면, 지나가면 사갈게. 지금 설거지 많아. 근데 우리 큰아들 4학년이잖아? 내년 3월달이면 5학년이잖아요? 엄마 잘 도와줘요. 설거지. 지난번에도 밥했어요. 애들한테도 그렇고 조금 미안한 것 같아요. 항상 강하게 키우는 거. 너네 배고프면 냉장고에 여러 가지 음식 있어요. 항상 내가 나가기 전에, 선생님. 항상 냉장고 음식 있는 거 애들 만약에 내가 일찍 못 오면 애들 먹을 수 있는 음식 항상 갖다놔요. 냉장고에 아니면 서랍에. 왜냐면 자기 배고프면 음식 없으면 그것도 제일 마음 아픈 거 같아서 항상 음식 가져다놔요. 냉장고. 꺼내면 먹고, 밥도 있고. 항상 국, 밥 떨어지지 않고. 그런 거 해줘요. 왜냐면 음식 없

으면 얼마나 배고플까 그런 생각으로. 항상, 음식이랑 반찬. 근데 애들 엄마 없으면 반찬도 안 꺼내 선생님. 김, 김치도 멸치도 항상 냉장고 뭐 자기 좋아하는 음식도 전자레인지 데우면 따뜻하잖아요? 근데 이 녀석들이 안 꺼내요, 선생님. 김하고, 뭐 콜라 있으면 콜라, 뭐 어젯밤에는 케이크만 꺼냈어. 초코케이크. 콜라하고 초코케이크 막 먹고. 내가 들어올 때는 너네 밥 먹었어? 아니, 엄마 먹었어. 어, 먹었다고, 아이고. 먹었다고 케이크만 먹었다고? 막 이렇게 했어요. 엄마 나는 배불러 안 먹어도 돼. 나는 콜라하고 케이크 먹었다고. 그래서 밥 막 조금씩 먹였어요. 저도 먹고. 그래서 살 찌는 거예요. 밤에 먹으니까. 살 안 빠졌어. 속상해. 왜냐면, 뱃살 빠졌으면 좋겠다. 살 엄청 쪄요. 선생님 추워도 저도 저기 나가고 싶어. 추웠어도 추워도 항상 나가고 싶어. 집에 안에 집안에 해야 하는 일 많잖아. 세탁해야 하고 청소해야 하고 요리해야 되고 반찬도 만들어야 되고 책도 여러 가지 챙겨야 돼, 애들이. 아이고 끝도 없어. 아이고…

▶ 아픔을 대물림하지 않기 위해

선생님 결혼하셨어요? [조사자: 아니요.] 아직이요? [조사자: 네.] 아이고야. 선생님 결혼 안 한 거 같아요. 아니, 결혼 안 하고 싶을 것 같아요. 내가 이야기하니까. 근데, 음… 결혼하면 선생님. 애들 육아 키울 때는 힘들지만 내가 열심히 일하는 보람이 있어요. 애들 들어왔을 때 선생님 어떻게 애들 어떻게 키울 건지 스스로 하는 거잖아요. 그런 것도 할 수 있고. 왜냐면 그때 엄마가 저를 키웠을 때 막 때려놓고 머리도 때리고 했잖아요? 내가 우리 애들 키우면 그런 무서운 엄마보다 무서울 땐 무섭게 해도 되는데, 애들 같이 놀 때는 그냥 같이 놀고 다정한 엄마 되고 싶고 그런 여러 가지 생각 들어요. 엄마처럼 막 무섭게 하고, 집에 오자마자 막 이렇게

이렇게. 무서워서… 막. 내가 막 어디서나 때리고 그런 거 하고 싶지 않은 거예요.

'내 방식대로 우리 애들 키울 거다'

라는 생각 들어요. 그때는 막 나쁜 말할 수 있지만, 애들한테 화가 날 때도 욕하고 그렇게 하지 않아요. 그땐 엄마는 막 심한 욕해가지고. 나는 애들 원하는 것도 이야기할 수 있는. 어… 이야기할 수 있고, 그냥 엄마 혼나지 않고 혼내지 않고 너희들 뭘 원하는지, 자기들 뭐라고 할까? 자기 표현? 자기 표현 할 수 있는 저기 시간을 내주고, 그런 엄마가 되고 싶어요. 선생님, 보세요? 내가 말 못 하고 그냥 끙끙 여기만 이렇게. 얼마나 답답하겠어요? 그렇죠. 그래서 그때는 만약에 나 할 말 있어요. 이야기해도 돼? 아무것도 말하지 마! 얼마나 답답하겠어요? 그러니까 내가 우리 애들한테 이야기하고 싶은 부분 있으면, 예쁘게 이야기하라고. 엄마는 그런 부분은 이해할 수 있고, 그리고 너희들 원하는 것도 이야기할 수 있는 시간 내면 기분이 좋잖아요? 항상 애들한테 항상 그렇게 이야기해요. 그런데 무서울 땐 무섭게 이야기해요. 우리 집에서 제일 무서운 사람 저예요. 같이 놀지만, 항상 무서울 때는, 진짜 선생님, 저는 오냐오냐하지 않는데 자기 이야기하고 싶은 거 있으면 내가 시간 내서 이야기하라고. 근데 내가 잘못된 부분 있으면, 보내요. 그러니까 애들이 무서워해요. (웃음) 지난번 선생님, ○○이. 사건이 일어났었는데 친구들 돈 꿔달라고, 갖다달라고 하는 거야. ○○이한테. 내가 모르게. 돈 갖다달라고 했는데, 만 원, 오천 원 그렇게 가져다줬어요. 친구한테. 아빠 지갑에서 훔쳐서. 그걸 선생님이 발견했던 거야. 알게 된 거야. 아, 내가 얼마나 놀랐는지 선생님. 그러니까 내 지갑에도 3만 원 없어진 거야. 발견하고 나서 애들 엄마한테 연락하고 저한테도 연락했어요. 그 선생님이. ○○이 돈 어떻게 생긴 건지. 왜 돈 생기는 건지. 그

러니까 일 끝나고 가는 거예요. 아, 내가 얼마나 내가 얼마나 깜짝 놀란 건지. 2학년 애가 ○○이 하는 말이,

"너 돈 안 주면 엄마를 죽일 거야"

그랬대.

"그러니까 돈 줘야 해. 알았어?"

이렇게 ○○이한테. ○○이가 엄마보고 친구가 장난하는 건데 그런 거는 잘 잘못한다고 생각도 못 했는데 잘못된 거구나. 그렇게 이야기했어요. 막 울고 그래요. 그리고 선생님한테

"선생님 제발 제발 엄마한테 이야기하지 마세요. 진짜 엄마가 혼낼 거예요"

이랬대요.

"아니 잘못된 거는 이야기해야지. 엄마한테 사실대로 이야기하면 이해할 수 있잖아."

"그래도 선생님, 엄마가 화나면 대나무 엉덩이 맞을 수 있어. 그러니까 제발, 제발 용서해주세요."

애가 다시 안 그럴게요 이야기했대요. 그런데 이야기하고 나서 ○○이는 처음부터 이야기하면 엄마 혼내지 않는다고 사실대로 이야기했어요. 아빠한테 제가 돈 훔친 것도 이야기 다 했어요.

"다음부터는 ○○이 오늘 엄마가 때리지 않았잖아? 다음부터는 너 한 번만 더 잘못한 게 있으면 진짜 피날 때까지 때릴 거야! 그러니까 조심해! (웃음) 경고야, 경고."

경고했어요. 그래서 이제는 없어요, 선생님. 지금 우리 애들도 우리 집에 못 와요. 그다음부터는 ○○이도 용돈 없어. ○○아 이거는 잘못되는 부분 있어가지고 용돈은 없음. 한 달, 우리는 한 달에 한 번 만 원 주는 건

데요. 만 원도 없음. 필요할 때만 뭐 공책 사달라고 할 때 공책 딱 사서, 자기 골라서 내가 사주는 거야. 근데 돈은 없음. 그러니까 자기는 다이어트 한대. (웃음) 재미있어. 재밌어요, 선생님. 다 해야 돼. 그래도. 즐거움이 있어도.

▶ 아이들의 꿈을 존중하는 엄마가 되고 싶다

[조사자: 그럼 아이들이 커서 뭐 했으면 좋겠어요?] 자기 원하는 거요. 선생님, 바라는 거 없어. 그냥 내가 원한다고 자기 하기는 힘들어지면 안 해요, 선생님. 자기 하고 싶은 대로 편하게. 자기 원하는 대로 하면 자기는 내가 바라보는 거 없어도 그냥 대학은 졸업했으면 좋겠다. 내가 끝까지 도와줄 테니까, 엄마는 뭐 의사선생님 뭐 그렇게는 주장 안 하고 그냥 자기 원하는 대로. 원하는 대로 그냥 내가 그냥 뒤에서 도와주는 거지. 그런 거만 할 것 같아요. 다른 거는 다른 거는 뭐 없어요. 그냥 행복하게 살으는 거. 바라는 거 없어요. 그냥 자기들 뭐 원하는 건지, 자기 결정하는 거지. 내가 결정하는 거 아냐. 그런 거 나는 선생님 없어. 내가 의사선생님 되고 싶어 하면 우리 애들이 싫어했잖아. 자기 피 무섭다고. 자기 원하는 대로. 그런데 지금 보면 애들 활동할 때 보면, ○○이가 조립하는 거 좋아하는 거 같아. 손, 손. 손. 뭐 로봇 조립하거나, 레고 뭐 그런 거 좋아해가지고 책도 좋아해. 책도 좋아하는데 막내는 뭐가 좋아하냐면 웃기는 거 좋아해. 친구들이 막 자기는 포커페이스? 막 그런 거 하면 좋아해가지고. 애들. 자기 친구들 웃기는 게 좋은가 봐. 그런 거. 그런데 자기는 자기 무슨 어떤 거 하고 싶다는 거 하면 돼. 다른 거 없어. 없어.

11장

끊임없는 도전으로 미래를 만들다

연구참여자는 컴퓨터과학을 전공했고, 대학을 졸업한 후 태국에서 오픈한 ○○전자 관련 회사에서 근무하던 중 남편을 만났다. 남편은 영국으로 발령받고 바로 프러포즈했다. 함께하고 싶었기에 결혼하기로 했고, 결혼 직후 영국에서 3년 동안 신혼생활을 보냈고, 잠시 귀국했다가 다시 러시아에서 5년 동안 살다 왔다. 영국과 러시아에서 보낸 8년의 시간 덕분에 한국 생활을 본격적으로 시작했을 때는 큰 어려움 없이 지낼 수 있었다. 또한 연구참여자를 잘 배려해주고 챙겨주는 시댁 가족들이 있어서 한국살이가 팍팍하다는 생각을 하지 않고 지낼 수 있었다. 열다섯 살이 된 딸은 다문화가정이라는 것을 크게 신경 쓰지 않는다. 하지만 엄마가 외국인인 것이 알려지면 딸의 학교생활이 힘들어질까 봐 가능한 한 학교에 가지 않으려고 했다. 매일 반복되는 전업주부의 삶이 지루하게 느껴질 때 한국어 공부를 본격적으로 시작했고 공부는 취업의 기회로 이어졌다.

연구참여자는 다문화가족지원센터에서 통·번역사 활동을 하며 결혼이주여성들이 한국에서 성공적으로 살기 위해서는 한국어부터 제대로 배워야 한다는 것을 알게 되었다. 한편으로는 다문화가족지원센터의 한국어 교육이 행정처리에 급급하여 중요한 것을 놓치고 있는 것을 보며 답답함과 아쉬움을 느꼈다. 연구참여자는 빠듯했던 직장생활을 잠시 내려놓고 또 다른 배움의 여정을 준비하고 있다. 이제 그녀는 한국에서 살아가는 태국인의 눈과 귀를 열어줄 제대로 된 책을 만들고 싶은 목표를 가지고 있다. 안주하지 않고 배움을 통해 자신의 삶에 가치를 찾아가는 연구참여자의 도전이 기대된다.

[주제어] 태국, 결혼이주여성, 언어, 교육, 복지, 상담, 통 · 번역사, 다문화가족지원센터

1.
이주 덕분에

남편을 만나다

나는 농사짓는 부모님의 3남 2녀 중 둘째딸로 태어났다. 어렸을 때부터 공부에 관심이 많았던 나와 여동생은 대학까지 마칠 수 있었다. 나는 원래 엔지니어가 되고 싶었지만, 당시에는 남자의 일과 여자의 일을 구분 짓는 시대였기 때문에 꿈꾸던 일을 포기하고 그나마 나의 꿈과 비슷한 컴퓨터과학을 전공했다. 졸업 후 태국에 새로 오픈한 ○○전자 관련 회사에서 일하면서 남편을 만났다. 남편이 첫눈에 마음에 들었던 것은 아니었다. 남편에게 관심이 있던 친구의 부탁으로 두 사람을 통역하다가 오히려 남편과 내가 서로에게 호감을 느껴 연인이 되었다. 남편은 연애한 지 1년 정도 되었을 때 영국 발령을 받았고, 우리는 멀리 떨어져 지내고 싶지 않았기에 결혼을 결심했다. 친정 부모님은 한국 남자와 결혼하는 것을 크게 반대하지는 않으셨지만 그렇다고 썩 내켜하지도 않았다. 남편도 시아버지가 살아계셨다면 결혼할 수 없었을 것이라고 했다. 다행히 시어머니와 남편의 형제들은 결혼을 반대하지 않았고 지금까지 시댁 가족들과 사이좋게 지내고 있다.

신부값 꼭 치러야 하나?

결혼식을 태국에서 치렀기에 한국에 있는 시댁 식구들이 결혼식을 위해 모두 태국으로 왔다. 나는 태국에 있는 신부값(신솟, sin sod) 문화에 대해 불만이 많다. 결혼은 가족을 이루는 것인데 왜 딸을 시집보내면서 돈을 주고받는 것인지 아직도 이해되지 않는다. 신부값은 종종 부부싸움의 원인을 제공하고 있고 이 때문에 많은 결혼이주여성들이 부부 사이에서 어려움을 겪고 있다. 문화이기 때문에 적당히 주고받는 것은 괜찮지만 신부값이 결혼이주여성의 발목을 잡아서는 안 된다고 생각한다.

한국살이를 준비하다

나는 결혼하고 8년 동안은 대부분 한국이 아닌 다른 나라에서 살다 온 새내기 며느리다. 남편의 직장을 따라 영국에서 3년, 그리고 잠시 한국에 살다가 다시 러시아로 근무처를 옮기게 되어 5년을 살았다. 그래서 나에게 결혼 초 8년은 그야말로 시댁 없는 결혼생활이었다. 많은 결혼이주여성들이 대부분 시댁 문제로 고부갈등을 겪는데, 나는 감사하게도 그런 부분에서는 전혀 어려움 없이 지낼 수 있었다. 아마도 결혼 직후 바로 한국에서 살지 않고 외국에서 살면서 한국 문화를 간접적으로 배운 것이 시댁과 문제를 겪지 않고 지금까지 잘 지낼 수 있었던 비결이 아니었을까 생각한다. 외국에서 생활하면서 한국인 친구도 사귀고 한국인 아주머니들을 만나며 그들을 통해 한국의 시집살이 문화를 배운 덕분에 한국 생활 예습을 제대로 하고 온 것 같다.

2.
결혼이주여성으로 살아가기

사랑이 넘치는 시댁 가족

나에게 시댁은 우애 깊은 형제들과 다정한 시어머니가 계신 곳이다. 남편의 형제들은 전국 각지에 흩어져 살고 있어서 다 같이 모이기는 어렵지만, 연말과 여름 휴가를 이용해 가족 전체가 모여 여행을 가고 있다. 남편의 가족들은 우리가 국제결혼한 것에 대해 싫어하지 않았고 다른 가족 구성원들과 동등하게 나를 대해주어서 시댁 가족들에게서 차별, 무시를 받지 않았다. 다정한 시어머니와 살갑게 챙겨주는 형님들 덕분에 어려움을 느끼지 않고 지내고 있다. 좋은 분들의 보살핌 덕분에 지금껏 시댁 문제로 부부싸움을 한 적도 없고 시댁 가족들과 의사소통을 하는 데 전혀 어려움 없이 잘 지내고 있다.

이제는 때가 되었다

나는 항상 일하고 싶었지만 어린 딸을 돌보느라 전업주부로만 지내왔다. 하루 종일 티도 안 나고 반복되는 집안일을 하는 것, 이웃 아주머니

들과 수다 떨고 커피 마시고 운동하는 그런 일상은 시간이 지날수록 지루하게 느껴졌다. 매일 반복되는 삶은 재미가 없었고, 이런 생활은 이만큼 했으면 됐지… 하는 마음이 자주 들었다. 그러던 중 아이가 초등학교 3학년이 되면서 시간적 여유가 생기기 시작했고, 하고 싶은 공부를 본격적으로 할 수 있게 되었다. 경제적으로 어렵지 않은 상황이라 굳이 돈을 벌어야 하는 건 아니었지만 내가 성장할 수 있는 일을 하고 싶었기에 가장 먼저 한국어를 배우기 시작했다. 딸은 나에게 한국어 공부를 안 해도 된다고 했지만, 일을 위해 한국어 공부를 반드시 해야겠다고 마음먹었다. 한국어를 공부하다 보니 다른 걸 배우고 싶었고, 또 하고 싶은 것들이 생겼다. 나는 지금도 계속 배우는 과정에 있다. 배우는 것은 나에게 새로운 활력소가 되고 있다.

다문화가정은 특별 취급대상이 아니다

딸이 말하기 시작할 때는 아이의 학교 생활을 위해 조금씩 배우기 시작했다. 나는 딸이 한국어를 사용하는 데 어려움은 없지만 한국 아이들에 비해서는 많이 뒤처지는 것 같아 걱정되었다. 또한 남편은 중학생이 된 딸의 수학 성적을 걱정했고, 나 역시 딸이 수학의 기본이 안 되어 있어 수학을 포기할까 봐 조급한 마음이 들었다. 공부를 좋아하지는 않지만, 그렇다고 전혀 신경을 안 쓰는 것도 아닌 딸의 복잡한 마음에 내 마음도 복잡하고 어려워졌다. 한창 사춘기인 딸은 한국 생활을 마음에 들어하지 않았다. 한국 아이들과 성격도 다르고, 많은 한국 여자아이들이 잘 꾸미고 다니고 여성스러운 패션을 좋아하는 것에 비해 자기는 그렇지 않기 때문에 힘들어하고 있다. 그나마 다문화가정이라는 것 때문에 스트레스를 받거나 친구 관계에 어려움을 겪지 않는 것은 천만다행이라고 생각했다. 이렇게 딸

은 씩씩하게 잘 지내고 있는데 엄마인 나는 외국인 엄마인 나의 정체가 드러나면 딸의 학교 생활이 힘들어질까 봐 걱정되어 학교에는 되도록 가지 않으려고 했다.

나는 사실 다른 다문화가정에 비해 좀 편하게 사는 편이라 큰 불편함을 느끼지는 않았다. 그런데 주변에 있는 결혼이주여성들 이야기를 들어보면, 애들이 학교 다닐 때 선생님이나 친구들이 맨날 다문화, 다문화 하니까 속상하다고 말한 적이 있었다. 정부에서 다문화니까 지원하고 도와줘야 한다고 하면서 예산을 이렇게나 많이 마련했다고 큰소리를 치는 것처럼 느껴져 불쾌할 때가 있었다. 한국인은 왜 우리 다문화가정을 무조건 도와줘야 한다고 생각하는지 모르겠다. 그러다 보니 우리도 모르게 내가 다문화가정이니까 도움을 받아야 하고, 도움이 되는 혜택은 없는지 기대하게 되는 것 같다. 이것은 좋은 생각이 아니다. 왜 다문화 학생이기 때문에 장학금을 주고, 왜 지원금을 줘야 한다고 생각하는지 모르겠다. 다문화가정이기 때문에 무조건 도와주는 것이 아니라 그 가족만의 문제가 있고 도움이 필요하니까 지원하는 것이 되어야 하지 않을까? 국민이기 때문에 마땅히 정부가 지원하는 것이고 살피는 것인데, 다문화는 무조건 도와주어야 한다고 특별 취급하는 것은 너무 불편했다.

일의 시작, 그렇지만 한계를 느끼다

한국어를 배우고 나서 맨 처음 일한 곳은 관광안내소였다. 하지만 한국 역사와 문화를 소개하는 것이 외국인인 내게는 너무 벅찼기 때문에 오래 하지는 못했다. 내가 가장 잘할 수 있는 것을 찾던 중에 ○○구 다문화가족지원센터를 알게 되었고 기회가 되어 지금까지 근무하고 있다. 나는 현재 이곳에서 결혼이주여성 상담 프로그램의 통·번역을 맡고 있다. 통·

번역사 활동에 보람도 느꼈지만 한계와 좌절, 답답함을 더 많이 느꼈다. 결혼이주여성의 나라마다 처한 상황과 문제가 다름에도 다문화가족지원센터는 똑같은 방식으로 그들의 문제를 처리하려고 했다. 예를 들어 베트남 여성들은 남편과의 나이 차이로 인한 문제가 가장 크지만, 태국은 그렇지 않다. 태국 여성들은 대부분 연애결혼을 하기 때문에 남편과 말이 통하지 않거나 나이 차이로 인한 어려움이 없고, 결혼 후에도 일하는 경우가 많기 때문에 특별한 어려움이 없는 한 다문화가족지원센터를 찾지 않는다. 그러다 보니 가정에 문제가 있어도 자기 혼자서 해결하려고 하고 결국 혼자 해결할 수 없는 지경에 이르렀을 때야 다문화가족지원센터를 찾아오는 경우가 대부분이다. 그때는 이미 내가 도와줄 수 없는 단계일 때가 많았고, 전문상담 용어를 잘 몰라서 상담사가 원하는 방향으로 통역을 할 수 없어서 답답한 경우가 있었다. 문제가 크지 않았을 때 와서 도움을 청하면 작은 문제부터 해결할 수 있을 텐데 문제가 이미 커졌을 때 와서 도움을 줄 수 없기에 이 부분이 어렵게 다가왔다.

다문화가족지원센터 운영 방식에 대한 문제도 내 마음을 어렵게 했다. 수업을 듣는 대상자는 한정되어 있는데 새로운 프로그램이 생길 때마다 기존 참여자들에게 또 듣도록 설득해야 하는 일이 많았다. 불필요한 프로그램에도 억지로 참여시키는 경우가 종종 있었고, 참여자를 모집하는 직원들도 이 때문에 힘들어했다. 사람들은 다문화가족지원센터가 시설도 좋고 복지서비스도 좋다고 다들 칭찬했지만, 막상 직원으로 일하다 보니 예산 낭비도 많고 비효율적으로 운영된다는 느낌을 받았다. 센터 운영 방식과 한국어 교육의 질 등 아쉬운 점에 대해 관리자에게 건의도 해보았지만 수용되지는 않았다. 이곳은 수업의 질과 운영보다는 형식적인 행정과 절차가 중요하기 때문에 내가 생각한 만큼 일할 수 없다는 것이 큰 답답함

으로 다가왔다. 지금은 일을 잠시 쉬려고 생각 중인데, 다시 일하게 되어도 이곳에서는 일할 것 같지 않다. 나에겐 새로운 무언가가 필요하기 때문이다.

3.
배움이 주는 의미

한국어를 제대로 배워야 한다

대부분 결혼이주여성들은 잘살고 싶어서 한국에 왔다. 나는 잘살기 위해서는 좋은 일자리가 필요하고, 좋은 일자리를 얻기 위해서는 한국어를 잘해야 한다고 생각하고 있다. 그런데 결혼이주여성들은 크고 작은 가정의 문제들 때문에 한국어를 제대로 배울 수 없는 경우가 많다. 그러니 남편이 아무리 경제적 어려움에 대해 설명해도 아내들은 남편의 이야기를 깊이 있게 이해하지 못한다.

"왜 오빠는 맨날 돈 없어? 일하는데 왜 돈 못 벌어와?"

이렇게 피상적인 질문을 하는 것이다. 부부간에 대화가 원활하게 되지 않으니 서로를 이해하지 못하고 결국은 심각한 문제가 되어 부부 갈등이 생기는 것이다.

또한 다문화가족지원센터에서 이루어지는 한국어 강습은 대개 무료로 제공되는데, 자신이 부담하는 돈이 없으니 학생들이 책임감을 가지고 출석하지 않는 것 같다. 또 어학당에 비해 교육의 질적인 면에서도 부족한

것이 많아 보였다. 어학당처럼 과정이 벅차고 힘들더라도 1~2년 제대로 참고 공부하면 한국어를 제대로 배울 수 있지만, 다문화가족지원센터에서 배우는 한국어 수업은 쉽고 가볍게 진행되기 때문에 한국어를 잘하기가 쉽지 않은 것 같다. 또 다문화가족지원센터에서는 처음부터 문법을 설명하기 때문에 이해하기 어렵고 말이 안 통하니까 교사에게 질문하기도 어렵다고 느꼈다. 한국어 자체를 모르는데 문법을 어떻게 이해할 수 있단 말인가?

한국어를 공부하지 않으면 제대로 된 일자리를 얻을 수 없다. 당장 돈이 필요하게 되면 급한 마음에 불법 마사지 업소에 가거나 성매매 관련된 일을 하기가 쉽다. 한국어를 충분히 배우지 못한 상태에서 일부터 하려고 하니 일자리가 끊기면 불법적인 일을 찾아가게 되는 안타까운 일이 반복적으로 생겨나고 있다. 한번은 다문화 관련 정책회의를 하는 곳에 참여한 적이 있다. 결혼이주여성들이 한국어를 더 열심히 공부할 수 있게 해야 한다는 의견을 냈더니 어떤 선생님께서

"다 좋은데 시댁에서 며느리들이 열심히 한국어 공부하는 것을 반대한다"

고 말했다. 이게 말이 되는 소리인가? 다문화가정의 첫 번째 문제는 문화 차이다. 한국어를 잘하면 부부가 이야기하며 서로를 이해할 수 있는데, 한국어를 못하니 부부간 말도 안 통하고 공부도 할 수 없고 일자리도 얻지 못한다. 결혼이민자들은 한국어만 열심히 배워도 통·번역을 할 수 있는데, 한국어를 못하면 그런 일자리도 얻지 못한다. 2년 정도 참고 열심히 공부하면 잘살 수 있기에 어떻게든 한국어로 의사소통을 잘하는 것이 가장 중요하다고 생각한다.

편집 디자이너를 꿈꾸다

나는 이제 다문화센터 통·번역사 말고 다른 일을 찾고 있다. 통·번역사로는 내가 할 수 있는 일, 하고 싶은 일을 마음껏 할 수 없기에 한계를 많이 느꼈다. 가끔씩 프리랜서로 태국어 번역을 하고 있는데, 정부에서 만드는 한국 생활 및 긴급생활 처리 등 다양한 안내 책자 번역에도 참여한 적이 있다. 책을 편집하는 과정에서 태국어가 제대로 인쇄되지 않는 경우가 있어 수정을 요청해도 디자인팀에서는 잘 모른다며 안 된다고 할 때가 많았다. 전문가들이 어떤 프로그램을 사용하는지 잘 모르니 더 이상 말하지 못하고 엉망으로 만들어진 책을 받을 때가 있었다. 안 된다고, 못한다고 불평만 해서는 될 일이 없다고 생각해서 내가 해보기로 마음먹었다. 내가 직접 편집을 배워 디자이너가 되기로 말이다. 편집 디자이너가 되어 제대로 된 태국어 책을 만들어내고 싶다. 그러면 언젠가는 나도 큰소리치며 기를 펼 날이 올 것이라 믿고 있다.

4.
전사록 요약

〈연구참여자 정보 및 특성〉

출생연도	1972년생	이주연도	2011년
국적(이주 전/현재)	태국/대한민국	학력	대졸
가족	남편, 딸	직업	다문화가족지원센터 통·번역사

▶ 원하지 않은 전공 선택이 남편을 만나게 하다

[조사자: 남편하고 연애결혼하셨다고 했지요?] 그랬죠. 제가 회사 다닌 지 한 1년 넘었나? 그때 남편이 태국에 가는 거예요. 그래서 만나게 되고. 저는 1년 정도 회사에 있었고, 남편은 다른 회사 직원인데 우리 회사에 와서 프로그램 설치하고 만들고 해서. 사실 다른 회사 사람인데 같이 일 한 번 정도 하는? 저는 ○○전자, 남편은 ○○. 제가 입사한 당시에 ○○전자 공장 새로 오픈했대요. 새로 오픈하니까 시스템도 필요하고 프로덕션 시스템이라든지 어카운팅 시스템(accounting system, 회계)이라든지 다 필요하니까. 보통 ○○전자 사용하는 시스템 ○○ CNS 만들고 관리하는 거고. 근데 저

는 현지에 IT팀 관리자, 남편은 와서 시스템 세팅하고 설치하고 만들고 조사하고. 그렇게 그래서 같이 일하게 되는 거예요. 같이 일하는데, 같은 회사 아니구. 저는 처음부터 ○○ 말고 그 다른 회사 입사하고, 그리고 나중에 ○○ 옮긴 거예요. [조사자: 처음 딱 보자마자 남편분이 마음에 드시던가요?] 그렇지 않아요. 사실 어떤 친구가 있었어요. 그 친구가 우리 남편을 좋아하는데 그 친구가 영어를 못해요. 근데 제가 종사자 되는 거죠. [조사자: 중개자?] 네, 결국 저랑 결혼하게 됐어요. [조사자: 형제분들은 전부 다 선생님처럼 대학 가셨어요?] 아니요, 저하고 여동생만 갔어요. 남자들보다는 공부에 관심이 많았던 거 같아요. 그렇게 꼭 딱히 좋은 대학은 아니에요. 한국이랑 비교하자면 사이버대학 같은 곳? 태국에도 한국에 있는 SKY 같은 거 또 있어요. 사실 그 시대에 엔지니어 쪽으로 일자리가 많았는데 여자라서 그런 쪽으로 가는 건 좀 그랬어요. 컴퓨터가 인기가 많아서 선택한 거 같아요. 사실 저는 엔지니어에 관심 있거든요. 그런데 여자니까 엔지니어 쪽으로 가면 안 될 거 같고 그래서 좀 비슷하게 컴퓨터공학 말고 컴퓨터과학 하자 그렇게 해서 컴퓨터과학을 선택했던 거 같아요. 제가 어렸을 때는 여자는 선생님, 간호사 여자는 경찰 그런 거 있어요. 초등학교 다닐 때 간호사 해라! 그런 거 있어요. 여자 직급, 남자 직급. 엔지니어 하고 싶었지만 그건 못 하고 비슷한 걸로 한 거고.

▶ 다정한 시댁 가족들을 만나다

[조사자: 결혼을 결정했을 때 혹시 양가에서 남편 집에서 반대하시거나 선생님 집에서 반대하시거나. 그런 일은 없었어요?] 사실 저희 부모님이 크게 반대하지 않았지만, 꼭 한국 남자랑 결혼해야 되냐 그러면서 싫어하셨어요. 그렇지만 크게 하지 말라고 한 거는 아니고. 그렇죠. [조사자: 남

편 쪽 부모님은 반대 안 하셨어요?] 남편 말로는 아버님 계셨으면 우리 결혼 못 했다고. 그런데 아버님 안 계시거든요. 시어머님은 괜찮아요. 반대 안 할 거(안 하셨던 것) 같아요. [조사자: 남편분 형제자매 관계는 어떻게 되세요?] 남자 4명, 여자 3명 7명이에요. 남편은 여섯째이고요. 우리가 떨어져 살고 있거든요. 그래도 잘 지내기는 하는데 가깝게 지내지는 못하죠. 명절에만 모여요. 예전에는 시골에서 만났는데 이젠 큰집에. 지금 군포에 있거든요. 그래서 저희는 큰집에 가는데 저희하고 막내도련님 집은 큰집으로 가서. 근데 저희 시댁이 밀양이거든요. 그래서 밀양 쪽에는 울산에 사는 형님도 있고 밀양에 사는 형님도 있고 그분들이 시댁에서 만나요. 전체 가족들이 만날 때는 보통 연말에 한 번? 그리고 한여름이나 그럴 때 가족여행 한 번 같이 모여서. 명절 때는 나눠서. 형제들 사이 좋아요. 가깝게 지낼 수 없을 뿐 사이는 좋아요. [조사자: 형제분들이나 가족분들이 국제결혼에 대해 어려워하진 않으세요?] 저는 전혀 느끼지 않아요. 전혀. 왜냐하면 저희 시어머니도 너무 좋으시고, 형제끼리도 아무 문제 없거든요. 근데 보통 시댁에 가면 며느리들이 다 밥도 하고 설거지도 하고. 그런데 제가 갈 때는 그냥 형님들이 다 하시고, 이래라저래라 안 하시고. 그래서 저는 느끼지 않아요.

▶ 신부값에 대해 불편한 마음을 가지다

[조사자: 결혼식은 어떻게 하셨어요?] 태국에서 식 올렸어요. 결혼식은 크지 않고 그냥 평범하게. 아, 태국에 특이한 거 있어요. 태국에서는 신부값이라는 게 있어요. 신랑 쪽에서 신부 쪽한테 돈이라던가 금이라던가 줘요. 근데 많이 주면 신부 쪽에서 자랑거리 되는 거예요. 근데 저희 집은 그냥 그렇게 크게 하는 거 아니고, 대부분 결혼이민자분들이 많이, 큰 금액

을 요구하거든요. 그래서 요즘 그런 문제 때문에 싸울 때마다 남편들이 그 이야기 꺼내요. [조사자: 싸울 때마다 "내가 널 얼마나 주고 데리고 왔는데" 이런 식으로요?] 그렇죠, 그렇죠. 그래서 어떤 집은 내가 왜 줘야 하냐? 주면서도 나중에 뭐라뭐라 하니까 싸울 때마다 꺼내고, 시댁도 이해 못 하고. 사실 주긴 줘야 하는데, 그 부분은 태국 문화니까 알아줘야지. 그런데 어느 정도로 금액을 조절하면 아무 문제 없을 텐데, 큰 금액 요구하니까 그런 문제가 발생하죠. [조사자: 그럼 태국에서는 신부값으로 보통 어느 정도 주나요?] 그건 신붓집 상황에 따라. 부잣집 딸이면 많이 요구하겠죠. [조사자: 그럼 선생님이 보시기에 한국으로 오시는 분들이 원래 받아야 할 금액에 비해 많이 받아야 한다고 생각하세요?] 엄청 많이. 한… 다섯 배 정도? 사실 좀 답답하거든요. 왜 그렇게, 사실 결혼하면서 여기 와서 살고 가족 꾸리는데 왜 그런 문제, 사실 그건 문제점이거든요. 그 부분 없으면 나중에 남편도 아무 말 할 수 없잖아요. 근데 그런 큰 금액 달라고 하는데, 문제 발생할 때마다 그런 이야기 꺼내면서 더 큰 문제가 생겨요. 한국에 와서 잘 살고 싶으면, 적당히. 적당히 그냥. 어차피 문화적인 부분이라 주긴 줘야 하는데, 그런데 적당히. 가능한. 딸 팔아먹는 느낌 안 들게. [조사자: 주변에서 그런 경우를 좀 보세요?] 그렇죠. 그런 거 보면 마음이 그렇죠.

▸ 딸에게는 한국 생활이 여전히 낯설다

[조사자: 남편분하고 결혼해서 크게 다툰 적 없으세요?] 네, 없어요. 한 번도, 음… 네. 사실 없어요. [조사자: 외국에서 생활하실 땐 영어로 대화하셨잖아요. 의사소통 문제는 없으셨어요?] 네. 별로 없었어요. 충분히(다 했어요). [조사자: 따님은 외국 생활 힘들어하지 않았어요?] 애는 한국 생활을 더 힘들어해요. 애는 한국 애들이랑 성격이 달라요. 한국 여자애들이 애교도 많

고, 꾸미는 거 좋아하고, 귀여운 옷 챙겨입고 그런 거 좋아하는데. 그런데 얘는 그런 거 없어가지고. 자기는 한국에서 공부하는 것, 사실 자기는 열심히 공부 안 하지만 주변 사람들이 공부 너무 열심히 하니까. 다른 엄마들이 이래라저래라 자기 애들한테 공부시키는데, (그걸 보면서) 자기도 부담을 느끼는 거예요. 자기는 공부 안 하지만. (웃음) 그래도 부담은 느껴요. 그래서 한국 생활을 별로 안 좋아해요. 공부를 안 하면서도 부담을 느껴요. 외국에서는 공부를 해야 한다는 부담이 없었어요. 한국에서는 주위에서 하니까 안 하는데도 부담을 느껴요. [조사자: 딸이 어렸을 때는 외국에서 생활하셨죠?] 영국에서는 3년만 거주하고 한국에 왔다가 모스크바에서 5년. 근데 러시아어는 못해요. (웃음) [조사자: 외국에서는 한국어를 배워야 한다는 필요는 못 느끼셨겠네요?] 그런데 모스크바에서는 한국 사람 많이 만나요. 회사 사람들. 그래서 그때는 좀 배워야 했고, 제가 한국어 관심 있을 때는 애가 말하기 시작할 때. 나중에 애가 한국 학교를 다녀야 하니까. 그리고 틈틈이 공부하긴 해요. 딸이 어렸을 때 한국어 가르쳤어요. [조사자: 애기는 영어랑 러시아어 다 할 수 있나요?] 아니요. 집에서는 영어. 나랑은 영어 하고 아빠랑은 한국어 하고. 아빠는 항상 한국어 하고. 네. 딸은 학교에서는 아무 문제 없다는데, 근데 제가 보기에는 애가 말이 별로 없어가지고. 한국어는 다른 애들에 비해 많이 약해요. 학교에서 아무 문제 없다는 건 국어를 잘해서 그런 거예요. (웃음) 얘는 공부를 안 해요. 그래서 아빠가 지금 고민하고 있어요. 왜냐하면, 수학은 기본은 좀 조금씩 조금씩 배워야 하는데. 지금 중2인데 수학 기본이 안 되니까요.

"지금 시작하지 않으면 나중에 수학 포기해야 된다. 지금 해야 한다" 하고 말하는데 하라고 해도 안 하니까 어쩔 수 없잖아요. 지금까지는 기다려보자, 기다려보자 했는데. 사실 얼마 전까지는 괜찮았는데 지금은 조금

씩 걱정하곤 해요. [조사자: 혹시 따님이 학교에서 다문화라는 게 친구들과의 교우관계에서 문제가 되진 않나요?] 지금까지는 다문화 때문에 그런 문제 있다는 이야기는 들어본 적 없어요. 애는 외모로는 한국 아이들과 크게 다르지 않아요. 그래서 티 안 나니까. 저도 학교 가끔 상담 있을 때도 안 가고 그러거든요. 다문화가정 때문에 문제 있을까 봐. 한 번 이야기해봤어요.

"엄마가 외국인인데, 학교에서 아무 문제 없어? 친구가 다문화가정인 거 알게 되는 거 걱정돼?"

"나 아무 문제 없는데. 그런 거 신경 안 써."

딸은 크게 신경 쓰지 않아요. 그런 것 때문에 고민이나 어려움도 전혀 없어요.

▶ 이제는 때가 되었다

[조사자: 그럼 따님이 초등학교 3학년부터 일하신 거잖아요? 그전엔 전업주부셨고. 일하신 특별한 계기가 있으셨어요?] 때가 되었으니까요. 사실 제가 항상 일하고 싶은데 애가 학교 다니니까. 특히 초등학교 애들이 일찍 끝나잖아요. 방과 후 안 하면 더 빨리 데려와야 하고. 그런데 3학년 되니까 이제 혼자 다닐 수 있어서. 네, 그래서 그때부터 공부도 시작하고 공부하니까 또 일 생기네? 일하게 되고. 왜냐하면 상황 그렇게 되니까. 가능하니까. 큰 이유는 없어요. 기회가 되니까. [조사자: 전업주부를 선택하실 수도 있으셨는데?] 근데 제가 초등학교 1학년부터 3학년, 풀타임 주부 생활을 했잖아요. 주부 생활이라는 게 아침에 애 학교 데려다주고, 집에 와서 청소하고, 동네 아줌마들이랑 같이 운동하고, 운동 끝나고 커피 마시고, 이야기하고 같이 점심하고, 애 데리고 와서 또 그 엄마들 만나서 수영시키고. 맨날 그렇게 진행되니까, 제가 그런 생활 별로 재미가 없는 거예요. 힘

들다기보다는 그냥

'이만큼 했으면 됐지. 이런 생활…'

그런 생각이 들었어요.

"엄마 한국어 공부 필요 없잖아?"

라고 딸이 말하는데, 근데 제가 공부하고 싶은 거 많아요. 한국어 공부하면 또 다른 거 배우고 싶고. 그래서 그냥 빠져나와서 내가 필요한 거 찾아보고 공부하고 그렇게 된 거죠. 사실 크게 내가 해야 한다 하면 그냥 한국어 공부하다가 기회가 오니까 기회를 잡는 거고. 내가 일해야 한다 이런 건 없어요. 밖에 나가서 일을 하고 싶었어요.

▶ 일의 시작, 한계를 느끼다

[조사자: 처음 관광안내소에서 일하실 때도 매일 출근하셨어요?] 네네. 9시부터 5시까지였나? 7시간 정도 근무했던 거 같아요. 사실 제가 관광 쪽 정보는 없잖아요. 그런데 관광안내소에서 일하려니까 한국 역사도 조금은 알아야 하고, 관광지, 관광 정보 알아야 하고. 그 부분은 노력이 좀 필요하고. 그런데 우리가 한국어가 좀 약하잖아요. 그래서 그런 부분을 배우기 위해서는 다른 사람보다 더 노력해야 하고. 그 부분은 조금 힘들고. [조사자: 일하면서 힘드신 점은 없었어요?] 다문화센터에서는 사실 그 다문화 운영하는 방식을 제가 좋아하질 않거든요. 힘들다는 게 내가 하고 싶은 만큼 못하는 것, 내가 생각하는 만큼, 이런 게 아닌 것? 그런 게 조금. [조사자: 어떤 부분에서 탐탁지 않으세요?] 음… 사실 나라별로 문제 다르거든요. 베트남의 경우 보통 신랑 나이 많고 신부는 젊어요. 한 20대? 신부가 젊어요. 나이 차이 한 열 살 이상 열다섯 살 차이. 그 나이 차이 때문에 문제가 많고, 여자는 바람나거나 그런 문제도 많고. 그런데 그게 연애결혼이 아니

니까 나중에 이혼도 문제가 많고. 그런데 태국은 대부분 연애결혼. 그런데 태국에서는 아내분들이 다문화센터 별로 오지 않아요. 왜냐하면 대부분 태국에서 만나서 연애하고 결혼하고 들어오거나, 아니면 한국에 와서 불법체류하다가 일하다가 남편 만나게 되고, 그리고 결혼하고 나서도 계속 일하니까 다문화센터에 오질 않아요. 어떤 문제가 있어도 자기가 그냥 해결하려 노력하다가 혼자서 안 될 때 이혼 직전에 문제가 커질 때 그때 다문화센터 오는 거예요. 그런데 사실 제가 통·번역사로는 도와줄 수 없잖아요. 그 상황에서는 상담사를 만나야 해요. 제가 상담할 때 들어가긴 하는데, 저도 한국어를 그렇게 잘하는 게 아니라서요. 통역할 때도 사실 전문가라면 어느 정도 잘하는데, 제가 제 능력만큼 전달이 잘되질 않아요. 보통 상담사들이 사용하는 그 단어가 우리가 평소에 이야기하는 거랑 다르잖아요. 자기가 원하는 방향, 방식이 있는데, 그런데 그렇게 전달이 잘 안 돼요. 그래서 문제도 해결이 잘 안 되죠. 만약 처음에 처음부터 문제가 크지 않을 때 와서 도움을 요청하면 우리가 조금씩 조금씩, 작은 문제가 발생했을 때 풀고 나가면 괜찮은데, 그런데 문제 커질 때 와서 도움 요청하니까 우리가 별로 크게 도움을 줄 수가 없거든요. 그게 좀 어려워요, 사실.

▶ 다문화가족지원센터에서 일하며 아쉬움을 느끼다

[조사자: 일하는 스타일도 안 맞는다고 하신 부분은?] 다문화센터가 구마다 있잖아요. 그런데 대상자는 그렇게 많지 않아요. 센터마다 기본 사업이 있고, 그 특수 사업이 있는데, 기본 사업은 다 똑같아요. 운영하는 담당자는 어느 정도 인원을 채워야 하는데, 대상자는 한정되어 있으니까 그 부분이 어려운 거예요. 그래서 그 몇 명 있는 대상자를 로테이션해서 이 프로그램도 참여시키고 저 프로그램도 참여시켜요. 인원이 부족해도 억지

로 하고 필요 없는 프로그램도 억지로 운영해요. 그래서 제가, 보통 외부 사람들 오면

"이거 좋다. 사무관 너무 좋다."

이렇게 너무 도와줬는데, 이젠 제가 들어가 보니까 제 느낌은

'이거 그냥 예산 낭비하는 것 같은데?'

그렇죠? 대부분 들어와서 잘살고 싶은데, 잘살기 위해서는 일자리 있어야 하잖아요. 일자리 찾으려면 한국어. 한국어 배워야 하는데, 그런데 여러 문제로 한국어 제대로 배울 수 없으니까 그 문제는 해결 안 될 것 같고. 다문화가정의 가장 기본 문제는 한국어. 처음에 문화 차이 때문에 문제 발생하는데 만약 의사소통 잘되면 문제를 풀고 갈 수 있는데, 처음에 의사소통이 안 되니까 조금씩 조금씩 쌓여서 문제가 크게 되는 거예요. 그 문화 차이 문제도 그렇고, 대부분 경제적 문제. 여자들이 말이 안 통하니까, 남자들이 돈이 없는데 근데 왜 돈이 없는지 설명해도 이해를 못 하니까 설명 안 하고. 이쪽 여자도 궁금하고.

"왜 오빠는 맨날 돈 없어? 돈 없어? 일 그렇게 열심히 하는데 왜 돈 없어?"

그쪽 설명 안 하고, 이쪽은 답답하고. 계속 참다 참다 터지는 거예요. 그래서 기본은 한국어 교육을 잘 시켜야 되는데, 다문화센터마다 한국어 교육이 있거든요. 그런데 공부하는 사람은 별로 없고, 무료로 제공하다 보니까 오거나 말거나 그런 거. 센터마다 다 있지만 교육의 질이 높지 않거든요. 그 예산 정말 아깝다. 차라리 어학당처럼 제대로 운영해서 열심히 공부하면, 한 1~2년 참으면 나중에 한국어도 잘하고 그러면 다른 배운 거 많을 텐데…. 많잖아요. 직업 같은 거. 공부 안 하고 들어와서 공장 같은 데서 일하다가, 태국 쪽은 나중에 일자리 없으면 급하게 불법 마사지하거나

성매매하거나 그런 문제 많거든요. [조사자: 그럼 선생님이 보시기엔 한국어 교육이 제대로 이루어져야 하는데, 다문화센터의 교육은 질적인 부분에서 부족하고 실질적이진 않다. 그럼 어학당이랑 차이가 뭘까요?] 일단 어학당에서는, 제가 다닌 적은 없지만, 어학당에서는 교육이 좋고, 출석 체크도 제대로 하고, 읽기, 쓰기, 말하기, 문법 다 배우고, 그리고 그 좀 빡세게 배워요. 일주일 내내 4시간씩 배우고. 그렇게 되면 금방금방 잘하게 되거든요. 그런데 다문화센터에서는 일단 제가 자주 들은 거. 자기 궁금한 거 있는데 물어볼 수 없어요. 선생님한테. 말 안 통하니까. 그런데 선생님도 처음부터 문법 설명하는데 한국어도 모르는데 문법을 어떻게 이해하는데? 그러니까 공부하기 싫은 거예요. [조사자: 선생님이 이 일을 하시면서 느끼신, 상담 문제와 한국어 교육 문제 외에 일하는 환경이나 이런 주관적인 측면은 어떠세요?] (일하는) 환경은 좋아요. 왜냐하면 사무실에 다 복지사분들이니까. 원래 복지사분들이 마음이 이쁘시잖아요. 그리고 착하고. 그런데 그 다문화가족지원센터가 좀 커요. 다른 센터에 비하면. 그리고 사업도 많아요. 많은 만큼 대상자 열심히 찾아야 해요. 그런데 대상자가 이만큼 있어요? 많지 않아요. 그래서 그 선생님들이 대상자 찾는 게 좀 힘들어요. 대상자 찾는 거. 그리고 맨날 실적, 실적 하니까 어쩔 수 없이 그냥 채워야 하는데, 사실 선생님들도 어쩔 수 없이 지침 내려오니까 그렇게 운영해야 하는데 안타깝죠. 일하려고 들어왔는데 들어와서 일할 때 제일 힘든 게 대상자 찾는 거. 대상자 모집, 그런 게 힘들어요. 그런데 사실 그분들은 저만큼 느끼지는 않아요. 왜냐하면 자기는 받는 상황이고, 자기가 받고 싶지 않으면 참여 안 하면 되고. 우리가 뭐라 할 수 없잖아요. 그냥 우리 센터 직원들만 답답하고 안타까운 거죠. [조사자: 러시아나 태국은 인원이 적어서 정부 지원을 받고 있는데, 내년부터는 없을 거라고 하셨잖아요? 그럼 선생님도 다른 직

업을 찾으셔야 하는 건가요?] 이제는 그냥 쉬고 싶어요. (웃음)

▶ 태국어 편집 디자이너를 꿈꾸다

[조사자: 쉬신 다음에 계획이 있으세요?] 그냥 기회가 들어오면 하고, 아니면 그냥 됐고. 사실 제가 배우고 싶은 건 많거든요. 저는 편집 디자인 같은 거? 그거 배우고 싶어요. 사실 제가 배우고 싶은 이유는 제가 가끔 프리랜서 일로 번역을 받아요. 태국어 책이 문제가 많아요. 글이 깨지거나 하는데 디자인팀에서는 잘 몰라요. 그런 걸 제가 감수해야 해서

"이렇게 해주세요, 저렇게 해주세요"

하고 요청하면

"이건 안 돼요. 그거 못해요."

이렇게 하거든요. 제가 그 사람들이 사용하는 프로그램을 잘 모르니까 뭐라 할 수 없잖아요. 내가 알면 분명 이렇게 할 수 있을 텐데. 내가 좀 배워서 큰소리쳐야겠다. 그렇게 생각했어요. (웃음) [조사자: 한국에서 낸 책을 태국어로 번역하시려는 분들이 있으세요?] 정부에서 나오는 책이 많이 있거든요. 여가부에서 나온 한국 생활이라던가 긴급상황 처리 뭐 그런 거. 책이 종종 나와요. 한국에서 생활하는 사람들을 위한 가이드북 같은 거요.

▶ 정신없이 사는 삶, 자연인이 그립다

[조사자: 한국에서 살아보니까 어떠세요?] 한국에서 사는 거 사실 정신없어요. 이제는 그냥 열심히 돈 버는 것보다 하루 한 5시간만 근무하고 좀 쉬고 놀고, 그렇게 가능하면 좋겠고. 그런데 사실 어렵거든요. 그렇게 하는 거. 사람들이 뭐 보람감? 보람감 좀 있죠. 나이를 어떻게 먹어야 하는지, 어떻게 살 건지 미리 준비해야 하니까, 사실 좀 힘들어요. [조사자: 주

변 사람들이 불안해하며 미리 준비하고 그런 걸 지켜보면서 힘들다 이런 건가요?] 네네, 그렇죠. 그래서 가끔 제가 「자연인」 볼 때, 그냥 내가 산에 들어가서 살고 싶다, 그런 느낌 들었거든요. (웃음) [조사자: 고향엔 자주 가세요? 고향은 어때요?] 아니요, 자주 못 가요. 고향은 좀 한적해요. 제가 태국에 있을 땐 그랬는데, 요즘엔 또 힘들게 산다고 그래요. 경제적 문제도 많고. 뉴스 볼 때마다 좋은 소식도 없고, 사실 뉴스 좋은 소식 없죠. 그런데 맨날 그런 뉴스 보니까 태국 사회도 문제가 많구나. 제가 살았을 땐 그렇지 않았거든요. 요즘 가장 큰 이슈는 선거, 대선거. 지금은 태국 전 정부에다가 임시정부거든요. 쿠데타하다가 그런데 내년엔 선거하게 되고, 선거 방식도 예전보다 많이 달라졌다고 그러고, 그런 거. 뉴스에 많이 나오니까 어쩔 수 없이… 네. (웃음) 관심 갖게 되고. 요즘엔 유튜브에 다 나오니까, 치면 바로 나오니까. [조사자: 그럼 태국 가족들하고는 연락 자주 하세요?] 자주 하지 않아요. 사실 문제 없으면 연락하지 않아요. 자주 만나지는 못하고. 그런데 작년에 부모님 초대했어요. 처음으로 한국에 초대했어요. 처음으로. 한 거의 2주 됐나? 광주. 광주? 있잖아요, 그 남쪽. 신라. 경주, 경주. (웃음) 시댁 식구 다 같이. 친정 부모님도 다 같이. [조사자: 진짜 사이 좋으시네요.] 우리 시댁 좋아요.

▶ 외국 생활이 한국살이의 예습이 되다

[조사자: 그럼 최근 고민이나 이런 건 별로 없으시겠어요. 혹시 남편분하고 문화 차이는 없으셨어요?] 우리 남편은 그렇게 크게 생각하지 않아요. 남편하고 한 살 차이 나요. 우리 남편은 그렇게 크게 생각하지 않아요. 그리고 우리가 결혼하자마자 바로 외국에 나가서 우리 둘이 살았잖아요. 문화 차이는 무슨. 그렇죠? 그런데 만약 결혼하고 바로 한국에 와서 살면 크

게 느낄 수 있는데, 그런데 저는 여기 정말 우리 둘이 생활하는 거, 보통 결혼하자마자 시어머니 생신 챙겨, 신경 써야 하고, 명절 때도 신경 써야 하고. 그런데 저는 전혀 안 했거든요. 그래서 저는 좀 편하게 살았어요. 근데 이제는 외국 생활했지만, 나중에 한국인 친구 생기니까 조금씩 조금씩 알게 되고, 많이 준비하고 왔죠. 그런데 2011년 본격적으로 한국에 살게 됐을 땐 내가 어느 정도 알고 오니까. 예. 그래서 크게 문화 차이로 문제 발생하지 않았어요. 보통, 대부분 결혼이민자의 가장 큰 문제는 시댁, 고부갈등. 그런데 일단 우리 시댁은 그런 문제 없고, 시어머니는 좋고. 그래도 혹시나 있으면 내가 이해해야 되지, 그런 문제. 외국에 있을 땐 대부분 아줌마잖아요. 아줌마가 무슨 이야기하겠어요. 자기 남편, 자기 시댁 뭐 그런 이야기하니까. 그런 정보는 많이 습득되었고. (웃음) 한국 문화는 이렇겠구나, 이렇게. 그리고 한국 드라마 보면 또 문화 많이 배우게 되거든요. 제가 한국 모를 때부터 드라마 보긴 했어요. 그래서 많이 배웠어요. 그래서 오기 전에 많이 알고 오게 돼서 크게. 다행히 시댁에서도 부담 주지 않으시니까, 문제는 없어요. 아! 남편 만나기 전에 그 유명한 드라마 있잖아요. 그 뭐였더라, 있잖아요. 그 겨울 뭐였더라? 배용준 나온 거, 최지우하고. 거부감은 별로 없죠. 제가 한국에 시집올 생각도 없으니까, 그냥 드라마 보는 거고. 한국 남자랑 결혼할 거라고 예상 안 했고, 우연히 연애결혼한 거고.

▶ 모든 다문화가정이 돌봄 대상은 아니다

[조사자: 그럼 혹시 한국 사회의 결혼이민자에 대한 인식도 어느 정도 알고 계시잖아요. 속상하거나 불편하진 않으세요?] 저는 사실 크게 느끼거나 불편하지 않아요. 그런데 많은 분들한테 들었는데

“애들 학교 다닐 때 맨날 다문화, 다문화 하니까 속상해.”

이렇게들 말해요. 그런데 제가 봐도 정부 쪽에서도 또 맨날 ‘다문화, 다문화’ 하는데

“지원해야 한다. 우리가 도와줘야 한다. 우리가 예산 이만큼 마련했는데!”

라고요. 근데 사실 한국인들은 ‘왜 맨날 다문화 도와줘야 해? 왜?’ 그렇게 생각해요. 그렇게 맨날 다문화, 다문화 도와주니까 우리도 우리도 모르게 내가 다문화니까 내가 도움 받아야 된다고 느끼게 되거든요. 이상하게. 그리고 다문화가정도 내가 다문화인데 무슨 혜택 없어? 이런 거 있잖아요. 그런데 사실 그런 거 좋은 방식 아니잖아요. 왜 다문화 때문에 장학금 줘야 하는지, 지원금을 줘야 하는지. 그런 생각 사실 필요 없잖아요. 그냥 이 가족 뭐가 문제 있으니까, 도움 필요하니까 도와주는 거지 다문화가정 때문에 도와주는 거 아니고, 그냥 한 국민으로서 도와주는 건데. 그런데 맨날 다문화, 다문화 하니까 좀 그래요. 사실 저는 다른 다문화가정에 비해 좀 편하게 사는 다문화가정이거든요. 큰 불만 없어요. 그런데 우연히 다문화지원센터에 일하게 되니까 이런 상황을 알게 된 거죠. 그리고 개인적인 문제는 아니지만 제가 그 회의 같은 거 다문화 정책회의 때 제가 이런 이야기 꺼냈어요. 한국어 교육에서 가능하면 예산은 잘 쓰게 하면 좋겠다고 하니까 베트남 선생님이 하는 말이 그거 좋은데, 그런데 베트남 결혼이민자 보면 불가능해요. 한국어 그렇게 열심히 공부하면 시댁이 반대해서 공부 못 하게 해요.

▶ 결혼이주여성에게 한국어 교육과 상담이란

그래도 제가 보기엔 보통 다문화가정의 문제는 첫 번째 문화 차이, 그리고 경제적(문제). 사실 결혼이민자가 한국어 잘하면 문화 차이 부분은 이야기하면서 이해시킬 수 있거든요. 그런데 한국어 못하니까 이해할 수 없고. 경제적 문제도 한국어 잘하면, 직업훈련이라던지 뭐 배울 기회 많거든요. 근데 한국어 못하니까 공부도 못하고, 일자리도 없고. 보통 다문화 가정, 결혼이민자라면 통역, 번역해요. 근데 통·번역도 일자리가 한정되어 있거든요. 한국어 잘 못하면 그 일자리도 못 구해요. 그래서 차라리 처음부터 돈 벌 수 없지만 열심히 공부하면서 한 2년 정도 참고 해야 나중에 잘살 수 있거든요. 옛날에는 결혼이민자 비자 받을 땐 쉽게 받았는데, 요즘엔 토픽 1급 있어야 비자 받을 수 있어요. 그런데 그거 제가 보기엔 큰 도움 안 되거든요. 그거 1, 2급 배울 땐 그냥 글자만 알고 읽을 수 있는데 말은 못해요. 사실 더 효과적인 건 한 3급 이상은 봐야 할 것 같고. 한국어 비자 받을 때 한국어 능력시험 보는 거는 법무부 정책이고. 법무부는 법무부 따로 운영하고, 여가부는 여가부 따로 운영하고. 어떨 때 보면 경쟁 좀 하기도 하고, 서로 돕고 합치지 않고 자기는 자기대로 이쪽은 이쪽대로 운영하니까 더 문제인 거 같아요. 사실 양쪽이 어떻게 해서든 이 사람들 잘 살게 하려고 일단 한국어 시켜야 하고. 법무부부터 한국어 기준 조금 높여서 들어올 때 어느 정도 의사소통 가능하게 해야. 사실 그 식구들끼리 의사소통이 가장 중요하잖아요. 그래서 기본은 어떻게든 한국어 해야 한다고 생각해요. 의사소통 가능하면 어느 정도 큰 문제는 없을 거 같아요. 제 생각에는요. [조사자: 선생님은 상담하시면서 결혼이민자에게 상담이 꼭 필요하다고 느끼세요?] 꼭 필요해요. 결혼이민자분들이 센터에 연락했을 때 사실 우리에게 뭘 도와달라고 하는 것보다 자기 이야기 들어줄 사람이 필요

한 거거든요. 왜냐하면 이분들이 고향의 엄마 아빠에게 이야기 안 해요. 부모님 걱정하니까. 이야기해도 도움이 안 되고 걱정만 시키고. 그리고 여기 말 통하는 사람 별로. 누구라도 자기 이야기 들어주면 조금이라도 도움이 돼요. 사실 저한테 이야기해도 제가 뭐라고 할 수가 없어요. 제가 전문가도 아니고. 만약 전문가 있으면, 그 사람들이 많이 위로해줄 수 있고. 그런데 제가 못하거든요. 저는 그냥

"아 그렇구나! 아, 그랬어?"

그것밖에 못 하거든요.

3부

결혼이주여성의 내러티브에 나타난 '관계의 서사'

3부에서는 결혼이주여성들의 관계의 서사에서 가장 집중적으로 나타난 '어머니 서사'를 결혼이주여성 9인의 서사를 중심으로 더 세밀하게 분석하고자 했다. '어머니 서사'는 결혼이주여성들의 관계의 서사에서 가장 압도적으로 나타난 서사로, 자녀와의 관계 속에서 형성된 서사다(오정미 외, 2022: 13). 자기서사의 파악이 서사적 존재로서 인간이 어떠한 서사적 원리에 의해 살고 있는지, 그러한 서사로 인해 개인의 삶에 어떠한 일이 일어나는지를 알게 한다는 점에서(정운채, 2008: 251) 결혼이주여성들의 '어머니 서사'는 그녀들이 한국의 다문화사회에서 어디쯤 위치해 있으며, 그녀들의 공통된 캐릭터가 어떻게 설정되고 이해되고 있는지를 설명해줄 수 있을 것이다.

이 장은 『문화교류와 다문화교육』 11(5호) 한국국제문화교류학회, 2022에 실린 「관계의 서사로 본 결혼이주여성의 '어머니 서사'의 의미 탐색」을 수정 · 보완하여 재수록한 것임.

12장

어머니 서사로 삶을 살아가다

결혼이주여성들은 좁게는 가정에서 남편과 자녀, 시집의 가족 구성원들과 관계를 맺으며 '아내, 엄마, 며느리, 올케 등' 관계의 서사를 만들어간다. 또 지역사회에서는 직장인으로서, 한 종교기관의 성도로서 관계를 확장시키고, 이주민 공동체에서는 동료이자 친구, 멘토로 살아가고 있다. 결혼이주여성들이 다양한 인간관계를 맺고 있음에도 유독 결혼이주여성들의 관계의 서사에는 어머니 서사가 집중되어 있고, 그중에서도 '이주민으로서의 어머니 서사'가 부각되어 나타나고 있다(오정미 외, 2022). 특히 자녀와의 관계를 중심으로 '어머니 서사'가 형성된다는 점을 볼 때 자녀의 양육자로서 경험하는 보편적 어머니로서의 서사 외에 자녀와의 관계에서 자녀교육에 대한 문제에서 '이주민 어머니로서의 서사'가 더욱 강하게 작동한다고 할 수 있다. 이는 관계의 서사를 통해 한국에 거주하는 결혼이주여성들의 삶의 특성과 한국 사회에서 요청되는 인간상이 무엇인지를 엿볼 수 있게 한다.

자녀는 어머니라는 존재의 삶에 커다란 영향력을 미치는 '너'의 존재가 되며, 이 관계 속에서 어머니들은 '나와 너'로서 인격적 또는 도구적 소통을 하며 관계를 형성하게 된다. '어머니 서사'에는 결혼이주여성들이 한국 이주 후 경험하는 임신과 출산, 자녀 양육 등 보편적 경험으로서의 어머니 서사와 보편적 경험에 '이주민 어머니'로서의 특수한 경험으로서의 어머니 서사가 포함되어 있다. 결혼이주여성들의 '어머니 서사'는 자녀와의 관계에 따라 만들어진 서사들을 통해 우리 사회에서 그녀들의 삶의 여정을 위치시키는 과정을 이해하게 한다. 어머니로서 결혼이주여성들은 우리 사회가 바라보는 것처럼 특수하기만 한 것인가? 한 아이의 어머니로서 그들이 경험하는 일상의 생활에서 우리는 공통점을 발견할 수 없는 것인가? 반대로 결혼이주여성들만이 겪어야 하는, '이주민 어머니'이기에 그들만이 위치한 독특한 맥락은 무엇이 있으며, 그러한 맥락은 결혼이주여성들의 삶에 어떠한 영향을 미치고 있는가? 이러한 질문에 답하기 위해 결혼이주여성들의 내러티브에 나타난 '어머니 서사'를 분석하고자 한다. 결혼이주여성들의 어머니 서사를 이해하는 작업은 결혼이주여성의 경험을 개인적 차원에서 접근하는 것에서 나아가 그들의 서사가 한국 사회에서 갖는 사회적 의미가 무엇인지, 서사의 원리가 무엇인지 발견하게 할 것이다.

1.
자녀 양육에 나타난 보편적 어머니 서사

(1) 출산을 통한 어머니 되어감

인간은 출생부터 성장까지 부모의 돌봄과 양육을 필요로 한다. 양육의 형태는 사회마다 다양하게 나타나지만, 출산은 여성만이 할 수 있는 고유한 역할로 여성들은 이 과정에서 모성, 어머니 됨을 경험한다. '어머니 됨'은 결혼과 임신, 출산과 양육을 감당하는 여성들에게 나타나는 보편적인 경험으로 자녀와의 관계에서 나타나는 특별한 관계의 서사다. 어머니가 된다는 것은 어머니가 되는 과정에서 갖는 경험, 어머니로서 하는 활동과 일, 충분히 어머니가 되었다고 느껴지는 어머니 시기 등을 의미한다(변혜정, 1992). 밀러(Miller, 2005)는 어머니 됨(motherhood)을 "어머니 노릇이 일어나는 맥락"을 의미한다고 보았고, 어머니 노릇(mothering)은 자신에게 의존적인 자녀에 대해 책임지고 자녀의 요구를 만족시키는 여성의 개인적인 경험을 의미한다고 했다(이유나, 2015).

여성들의 어머니 됨에 관한 이야기는 자녀와의 관계 속에서 형성되

는 특별한 관계의 서사다. 자녀를 임신하고, 출산하고, 양육하는 전 과정에서 한 자녀의 책임자로서 겪는 다양한 희로애락의 감정은 인류의 보편적 정서다. 모성에 관한 이야기들은 개인의 삶을 반영하는 동시에 어머니들이 살아가는 환경과 맥락을 반영하고 있기에 사회적이기도 하다(최은영, 2014). 우리는 결혼이주여성들의 모성에 나타난 어머니 서사를 통해 보편적이기도 하지만, 그들만이 겪고 있는 사회적 맥락 안에서의 어머니 서사를 찾아볼 수 있다.

연구참여자 2는 어린 자녀의 성장 과정을 지켜보며 애틋한 모성을 경험했다. 자녀의 병치레는 어머니 된 그녀의 마음에 아픔이 되었다. 자녀의 수술을 지켜보는 것은 결혼에 대한 후회를 넘어 죄책감으로 이어졌다.

> 우리 애기는 태어나기는 잘 태어났는데 15개월 만에 아파 가지고 뭐지? 심장 수술 해서… 지금도 생각나고요. 그거는 잊어버릴 수가 없죠. 아직도. 수술로 이렇게 가슴이 열리는데… 그 생각하면 진짜 힘들었어요. 괜히 결혼했나 싶었고 나도 힘들지만 애기도 힘들다는 생각 들었고. (연구참여자 2)

연구참여자 7은 대학에서 법학을 전공하고 미국에서 MBA 과정을 마친 후 직장에서 인정받는 여성이었다. 직장을 그만두고 싶지 않았던 그녀는 결혼 후에도 태국에 남아있었지만, 출산 후 남편 없이 혼자서 자녀를 키워야 한다는 부담감과 산후우울증, 신체적 변화 등으로 인한 스트레스를 견디지 못하여 결국 한국행을 선택하게 되었다. 만삭이 될 때까지 직장생활을 지켜갔던 그녀가 뒤도 돌아보지 않고 한국으로 오게 된 것은 오로지 자녀를 위해서였다.

제가 임신하고 일하다가 모르게 스트레스받으니까 병 걸렸어요. 저 임신했을 때 아이가 일찍 태어났어요. (중략) 아이 태어나고 우울증 걸리나 봐요. 가족 많이 생각나고 허무한… 뭔가 이제 일보다는 아이가 중요해. 아빠 없으면 어떻게 키울까 계속 생각했어요. 또 몸이 바뀌었어요. 예전엔 슬림했는데… 아기 낳고 몸도 불편하고 스트레스받고. 그때는 우울증 같은 거 걸렸어요. 그것 때문에 제 꿈이 사라졌어요. (연구참여자 7)

연구참여자 2와 7의 사례가 아이를 임신하고 출산하는 과정에서 경험하는 보편적 어머니의 서사라면 연구참여자 3의 임신과 출산 경험은 보편적인 어머니 서사에 이주민 어머니로서 겪는 특별함이 중첩되어 있었다. 연구참여자 3은 모국 문화와 다른 한국의 병원 문화로 인해 문화 충격을 겪었을 뿐만 아니라 남편이 없는 동안 이루어지는 회진 시간에는 자신의 몸 상태를 제대로 설명할 수 없는 언어의 한계에 직면해야 했다. 연구참여자 3의 사례는 보편적 어머니의 서사와 함께 이주민의 독특한 서사가 동시에 발현되고 있음을 보여주고 있다.

출산한 후에 애랑 엄마랑 따로 분리하잖아요? 근데 베트남에서는 엄마랑 애랑 신랑이랑 같이 자는데 한국에서는 아니니까. 우리 아들 얼굴 못 보는구나. 그렇게 차이도 있고… 신랑 회사 갔을 때 의사선생님이 와서 물어보잖아요? 어디 아픈지, 불편한지 대답을 못 하니까 그런 게 아쉬운 거죠. 약간 답답했어요. (연구참여자 3)

자녀는 모든 어머니, 그리고 부모에게 소중한 존재이고 특별한 존재다. 그리고 자녀와의 관계에서 자녀를 양육하고 돌보고 책임지는 어머니

가 된 자신에 대한 존재의 의미를 부여하는 데 중요한 요인이 된다. 연구참여자 8은 자녀와의 관계 속에서 비로소 자기 삶의 완전한 의미를 발견했다. 그녀에게 자녀는 단순히 양육의 대상, 돌봄의 대상이 아닌 자기 삶의 의미를 견고히 지탱해주는 특별한 존재가 되었다. 그녀는 자녀와의 관계에서 만족감을 느낄 때 삶의 의미를 발견하고 자신이 혼자가 아니라는 안도감을 느낄 수 있었다.

> 애들이 태어나기 전에는 항상 걱정했던 거 같아요. 그때는 그냥 뭔가 부족한 거 같고…. 지금은 애가 있으니까 내가 웃을 수 있고 꿈을 꿀 수 있는 거잖아요. 애들 위해서 열심히 일해야겠다, 그런 느낌? 일 끝나고 집에 들어오면 애들이 엄마 오늘 힘들었어요? 오늘 뭐 했어요? 막 이렇게 물어볼 때 아, 나 혼자 아니구나. 그런 느낌 들어요. 이렇게만 살아도 만족하다고 느껴요. (연구참여자 8)

결혼이주여성들에게 자녀의 출생은 자신에게 일어난 일 중 가장 좋은 일로 여겨지기도 하고, 자신의 삶의 의미에 또 다른 한 획을 긋는 일생의 중요한 의미를 가지며, 한국 생활을 하는 데 심리적 거점이 되고 희망이 되기도 한다(민서정, 2013). 낯선 한국 땅에서 자녀를 통한 가족의 형성과 자녀로 인한 어머니 됨은 결혼이주여성들에게 의지할 곳이 되기 때문이다. 그러나 사실 이것은 특별해 보이지만 보편적인 어머니 서사다. 전통사회에서 여성들이 아들을 낳고자 한 것도 결국 새로운 환경이라 할 수 있는 시집에서 삶에 의미를 부여하고 의지할 곳을 찾고자 함이었으며, 많은 여성들이 자녀의 출산을 특별하고 소중한 경험으로 여기는 것과 동일하다(염원희, 2020). 마치 지금의 결혼이주여성들처럼 말이다.

결혼이주여성들이 만들어간 삶의 존재 방식은 자녀와의 관계에서 '어머니 서사'로 그려지고 있다. 이는 비단 결혼이주여성에게만 해당하는 것이 아닌 자녀를 키우는 모든 여성에게서 그려지는 보편적인 어머니 서사일 것이다. 결혼이주여성들의 임신과 출산 내러티브에 나타난 자녀의 양육자로서의 어머니 서사는 결혼이주여성들만의 경험하는 독특하고 특별한 경험이 아닌 어머니들이 겪는 보편적이고 일상적인 삶으로 이해하게 한다.

(2) 양육에서 경험하는 희로애락

자녀 양육과 돌봄의 경험은 임신과 출산 이후 자녀의 영유아기와 학령기, 청소년기의 성장 과정에서 나타난 자녀와의 관계에서 구술되는 서사다. 결혼이주여성들은 자녀와의 관계에서 어떠한 내러티브를 써 내려가는가? 우리는 연구참여자들의 사례에서 그들이 경험하는 자녀 양육과 돌봄의 서사가 특별한 서사가 아닌 모든 어머니들이 고민하는 일반적이고 보편적 삶의 이야기임을 확인했다.

연구참여자들은 자녀가 무엇을 좋아하고, 어떤 것에 관심을 갖고 있는지 이해하고 있었으며, 자녀들의 학원 시간표를 관리하고 휴일을 이용해 여가를 보내는 등 일상에서 자녀와 밀착되어 있었다. 연구참여자 1은 사회활동이 부족한 자녀들을 위해 다문화센터에서 하는 여러 프로그램에 신청하여 자녀의 체험활동을 뒷받침해주고 있었으며, 연구참여자 8 역시 바쁜 자녀의 시간표를 관리하며 자녀들을 돌보고 있었다. 이러한 모습은 연구참여자들의 삶이 자녀와의 관계에 집중되어 있으며, 일상이 자녀 돌봄에 자연스럽게 녹아들어 있음을 보여주고 있다.

우리 아들 잘하는 거 여러 가지 있어요. 레고하고 인라인, 에스보드 잘 타요. 딸은 춤, 노래 이런 거 좋아해요. 애들이 항상 집에만 있으니까 밖에 나가자고 해도 집에만 있고 싶어 해요. 그래서 제가 다문화센터에서 프로그램 있으면 신청하려고 해요. (연구참여자 1)

연구참여자들의 어머니 서사에는 자녀의 발달 단계마다 경험하는 내러티브들이 등장하고 있다. 어린 자녀를 사교육에 참여시켜야 하는 내적 갈등, 자녀들의 꿈과 진로에 대한 이해, 사춘기 자녀의 방황과 어려움을 지켜보는 등 양육자로서 겪는 보편적 서사를 엿볼 수 있다. 민선옥·배지희(2014)의 연구에서 나타난 바와 같이 이들은 자녀 발달을 위해 사교육이 필요하다는 것을 인식했지만, 자녀가 원치 않는 교육을 강제로 시켰을 때 발생하는 자녀와의 불편한 관계, 자녀의 힘들어하는 모습 등으로 인해 어려움을 경험하고 있었다. '우리 아이만 뒤처지면 어쩌지…'라는 염려와 경쟁에서 밀리지 않기 위해 반자의로 자녀를 사교육에 참여시키게 되는 것이다.

연구참여자 5는 자녀를 학원에 보내는 과정에서 정신적으로 부담을 느꼈다. 하나뿐인 자녀를 잘 키우고 싶은 마음에 학원에 보냈지만 학원을 거부하는 자녀를 설득시키고, 혼내고, 다독이는 과정에서 심리적으로 지쳐갔으며, 결국 이로 인해 자녀와의 관계가 불편해졌다. 그녀는 자녀들이 원하는 것은 많은 교육이 아니라 엄마와 함께하는 시간, 엄마의 관심과 사랑임을 알게 되었고, 아이들이 하기 싫은 것을 억지로 시키는 '나쁜 교육'을 중단하기로 했다.

나도 스트레스받았어요. 그래서 그냥 잘되겠지 하면서 너가 하고 싶

은 대로 하라고. 어차피 지금 배우는 수학 나중에는 안 쓸 텐데…. (중략) 학원 강사 할 때였는데 아이들이 학원에서 이렇게 말해요. 나는 돈이 필요한 거 아니고 엄마 사랑이 필요하다고. 그런데 엄마가 자기 마음을 몰라주고 이해 안 한다고요. 엄마들이 공부만 시키려고 하는 거죠. 한국 엄마들이 나쁜 교육 많이 했잖아요. (연구참여자 5)

연구참여자들이 성장하는 자녀를 지켜보는 과정은 무릇 모든 어머니, 부모들이 경험하는 평범하고 일상적인 삶의 이야기일 것이다. 연구참여자 8은 자녀들이 자신이 원하는 삶을 즐겁게 살기를 기대하며 부모로서 뒷받침하는 삶이 자신의 몫이라고 여기고 있었다. 그녀는 부모가 자녀의 삶의 주인공, 조정자가 될 수 없다는 것을 잘 알고 있기에 자녀들이 원하는 삶을 살기를 바라는 부모의 마음을 보여주었다. 연구참여자들의 내러티브는 그녀들의 삶이 특별하지 않은, 그저 자녀의 발달 단계에서 부모들이 겪는 지극히 보편적인 삶의 이야기임을 말해준다.

바라는 거 없어. 엄마가 원한다고 강요하면 아이는 힘들어져. 자기 하고 싶은 대로 편하게 해야지. 자기가 결정하는 거지 내가 결정하는 거 아니야. 아이가 원하는 대로 하고 싶은 거 하면 좋겠어. (연구참여자 8)

연구참여자 9는 자녀가 성장하면서 자신의 독립된 삶에 대해 더 많은 고민을 하게 되었다. 아이가 어렸을 때 그녀의 삶은 전업주부로서 자녀의 등하교 동행, 자녀 친구들의 어머니들과 티타임 갖기, 방과 후 활동 동행 등 자녀의 일정에 맞추어 자신의 일과도 정해져 있었다. 이렇게 오랜 시간을 지내다 보니 자신만의 삶이 없다는 것을 깨닫고 삶에 의미와 즐거움을

줄 새로운 삶의 영역들을 찾아나서기로 했다.

> [조사자: 일을 하신 특별한 계기가 있으셨어요?] 때가 되었으니까요. 항상 일하고 싶었는데 애가 학교 다니니까. 초등학교 1학년부터 3학년까지 풀타임 주부 생활을 했잖아요. 주부 생활이라는 게 아침에 애 학교 데려다주고, 집에 와서 청소하고, 동네 아줌마들이랑 같이 운동하고, 운동 끝나고 커피 마시고, 맨날 그렇게 진행되니까, 별로 재미가 없는 거예요. 그렇게 사는 게 힘들다기보다는 그냥 이만큼 했으면 됐지 그런 생각이 들었어요. (연구참여자 9)

전업주부로서 겪는 연구참여자 9의 고민은 자기 삶의 주인공이 자기라는 의미를 부여하면서 취업과 새로운 일에 도전하는 많은 여성들의 경험에서 나타나는 사례다(김선미, 2004; 김혜경, 2000). 전업주부의 학습경험을 다룬 황미화(2021)는 전업주부들이 새로운 학습에 도전하는 이유를 자신의 정체감을 찾아가는 과정으로 설명하고 있다. 이는 연구참여자 9가 결혼이주여성이기에 겪는 삶의 한계가 아닌 비슷한 상황에 놓여있는 어머니들이 경험하는 일반적인 삶의 고민이라는 것을 보여주고 있다.

자녀의 양육자로서의 어머니 서사에서 드러나는 내러티브들은 특별한 이슈가 없는 서사일 수도 있다. 이는 우리 사회에서 결혼이주여성 하면 떠오르는 이주민으로서 겪는 특별함이 묻어나지 않기 때문일 것이다. 연구참여자들은 우리 사회에서 특별한 서사만을 써 내려가지 않았다. 연구참여자들의 사례는 그들도 한 자녀의 어머니로서 평범하게, 보편적이고 일상적인 삶의 서사를 생성하는 개인으로 살아가고 있음을 보여주고 있다.

2.
자녀교육에 나타난 이주민 어머니 서사

(1) 자녀교육에 대한 불안과 열정

자녀가 성장함에 따라 여성들은 어머니에서 학부모라는 새로운 역할 지위를 부여받게 된다. 결혼이주여성들에게 자녀교육은 자녀의 성장을 지원하고 양육하는 자연스러운 과정임에 동시에 한국 엄마들의 욕심과 경쟁 구도를 따라가야 하는 힘겨운 과정이 되기도 한다.

연구참여자 3은 불안한 마음 때문에 자녀가 어림에도 지나치게 많은 양의 학습을 시켰다. 자녀 학습에 대한 불안한 마음은 '외국인 엄마'인 자신에게서 출발하고 있었다. 외국인 엄마인 자신 때문에 자녀들이 또래 친구들을 따라가지 못할 것을 염려했고 이 때문에 자녀들이 힘들어하는 것을 알지만 뒤처지지 않기 위해, '외국인 엄마를 두어서'라는 비난을 받지 않기 위해 불안한 마음으로 자신을 더 채근하게 되었다. 연구참여자 8 역시 자녀교육에 집중하고 있었는데, 그녀는 사교육을 위한 비용을 마련하기 위해 모국 방문을 기꺼이 포기했다. 연구참여자 8에게 모국에 있는 부

모님과 형제들을 만나는 것보다 현실적으로 더 중요하고 절실한 문제는 경제적으로 자녀교육을 더 탄탄하게 뒷받침하는 것이었다.

> 한국 엄마는 욕심 많잖아요. 저희 옆집 친구는 수영 배우고 음악 피아노 하고 그렇게까지 받고요. 그래서 저희도 불안한 마음으로 시키죠. ○○이가 거기 애들보다 떨어질까 봐 불안한 마음으로 더 막 시켰어요. (중략) 혹시나 애들보다 못할까 봐. 차별당할까 봐. 저희는 공부 못했지만 애가 잘하면은 좋겠다는 생각 들어서 막 시켜요. (연구참여자 3)

> 지난번 갔을 때 900만 원 가져갔나? 다른 친구들도 진짜 많이 가져가야 한다 그러고. 한 번에 900만 원 날아가는데, 그냥 애들 교육비나 돈 든다고 생각해서 안 가요. 7년 전에 한 번 갔을 때 애들이랑 남편 같이 갔어요. 900만 원 하면 내가 통장에서 넣고 애들 교육시켜야지. 얼마나 교육비 얼마나 많이 나가는데요, 한국에서. 그래서 생각하면 자주 안 가요. 그냥 엄마한테 100만 원 보내고 그냥 그렇게 생각해요. (연구참여자 8)

김기영(2019)은 결혼이주여성들을 자녀교육을 책임지는 어머니 역할에 초점을 두어 그들을 도구적 역할과 자녀교육에 한정시켰다는 비판에 대해 실제로 그들이 가장 중요하게 고민하고 우선순위를 두는 것이 바로 자녀교육 문제라고 언급한 바 있다. 이는 결혼이주여성의 서사에 어머니 서사가 두드러지게 나타나는 이유와 같다. 오정미 외(2022)는 결혼이주여성의 관계의 서사에서 어머니 서사가 편중된 이유를 한국 사회가 결혼이주여성에게 요구하고 기대하는 삶의 방향이 '어머니로서 살아가기'라는 점으로 설명하고 있다. 결혼이주여성들의 삶을 다루는 연구들이 '어머니

되기'에 편중된 것은 결혼이주여성들이 '어머니'의 삶에 가장 큰 역할과 책임을 부여받고 요구받는 삶을 살고 있기 때문이다(최연숙, 2021). 그리하여 결혼이주여성들의 어머니 서사에는 이주민 서사가 그림자처럼 동시에 등장하고 있음을 쉽게 발견하게 된다.

이은아(2013)는 한국의 경쟁적인 자녀교육이 결혼이주여성의 어머니 노릇을 더 집약적으로 만든다고 했다. 이은아의 연구에서 연구참여자들은 학교생활에 대한 기대와 우려, 학부모 노릇에 대해 걱정하고 있었는데, 특히 자신이 외국인이기 때문에 자녀의 학교생활에 문제가 생기는 것에 대해 늘 불안한 마음을 가지고 있다고 했다. 이런 불안은 결혼이주여성 스스로 '한국 엄마'가 되기 위해 노력하게 만들고, 자녀교육과 양육에만 헌신하는 한국 엄마들을 보면서 자신이 부족한 엄마가 아닌지를 걱정하고 있다고 했다. 이은아(2013)의 연구에서도 비슷한 맥락의 경험이 제시되고 있다.

> (자녀에게) 많이 미안했어요. 엄마 외국 사람이기 때문에 미안하잖아요. 공부 많이 못 시켜주니까. 사실은 애도 스트레스 많이 받아요, 첫째도. [조사자: 그런 얘길 해요?] 둘이 같이 놀면서 "엄마 베트남 사람이니까 우리 공부 알아서 해야 돼." 동생한테 그렇게 말해요. "엄마 베트남 사람이니까 공부 못 가르치니까 우리 알아서 해"라고 그렇게. 일곱 살 때. (이은아, 2013: 129)

결혼이주여성들에게 모성 실천의 기준은 '좋은 엄마'가 되는 것으로 설정된다. 이선형(2013)은 한국 엄마들의 모성 실천 자체가 바람직해서 기준이 되는 것이 아니라 결혼이주여성들이 생각하기에 한국 엄마들이 자

신의 부족한 부분을 드러내기 때문에 '좋은 엄마'로 구성되고 있을 뿐이라고 설명했다. 즉, 한국 엄마들이 하는 것을 하지 못하기 때문에 결혼이주여성들 스스로 자신이 '좋은 엄마'가 되지 못한다고 여기는 것이다. 즉, 결혼이주여성들이 아무리 최선을 다하고, 자녀 양육과 교육에 헌신해도 좋은 엄마가 될 수 없는 것은 그들이 한국 엄마가 아닌 '외국인 엄마'이기 때문이다.

결혼이주여성들은 자녀의 학교 교육에 참여하는 과정에서 '외국인 엄마'이기에 적극적으로 나서지 못하는 경험을 했다. 연구참여자 5는 학교에 제출할 서류를 작성하는 일도 남편의 도움이 필요할 정도로 모르는 것이 많았지만, 그럼에도 자녀의 학교 교육에 적극적으로 참여하기를 원했다. 그녀가 공개수업에 참여하길 원했던 이유는 '엄마에게 사랑받고 싶은' 아이의 마음을 헤아리고 자녀를 응원해주길 원해서였다. 그러나 유일한 외국인 어머니로서 학부모 모임에 참여하기는 쉽지 않은 결정이었다. 그녀는 자녀의 외모가 한국인과 크게 다르지 않아 학교생활에 어려움이 없었으나 서류 확인 과정에서 '외국인 어머니'로 알려지면서 평범한 어머니가 아닌 특별함을 가진 어머니가 되는 경험을 했다.

남편이 학부모, 그냥 학부모 가지 말고 아니면 뭐 공개수업 공개수업 같은 거 있어요. 엄마들이 앞에서 수업하는 거예요. 그런 거는 괜찮을 것 같다. 응, 왜냐면 아이들도 엄마 필요하잖아요. 엄마 사랑받고 싶고 아무래도 엄마 없으면 아이들 좀 그렇잖아요. 그래서 나는 학부모는 이제 남편이 이제 너는 불편할 수도 있으니까 너는 외국인이잖아. 그래서 우리 1학년 우리 아들 반 나만 외국인이거든요? 근데 우리 아이들은 외국인 얼굴 아니기 때문에 그래서 저기 어 가족관계증명서 확인하더니

선생님 놀랐어요. "어머, 어머니 외국인이신가요?" 하고. (연구참여자 5)

연구참여자들의 내러티브는 결혼이주여성들이 자녀의 학교 교육을 담당하는 데 있어 이주민 서사가 중첩되어 나타나고 있음을 보여주고 있다. 자녀와의 관계를 전제로 수행되는 학부모 역할에는 자녀와의 관계와 함께 교사, 자녀의 친구, 그리고 그들의 어머니들을 포함하는 정주민과의 관계까지 내포되어 있는 이주민 서사가 동시에 나타나 그들 스스로 자신을 타자로 인식하게 한다.

(2) '한국 사람'으로 키우기 위한 한국어 교육

결혼이주여성들에게 어머니 노릇은 단지 양육만이 아닌 자녀와 관련된 여성들의 경험 전반을 의미한다(이재경, 2004). 여성이라는 한 개인에서 어머니가 된다는 것은 자녀와의 관계 속에서 주어지는 역할이자 위치다. 이때 어머니 앞에 '외국인', '이주'라는 수식어가 더해진 경우에는 더욱 특별한 책임과 역할을 요구하게 된다. 연구참여자들의 어머니 서사에서 두드러지게 드러나고 있는 것은 '자녀의 한국어 교육'에서 자신의 역할과 능력에 대한 고민이었다. 특히, 자녀가 엄마와의 상호작용을 통해 언어를 습득해가는 발달 단계에 있는 경우 자신의 능숙하지 못한 한국어로 인해 자녀가 한국어를 제대로 배우지 못할 것을 염려하는 공통된 서사를 가지고 있었다. 연구참여자들은 자녀에게 '유창한' 한국어를 가르쳐줄 수 없는 상황에서 자신감을 상실하고 자녀에 대한 미안한 마음을 가지게 되었다.

연구참여자 3은 외국인 어머니로서 아이가 다른 아이들보다 한국어를 못한다는 것을 문제로 여겼고, 이에 조바심을 느껴 한국어를 가르치기

위해 18개월 된 딸을 어린이집에 보내야 했다. 그녀는 자녀의 언어교육을 어린이집의 한국어 선생님을 일찍 만나게 하는 것으로 대체해야 했으며 언어발달을 위해 많은 프로그램에 등록시켜 한국어를 빨리 익히게 했다.

> 문제는 ○○이가 다른 아이보다 한국어는 더 못해요. 아빠가 일하니까 한국어로 말하는 시간은 부족하고. 이거 안 되겠다. 한국어 배워야겠다. 어린이집을 18개월부터 보냈어요. 선생님한테 한국어 배우려고 일찍 보냈어요. (중략) ○○이가 지금은 자연스럽게 한국 사람처럼 되는 거죠. 하지만 한자 같은 거, 집에서 그냥 쓰는 말들은 잘 모르고. 욕 쓸 수가 없어 엄마가 모르니까. 내가 더 배워서 ○○이한테 도움 많이 줘야겠다 생각했어요. 집에 개인 선생님도 오고, 특히 국어를 1학년 때 많이 준비했어요. (연구참여자 3)

연구참여자들에게 자녀의 유창한 한국어 사용은 아이가 '한국인'으로 인정받는 것과 직결되는 중대한 사안이었다. "지금은 자연스럽게 한국 사람처럼 되는 거죠"라는 연구참여자 3의 말은 자녀가 또래 아이와 비슷하게나마 한국어를 사용할 수 있다는 것에 안도감을 느끼고, 이는 곧 자신의 아이가 '한국 사람'이 되어가고 있다는 것에 대해 뿌듯함을 느끼고 있다는 것을 보여주고 있다. 그러나 아이가 비속어를 알아들을 수 없어 친구들 사이에서 답답함을 느낀다고 말할 때 그마저 자신의 부족함으로 받아들이고 결국 모든 책임을 "엄마인 내가 모르니까"로 귀결지었고, 이는 엄마인 자신이 더 열심히 한국어를 배워야겠다는 다짐으로 이어졌다.

결혼이주여성들의 한국어 구사 능력에 대한 자신감 상실은 다른 연구참여자들에게서도 공통적으로 드러난 서사다. 연구참여자 4의 사례에

서는 자신의 부족한 한국어 실력 때문에 자녀의 교우관계가 어렵지는 않을까 염려했으며, 연구참여자 2 역시 자신의 부족한 한국어 실력이 자녀의 친구들에게 알려지는 것을 가장 큰 고민거리로 여기고 있었다. 외국인 어머니로서 자녀의 한국어는 고민거리가 되며, 자녀가 성장할수록 한국어에 대한 두려움은 어머니로서 자신의 존재를 더욱 위축시키고 있다.

애기가 크면서 학교에서 배운 말 같은 거는 제가 잘 몰라가지고. 애기가 뭐 물어보잖아요? 그런 거 할 때 어떨 때는 제가 대답을 못 해요. 뭔지 모르니깐. 그런 거는 애들이 크면서도 힘들잖아요? 또 우리는 말을 못하고 자기들은 말이 좀 많아지는데. 그럴 때 엄마가 뭐 어떻게 답을 해야 되지? 그런 것 고민도 많고 또 여기는 다문화 애들이라서 그런 것도 있어요. 그래서 어떨 때는 괜히 한국 사람이랑 결혼했다 싶은 고민도 많고요. (연구참여자 2)

몇 년 전에는 다문화가정 아이가 많이 없었어요. 지금은 있어요. 그래서 지금은 좀 괜찮은데 그때는 막 쳐다보고 신경 쓰이고 그런 것들이 좀 있어서…. 그때는 저도 한국말 지금처럼은 안 되니까…. 아이한테는 나는 친구 엄마들하고도 못 노는 그런 엄마 될까 봐. (연구참여자 4)

"어떨 때는 제가 대답을 못 해요. 뭔지 모르니까"라는 표현은 한 개인으로서가 아닌 자녀와의 관계에서 외국인 어머니이기에 느끼는 특별한 한계의 경험이다. 그리고 자녀가 성장할수록 자녀 앞에서 대답해줄 수 없는 자신의 한계를 직면할 때 그들은 한국 사람과 결혼한 자신의 선택 자체를 후회하기까지 했다. 오정미 외(2022)는 내러티브 속에 나타난 관계의

서사는 한 개인의 경험에서 나아가 그들이 속한 집단의 삶이 어떠한 모습으로 전형화되어 나타나는지를 보여주는 나침반 역할을 수행하고 있다고 보았다. 오정미 외(2022)는 결혼이주여성의 내러티브에 나타난 '이주민 서사'를 다음과 같이 설명하고 있다.

> 모성을 바탕으로 한 '어머니 서사'와 함께 정주민과의 관계를 의미하는 '이주민 서사'가 확인된다. 자녀와의 관계를 전제로 한 '나는 좋은 엄마인가?'가 아닌 자녀와의 관계와 함께 정주민과의 관계까지 내포된 '이주민인 나는 좋은 엄마인가?'라는 물음이 내러티브에 나타나고 있다. 예컨대, "나는 한국 엄마보다 못하니까요"와 같은 말에는 '어머니 서사'와 함께 자신을 타자 또는 소수로 인식하는 '이주민 서사'가 중첩되어 있었고, 그것을 내러티브를 통해 확인할 수 있었다. 자신의 양육에 대한 불안감, 낮은 자존감이 표출된 '어머니 서사'에는 공통으로 '이주민 서사'가 작동하고 있었고, 특히 자녀의 교육열이 높은 한국 문화에서 결혼이주여성의 '어머니 서사'에는 '이주민 서사'가 중첩되는 특징을 강하게 보였다.

결혼이주여성들은 한국말을 유창하게 구사하지 못하는 것에 대해 '엄마 노릇을 못하는 것'이라고 여기고 있다. 이는 '한국인'다운 자녀를 양육하지 못했다는 불안감의 경험이며(이은아, 2013) 일상적인 자녀의 성장 과정에서 온전한 책임을 다하지 못한다는 데서 오는 어머니로서의 권위 상실의 경험이기도 하다. 김순남(2015)은 이주여성들이 자녀 양육에서 겪는 자기의심과 자녀의 성장에 대한 불안의 경험을 "양육의 권위 상실"로 설명했다.

한국 사회가 미래세대의 국가 인구정책 속에서 이주여성들을 재생산·출산의 주체로서 재현하지만, 자녀의 성장에 대한 의심이나 불안을 통해 이주여성을 타자화할 때, 이주여성들은 일상적으로 자녀의 사회화 과정에서 자녀 양육의 책임은 주어지지만 양육의 권위는 상실될 수 있다. (김순남, 2015: 182)

연구참여자들에게 '한국어 가르치기'는 자녀와의 관계 속에서 주어지는 사명과도 같다. 자녀가 없었다면 이들에게 한국어는 단지 한국 생활에서 겪는 의사소통의 어려움으로 개인적인 불편함과 장애가 되었을 것이다. 그러나 한 개인이 아닌 '한국인 자녀의 엄마'라는 관계 속에서 지워진 책임은 외국인 엄마이기에 겪어야 하는 또 다른 상실의 경험이 되었다. 결혼이주여성들에게 자녀의 한국어 사용은 '생각만 해도 아픈' 마음의 짐이 되었으며, 엄마로서 자신감을 잃게 하는 원인이 되었다. 이러한 어머니 서사의 사례는 최승은(2019)의 연구에서도 동일하게 발견되고 있다.

한국말을 생각하면 마음이 아파요. 왜냐하면 애기들이 계속 "엄마, 이게 뭐야? 이게 뭐야?" 그러는데 저는 어떻게 설명할 줄 모르겠는 거예요. "엄마 때문에 나 답답해." 이러면 나는 마음 아파요. 많이 마음이 아팠어요. 우리 둘째인 아들은 베트남 말 싫어해요. (최승은, 2019: 89)

작년부터 제가 다문화센터 다니는데 거기 선생님이 베트남어 해도 괜찮다고 해서 이제는 가르쳐요. 아이들이 베트남어를 배우고 같이하니까 제일 좋아요. 친정엄마랑 통화할 때 아이들도 할머니한테 베트남어로 인사해요. (웃음) 애들이 베트남어 말하기 시작하고… 베트남어 할 때

저도 진짜 행복해요. (최승은, 2019: 90)

최승은(2019)의 연구에서 드러난 어머니 서사에는 이주민 어머니로서 겪어야 하는 '아픔'과 '행복'이 동시에 녹아들어 있다. 결혼이주여성들은 자신의 한국어 사용 및 이해의 부족을 죄책감으로 받아들이고 있다. 어린 자녀들의 호기심 어린 질문에 한국어로 제대로 답해줄 수 없는 상황, 자신 때문에 자녀들이 친구들에게 놀림 받을 것을 우려하는 상황은 그들에게 어머니로서 아픔이 되었다. 이는 한국인 어머니들이었다면 경험하지 않았을 특별한 '이주민' 어머니의 서사와 중첩된다. 자녀들의 한국어 교육 내러티브에 순수한 어머니 서사가 아닌 이주민 서사가 자녀와의 관계에서도 드러나고 있다.

연구참여자들은 자녀와의 관계에서 스스로를 '노력해야 할 사람', '적응해야 할 사람', '서투른 사람'으로 규정짓고 있었다. 자녀에게 한국어를 가르쳐줄 수 없고, 자녀 앞에서 한국어를 유창하게 말할 수 없는 외국인 엄마는 '부족하기에 노력해야 할' 책임을 지고 있다. 연구참여자 4는 자신의 어눌한 한국어 실력이 어린 자녀의 또래관계에 불리하게 작용할 것을 우려하여 어린이집을 옮기는 것으로 외국인 엄마의 정체성을 숨기는 것을 고려했다. 그리고 그에 대한 해답은 결국 자신이 더 열심히 한국말을 배우는 것이었다.

그때는 저도 한국말 지금처럼은 안 되니까… 어린이집 엄마들하고도 못 어울리니까 모임 하고 집에 가서 많이 고민하고 어린이집 옮길까 그 생각도 했어요. 남편하고 대화도 많이 했는데, 남편이 솔직히 어디를 가도 그런 사람들 한두 명씩은 있으니까 우리 지금에 적응해야 한다. 그

리고 노력해야지. 안 피하고 싶으면 한국말 잘해서 대화도 할 수 있어야 한다고. 안 그러면 오해할 수도 있다. 사람들 그런 마음 아닌데 우리는 그렇게 생각할 수도 있으니까 말을 먼저 배워라. 그러면 괜찮다 이랬어요. (연구참여자 4)

연구참여자 3 역시 결혼이주여성들은 자녀와의 관계에서 한국어 교육 문제가 등장할 때 부족한 엄마가 되고 있었다. 자녀교육이 비단 언어교육에만 한정되지 않음에도 연구참여자는 서툰 한국어로 인해 자신을 자녀교육에서 무능력한 엄마로 여기고 있었다. 그리고 이러한 인식은 더 한국어를 잘해야 한다는 의무감으로 다가와 매일 한국어 강의를 듣고 공부하는 것으로 극복하고자 했다.

애들 교육은 잘 못 시켜요. 그래서 아, 내가 애들을 공부시키면 안 되겠다. 왜냐하면 저희 지금은 아직 한국어 서툴러서. 우리 신랑은 애한테는 공부 많이 시키면 좋겠다고 생각을 하거든요? 근데 자기도 못 하니까… 우리 어떻게 하면 좋을까…. (연구참여자 3)

결혼이주여성들의 한국어 교육은 모국어 교육에도 영향을 미친다. 이춘양·박미숙(2018)의 연구에서 결혼이주여성들은 자녀의 한국어 발달 지연을 우려하여 모국어 교육보다 한국어 교육을 더 중요시하고 있었으며, 엄마인 자신이 외국어를 사용할 때 어린 자녀들이 친구들 사이에서 차별과 놀림의 대상이 될 것을 두려워하여 모국어를 가르치지 못하고 있었다. 이는 어머니인 자신의 정체성을 드러내는 것이 자녀가 놀림의 대상이 된다는 것과 연결되기 때문에 자녀를 위해 모국어를 교육하지 못하는 것

이다. 다음의 내러티브 사례는 결혼이주여성들이 한국어 교육과 모국어 교육 과정에서 겪는 어려움을 보여주고 있다. 결혼이주여성들은 모국어를 가르쳐주지 못한 부분을 속상해하면서도 모국어로 인해 자녀가 겪을 혼란과 차별을 우려하여 모국어 교육에 소극적으로 대처하고 있었다.

> 아이가 중국어 같이했으면 하는데, 옆집의 한 다문화가정 아이가 여섯 살이 되는데도 말을 못한대요. 어머님이 그 집 애기 엄마가 외국인이라서 그렇대요. 저는 속상하기도 하지만 걱정하기도 해요. 그래서 아이와 중국어로 말할 수가 없어요. 아이가 앞으로 계속 한국에서 생활하고 학교를 다닐 건데 한국어 못하면 공부도 안 되잖아요. 중국어를 가르쳐주면 한국어와 혼동이 올 수도 있어서 걱정 많이 했어요. 학교에 가서 놀림을 당할 수도 있어서 가르쳐주지 않았어요. 어차피 나중에 애가 크면 언제든지 내가 가르쳐줄 수 있으니까요. (이춘양·박미숙, 2018: 371-372)

결혼이주여성들이 한국 사회에서 엄마가 된다는 것은 여성으로서, 이주민으로서 긍정적인 경험이다. 특히 결혼이주여성들의 인간관계가 자녀 중심의 내러티브를 형성해왔다는 것은 그만큼 자녀와의 관계가 그녀들의 삶에 커다란 영향력을 미치고 있다는 것을 의미한다(오정미 외, 2022). 그러나 자녀와의 관계에서 한국어 교육이 매개로 작동했을 때 결혼이주여성들의 존재는 위축되고 있었고, 이는 자신의 모국어를 뒤로하고 더욱 한국어 학습에 집중하게 하는 삶의 방식을 형성하게 했다. 우리는 결혼이주여성들의 한국어 교육에 나타난 어머니 서사를 통해 한국 사회에서 결혼이주여성들이 자녀의 언어발달 문제로 인해 위축됨을 경험하며 적극적으로 자녀의 교육과 발달에 참여하는 데 어려움이 있음을 확인할 수 있었다.

이는 결혼이주여성들이 한국인 자녀의 어머니로서 암묵적으로 요구받는 전형적인 삶의 단면을 보여주고 있다.

(3) 모국어 교육을 위한 이주 자원 활용

'이주민으로서의 어머니 서사'에 한국어 교육과 함께 공통으로 나타나고 있는 내러티브는 모국어 교육에 대한 경험이다. 모국어 교육은 '이주민으로서의 어머니 서사'가 긍정적으로 드러나는 부분으로 결혼이주여성들의 적극적이고 주체적인 태도가 발현되는 내러티브다. 학교 교육과 한국어 교육에 나타난 어머니 서사가 부정적으로 드러난 것과 달리 모국어 교육에서 발현된 어머니 서사에는 '이주민' 정체성이 강점으로 작용하고 있다.

결혼이주여성들이 자녀에게 모국어를 교육하는 것은 자녀와의 긍정적 관계를 형성하게 하여 자녀와 어머니 간 정서적 교감을 원활하게 한다. 또한 모국어를 가르치는 과정은 자녀와 소통의 깊이를 더함으로써 어머니가 더 적극적으로 자녀 양육과 교육에 참여하게 하여 이주민 어머니의 장점이 극대화되는 기회가 된다(박지수·고유진·한윤선, 2015; 오지영·김혜전·전우용, 2018).

연구참여자 8은 자녀의 학습을 지도하면서 자신의 모국어를 자연스럽게 가르쳐주고 있었다. 자녀들이 어머니 나라의 언어를 유창하게 할 수는 없지만 간단한 단어와 문장을 구사하는 것만으로도 '괜찮다'라고 말하는 것은 연구참여자 8이 어머니의 언어를 배우고자 하는 모습 그 자체로도 긍정적으로 받아들이고 있다는 것으로 이해할 수 있다.

[조사자: 그럼 아이들도 영어 잘해요?] 매일 한국말 하고, 일곱 살 때부터? 한국어, 수학, 영어 배우면서 발음 몰랐을 때 항상 물어봐요. "엄마, 이거 영어로 어떻게 읽어요?" 이거 포테이토. 브레드 이렇게 따라 해요. 막내는 조금 말하기는 취미 있나 봐요. 큰애는 조금 발음이 조금 "캔유 플리즈 라이트 다운?" 이런 거 조금 틀려. 근데 막내는 잘 따라 해요. 큰애는 조금 쑥스러운가 봐요. 그래서 잘 따라 하지 못해요. 근데 괜찮아. (연구참여자 8)

연구참여자 7은 가장 적극적으로 모국어를 교육하는 편에 해당했다. 연구참여자 6과 남편은 자녀가 어렸을 때부터 한국어와 태국어, 영어를 포함하여 3개 국어를 가르쳐왔다. 남편 역시 이중언어의 중요성을 잘 알고 있기에 적극적으로 어머니의 언어를 가르치는 데 동참했는데, 자녀가 어렸을 때부터 연구참여자의 고향인 태국에 보내 친정 가족이 가진 자원을 통해 태국어와 영어를 배우게 하고 있었다. 연구참여자 7의 사례는 다문화가정 자녀들의 이중언어교육 환경이 강점으로 인식되면서 결혼이주여성들 스스로 자녀들에게 자신의 모국어를 가르치고자 하는 개인적 노력(권경숙·이승숙, 2018; 황상심·강복정, 2016)이 반영된 것이다.

남편이 영어랑 태국어도 중요하다고 1년마다 태국 보내요. 아이랑 저 태국 보내서 저도 부모님 만나고. 아이는 태국 영어 캠프 가요. 우리 친언니 딸이 다니는 외국인 학교 원장이 언니 친구예요. 그래서 태국 갈 때마다 한 달 맡기고. 낮에는 영어 캠프 가고, 밤에는 우리 엄마랑 태국어로 같이 생활해요. (연구참여자 7)

중국계 결혼이주여성의 모국어 교육에 관한 경험을 다룬 박봉수·김영순(2018)의 연구에서 결혼이주여성들은 자녀의 언어 발달지체와 학교 및 지역사회에서의 차별, 그리고 가족 구성원의 부정적 인식에 대한 우려, 모국어 교육에 대한 전문성 부족 등의 이유로 가정에서 자신의 모국어를 사용하지 못했다. 그러나 이러한 어려움에도 결혼이주여성들은 자녀를 모국으로 유학 보내거나 친정을 방문하는 등 이주 자원을 활용하여 모국어를 가르치고자 계획하고 있었다. 본 연구의 참여자들도 모국어를 직접적으로 가르치는 것에는 한계가 있었지만 모국어를 일상에 노출시키고, 친정을 방문하는 등 지속적으로 모국어를 교육시키고자 노력하고 있었다. 연구참여자 3은 자녀가 한국어를 잘하면서부터 본격적으로 자신의 모국어를 가르치고자 시도했다. 그뿐만 아니라 자녀 친구들의 어머니들과 함께 팀을 구성하여 모국을 방문하는 등 이주 자원을 적극 활용하여 자녀를 지원하고 교육하고 있다. 연구참여자 3의 사례는 이주민 어머니의 긍정적 서사가 잘 드러나는 부분으로, 결혼이주여성들이 자녀와의 관계에서 주도성을 가지고 어머니 역할을 수행하고 있음을 보여주고 있다.

> [조사자: 그럼 한국인 친구분들이랑 이번에 같이 베트남 여행 가신다는 거예요?] 네, 제가 가이드하는 건 아니고 그냥 아는 거를 알려드리는 거죠. 일주일. 애 엄마 4명, 애기는 6명. 숙소 같은 거 알아보고 어떻게 가는지 택시 잡는 것도 알아보고…. 저 가이드는 2번, 3번이나 했거든요. 베트남 사람들이 한국에 왔을 때. 근데 베트남 가서 하는 거는 처음이에요. 저희 그냥 3개월 있다 들어가서. 3년 그렇게 진행했어요. (연구참여자 3)

3. 소결: 내러티브를 통해 본 어머니 서사

결혼이주여성 9인의 내러티브에 나타난 관계의 서사는 결혼이주여성들의 보편적이고 일반적인 어머니들의 삶과 생애를 보여주면서도 이주민으로서 겪는 특별하고 독특한 삶의 서사를 동시에 보여주고 있다. 결혼이주여성들의 내러티브를 통해 임신과 출산, 그리고 자녀 양육과 돌봄에서 한 어머니로서, 한 여성으로서 경험하는 보편적 서사와 어머니 서사에 전반적으로 '이주민 서사'가 중첩되어 나타나고 있음을 확인했다. 결혼이주여성들의 '어머니 서사'가 우리 사회에 시사하는 바는 다음과 같다.

첫째, '자녀 양육에 나타난 보편적 어머니 서사'는 결혼이주여성들의 삶이 보편적 관점에서 이해되고 해석될 필요가 있음을 의미한다. 그동안 우리 사회는 결혼이주여성들의 삶을 이해하는 데 있어 이주민의 특성을 강조한 나머지 한 자녀의 어머니로서 경험하는 일상적이고 보편적인 삶의 내러티브에 대한 관심은 소홀했다. '자녀의 양육자로서의 어머니 서사'는 결혼이주여성들이 결혼과 이주라는 특별한 생애 경험을 바탕에 두고 있지만, 그들의 삶 역시 인류의 보편적 경험의 맥락에서 구성되고 있음을

보여준다. 앞서 살펴본 연구참여자들이 임신과 출산, 자녀의 양육과 교육 과정에서 겪는 일련의 경험들은 이주의 경험을 떠나 한 개인, 그리고 어머니의 보편적 삶의 맥락이 반영된 서사라는 것을 말해주고 있다. 결혼이주여성들의 보편적 어머니로서의 서사는 결혼이주여성들과 그들의 가정과 자녀들에게 특수성을 강조하는 관점의 수정이 필요함을 제시하고 있다.

둘째, '자녀교육에 나타난 이주민 어머니 서사'에 나타난 서사의 중첩성이 의미하는 바에 주목할 필요가 있다. 결혼이주여성들의 자녀와의 관계에서 생성되는 어머니 서사에는 정주민으로 태어난 한국인 자녀의 '이방인' 어머니로서 자녀와 겪는 갈등과 고민이 두드러지게 존재하고 있다. 특히 '이주민 서사'는 자녀교육 문제에 결부될 때 더 강하게 작동하는 것으로 나타나고 있는데, 이는 결혼이주여성에게 한국 사회가 요구하는 어머니 역할이 그들을 더욱 이방인 어머니로 만들어 위축감과 패배의식을 심어주고 있다는 것이다. 이러한 현실은 자녀교육에 결혼이주여성들이 타자와 주변인으로 머물게 하고 있는 한국 다문화사회의 현주소를 말해줌으로써 한국 사회가 결혼이주여성들에게 요구하는 '한국인 자녀 만들기'를 지양해야 하는 과제를 안고 있음을 의미한다(서덕희, 2010; 한건수, 2003).

셋째, 자녀와의 관계에서 결혼이주여성들은 이주 자원을 활용함으로써 '이주민으로서의 어머니 서사'를 긍정의 서사로 바꾸어가고 있다. 우리는 결혼이주여성들이 자녀에게 모국어 교육과 모국 방문, 자녀 친구들의 어머니들과의 관계 맺기 등을 통해 '이주민 어머니'만이 가진 자원을 활용하여 당당하게 살아가고 있음을 확인했다. 이중언어를 국제적 자원으로 인식하여 다문화가정 자녀들의 이중언어 개발을 적극 지원하는 사회적 분위기가 조성된 것도 있지만, 결혼이주여성들 스스로 어머니 나라의 언어와 문화를 익히는 것을 당연하게 여기며 이를 교육하는 것을 '이주민 어

머니'의 권리이자 책임으로 인식하고 있었다. 이러한 내러티브는 '이주민 서사'가 가장 건강하고 긍정적으로 발현되는 것으로, 이주여성들의 주체적이고 진취적인 모습을 잘 반영하고 있다고 할 수 있다.

본 연구는 결혼이주여성들에게 씌워진 전형적인 프레임, 즉 특정 서사에 고착된 우리의 시각을 환기함으로써 특정 서사로부터 탈피하여 결혼이주여성들의 어머니 서사를 다양한 관점에서 이해하도록 안내하고 이를 통해 한국 다문화사회의 발전 방향에 대한 과제를 던져주고 있다. 추후 연구에서는 관계의 서사를 확장하여 결혼이주여성들이 한국에서 가장 가까이에서 맺은 인간관계의 대상인 남편과의 관계에서 기록되는 아내의 서사, 이주여성으로서 정주민들과의 관계를 맺어가는 이주민 서사의 구체적 서사의 발견이 필요하다. 결혼이주여성들의 관계의 서사는 한국 사회에서의 구성원으로 살아가는 결혼이주여성들의 과거와 현재를 반영하여 내일의 모습이 어떠해야 하는지를 안내할 수 있을 것으로 기대한다. 또한 이주민으로서의 어머니 서사를 통해 결혼이주여성의 삶을 보면 한국 사회에서 요구하는 좋은 어머니 됨은 좋은 자녀 만들기, 성공적으로 자녀 양육하기 등으로 나타나고 있었는데, 이는 자녀교육에 이주민의 어머니 서사가 강하게 작동하고 있음을 의미한다. 따라서 후속 연구에서는 어머니 서사가 아닌 한 자아로서 결혼이주여성의 개인의 서사에 대한 심도 있는 연구가 필요할 것으로 보인다.

13장

아내 서사로 삶을 이야기하다

아내 서사란 '관계의 서사'의 한 유형으로 남편과의 관계를 중심으로 구성되는 인간관계를 의미한다(오정미 외, 2022). 아내 서사는 결혼이주여성이 '아내'로서 겪는 보편적 경험으로서의 아내 서사와, 보편적 경험에 더하여 '이주민'으로서 겪는 특수한 경험으로서의 아내 서사가 포함되어 있다. 오정미 외(2022)에 의하면, 2009년부터 2021년까지 '관계의 서사'가 드러난 박사학위논문 32편을 살펴본 결과 자녀와의 관계를 의미하는 '어머니 서사'가 21편으로 가장 많고, 남편과의 관계를 의미하는 '아내 서사'가 8편, 시부모를 포함한 시집 식구와의 관계를 의미하는 '며느리 서사'가 7편으로 분석되었다. 이 가운데 '아내 서사'는 내밀한 부부관계를 다루어야 하기에 연구참여자나 연구자 모두에게 부담으로 다가와 소수로 진행되고 있다. 주제 또한 한국 사회로의 적응이나 부부간 갈등에 편중해 있어 그들을 우리나라에 적응해야 하는 존재로 바라보거나 갈등의 구조로 인식하는 경향이 있음을 알 수 있다. 이러한 한계 속에서 본 연구에서는 결혼이주여성 9인의 자료를 바탕으로 '아내 서사'를 살펴보고자 한다.

1. 여자로서의 아내 서사

'여자로서의 아내 서사'는 아내 서사 중 보편적 경험에 해당하는 것으로, 결혼 과정에서부터 결혼생활을 유지하면서 남편과의 애정에 관련된 서사를 의미한다. 부부가 서로를 아끼고 위안해주며 배우자를 인간적으로 존중하는 것은 애정으로 표현된다(Simpson, Campbell & Berscheid, 1986). 애정은 결혼생활의 기본적인 토대로서(허은경, 2014), 부부간 서로 매력과 친밀감을 느끼고 신뢰하는 것(Richard-Emde & Thomas & Willi, 2003)이다. 맥스웰(Maxwell, 1985)은 행복한 결혼생활을 위한 부부간의 애정적 상호작용의 중요성을 강조하며, 상대방이 주는 애정이 배우자의 애정을 끌어내는 기제가 된다고 했다(Rusbult & Arriaga, 1997). 더욱이 배우자가 주는 애정은 개인이 겪는 심리적 고통을 완화하고(Karney & Bradbury, 1995) 부부에게 정서적 안정감과 행복감을 준다. 결국 관계를 지속하고 유지하는 힘이 되어(백혜영·신희천, 2008) 결혼생활이 별거나 해체로 이어지지 않도록 예방한다(Gottman & Levenson, 2000).

(1) 결혼 전 설렘의 이야기

연구참여자 대부분은 한국 드라마나 지인을 통해 한국의 생활, 문화와 관련한 다양한 긍정적인 이야기를 접했으며 이를 신뢰하고 있었다. 한국 남성에 대해 친절하다는 이미지를 갖고 있었고, '잘사는 나라'인 한국에서의 삶이 본국에서의 삶보다 나을 것이라 기대했다. 또한 한국 남성과의 짧은 만남에서도 그들의 말과 행동에서 애정을 느끼며 앞으로 잘살 수 있을 거라는 희망을 품고 한국으로 이주했다. 연구참여자 D는 첫 만남에서 한국 남성이 드라마 속 사람처럼 멋있다고 생각했고, 연구참여자 F는 처음엔 한국 남성이 마음에 들지 않았지만 그 남성이 많은 여성 중 자신을 선택한 것에 놀라면서 자신을 사랑해주는 남자와 결혼해야 행복하다는 어머니의 권유로 한국 남성에 대한 마음을 바꾸었다. 연구참여자 E와 G는 연애하는 과정에서 자신을 잘 이해하고 공감해주는 한국 남성에게 마음이 열렸으며, 특히 연구참여자 G는 한국 남성에게 돈을 쓰는 것이 아깝지 않을 정도로 그와 사랑에 빠져있었다.

> 처음에 남편 만났을 때도 깜짝 놀랐어요. 그 약간 드라마 속에 보는 사람이 한국 사람들은 이렇게 피부도 하얗고 키도 많이 크시니까. 그래서 아, 이거 혹시 드라마 속 사람인가? 이렇게 생각했었어요. (연구참여자 D)

> 베트남에 지금 사는 것보다는 조금 편하게 살고 싶었고 새로 인생을 바꾸고 싶었어요. 처음에는 이 사람은 아무 생각 없었어요. 인상이 마음에 안 들어서. 그런데 이 사람이 44명 중에 나를 선택해서 놀랐어요. 어머니께서 내가 사랑하는 것보다 나를 사랑해주는 사람이랑 결혼해야

된다고 말씀하셨어요. 그래서 마음을 바꿨어요. (연구참여자 F)

주변에 아는 언니가 "이 사람이 괜찮은 사람이다. 한번 만나볼래?" 이렇게 해서 그냥 만나본 거예요. 그냥 제가 하고 싶은 말만 했을 때는 그냥 나한테는 공감하고 많이 이해해주는 사람이라고 생각이 들었어요. (연구참여자 E)

남편은 제가 진심으로는 어떻게 살았는지, 나는 진심은 어떻게 되는지, 이 남자가 처음 이야기하니까(할 때), 내가 어떻게 생각하는지 물어봤어요. '어? 어떻게 이렇게까지 내 마음을 읽을 수 있는 거지?' 남편과 얘기하면서 조금 마음이 좀 열어졌어요. (연구참여자 G)

저도 사귀었을 때부터 남편은 태국 오면 제 돈 써요. (제가) 한국 오면 남편 돈 써요. 그거는 남편은 (태국에) 매달 오잖아요. 저는 한국에 3개월에 한 번. 제가 더 많이 쓰는 거죠. '그때 내가 왜 그랬지?' 지금은 안 돼. 그렇게 못 해. (웃음) 뭐지? 블랙 매직(black magic)인가? (연구참여자 G)

결혼이주여성의 결혼 형태는 결혼중개업체를 통한 매매혼과 지인 등의 소개로 이뤄진 중매혼이 대부분이다. 외국인 아내의 국적은 베트남(38.2%), 중국(22.1%), 태국(9.4%) 순으로 나타나 한국보다 경제적으로 열악한 아시아 국가 출신 여성과의 결혼이 다수를 차지하고 있음을 보여준다(여성가족부, 2020). 매매혼의 경우 배우자 선택부터 결혼까지의 전 과정이 짧은 기간에 이루어진다. 사랑으로 시작한 관계가 아니기에 친밀감이 형성되지 않은 상태에서 결혼생활을 시작했다고 볼 수 있다(이은희, 2020). 반면 비교적

오랜 기간 교제 후 결혼을 결정하는 사례도 늘고 있는 추세다. 이 경우 남편과 소통할 수 있는 공통의 언어가 있었으며, 서로를 알아가는 기회를 가진 후 결혼이 이루어졌다. 이 여성들은 평소 한국 남자와의 결혼을 긍정적으로 생각하고 있었고 남편의 착한 성격, 성실한 태도, 자상한 행동, 끈질긴 구애 등으로 인해 결혼을 선택했다(김경화, 2020).

김순남(2012)은 결혼이주여성의 한국으로의 이동과정을 경제적으로 나은 미래에 대한 희망뿐만 아니라 착한 사람으로 보였던 남편에 대한 좋은 이미지, 잘해줄 거라는 생각, 나이 차이가 많이 나는 남성에게 사랑을 받을 것이라는 친밀성에 대한 다양한 기대를 동반한다고 했다. 그들에게 한국 남성은 부유함, 자상함 등의 긍정적인 이미지로 다가왔고 새로운 삶을 기대하는 것을 넘어 환상까지 갖게 했다. 즉, 한국과 한국 남성에 대한 긍정적인 정서가 국제결혼을 결정하는 데 중요한 요인이 되었다고 볼 수 있다(김영순 외, 2019).

(2) 결혼 후 안도감과 실망의 이야기

연구참여자들은 새로운 삶에 대한 희망으로 가족과 떨어져 언어도, 문화도 다른 한국에서 자신과 평생 살아갈 동반자를 선택했다. 연구참여자들이 가족과 떨어져 언어와 문화가 다른 한국에서 살기로 결정하고 동반자를 선택한 이유는 새로운 삶에 대한 기대와 희망 때문이었다. 이들은 결혼 후에도 남편이 자신을 자상하고 따뜻하게 대하는 것에 안도했으며, 집안일을 하려는 행동이나 눈빛 등 비언어적 행동에서 그가 자신을 아끼는 마음을 느낄 수 있었다. 연구참여자 H는 결혼 초 남편이 자신을 많이 도와주고 잔소리하지 않으며 원하는 것을 사주어 덜 외로웠고, 연구참여

자 C는 무뚝뚝한 성격의 남편이 표현을 잘하지 않지만 집안일을 돕는 행동과 자신을 바라보는 표정과 눈빛에서 애정을 느꼈다. 연구참여자 E는 남편이 자신에게 지시하지 않고 평소 자신의 의견을 묻는 등 많은 대화를 하면서 외로움을 느끼지 않았으며, 특히 임신 기간에 남편이 자신을 위해 집에 일찍 들어와 함께 산책하며 곁에 있어준 것과 출산 후 집안일을 많이 한 것에 고마워했다.

[조사자: 처음엔 낯설었는데, 한국에 오셨을 때 어떻게 극복하게 되신 거예요?] 남편이 많이 도와주는 것 같아요. 왜냐하면 우리 남편이 항상 내가 원하는 것, 사고 싶은 것 항상 사줘요. 남편이 그렇게 잔소리하지 않고 그냥 사, 사. 막 이렇게 해가지고. 아, 내가 원하는 거는 해주기 때문에 그냥 조금 덜 외로웠어요. (연구참여자 H)

뭐 지금도 변하지 않은 것 같아요. 똑같아요. 음…. 되게 상대방에게는 많이 관심도 주고 배려도 많이 해주는 사람인 것 같아요. "꼭 이거는 이렇게, 저렇게 해"라고 하지 않아요. 저한테 지적하지 않고 그냥 "이런 거 있는 데 이렇게 하면 어떨까?" 되게 이런 식으로 대화를 해요. 다른 친구들은 우울, 그런 게 많이 있는 것 같은데 저는 그런 게 없는 것 같아요. 처음부터 지금까지 무슨 일 있으면 남편하고 많이 이야기해요. (연구참여자 E)

그때 남편 없었으면 또 모르는 거예요. 어떻게 됐을지. 임신했을 때는 왠지 사람이 계속 짜증이 나고 그래요. 한참 동안 남편이랑 산책도 하고 공원에 가서 아이스크림 하나 먹는 데 한 3~4시간 앉아가지고는 그러

는데 한동안 그때 좀 지나가니까 괜찮은 것 같아요. (연구참여자 E)

우리 신랑은 약간 모르겠지만 무뚝뚝할 것 같은데요. 그 무뚝뚝하지만 대개는 행동이라던지 그런 거 되잖아요? 집에 오면, 퇴근하자마자 집에 와서 와이프는 요리하면은 자기는 설거지하고, 아니면은 저희 청소하면서 자기도 빨래하고 그렇게는 서로 도와주고. 근데 좀 아마 부부는 감정이 있나 봐요. 말하면요 다 알아들어요. (웃음) 다행히. (연구참여자 C)

반면, 연구참여자들은 언어나 문화 차이로 인해 갈등을 겪기도 했다. 연구참여자 C는 임신 중 남편이 회식으로 늦게 들어오는 일이나 회식의 의미를 오해하여 생긴 문제로 다툰 적이 있다. 또한 남편이 자신에게 큰소리친 것에 놀라 혹시 남편이 자신과의 사이에 아이가 생겨 결혼한 것은 아닌지 의심했다. 연구참여자 A는 결혼 초 한국 음식이 입에 맞지 않아 필리핀 음식과 비슷한 고기만 먹었다. 남편은 이해는커녕 고기만 먹지 말라고 타박했고, 지금까지도 필리핀 음식을 먹지 않아 불편한 마음을 갖고 있다. 또한 사랑 없는 부부관계로 인해 결혼에 대한 회의감이 들었다. 연구참여자 H는 남편을 다른 나라에 여행을 보내 언어가 안 통하고 음식도 입에 맞지 않는 어려움을 경험해봤으면 좋겠다며 자신을 이해하지 못하는 남편에게 섭섭함을 표현했다.

신랑 하루는 자기가 회식하러 저는 한국 회식 그렇게 몰랐어요. 자기는 12시에 들어오는 거예요. 저 임신하고 혼자 있는데. 이거 답답해 있는데 물어보면 자기 회식이고 어디서 회식하는지는 이야기 안 하는 거야. 너무 답답했고. 저도 말 못 하니깐 따지지 못하잖아요. 계속 울었어

요. 신랑도 그때는 저한테 큰소리했어요. 저 처음이라서 저한테 큰소리 말하니깐 이 사람 나, 나 결혼해서 그냥 애 때문에 그런가? 그렇게 생각했어요. (연구참여자 C)

아직 익숙하지 않은 문화라서, 우리 신랑이 이해 안 해주고. 저는 혼자잖아요. 한국 있는 음식 비슷한 건 고기밖에 없잖아요. 우리 집에는 자꾸 고기만 많이 먹지 말라고 싸우고 그래요. 그러면 어떻게 해. 매운 음식도 못 먹는데. 지금은 필리핀 음식 요리하면 신랑이 안 먹어요. 조금 마음이 아프죠. (연구참여자 A)

신랑이랑 싸울 때마다 우리 엄마 생각나는 거예요. 옛날 저는 한국 사람이랑 결혼하면 제가 힘든 거 벗어날 것 같은. 근데 잘못됐어요. 잘사는 남자 아니고. 근데 사랑도 없고 있잖아요. 엄마가 더 나은 것 같아요. 더 힘들어도, 아빠 사랑하니까 마음이 편한 거예요. 저는 보면은 진짜 사랑 없는 관계, 그냥 살아가는 그냥 그런 관계만 있어요. (연구참여자 A)

아, 남편 일본 보냈으면 좋겠다. 이렇게 다른 나라 체험할 수 있게. 다른 나라 가면 말, 언어도 안 맞고 음식도 안 맞고 그런 경험해봤으면 좋겠다. 저도 결혼하고 한국말 못했을 때, 남편들이 우리 와이프 얼마나 힘들었는지 알았으면 좋겠다. 남편이 말 못하고 그냥 한국말 하는 거야. 상대방은 일본어 하는 거고 아우, 정말 너무 좋아. (웃음) (연구참여자 H)

결혼은 각자 성장배경, 가치관, 성격, 신념 등이 다른 두 사람이 만나 부부로서 생활을 꾸려가는 것이다. 콜먼(Coleman, 1984)은 부부 갈등을 "부부

간 목표, 욕구, 기대, 생각이 불일치할 때 발생하는 것"이라 정의한다. 유영주 외(2007)는 "부부간 갈등이 생기는 것은 당연하고 필수불가결한 것으로, 이러한 갈등을 어떻게 해결하고 관리하는지가 중요하다"고 했다(김경화, 2020). 김동연(2021)은 우리나라 부부의 갈등 원인을 "나와는 다른 존재로서 서로의 다름에 대한 이해 부족"이라 했다. 즉, 언어와 문화에 상관없이 모든 부부는 성격 차이나 의사소통의 불일치와 단절로 인해 답답함과 외로움을 느끼며 내 편이 되어주지 않는 배우자로 인해 실망감을 느끼는 것이다. 일반 부부도 결혼생활에 적응하는 데 어느 정도의 시간이 소요되고 서로의 노력이 요구된다(김오남, 2005). 다문화가정 부부 또한 일반 부부와 마찬가지로 다문화가정이기 이전에 서로 다른 사람을 만나 함께 생활한다는 점에서 본질적인 어려움이 발생할 수 있다. 반면 다문화가정 부부의 경우 개인적 성향 차이와 더불어 언어적·문화적 차이에서 오는 어려움을 동반하여 한국 남편과의 관계에서 더 어려움을 경험할 수 있다(김금희, 2016).

다문화가정 부부의 언어적·문화적 배경의 차이에서 오는 갈등은 서로의 다름에 대한 존중이나 상호 간 이해 부족으로 더욱 악화된다(김금희 외, 2013). 부부간 소통이란 "서로 막힘 없이 이해되어 오해가 없는 것"을 의미하는 것으로, 단지 한국어를 능숙하게 말하고 어려운 단어를 구사할 수 있는 능력이 있다고 해서 이루어지는 것이 아니다(최지영, 2013). 즉, 언어와 문화의 차이에서 오는 공백을 아내의 몫으로만 돌리기보다는 남편 또한 아내의 언어와 문화를 이해하려는 태도로 적극적으로 소통하는 것이 부부간 언어와 문화의 차이를 좁히는 데 영향을 줄 수 있다. 이러한 남편의 노력은 아내에게 지지와 존중을 받는 느낌을 주어 한국어와 문화를 좀 더 빨리 이해하려 노력하는 동력이 된다(김금희, 2016).

이은희(2020)는 다문화가정 부부의 경우 결혼 연수가 더할수록 사회

적·경제적 요인보다는 배우자 간 친밀감이 결혼 만족도에 강한 영향을 미친다고 했다. 부부 친밀감은 배우자와 함께 느끼는 긍정적이고 밀접한 느낌이며(양진선, 2004), 부부가 서로에게 이해와 돌봄을 받고 있다는 인식이다(유경숙, 2017). 부부가 일상생활에서 표현하는 의사소통, 애정, 지지 같은 긍정적 상호작용은 신뢰감을 증진시키고(Ritchie & Fitzpatrick, 1990), 친밀감을 높여주며(Gottman, 1999), 함께하는 시간을 증가시켜(Johnson & Anderson, 2013) 결혼 만족도를 높이는 기제가 된다.

이처럼 결혼이주여성의 '여자로서의 아내 서사'에서 알 수 있듯이 결혼이주여성은 남편과 언어·문화 차이에서 오는 어려움을 경험하지만, 일반적으로 같은 문화권에서 성장한 두 남녀가 만나 결혼하고 부부가 되는 경우에도 각자의 다른 성장배경의 차이로 인해 결혼생활에 어려움을 겪게 된다(허은경, 2014). 즉, 부부가 친밀감을 형성하기 위해 애정을 기반으로 서로 다름을 인정하고 이해하려고 노력하는 과정은 일반 결혼여성들과 별반 다르지 않음을 알 수 있다.

2.
동반자로서의 아내 서사

'동반자로서의 아내 서사'는 남편과의 관계에서 평등성에 초점을 맞추어 형성된 서사를 의미한다. 명확한 성역할 관념에서 벗어나 부부가 공동으로 역할을 담당하고, 자녀 양육에 공동책임을 지며, 가족이 여가를 함께 보냄으로써 친밀감이 증가하는 부부관계로 나아간다는 것이다(김경진, 2011). 오정미 외(2022)는 결혼이주여성에게 가족은 한국에서의 삶을 결정짓는 가장 중요한 인간관계이고, 그중 자녀와의 관계가 가장 중요하다고 했다. 결혼이주여성들의 인간관계가 자녀 중심의 내러티브를 형성해왔다는 것은 그만큼 자녀와의 관계가 그녀들의 삶에 커다란 영향력을 미치고 있다는 것을 의미한다(오정미 외, 2022). 결혼이주여성들은 엄마가 되면서 한국에서 가족과 사회의 구성원으로서 인정받는 경험을 한다. 한국 남성의 아내가 됨으로써 한국 사회로 이주했다면, 아이의 엄마가 되면서 비로소 한국 사회에 정착하는 경험을 한다.

(1) 자녀교육과 독박육아에 대한 불만의 이야기

연구참여자 대부분은 남편과의 관계에서 자녀교육에 대한 가치관 차이로 갈등을 겪고 있었고, 남편이 자녀를 교육하며 큰소리를 내는 문제로 다툰 경험이 있다. 연구참여자 E는 어린 자녀에게 사교육을 시키기보다는 마음껏 놀게 하며 자연스럽게 키우길 원하지만, 남편은 이를 불안해한다고 했다. 반대로 연구참여자 C와 H는 아이들에게 다양한 배움의 기회를 주는 것을 남편이 반대한다고 했다. 연구참여자 C는 남편이 이따금 아이들을 가르칠 때 큰소리를 내지 않고 아이의 눈높이에서 차분하게 대하길 바란다는 마음을 표현했다.

[조사자: 혹시 다투시면 어떤 문제로 다투셨어요?] 아기 때문에요. 아기 키우는 거는 방법 우리 서로 달라서 내 문화랑 남편 문화랑 달라서 나는 이렇게 좀 자연스럽게 하고 싶어. "놀아, 놀아" 이렇게. 근데 남편은 막 수학 이거 잘하고 싶다고 하는데. 근데 아기가 놀고 싶어. 그럴 때마다 싸워요. 남편이 그렇게 걱정하나 봐요. 남편은 "계속 너가 이렇게 놀아라고 하면 아이들 계속 평생 이렇게 놀 거야" 해요. (연구참여자 D)

우리 싸우는 부분은 교육이에요. 애들 교육. 남편은 학습지 시키지 말라, 태권도 시키지 말라, 방과 후 시키지 말라. 이런 부분인데 다른 부분은 싸우지 않아요. (연구참여자 H)

우리는 경제 때문에 싸우지 않아요. 근데 애 교육 때문에. 자기가 애한테 가르칠 때는 화가 나요. 구체적으로 설명해야 애가 받아주잖아요.

아빠는 매일 만나는 게 아니라 가볍게 가르치면은 좋겠다고 생각이 들어서. 자기도 뭐 그러면 당신이 왜 안 하냐고 그렇게 물어보잖아요. 저희 매일 하잖아요. 제가 거기 남편 가는 날에는 제가 거의 다 담당하잖아요. (연구참여자 C)

또한 가족이 함께 시간을 보내기를 갈망하나 남편이 아이들과 놀아주지 않아 독박육아를 하게 되고, 가족여행의 기회가 없어 기대가 충족되지 못하는 것에 불만을 드러냈다. 연구참여자 H는 남편이 자신의 친구들과 노는 것을 좋아하면서 아이들과는 놀아주지 않는 것이 섭섭하며 가족끼리 추억을 쌓길 바라고, 연구참여자 B 또한 가족여행을 간 적이 없어 불만이라 했다. 연구참여자 A는 남편에게 아이들과 놀아달라고 요구해도 한국 남성들은 그렇게 하지 않는다는 핑계를 대며 응하지 않아 아이들과 잘 놀아주는 남편이 있는 가정을 부러워했다. 연구참여자 G는 연애할 때와 달리 남편과 함께하는 시간이 적고, 독박육아를 해야 하며, 매일 남편을 기다려야 하는 결혼생활에 답답함을 느꼈다.

애들한테 많은 추억 남겼으면 좋겠어요. 왜냐하면 함께 있는 시간이 별로 없어가지고. 애들이 아빠를 생각하면 생각나는 추억 없잖아요. 남편은 싫어해요. 남편이 그렇게 활동할 때 같이 안 하고 하면 애들한테 남은 정 없는 거 같아. 남편이 항상 친구들 같이 있는 거 좋아하고. 저는 애들 같이 있어도 힘들다고 느끼지 않아요. (연구참여자 H)

같이 여행 간 적이 없어요. 몇 번 약속했었는데, 자꾸 취소되고. (웃음) 신랑이 처음에 우리 같이 같이 갈려고 했는데 싸웠어요. 그래서 우리 셋

이서만 갔어요. 남편 빼고. (웃음) 그래서 항상 우리 3명만 놀러가고. 남편 없고. (연구참여자 A)

신랑 없을 때마다 다른 가족들 자꾸 비교하게 돼. 자꾸 부러워요. 특히 남편들이 잘 놀아주는 가족들 보면 진짜 너무 부러운 거예요. 그래서 항상 신랑한테 자꾸 이야기해요. "한국 사람 똑같아"라고 이야기해요. "아니거든? 밖에 나가면은 한국 남자들은 얼마나 잘 놀아주잖아." 그런데 옛날 신랑이라서. (웃음) 집에만 있고 싶은 거야. (연구참여자 A)

가족이 그렇게 함께하는 것 놀이는 여기 와서는 그냥 애기 아빠가 1박 2일로 고기 잡으러 물고기 잡는 것 좋아해요. 신랑이랑 놀이 가는 거는 그거밖에 없어요. 저는 가족끼리 어디 놀러 가면서 다른 나라 여행 가는 거 그런 것 놀면 좋겠어요. (연구참여자 B)

3년 동안은 계속 이혼을 생각해요. 진짜로… 여기 와서, '아, 옛날에 연애하는 거는 그냥 여행 오는 것처럼 기분 좋은 일이었는데…' 하지만 여기 이사 와서 남편은 일하고, 늦게 끝나고. 나는 그냥 머리가 이렇게 몸, 샤워도 못 하고 아이 키우고. 어떻게 하는지도 모르고 있고, 남편만 기다리고 있고. (연구참여자 G)

결혼이주여성에게 '자녀와의 연결'은 부부가 친밀한 관계를 유지하는 데 중요한 요인으로 작용하고, 남편의 양육 참여가 많을수록 부부관계에 긍정적으로 반응한다(서주현·김진경, 2012). 남편과 아내 모두 양육과정에 적극적으로 참여하는 것은 자녀나 배우자에게뿐 아니라 본인의 부모로서

역할 만족도에 영향을 미침을 알 수 있는 결과다(이은실, 2007). 김이선(2008)은 결혼이주여성이 자녀와의 관계를 한국 사회로의 완전한 진입을 위한 끈으로 생각하고 자녀와의 관계를 중심으로 부부관계가 견고해진다고 했다. 그들은 자녀와 함께하는 시간이 행복하고 세상 더없이 좋다고 느끼며, 그 중심에는 남편과 함께 자녀를 잘 양육하고 싶은 바람이 있다. 자녀와의 깊은 연결을 경험하며 부부로, 부모로 사는 것은 결혼이주여성이 삶을 이어가는 이유이고 의미이기도 하다(이은희, 2020).

반면 부부관계에서 자녀와의 연결이 중요하듯이 자녀 양육은 부부 갈등을 일으키는 가장 중요한 요인이 된다. 다문화가정 부부는 문화와 사회적 배경, 가치관 및 교육관 등에 다소 이질적 특성을 공유하고 있다(배문숙, 2012). 다문화가정 남편의 경우 자녀 양육에 대해 부부가 함께해야 한다는 부모 역할 공평 의식을 가지기보다는 자녀 양육은 어머니가 담당할 몫이라는 의식이 한국 일반가정 부부보다 더 높게 나타났다(안미숙, 2015). 이러한 부모 역할 수행과 관련한 다문화가정의 이중적 의식은 다문화가정 부부의 부모 역할 갈등 및 만족도에 영향을 미치는 주요 요인이 되고 있다. 또한 아내가 남편인 자신의 문화 및 한국 문화 모두를 받아들이도록 강요하여 갈등을 겪는다(성현란, 2011).

(2) 가족과 함께하고픈 노력의 이야기

연구참여자들은 남편이 자상한 아버지로서 아이들과도 잘 놀아주고 가족과 함께하는 시간을 보내기를 원하고 있으나 이러한 것이 이루어지지 않는 것에 불만을 갖고 있다. 동시에 가족의 평안을 위해 스스로 인내하거나 가족이 함께 행복할 방법을 고안하고 남편과 함께 미래를 계획하

기도 했다. 연구참여자 E는 남편과 갈등이 있더라도 자녀가 알지 못하도록 겉으로 드러내지 않으려 노력했고, 연구참여자 H 또한 남편과 다투지 않고 좋은 관계를 유지하기 위해 남편이 싫어하는 것은 하지 않으려고 애썼다. 연구참여자 3*은 아이를 생각해서라도 힘든 일을 견디며 잘살아야 한다고 다짐했다. 연구참여자 A는 남편의 제안으로 시작한 가족회의 덕분에 가족 간 관계가 좋아진 것에 만족스러워했고, 연구참여자 G는 서로 대화가 없어 점점 멀어지는 느낌을 받아 적은 평수의 집으로 이사 가자는 제안을 했다. 연구참여자 C와 E는 노후에 남편과 자신의 모국에서 지내고 싶은 희망을 꿈꾸었다.

> 제가 처음에는 힘들지만 우리 서로 힘들지만 그래도 포기하는 거는 내가 한 번도 생각 안 했어요. 아기들 안 보는 데서 우리 둘이서만 있을 때. 그래서 화가 나면 우리 둘이 했죠. 요즘은 그래서 진짜 옛날보다 많이 좋아졌어요. (연구참여자 D)

> 아, 고집도 세고 음성도 높아요. 근데 참는 거지. 안 참으면 싸워요. 그냥 꿀꺽하면 편해요. 근데 살다 보면 남편도 괜찮은 사람이라고 생각해 가지고 부부는 말다툼도 할 수 있고 에이, 그냥 하고 남편이 싫어하는 거 있으면 싫어하는 건 하지 않고 그냥 서로 이해하는 게 제일 좋은 방법인 것 같아요. (연구참여자 H)

> 우리 신랑 이제는 한번 회의 해요. 카사회의. 한 달에 한 번 모여가지고 어떤 어떤 좋아하는 거, 나쁜 거는 이거 빼고 이렇게 해요. 가족사랑

---

* 이은희(2020), 『베트남 결혼이주여성의 부부친밀감에 관한 현상학적 연구』

회의라고 만들었어요. 우리 신랑 생각하는 거예요. 그때부터 우리 애들도 그… 존댓말 계속 쓰는 거예요. 존댓말을 계속 하니까, 성격도 점점 바뀌는 거예요. 처음에는 맨날 싸워요. 이제는 점점. (웃음) 애들 위해서. (연구참여자 A)

남편 거실에 있고 제가 안방에 있고. 싸우지 않았는데 느낌이 점점 '뭐지? 가족이 잘살아야 하는데, 점점 멀어지고 있잖아' 이런 생각이 생겼어요. 그래서 남편한테 "혹시 다음에 이사하면 우리가 좀 평수가 더 적은 데로 가자. 지금은 25평 딱 좋다, 제 마음에. 몸이 붙이고 같이 안방 TV 보고, 거실은 그 라이브러리, 도서관처럼 책 사놓고. 그래서 가까워지고, 소통 더 하고. 서로 몸이 붙이니까(가까워지니까), '아~ 이런 게 가족이지.' 그런 생각이 들었어요. (연구참여자 G)

애기 있으면 묶었잖아요. 부부 묶어줬잖아요. 그러니까 힘들고 싸우더라도 애기 있으면 둘 묶어, 같이 살아야 돼. (연구참여자 3)

나도 나중에는. [조사자: 아, 그래도 고민은 해보셨구나. 가족들 다 같이 필리핀에 가가지고 거기서 남편분은 사업하시고, 그렇게 해서 아기 키우고 그런 것들을 고민해보셨는데 지금은.] 네. 지금은 아니고. (연구참여자 D)

남편이 베트남어도 배우고 있어요. 인터넷 사이버 있잖아요. 원투원인가? 받아서 해서 매일 하나씩 하나씩 배우는데. 자기도 베트남 가고 싶대요. 나중에 거기 60세 되면 가고 싶대요. (연구참여자 C)

많은 결혼이주여성은 자녀를 위해 배우자를 존중하고 이해하려 노력하며 인내와 순응을 선택한다. 이는 결혼이주여성이 한국 생활에 적응하기 위해 감내하는 것으로 새로운 문화에 인내를 가지고 지속적으로 견뎌내는 것을 의미한다고 할 수 있다(김금희, 2016). 부부가 서로 원만한 관계를 유지하기 위해 함께하는 시간과 공유할 수 있는 추억(함께 지낸 경험)이 많아야 하는데, 많은 한국 남편들이 휴무가 없는 직업상의 특성 때문에, 혹은 아내와 여가를 함께 보내는 것의 중요성을 이해하지 못하기 때문에 아내와 시간을 함께 보내지 못하고 있다(최지영, 2013). 반면 한국 남편이 자신을 이해하고 인내하는 아내의 노력을 인정하며 자녀에게 미치는 영향을 최소화하기 위해 부부간 갈등을 조절하고 노력하는 모습은 부부관계에 친밀감을 더하고 자녀를 통해 부부가 결속됨을 보여준다.

이은희(2020)는 다문화가정에서 부부간 친밀성을 구성하는 중요한 요소로 가정경제와 자녀 양육을 포함한 남편의 관심과 함께 권한 부여를 통한 소속감, 동반자적 관계인 연대 의식으로 보았다. 최지영(2013)은 남편이 자녀와 관련된 중요한 보육과 교육에 관하여 자신과 의논하는 과정을 통해 자신을 아내로서 인정한다는 의미가 내포되어 있다고 생각하는 것으로 나타났다. 또한 자신의 수입이 적거나, 빚이 있는 등 자신의 상황을 아내에게 속이지 않고 솔직하게 이야기하고 일정액의 생활비를 아내가 자율적으로 사용할 수 있도록 권한을 줄 때 아내들은 남편이 자신을 진정한 동반자로 인정한다고 생각했다. 이러한 과정을 통해 얻어진 부부간 친밀감은 배려와 신뢰, 연대 의식과 소속감을 포함하는 의미라 할 수 있으며 가정의 경제적 형편이 어려워진 경우에도 부부가 합심하여 굳건하게 가정을 지켜내는 원동력으로 작용했다.

이처럼 결혼이주여성의 '동반자로서의 아내 서사'에서 알 수 있듯이

결혼이주여성은 자신의 나라와 다른 한국에서의 자녀 양육 과정에서 남편과 자녀 양육에 대한 가치관의 차이를 느끼며 갈등을 경험하지만, 남편을 평생 함께할 동반자로 인식하며 자녀를 기반으로 남편과 돈독한 관계를 유지하고자 노력하는 일반 결혼여성들의 경험과 별반 다르지 않음을 알 수 있다.

3. 피보호자로서의 아내 서사

'피보호자로서의 아내 서사'는 대등한 부부관계이기보다 남편에게 조력을 받는 부부관계에서 형성된 서사를 의미한다. 오정미 외(2022)는 다수의 결혼이주여성이 가족 안에서도 이주민의 위치에 있음을 가족관계의 서사로 확인했다. 결혼이주여성은 결혼과 동시에 한국에서 모든 것이 낯선 세상에 놓여 알아들을 수 없는 말 속에 소외되며, 이들에게는 남편만이 세상의 시작이자 끝이 되곤 한다(한국이주여성센터, 2018). 하지만 한국 사회의 가부장적인 구조로 인해 결혼이주여성의 체류에 대한 법적 지위는 현재 남편에게 예속되어 있으며 남편이 소유하고 있는 자원의 양, 부부관계에서의 권력 등 불평등성으로 남편은 아내에게 주도적인 영향력을 행사할 수 있다(장온정, 2007). 이러한 주도권은 '가족'이라는 사적 공간 내에서 발휘되어 결혼이주여성의 삶의 만족도에 주요 요인으로 작용할 수 있기에 한국 남편의 영향력은 매우 중요하다. 남편의 주도적인 영향력이 긍정적으로 작용할 경우 남편은 결혼이주여성이 한국 사회에 적응하는 데 조력자 역할을 할 수 있지만, 부정적으로 작용하면 남편의 권위적이고 독단적인

태도로 인해 가족 간 부적응과 갈등이 발생할 수도 있다(박진옥, 2011).

(1) 남편의 조력이 긍정적 힘이 되는 이야기

연구참여자들은 결혼 전 남편이 원가족에게 경제적인 도움을 주겠다거나 자신이 하고 싶은 공부를 하라는 말에 결혼을 결심하게 되었고, 남편이 그 약속을 지키고 일상생활에 적응할 수 있도록 도움을 주는 모습에 고마움을 느꼈다. 또한 남편이 아내의 미래를 계획하고 투자하는 것을 아끼지 않고 지지하는 모습에 애정을 느끼며 힘을 얻었다. 다문화가정의 한국 남편을 인터뷰한 최지영(2013)은 한국 남편이 적극적으로 아내의 교육을 돕거나 자신이 힘들더라도 아내의 원가족을 도우려는 노력을 우선시하고 있는 사례를 보여주었다.

연구참여자 D는 결혼 전 가족들에게 경제적인 도움을 주고 있었다. 이에 남편은 결혼 후 원가족에 대한 경제적 지원을 흔쾌히 약속했기에 D는 결혼을 결심했다. 연구참여자 G는 남편이 결혼 후 한국에서 자신이 좋아하는 공부를 하도록 도와주겠다는 말에 감동해 결혼하게 되었다. 연구참여자 C는 결혼 후 남편이 음식을 해주거나 항상 병원에 데리고 다니는 등 일상생활을 다 알아서 해주어 한국 생활에 어려움을 느끼지 못했고, 연구참여자 E는 결혼 후 남편이 경제적인 부분을 도맡아 해주고 친정에 용돈도 알아서 보내주어 편하다고 느꼈으며, 연구참여자 E와 5*는 하고 싶은 공부를 하도록 지지해주는 남편에게 고마움을 나타냈다. 특히 '캄보디아 청주댁'으로 불리는 프로당구 여제 스롱 피아비(31)의 사례**에서도 남편

---

* 이은희(2020), 위의 논문.

** KBS,「인간극장」, 피아비의 꿈, 2019. 6. 17.

의 협조 여부의 중요성을 엿볼 수 있다. 2010년 국제결혼을 통해 한국에 온 후 타국에서의 삶을 외로워하던 그녀에게 남편은 당구를 권했다. 그녀는 하루 10시간 이상 연습에 매진한 끝에 여자스리쿠션 국내 1위에 이어 아시아여자선수권을 연거푸 제패했다. 그녀는 당구가 자신의 삶을 바꾸어놓았다며 자신을 위해 살림을 도맡아 하며 당구에 열중할 수 있게 도와준 남편에게 고마움을 전했다. 연구참여자 2*는 아내가 교육받으러 갈 때 자신의 시간을 아내에게 맞추며 아내를 데려다주고 데려오는 일을 자처했으며, 연구참여자 7**은 아내의 원가족을 도울 일이 생길 때 최선을 다해 도와주려고 애썼다.

그때는 내가 한국 결혼할 생각 하나도 없어요. 이제 일하고 부모들이 동생들 도와주고 생활비나 학교비 같은 거나 그런 거 내가 그렇게 살고 싶어요. 근데 남편은 일단 그만한다고 우리랑 같이 결혼하고 싶다고. 제가 조건도 이야기했죠. 동생들 용돈 줘야 되잖아요. 제가 언니니까. 남편이 대신 용돈 좀 줘 이렇게 했어요. 남편이 약속했어요. 남편이 걱정하지 말라고. (연구참여자 D)

"한국 오면 자기가 좋아하는 거 공부해. 내가 서포트(support)해줄게" 했어요. 이 남자가 제가 진심으로 원하는 거 진심으로 생각하는 거 잘 챙겨주고. 제가 진짜로 하고 싶은 거는 활동적인 건데 그걸 남편이 알아줬어요. (연구참여자 G)

---

* 최지영(2013), 『다문화가정 한국인남편의 부부갈등 경험 과정에 관한 질적연구』

** 최지영(2013), 위의 논문.

저희 임신 때부터는 초보한테는 신랑한테는 다 신랑은 데려주고 병원 갈 때마다 신랑은 데려거든요? 그리고 자기가 알아서 대화하니깐 저는 생각 안 하고. 다행히 그때는 신랑이 그때는 신랑도 요리사 자격증 있으니깐 자기가 집에서는 자기는 저 좋아하는 음식을 자주 해주고. 불편하지 않았어요. (연구참여자 C)

[조사자: 경제 관리는 어떻게 해요?] 남편이 해요. 용돈을 줘요. 그래서 먹고 싶은 거 먹고 이렇게. 시장 장 보는 거는 혼자 갈 때도 있고 남편이 갈 때도 있고 그래요. 근데 갈 때는 남편이 돈 줘요. 친정에 돈 보내는 것도 남편이 보내요. 보내고 나서 엄마한테 전화해서 돈 잘 들어갔냐고 하고 그래요. 다 알아서. 다 남편이. 너무 편해요. (연구참여자 E)

'나는 어떡하지?' 해서 저는 그때 한국에 막 와서 뭐 할지 생각을 못했어요. '그냥 공장 다녀야지'만 생각하고 있었어요. 그런데 '나도 조금 더 공부해야겠다' 해서 대학교 다녔어요. [조사자: 남편분이 대단하시다. 그렇게 공부하는 거에 대해 지원을 많이 해주시네요?] 네. 남편도 저한테 항상 그랬어요. "어차피 먹고살아야 하니까. 평생. 너는 지금 젊으니까 하고 싶은 거 먼저 하고" 이랬어요. (연구참여자 E)

제가 지금까지 남편, 아빠한테 고마운 게 뭐냐 하면 반대하지 않았어요. 그래서 지금까지 온 것 같아요. 제가 뭐 공부하면, "어, 하라"고 지지해줘요. 왜 반대하는 사람 있잖아요, 못 하면 서운하게 되는 거죠, 믿어줘서. 진짜 믿어줘서 큰 고마운 것 같아요. 못 해주면 미안하다고도. "미안해" 그 소리도 하고. 당신이 그거 해주면 고맙다고 하고. (연구참여자 5)

남편은 "당구만 잘 쳐라. 살림은 내가 밥해서 먹고 설거지할 테니까. 당신은 그런 것 걱정하지 말고 그런 걱정할 시간에 연습을 더 해라" 그랬어요. "당신이랑 나는 나이 차이가 많이 나니까 언젠가 내가 먼저 죽을 것이고, 당신은 캄보디아를 가든 한국에 있든 다시 결혼해서 살겠지. 그러니까 당신은 아이를 가지면 안 돼" 했어요. 나 때문에 일하면서 밥도 못 먹고 나를 다 키운 것 같아요. (스롱 피아비)

저는 적극적으로 아내를 뒷받침해줘요. 센터에 공부하러 다닐 때에도 적극적으로 뒷받침해줬고 ○○대 교육원이 있어요. 제가 시간을 맞춰요. 일 코스를 조정하고…. 아내 교육날에 가서 태워다주고 2시간 놀다가 태워오고 그랬어요. 그만큼 뒷받침을 해줘야 돼죠. (연구참여자 2)

집에 딱 들어가면 집사람 얼굴이 어두워 보여요. 그럼 처가에 무슨 일 있냐고 물어보지. 친정에 돈이 필요하다고 하면 주겠다고 하고 십만 원이든 이십만 원이든 마련해줘요. 대신에 자기가 좀 아껴. 어차피 나도 마찬가지지만 우리 부모님이 밥을 굶고 있다고 하는데 내가 밥이 넘어가겠냐고요. 맘이 편해야지 불편하면 무슨 일을 하겠냐고요. 다른 집은 처가에 돈 보내는 문제로 많이 싸우고. 우리는 처가에 일 있으면 보내고 없으면 기다렸다 해주고. 최대한 만들어주죠. 다른 것 다 제껴놓고 챙겨주니까. 그거로 다툰 적은 없죠. 차라리 안 먹고 절약해서 돈을 모아서 보내주자. 다른 부부는 무조건 안 돼, 그러면 싸우는 거지. (연구참여자 7)

남편의 조력이 긍정적으로 작용한 경우, 남편은 아내에게 나이 차에 의한 경제적 공백을 미리 대비하여 교육적 지지와 경험적 지지를 제공하

고 아내가 직업을 가질 수 있도록 아내의 능력향상과 개발에 투자한다. 이러한 한국 남편은 아내가 결혼을 통해 가난한 국가 출신이라는 한계에서 벗어나 한국이라는 땅에서 자신의 능력을 마음껏 펼쳐보기를 바라는 마음에 단순노동이나 공장노동에 종사하기보다는 자신의 능력을 보완하거나 개발하여 더 성장할 수 있기를 바란다. 이에 아내를 헌신적으로 뒷바라지하고 아내들 또한 남편의 요청을 이해하고 자기 능력을 개발하는 등 일상생활에 적극적인 태도로 임했다(최지영, 2013).

결혼이주여성들은 사회적 지위와 인적자원이 풍부하지 않기 때문에 남편에게 절대적으로 의존할 수밖에 없다. 결혼이주여성에 대한 남편의 지지가 높을수록 부부갈등은 낮게 나타났는데(김오남, 2006), 주위 사람들의 지지도 중요하나 특히 남편의 지지는 부부갈등을 감소시킬 수 있는 핵심적 역할을 한다. 남편의 지지는 이주여성에게 지위를 부여하고 사회적 자원과의 매개체이자 적극적인 사회참여를 유도해주는 요인으로 작용하여(안윤지, 2016) 한국 사회로의 적응과정에 큰 버팀목이 된다. 또한 미래를 위한 성장요인으로 부부가 함께 노력하고 계획하는 삶으로 향하게 하여(이은희, 2020) 삶을 살아내는 원동력으로 작용하고 부부간 친밀감을 높여준다.

또한 남편의 처가 지원이라는 외적인 환경적 요인에 대한 남편의 대응 노력에 따라 부부간 배려와 신뢰가 성립되는 것으로 확인되었다(최지영, 2013). 결혼이주여성은 자신이 결혼하면 자신과 가족이 경제적 어려움을 극복할 수 있다고 판단하여 국제결혼을 선택한다(응웬티란프엉, 2021). 한국 남편들 또한 결혼이주여성의 원가족에게 경제적 지원을 하기로 한 약속을 지키려고 노력한다. 그러나 남편이 경제적 여유가 없는 경우가 많아 처가를 지원하거나 방문하는 것은 이들에게 큰 부담이 되기에 고심할 수밖에 없다. 이에 아내와의 합의를 통해 처가에 보내는 비용에 대해 나름대로 방

법을 찾는다. 아내들이 바라는 것 또한 많은 돈으로 처가를 지원하는 것이 아니라 남편들이 솔직하게 자신의 상황을 얘기하고 의논하면서 처가에 대한 관심을 보여주는 것이다. 아내들은 이러한 과정을 통해 남편이 자신을 존중하고 인정한다고 생각한다(최지영, 2013).

(2) 남편의 조력이 부정적 제약이 되는 이야기

연구참여자들은 자신이 원하는 것을 할 수 없도록 통제하거나 사소한 일에도 간섭하는 것에 불만을 드러냈다. 또한 남편이 결혼 전 약속했던 원가족에 대한 경제적 지원이 이루어지지 않는 것에 실망감을 나타냈다. 연구참여자 B는 젊은이들이 입는 옷을 사고 싶지만, 남편이 입지 못하게 하여 남편 몰래 쇼핑한다고 했다. 연구참여자 C와 E*는 남편이 자신을 못미더워하며 마치 아이를 대하듯 사소한 일까지 반복하여 물어보고 지시하는 것이 불만이라고 했다. 연구참여자 A는 결혼 후 남편이 경제 사정이 어렵다는 이유로 남편의 가족만 신경 쓰고 원가족에게 용돈을 보내지 않거나 마지못해 보내는 것에 섭섭함을 느꼈다. 연구참여자 10**은 한국 남편 입장에서 아내의 처가 지원과 방문에 대한 부담감을 드러냈다.

> 저는 진짜로 말하면 그 이쁜 아가씨들이 입는 것 옷들이 있잖아요? 저 그런 것 입고 싶었는데 우리 신랑이 그런 것 사지 말라고 하는 거예요. (웃음) 우리도 입고 싶고 그러는데 신랑이 아니, 그거 입으면 안 된다고. 근데 여기 애기 엄마들은 이쁘게 다니잖아요? 그죠? (연구참여자 B)

---

* 한주리 · 김인영(2012), 「다문화가정의 부부갈등 커뮤니케이션에 관한 연구」

** 최지영(2013), 앞의 논문.

신랑은 그동안 자기가 무뚝뚝하잖아요. 약간 꼼꼼한 성격이라서요. 약간 뭐하든지 준비해야 되는. 해야 되고 그러고는 저희 여러 번은 반복해서 이야기하는 거예요. 예를 들면 저희 특히 나가서 "핸드폰 챙겼어?" 한 번도 아니고 두 번이나 물어보는 거예요. 항상 나가면은 어떻게 해야 되는지를 가르쳐줘요. 할 줄 아는데 근데 되게 남자니깐. 그리고 목소리 부드럽지 않아서 제가 "아이씨" 그래요. (웃음) (연구참여자 C)

결혼한 지 7년 됐는데, 아직도 날 애 취급해요. 이젠 말도 좀 잘 통하는데도 나가면 어디 가냐, 누구 만나냐, 뭐 사면 얼마냐, 그리고 다른 사람 만날 때는 어떻게 해라 뭐해라. 진짜 이래라저래라, 자기는 나 걱정돼서 한다는데, 나도 이젠 혼자 알아서 잘하는데. 걱정 좀 그만해도 된다고 해도 똑같아요. (연구참여자 E)

우리 신랑이 옛날에 안 좋은 상황 있어서 돈 다 날라간 거예요. 그래서 자기 가족 신경 써야 한다고 필리핀에 돈 안 보낸 거예요. 제가 일하면서 조금씩 보내는 건데. 어떨 때 "조금 보내줘"라고 할 때만 조금 보내는 거예요. 근데 억지로 자기 돈이 없어서. (연구참여자 A)

문제가 되는 것은 아내가 처가에 가고 싶어 하는데 돈이 많이 드는 게 문제죠. 처가에 초에는 십만 원씩 보냈는데 도저히 힘들어서 못하겠더라고. 비행기 삯만 이백이 넘어가요. 가서 쓰고 하면 사백 정도. (연구참여자 10)

남편의 조력이 부정적으로 작용한 경우, 결혼이주여성이 부부간 수

평적 가족관계를 지향하는 가족관을 가진 것과 달리 남편은 남성 중심적 부계가족 질서를 강요하고 아내보다 자신이 더 우월하다는 사고로 수직적인 부부관계를 유지하려 한다는 것을 발견할 수 있다(안윤지, 2016). 가부장적 가치관과 출신 국가에 대한 차별적 태도가 중첩되면서 결혼이주여성을 무시하고 통제하려는 행동을 보인다(김경화, 2020). 결혼이주여성보다 연령이 높고 한국 문화에서 권력을 가지고 있는 남편이 아내가 한국 문화를 잘 모른다는 이유로 마치 어른이 아이를 대하듯 하거나, 혹은 빠른 적응을 위한다는 명분으로 아내의 옷차림, 만나는 사람들, 외출 등 아내의 생활 전반에 지나치게 간섭하는 것 등이 여기에 속한다(김금희, 2016).

또한 아내의 원가족 송금 문제와 관련하여 남편의 무시나 무관심은 다문화가정 부부갈등의 주요한 원인이 되기도 한다(김연수, 2010). 한국 남편의 경제적 능력이 기대했던 만큼 충분하지 못한 경우가 의외로 많고, 자신이 경제활동을 함으로써 이를 해결할 가능성이 낮기 때문에 경제적 어려움으로 인한 부부갈등은 당연한 결과다(김오남, 2006). 결혼 전 원가족에 대한 송금을 약속했던 남편이 결혼 후 약속을 지키지 않을 경우 부부간의 신뢰감이 무너진다(김금희, 2016). 특히 결혼 초기 부부간 신뢰가 형성되지 않거나 결혼 관계가 원만하지 않은 경우 부부갈등을 악화시키는 결정적인 요인으로 작용한다(안윤지, 2016).

이처럼 결혼이주여성의 '피보호자로서의 아내 서사'에서 알 수 있듯이 결혼이주여성은 한국 사회의 가부장적인 구조와 체류에 대한 법적 지위가 남편에게 예속되어 있는 상황에서 남편에게 전적으로 의지하는 삶을 살 수밖에 없다. 이는 일반 결혼여성들이 경험하는 것과 다른 특수한 서사다. 남편의 조력이 긍정적으로 제공되는 경우 남편이 아내의 미래를 계획하여 적극적인 지지와 지원을 하며 아내와 삶의 방향을 맞추어가고

있는 반면, 부정적으로 제공되는 경우 가부장적 가치관과 출신 국가에 대한 차별적 태도가 중첩되면서 아내를 무시하고 통제하려는 행동을 보인다. 특히 아내의 원가족에 대한 지원은 다문화가정 부부관계에 중요한 요소이지만, 부부관계의 갈등은 아내의 마음을 알아주지 않고 무시하는 남편의 태도에서 나오는 것으로 남편의 경제적인 어려움이나 부담감을 아내와 상의하며 해결해나가는 모습에서 아내는 남편이 자신을 존중함을 느끼며 남편을 이해해가는 것을 볼 수 있다.

4.
소결:
내러티브를 통해 본 아내 서사

결혼이주여성의 내러티브에 나타난 아내 서사는 '여자로서의 아내 서사', '동반자로서의 아내 서사', '피보호자로서의 아내 서사'로 나눌 수 있다. 이는 결혼이주여성이 일반적인 아내가 겪는 보편적인 삶과 더불어 이주민으로 겪는 특수한 삶을 동시에 살아가고 있음을 보여준다. 결혼이주여성들의 '아내 서사'가 우리 사회에 시사하는 바는 다음과 같다.

첫째, '여자로서의 아내 서사'는 보편적 경험에 해당하는 것으로, 결혼생활을 유지하면서 남편과의 애정에 관련된 서사를 의미한다. 결혼이주여성들은 경제적으로 더 나은 미래에 대한 희망뿐만 아니라 긍정적인 이미지를 가진 한국 남성에게 사랑을 받을 것이라는 기대를 안고 언어도, 문화도 다른 한국에서 자신과 평생 살아갈 동반자를 선택했다. 하지만 다문화가정이기 이전에 서로 다른 사람을 만나 함께 생활한다는 점에서 일반 부부와 마찬가지로 본질적인 어려움이 발생할 수 있다. 김동연(2021)은 우리나라 부부의 갈등 원인을 "나와는 다른 존재로서 서로의 다름에 대한 이해 부족"이라 했다. 즉, 언어와 문화에 상관없이 모든 부부는 성격 차이나

의사소통의 불일치와 단절로 인해 답답함과 외로움을 느끼며 내 편이 되어주지 않는 배우자로 인해 실망감을 느끼는 것이다. 단지 한국어를 능숙하게 말하고 어려운 단어를 구사할 수 있는 능력이 있다고 해서 이루어지는 것이 아니다(최지영, 2013). 즉, 결혼이주여성이 언어와 문화의 차이에서 오는 공백을 넘어 남편과의 관계에서 서로 다름을 인정하고 이해하며 친밀감을 유지하는 과정은 일반 결혼여성들과 별반 다르지 않음을 알 수 있다.

둘째, '동반자로서의 아내 서사'는 보편적 경험에 해당하는 것으로, 부부가 가정경제나 자녀 양육에 공동책임을 지는 평등성에 초점을 맞추어 형성된 서사를 의미한다. 특히 결혼이주여성은 자녀와의 관계를 한국 사회로의 완전한 진입을 위한 끈으로 생각하고 자녀와의 관계를 중심으로 부부관계가 견고해진다고 했다(김이선, 2008). 또한 남편이 자녀교육에 관하여 자신과 의논하는 과정을 통해 자신을 아내로서 인정한다는 의미가 내포되어 있다고 생각하는 것으로 나타났다(최지영, 2013). 즉, 결혼이주여성은 자신의 나라와 다른 한국에서의 자녀 양육 과정에서 남편과 자녀 양육에 대한 가치관의 차이를 느끼며 갈등을 경험하지만, 남편을 평생 함께할 동반자로 인식하며 자녀를 기반으로 남편과 돈독한 관계를 유지하고자 노력하는 일반 결혼여성들의 경험과 별반 다르지 않음을 알 수 있다.

셋째, '피보호자로서의 아내 서사'는 결혼이주여성들의 특수한 경험에 해당하는 것으로, 대등한 부부관계이기보다 남편에게 조력을 받는 부부관계에서 형성된 서사를 의미한다. 결혼이주여성의 체류에 대한 법적 지위는 현재 남편에게 예속되어 있으며(장온정, 2007), 결혼이주여성들은 사회적 지위와 인적자원이 풍부하지 않기 때문에 남편에게 절대적으로 의존할 수밖에 없다. 남편의 조력이 긍정적으로 제공되는 경우 남편이 아내의 미래를 계획하여 적극적인 지지와 지원을 하며 한국 사회로의 적응과

정에 큰 버팀목이 된다. 반면 남편의 조력이 부정적으로 작용한 경우, 가부장적 가치관과 출신 국가에 대한 차별적 태도가 중첩되면서 아내를 무시하고 통제하려는 행동을 보인다. 특히 결혼이주여성에게 아내의 원가족에 대한 지원은 부부관계에 중요한 요소로 작용한다. 하지만 아내들이 원하는 것은 많은 돈으로 처가를 지원하는 것이 아니라 남편이 솔직하게 자신의 상황을 얘기하고 의논하면서 처가에 대한 관심을 보여주는 것이다(최지영, 2013). 즉, 남편의 경제적인 어려움이나 부담감을 아내와 상의하며 해결해나가는 모습에서 아내는 남편이 자신을 존중함을 느끼며 남편을 이해해가는 것을 볼 수 있다. 이는 이주여성으로서 겪는 독특성으로 남편의 영향력에 따라 결혼이주여성의 삶의 만족도가 달라질 수 있음을 보여준다.

맺음말

"관계의 서사로 본 결혼이주여성의 내러티브는 공생과 통합을 위한 문학이고 역사다."

내러티브를 바탕으로 한 연구는 과거뿐 아니라 현재도 진행 중이다. 특히, 한국이 다문화사회가 되면서 결혼이주여성을 대상으로 한 수많은 내러티브 연구들이 '정체성, 문화적응, 교육, 정책, 복지, 갈등' 같은 연구 목표 속에서 지속적으로 조사되고 분석되고 있다. 내러티브는 "교육과 정의 문제를 넘어서 넓게는 교육의 문제, 즉 교육과 문화, 마음의 문제를 이해하고 인간을 이해하는 데 중핵적인 주제들을 던져주고 있다"(브루너, 강현석·김경수 역, 2002: 14)는 글을 빌려 내러티브 연구가 다문화사회에서 더 주목받는 이유를 짐작할 수 있다.

그런데 현재까지 축적된 결혼이주여성 대상의 내러티브 연구를 살펴보면 다음과 같은 한계를 가지고 있었다. 인간 삶의 복합성이 통합적으로

그려져 있는 것이 내러티브(Webster & Mettova, 2007)인데, '정체성, 문화적응, 교육, 정책, 복지, 갈등'처럼 연구 목적에 집중된 파편화된 내러티브 연구가 대부분이었다. 물론, 연구라는 범주 속에서 보면, 그녀들의 내러티브가 특정 연구 목적을 위한 텍스트로 활용되는 것은 당연한 과정이지만, 연구 참여자가 아닌 한국 사회 구성원으로서 결혼이주여성의 온전한 삶에 관심을 가진 통합적인 내러티브 연구가 희박한 현 상황은 우려할 수밖에 없다. 이러한 점에서 다문화융합연구소 소장인 김영순이 공생과 통합의 담론을 위한 시발점으로 제시한 '공존의 인문학'(김영순, 2021)은 '관계의 서사'로 결혼이주여성의 내러티브를 분석한 본 저서에 중요한 길잡이를 하고 있다.

공존의 인문학 관점에서 결혼이주여성의 내러티브는 문학이고 한국의 다문화사회를 열어가는 역사다. '정체성, 문화적응, 교육, 정책, 복지, 갈등'이 아닌 오롯이 인간관계에 집중하게 되면 공생과 통합을 위한 문학과 역사로서 결혼이주여성의 내러티브를 마주하게 되기 때문이다. 즉 공존의 인문학으로서 접근해보면, 결혼이주여성의 내러티브는 인간관계의 이야기다. 그래서 결혼이주여성의 내러티브에서 인간관계에 집중했고, 각각의 인간관계 속에 파생되는 나의 이야기를 '관계의 서사'라 규정하며 그녀들의 내러티브를 들여다본 것이다. 그 결과, 자녀와의 관계를 의미하는 '어머니 서사'에는 사랑, 희생, 모성 같은 자녀의 양육자로서의 어머니 서사와 함께 자신을 타자 혹은 이방인으로 경험하는 이주민으로서의 어머니 서사가 관계의 서사로서 강하게 작동하고 있다는 사실을 확인할 수 있었다. 자녀의 양육자로서의 어머니 서사가 보편적인 어머니 서사라면, 이주민으로서의 어머니 서사는 한국에 정착해 살아가는 결혼이주여성에게 강화된 특수한 어머니 서사였다. 이처럼 결혼이주여성의 인간관계, 즉

‘관계의 서사’를 통해 한국의 다문화사회를 배경으로 한 결혼이주여성의 문학과 역사를 만날 수 있었다.

결혼이주여성의 내러티브에서 만나는 또 다른 중요한 관계의 서사에는 남편과의 관계를 의미하는 ‘아내 서사’가 존재하고 있었다. 그리고 아내 서사 역시 공생과 통합의 담론을 서사화한 대표적인 ‘관계의 서사’라 할 수 있다. 완전히 다른 문화권의 남녀가 부부가 되어 하나의 가정을 꾸리며 살아가는 것은 그 자체가 공생과 통합의 과정이고, 무엇보다 결혼을 통해 한국으로 이주해온 결혼이주여성의 경우 남편과의 공생과 통합이 삶의 이야기일 수밖에 없다. 그러나 13장에서 밝힌 내용처럼 우리의 기대와 달리 남편과의 관계를 배경으로 한 ‘아내 서사’는 의외로 내러티브에서 자주 만나기 어려운 ‘관계의 서사’였다. 결혼을 통해 한국으로 이주한 이주민임에도 박사학위논문과 연구논문에서 가장 많이 확인된 ‘관계의 서사’는 아내 서사가 아닌 어머니 서사였다. 아내 서사의 대부분은 가정 해체를 경험한 결혼이주여성의 내러티브에서 본격적으로 소개되고 있을 뿐이었다. 추론컨대, 부부관계에서 경험하는 아내 서사는 한국 문화의 정서상 연구자가 쉽게 접근하기 어려운 사적 이야기이고, 동시에 결혼이주여성도 외부인에게 구술하기 어려운 일종의 문화 금기의 이야기이기에 아내 서사가 중심인 내러티브가 본격적으로 조사되지 않았을 것이다. 또한 단란한 가정을 꾸리며 살아가는 결혼이주여성의 평범한 삶이 독특한 개인의 경험을 연구하는 내러티브 연구에서 매력적이지 않을 수 있고, 이에 행복한 부부관계 속 아내 서사가 본격적으로 조사되지 않았을 것이다. 이러한 상황에서 평범한 삶을 이야기하는 결혼이주여성 9인의 내러티브를 통해 여자로서의 ‘아내 서사’, 동반자로서의 ‘아내 서사’ 그리고 피보호자로서의 ‘아내 서사’를 확인할 수 있었던 것은 본 저서만의 특별한 의미일

것이다.

'여자로서의 아내 서사'와 '동반자로서의 아내 서사'가 국적을 초월하여 부부 사이에 경험하는 보편적 '아내 서사'라면, '피보호자로서의 아내 서사'는 한국에서 살아가는 결혼이주여성의 특수한 입장에서 강화된 관계의 서사다. 동등한 위치의 부부관계와 달리, 언어와 문화가 낯선 결혼이주여성에게 남편은 때로는 아버지, 때로는 선생님과도 같은 존재로 다가온다. 조력자 같은 남편과의 관계에서 결혼이주여성은 피보호자로서의 '아내 서사'를 경험하는데, 특히 피보호자로서의 '아내 서사'에는 삶을 기반으로 한 다양한 이야기가 살아 숨 쉬고 있었다.

이처럼 '관계의 서사'를 통해 결혼이주여성의 내러티브를 탐색한 것은 연구참여자뿐 아니라 한국 사회 구성원으로서 그녀들의 온전한 삶에 집중하기 위해서였다. 결혼이주여성, 나아가 이주민들의 내러티브는 공생과 통합을 위한 문학이고 역사였다. 인간관계를 기반으로 한 '관계의 서사'를 통해 우리는 결혼이주여성들의 삶을 이해하고, 나아가 그녀들의 삶 속에서 나를 발견하게 될 것이다. 즉 한 명, 한 명의 내러티브가 '공존의 인문학'을 실현하는 디딤돌이고, 우리는 디딤돌을 통해 통합과 화합의 미래를 열어갈 것이다.

참고문헌

강현석(2007). 「교육학에서의 내러티브 가치와 교육적 상상력의 교육」. 『국어국문학』 146, 305-351.

고은(2010). 「다문화가정 아동의 언어교육지원 체계 구축을 위한 모형제안」. 『교육의 이론과 실천』 15(2), 1-24.

교육부(2022). 다문화교육 지원계획.

권경숙·이승숙(2018). 「베트남 다문화가정 어머니의 이중언어교육 지원 실제 탐색」. 『유아교육연구』 38(4), 141-164.

권영은(2017). 『베트남 결혼이주여성의 산후조리 경험』. 고신대학교 박사학위논문.

김경진(2013). 『중년기 부부의 건강한 부부관계 요인에 관한 연구』. 연세대학교 박사학위논문.

김경화(2020). 「결혼이주여성의 부부갈등과 대처과정에 관한 근거이론적 접근」. 『한국사회복지질적연구』 14(2), 117-140.

김금자(2009). 『다문화가족의 자녀교육에 관한 문화기술지적 연구: 한국-베트남 결혼이민자 가족을 중심으로』. 평택대학교 박사학위논문.

김금희(2016). 『다문화가정 부부를 위한 관계중심 부부소통 프로그램 개발 및 효과』. 인하대학교학교 박사학위논문.

김금희·김영순·전예은(2013). 「결혼이주여성 가정의 부부간 협력적 의사소통에 나타난 사회적 상호작용 연구」. 『한국언어문화교육』 9(2), 73-100.

김기영(2019). 「고려인 고학력 여성의 초국가주의적 선택과 전략: 이주와 자녀교육을 중심으로」. 『디아스포라연구』 13(2), 45-79.

김미영(2014). 『결혼이주여성의 성경적 자아정체성 확립을 통한 자녀 양육에 관한 연구』. 개신대학교 박사학위논문.

김민영(2014). 『결혼이주여성의 어머니 되어가기』. 계명대학교 박사학위논문.

김민정(2014). 『농촌 결혼이주여성의 고부갈등 경험』. 한서대학교 박사학위논문.

김상임(2004). 「상담사례를 통해 본 한국 남성과 결혼한 이주여성의 삶, 이주여성인권센터 창립 3주년 심포지엄」. 이주여성인권센터, 17-48.

김순남(2014). 「이주여성들의 결혼, 이혼의 과정을 통해 본 삶의 불확실성과 생애지도의 재구성」. 『한국여성학』 0(4), 189-231.

______(2015). 「'한국인' 정체성, 사회적 소속감: 이주여성과 자녀의 관계성을 중심으로」. 『젠더와 문화』 10(1), 5-31.

김연수(2010). 「가족 탄력성 접근을 활용한 여성 결혼이민자 대상 부부관계향상 프로그램 개발 및 효과」. 『한국가족관계학회지』 14(4), 59-90.

김영순(2021). 『시민을 위한 사회·문화 리터러시』. 하남: 박이정.

김영순·박수정·성상환·양성은·오영훈·이미영·이미정·이훈재·강현민·김금희·김성영·박봉수·윤채빈·응웬뚜엔아잉·최승은·한광훈·허숙(2015). 『도서지역 결혼이주여성과 문화적응』. 파주: 한국학술정보.

김영순·박미숙·최승은·오영훈·손영화·박종도·조영철·이미정·오세경·정지현·박봉수·방현희·오영섭(2019). 『동남아시아계 이주민의 다문화생활세계 연구』. 성남: 북코리아.

김영순·최승은·김정희·황혜영·박봉수(2019). 『동남아시아계 이주민의 생활세계 생애담 연구』. 성남: 북코리아.

김영순·최승은·오영섭·오정미·남혜경(2021). 『미국 한인이주여성의 초국적 삶과 공동체』. 성남: 북코리아.

김영순·최승은·황해영·정경희·김기화(2019). 『결혼이주여성의 주체적 삶에 관한 생애담 연구』. 성남: 북코리아.

김영옥(2012). 『결혼이주여성들의 결혼생활에서 나타나는 불안에 대한 연구』. 백석대학교 박사학위논문.

김오남(2006). 『이주여성의 부부갈등 결정요인 연구』. 가톨릭대학교 박사학위논문.

김은재(2016). 『결혼이주여성들의 삶과 글로벌 돌봄노동 맥락』. 중앙대학교 박사학위논문.

김이선·마경희·선보영(2010). 「다문화가족의 해체 문제와 정책과제」. 서울: 한국여성정책연구원 연구보고서.

김진웅(2016). 「마틴 부버의 커뮤니케이션철학: '실체론'을 넘어 '관계론'으로」. 『커뮤니케이션학연구』 24(1), 61-81.

김태원(2012). 『결혼이주여성의 삶과 적응』. 서울: 경인문화사.

김혜선(2012). 『초국가적 가족의 형성과 가족 유대: 베트남 결혼이주여성을 중심으로』. 이화여자대학교 박사학위논문.

노은하(2016). 『한국 이주 중국 여성의 어머니 됨』. 아주대학교 박사학위논문.

단효홍(2018). 『초국가적 가족 유대를 통해 본 결혼이주여성의 행위주체성』. 전남대학교 박사학위논문.

마르틴 부버(2001). 표재명 역. 『나와 너』. 서울: 문예출판사.

민서정(2013). 『연애결혼 이민자 여성의 양육경험에 관한 내러티브 탐구』. 숙명여자대학교 박사학위논문.

민선옥·배지희(2014). 「영유아기 자녀를 둔 어머니들의 자녀 사교육에 대한 인식과 경험」. 『아동교육』 23(4), 263-285.

박동숙(2019). 『결혼이주여성의 적응 경험에 관한 연구: 자녀 양육경험을 중심으로』. 예명대학원대학교 박사학위논문.

박봉수·김영순(2018). 「중국계 결혼이주민의 자녀 이중언어교육경험에 관한 연구」. 『한국언어문화학』 15(1), 93-120.

박지수·고유진·한윤선(2015). 「한국 다문화가정 부모 자녀 간 한국어 및 계승어 유창성의 일치도가 부모 자녀 관계 만족도에 미치는 영향」. 『한국심리학회지』 21(4), 649-669.

박진옥(2011). 『결혼이주여성 가족의 부부관계 및 고부 관계에 나타나는 적응과 갈등』. 영남대학교 박사학위논문.

박현선·이채원·박소은(2014). 「학령기 다문화가정 자녀를 위한 이중언어, 문화교육의 효과분석: 프로그램 과정 산물의 매개효과를 중심으로」. 『한국아동복지학』 46, 57-83.

박혜랑·김현철(2016). 「다문화가정의 사용언어가 자녀의 언어능력 발달에 미치는 영향」. 『교육학연구』 54(4), 65-194.

배문숙(2012). 「다문화가정의 어머니를 위한 집단프로그램이 부모효능감, 공감능력에 미치는 효과」. 대전대학교 석사학위논문.

백혜영·신희천(2008). 「애정관계에서 낙관성이 관계만족에 미치는 영향」. 『한국심리학회지』 22(3), 1-14.

변혜정(1992). 『임신에서 초기양육까지의 어머니일 수행 경험으로 인한 '어머니'로의 적응 과정에 관한 사례연구』. 이화여자대학교 박사학위논문.

봉진영(2011). 『다문화가정 자녀 어머니의 양육과 교사의 교육경험에 대한 탐구』. 성신여자대학교 박사학위논문.

서양임(2015). 『일본 결혼이주여성이 경험하는 자녀 양육의 문화심리적 현상』. 백석대학교 박사학위논문.

서주현·김진경(2012). 「영아기 자녀를 둔 어머니의 양육 스트레스에 영향을 미치는 요인」.

『한국영유아보육학』 73, 101-121.

성현란(2011).「남편의 성역할 고정 관념, 다문화감수성 및 아내문화수용이 결혼이주 여성의 문화적응, 결혼 및 삶의 만족에 미치는 영향」.『한국심리학회지』 17(2), 219-239.

신경남(2019).「고소설 속 가족의 관계상을 통한 관계 회복의 서사 진단 시론: 〈포의교집〉의 부모서사」.『겨레어문학』 63, 101-135.

신은주(2009).『나의 선택, 나의 꿈』. 하남: 정인출판사.

안미숙(2015).「다문화가정 어머니와 한국 어머니의 자녀 양육태도 비교」. 부산교육대학교 석사학위논문.

안윤지(2016).『결혼이주여성의 이혼에 관한 탐색적 연구』. 동아대학교 박사학위논문.

안진경(2011).『다문화가정 부부의 적응역량에 관한 연구』. 중앙대학교 박사학위논문.

양진선(2004).「부부친밀감과 자아존중감 및 원가족 건강성의 관계」. 경희대학교 석사학위논문.

여성가족부(2020). www. mogef.go.kr.

오정미(2021).「다문화가정 구성원을 대상으로 한 문학치료 연구」.『문학치료연구』 59, 151-181.

오정미·윤수진·김은희(2022).「결혼이주여성의 내러티브에 나타난 '관계의 서사' 연구」.『문화교류와 다문화교육』 11(3), 235-258.

오지영·김혜전·전우용(2018).「한국의 베트남 다문화가족 이중언어교육 사례연구: 베트남어 교육을 위한 필요요인을 중심으로」.『다문화교육연구』 11(4), 55-85.

유경숙(2017).『다문화 결혼이주여성의 건강생활에 관한 문화기술지』. 인제대학교 박사학위논문.

유영주·강학중·김밀양(2007).『새로운 가족학』. 서울: 신정.

윤석빈(2006).「마틴 부버의 대화원리: 인간 실존의 토대로서의 대화」.『동서철학연구』 42, 271-294.

윤승주·김노을(2021).「결혼이주여성의 어머니 노릇(mothering): 몽골 출신 고학력 여성의 자녀교육을 중심으로」.『아시아여성연구』 60(1), 209-245.

응웬티란프엉(2021).「베트남 결혼이주여성의 결혼생활 적응 연구」. 영남대학교 석사학위논문.

이국진(2014).『결혼이주여성의 영유아기 자녀 양육을 통한 사회적 관계와 부모정체성 탐색』. 명지대학교 박사학위논문.

이부미(2016).「다문화가정 부모들의 목소리: 자녀 양육 경험과 정체성 형성을 중심으로」.『유아교육학회집』 20(2), 397-418.

이선형(2013).『한국 결혼이주여성의 모성과 정체성』. 서울대학교 박사학위논문.

이성순(2008).『이주여성 이야기』. 파주: 형설라이프.

이승수·김용선(2019).「심청전의 부녀관계와 서사구조」.『한양대학교 동아시아문화연구소』 79,

199-225.

이유나(2015). 「다문화가정 여성결혼 이민자의 '어머니 됨'에 관한 내러티브 탐구」. 『육아지원연구』 10(4), 5-31.

이은실(2007). 「아버지의 자녀 양육 참여도 및 배우자의 지지와 부모역할 만족도」. 연세대학교 석사학위논문.

이은아(2012). 『도시 결혼이주여성의 경계적 위치와 모성의 확장적 구성/재구성에 관한 연구』. 이화여자대학교 박사학위논문.

______(2013). 「도시 결혼이주여성의 어머니 노릇과 정체성: 자녀교육 경험을 중심으로」. 『한국여성학』 29(3), 115-146.

이은희(2020). 『베트남 결혼이주여성의 부부친밀감에 관한 현상학적 연구』. 평택대학교 박사학위논문.

이재경(2014). 「노동자계급 여성의 어머니 노릇의 구성과 갈등: 경인지역을 중심으로」. 『사회과학연구』 12(1), 82-117.

이지연(2018). 『베트남 출신 결혼이주여성의 자녀 양육 경험』. 서울대학교 박사학위논문.

이지영(2019). 『한국 결혼이주여성의 어머니 역할수행을 통한 임파워먼트 과정』. 공주대학교 박사학위논문.

이춘양(2021). 『한부모이주여성 삶의 경험에 관한 생애사적 내러티브 연구』. 인하대학교 박사학위논문.

이춘양·박미숙(2018). 「중국계 결혼이주여성의 자녀 모어 교육에 관한 연구」. 『예술인문사회 융합 멀티미디어 논문지』 8(3), 367-375.

임선우(2020). 『대구광역시 결혼이주여성의 공동체 형성에 관한 연구: 독립국가연합 출신자 생활세계를 중심으로』. 선문대학교 박사학위논문.

임현숙(2009). 『결혼이주여성의 임신·출산을 통한 삶의 전환 체험』. 이화여자대학교 박사학위논문.

장사형(2014). 「내러티브 탐구와 인간 경험의 이해」. 『내러티브와 교육연구』 2(1), 5-22.

장온정(2007). 『국제결혼한 한국남성의 결혼적응에 관한 연구』. 중앙대학교 박사학위논문.

정선주(2018). 『일본 결혼이주여성들의 가족갈등에 관한 현상학적 연구」. 한양대학교 박사학위논문.

정성미(2016). 『지역의 다문화와 결혼이주여성의 삶』. 서울: 민속원.

정예리(2011). 『해체 가족 여성결혼이민자와 그 자녀의 삶』. 중앙대학교 박사학위논문.

정운채(2005). 「인간관계의 발달 과정에 따른 기초서사의 네 영역과 〈구운몽〉 분석 시론」. 『문학치료연구』 3, 7-36.

조향숙(2017). 『결혼이주여성의 지적장애 자녀 양육경험에 관한 사례연구』. 부산대학교 박사학위논문.

천지아(2017). 『중국계 결혼이주여성의 자녀 계승어 교육 경험에 관한 연구』. 인하대학교 박사학위논문.

최미경(2018). 『필리핀 결혼이주여성의 공동체 활동 경험 연구』. 서강대학교 박사학위논문.

최미숙(2012). 『결혼이주 일본여성의 만성질환 시부모 돌봄 경험』. 이화여자대학교 박사학위논문.

최승은(2019). 「이주 어머니의 자녀 교육 경험에 관한 연구: 동남아시아 출신 결혼이주여성을 중심으로」. 『여성연구』 101(2), 77-109.

최연숙(2019). 「결혼이주여성의 모성경험: '좋은 엄마'의 일상실천을 중심으로」. 『다문화와 디아스포라연구』 15, 25-54.

______(2021). 『결혼이주여성의 모성 경험: 사회문화적 구성의 역학』. 부산대학교 박사학위논문.

최지영(2013). 『다문화가정 한국인남편의 부부갈등 경험 과정에 관한 질적연구』. 충남대학교 박사학위논문.

팽혜숙(2015). 『결혼이주여성의 부부 되어가기 경험』. 서울신학대학교 박사학위논문.

한국이주여성센터(2018). 『아무도 몰랐던 이야기』. 파주: 오월의 봄.

한주리·김인영(2012). 「다문화가정의 부부갈등 커뮤니케이션에 관한 연구」. 『한국소통학보』 19, 159-196.

허은경(2014). 『부부간의 상호작용과 결혼만족도 및 신체적 심리적 건강』. 충북대학교 박사학위논문.

황미화(2021). 「전업주부의 학습경험이 갖는 의미에 대한 현상학적 접근」. 『인문사회 21』 12(2), 2257-2268.

황상심·강복정(2016). 「다문화아동의 이중언어사용 추이 연구」. 『언어치료연구』 25(1), 123-134.

Bruner, J. S. (2020). 강현석·김경수 역. 『이야기 만들기: 법 문학 인간의 삶을 말하다』. 파주: 교육과학사.

Coleman, P. K. (1984). Intimate relationships, marriage and family. New York: The Bobbs-Merrill.

Gottman, J. M. (1999). The marriage clinic: A scientifically based marital therapy. New York: Norton.

Johnson, M. D., & Anderson, J. R. (2013). The longitudinal association of marital confidence, time spent together, and marital satisfaction. Family Process, 52(2), 244-256.

Karney, B. R., & Bradbury, T. N. (1995). The longitudinal course of maritalquality and stability: A review of theory, method, and research. Psychological Bulletin, 118(1), 3-34.

Maxwell, G. M. (1985). Behavioro flovers: Measuring the closeness of relationships. Journal of Social and Personal Relationships, 2(2), 215-238.

Miller, T., Making Sense of Motherhood : A Narrative Approach, Cambridge University Press, 2005, pp.531-533.

Richard-Emde, A. P., Thomas, V. P., & Willi, J. M. (2003). Love: An important dimension in marital research and therapy. Family Process, 42(2), 253-267.

Ritchie, L. D., & Fitzpatrick, M. A. (1990). Family communication patterns measuring intrapersonal perceptions of interpersonal relationships. Communication Research, 17(4), 523-544.

Rusbult, C. E. (1983). A longitudinal test of the investment model: The development of satisfaction and commitment in heterosexual involvement. Journal of Personality and Social psychology, 45(1), 101-117.

Simpson, J. A., Campbell, B., & Berscheid, E. (1986). The association between romantic love and marriage: Kephart(1967) twice revisited. Personality and Social Psychology Bulletin, 12(3), 363-372.

Webster, L & Mettova, P. (2007). Using narrative inquiry as a research Oxon, Canada: Routledge.

찾아보기

저자소개

김영순(金永洵) kimysoon@inha.ac.kr

중앙대학교를 졸업하고 독일 베를린자유대학교에서 문화변동에 관한 연구로 철학박사학위를 취득했다. 현재 인하대학교 사회교육과 교수 겸 대학원 다문화교육학과장, 인문융합치료학 전공주임으로 재직 중이며, 인하대학교 부설 다문화융합연구소 소장, 다문화멘토링사업단장, BK21FOUR 글로컬다문화교육연구단장직을 수행하고 있다. 또한, 학문 후속세대를 위해 전국의 대학원생을 대상으로 질적 연구방법론 캠프를 열고 있다. 주요 저서로는 『베트남 문화의 오디세이』, 『다문화 사회와 공존의 인문학』, 『다문화 현상의 인문학적 탐구』, 『이주여성의 상호문화 소통과 정체성 협상』, 『다양성 경영과 상호문화 경험』 등이 있다. 또한, 다문화교육 및 교육인류학 분야에서 등재지 이상 학술지 논문 200여 편이 있다.

오정미(吳正美) gina2004@naver.com

건국대학교에서 설화의 문화교육에 관한 연구로 문학박사학위를 취득했다. 현재 인하대학교 다문화융합연구소 연구교수로 재직 중이다. 건국대학교 서사와문학치료연구소에서 전임연구원으로 활동하고, 경인교육대학교, 국민대학교 등에서 문화 및 다문화교육과 상호문화교육에 관한 강의를 했다. 주요 저서로는 『다문화사회에서의 한국의 옛이야기와 문화교육』, 『미국 한인이주여성의 초국적 삶과 공동체』, 『다문화 사회의 인문학적 시선』, 『다문화 현상의 인문학적 탐구』, 『다문화 구비문학대계』(총 21권) 등이 있다.

윤수진(尹秀珍) sujinlee493@gmail.com

화가로 활동하며 대한민국 미술대전 특선을 수상했다. 2022년 인하대학교에서 인문융합치료학전공으로 문학박사학위를 취득했다. 현재 인하대학교 인문융합치료학과 초빙교수로 재직 중이다. 박사학위논문으로는 『전입신병의 명화감상 집단미술치료 참여경험에 관한 질적 연구』가 있으며, 공동 저서로 『호모내러티쿠스』가 있다. 주요 학술논문은 「병사의 군생활 적응에 관한 국내연구 동향분석」, 「명화감상 미술치료 프로그램 동향에 관한 내용분석」, 「결혼이주여성의 내러티브에 나타난 '관계의 서사' 연구」, 「성인 독서모임 구성원의 자기치유 경험에 관한 질적연구」 등이 있다.

김은희(金恩熙) kimehui0908@gmail.com

인하대학교에서 『제3국 출생 북한이탈주민 자녀의 정체성 협상에 관한 질적연구』로 교육학 석사학위를 취득했고, 현재 인하대학교 다문화교육학과 박사과정에 재학 중이다. 주요 학술논문은 「A Qualitative Study on Married Migrant Women's Experience of Participation in Self-help Groups from the Perspective of Transformative Learning」, 「결혼이주여성의 내러티브에 나타난 '관계의 서사' 연구: 박사학위논문을 바탕으로」, 「다문화 멘토링에 참여한 대학생의 경험에 관한 질적 메타분석」, 「코로나19 시기 대학생의 다문화 멘토링 참여 경험에 관한 합의적 질적 연구」 등이 있다.

이미정(李美貞) pro03@daum.net

인하대학교에서 문화정책, 문화교육 등을 연구하며 박사학위를 받았다. 현재 중앙대학교에서 강사로 활동하고 있으며, 상호문화콘텐츠연구소 소장직을 맡고 있다. 아울러 2009년 '다문화지도사' 양성과정 기획 및 운영을 시작으로 현재까지 다양한 다문화 관련 연구사업에 참여하고 있다. 저서로는 『한국 다문화 사회의 교육과 복지 실천』, 『다문화사회교육론』, 『다문화 생활세계와 사회통합 연구』, 『다문화교육연구의 경향과 쟁점』 등이 있으며, 다문화를 주제로 수십여 편의 논문을 발표했다.

오세경(吳世京) pang0425@naver.com

인하대학교에서 문화경영전공으로 문화경영학 박사학위를 받았다. 박사학위논문은 『인천둘레길을 중심으로 지속 가능한 여가로서 도보여행자의 경험에 관한 연구』이며, 공동 저서로 『질적연구의 즐거움』, 『중국계 이주민의 다문화 생활세계 연구』, 『동남아시아계 이주민 다문화 생활세계 연구』 등이 있다. 또한, 「다문화 멘토링에 참여한 상호문화역량 탐색」, 「외국인 유학생의 문화적응을 위한 여가 경험의 의미」, 「멘토의 다문화 멘토링 경험과 의미」, 「학교 밖 다문화교육전문가의 교수경험에 나타난 타자지향성의 의미」, 「사회통합적 관점에서 본 동남아시아계 결혼이주여성의 여가경험과 의미」 등의 논문을 발표했다.

김정희(金正喜) lovebird0110@hanmail.net

건국대학교에서 문학치료전공으로 문학박사학위를 받았다. 현재 건국대학교 서사와문학치료연구소에서 연구교수로 활동하고 있다. 박사학위논문으로는 『남녀관계의 위기와 지속에 대한 서사지도 구축과 문학치료 활용 연구』가 있으며, 공동 저서로 『사할린 한인 한국어 교육자의 생애 이야기』, 『(서사능력 신장을 위한) 문학치료 공감모형』, 『중국계 이주민의 다문화 생활세계 연구』, 『다문화 생활세계와 사회통합 연구』, 『동남아시아계 이주민의 생활세계 생애담 연구』 등이 있다.